HARTMANN VON AUE · IWEIN

HARTMANN VON AUE

IWEIN

Text der siebenten Ausgabe von
G. F. BENECKE, K. LACHMANN und L. WOLFF

Übersetzung und Anmerkungen von
THOMAS CRAMER

Dritte, durchgesehene und ergänzte Auflage

WALTER DE GRUYTER · BERLIN · NEW YORK
1981

Der mhd. Text entstammt der Ausgabe „IWEIN. Eine Erzählung von Hartmann von Aue. Herausgegeben von G. F. Benecke und K. Lachmann. Neu bearbeitet von LUDWIG WOLFF. Berlin 1968".

CIP-Kurztitelaufnahme der Deutschen Bibliothek

Hartmann ⟨**von Aue**⟩:
Iwein / Hartmann von Aue. Text d. 7. Ausg. von
G. F. Benecke . . . Übers. u. Anm. von Thomas Cramer. –
3., durchges. u. erg. Aufl. – Berlin ; New York : de Gruyter, 1981.
ISBN 3-11-008540-2
NE: Cramer, Thomas [Übers.]

Satz: Arthur Collignon GmbH, Berlin 30
Druck: Rotaprintdruck Hildebrand, Berlin 65
Bindearbeiten: Lüderitz & Bauer, Berlin 61

Vorwort zur 2. Auflage

Die 2. Auflage dieses Buches gab mir Gelegenheit, abgesehen von der Korrektur einer bemerkenswerten Anzahl von Druckfehlern, eine Reihe von Änderungen in der Übersetzung vorzunehmen. Zum Teil berücksichtigt wurden Verbesserungs- und Alternativvorschläge, die mir viele Benutzer zugehen ließen. Ihnen allen, besonders Lambertus Okken, danke ich.

Seit Abschluß des Manuskriptes zur 1. Auflage, 1966, sind nahezu fünfzig Aufsätze und Monographien speziell zur Interpretaton des *Iwein* erschienen, − mehr als in den vorausgehenden 150 Jahren zusammen. Bei den vielen sich wiederholenden, oft nur durch subtilste Nuancen unterschiedenen Aussagen und angesichts der noch völlig unbebauten weiten Felder auf dem Gebiete der mittelalterlichen Literaturgeschichte muß sich hier einmal die Frage nach der Ökonomie in unserer Wissenschaft stellen. − Indessen mußten selbstverständlich alle neueren Arbeiten im Anmerkungsteil berücksichtigt werden. Sollte dieses Buch weiterhin als Arbeitsbuch erschwinglich bleiben, durften jedoch die Korrekturen im Anmerkungsteil keinen neuen Umbruch erforderlich machen. So mußte der zwar etwas umständliche, aber wohl unumgängliche Ausweg gewählt werden, die ergänzenden Anmerkungen als Anhang zu drucken und im alten Anmerkungsteil, in dem größere Änderungen vermieden werden mußten, jeweils durch * auf sie hinzuweisen. Literaturverzeichnis und Register sind auf den neuesten Stand gebracht.

Vorwort zur 3. Auflage

Die Lust der Interpreten am *Iwein* hat in den vergangenen sechs Jahren keineswegs nachgelassen; im Gegenteil: die Flut der Publikationen ist weiter angeschwollen. Gert Kaiser konstatiert, es sei „der *Iwein* ein Muster- und Paradetext insofern geworden, als unterschiedliche wissenschaftliche Richtungen sich und ihre Frageansätze bevorzugt an ihm erproben." (‚Iwein' oder ‚Laudine' p. 21). Bernd Thum spricht gar von der „inzwischen alles überwältigenden Hartmann-Literatur." (Politische Probleme p. 50 Anm. 14). In der Tat erzeugt die systematische Aufarbeitung der neuerschienenen Forschungsliteratur zum *Iwein* einen deprimierenden Eindruck von der monadischen Existenz der einzelnen Forscher: viele scheinen das Bemühen, wenigstens noch voneinander Kenntnis zu nehmen, geschweige, sich mit den Arbeiten anderer auseinanderzusetzen, bereits resignierend aufgegeben zu haben. Das Prinzip der Doppelung und Wiederholung bestimmt inzwischen nicht mehr nur die Erzählstruktur des *Iwein*. Da viele der Arbeiten sich als Paradigmen grundsätzlicher methodologischer Positionen verstehen, wird eine Reduzierung zu Anmerkungen zusehends problematischer; in den meisten Fällen konnte ich daher nur bruchstückhafte Hinweise auf die Existenz von Untersuchungen (unterschiedlichen Gewichts) geben.

Die neuen Anmerkungen sind in die ‚Ergänzenden Anmerkungen' (ab S. 231) integriert. Wie in der 2. Auflage wird auf sie im alten Anmerkungsteil durch * verwiesen. Das Literaturverzeichnis ist wiederum auf den neuesten Stand gebracht.

Inhalt

I. Teil

II. Teil

Swer an rehte güete	Wer nach dem wahrhaft Guten	Chrestien:
wendet sîn gemüete,	von ganzem Herzen strebt,	fehlt für H.
dem volget sælde und êre.	dem wird Ansehen vor Gott und den Menschen als	1—3
des gît gewisse lêre	Ein Beweis dafür ist [sicherer Lohn zuteil.	
5 künec Artûs der guote,	der edle König Artus,	3
der mit rîters muote	der mit ritterlichem Geist	1
nâch lobe kunde strîten.	es wohl verstand, Ruhm zu erringen.	
er hât bî sînen zîten	Zu seiner Zeit hat er	
gelebet alsô schône	ein so vorbildliches Leben geführt,	
10 daz er der êren krône	daß er den Kranz der Ehren	
dô truoc und noch sîn name treit.	damals trug, wie auch jetzt noch sein Name damit ge-	
des habent die wârheit	Darum haben [schmückt ist.	37
sîne lantliute:	seine Landsleute recht,	
sî jehent er lebe noch hiute:	wenn sie sagen, er lebe noch heute.	
15 er hât den lop erworben,	Er hat Ruhm erworben,	
ist im der lîp erstorben,	und ist er selbst auch tot,	
sô lebet doch iemer sîn name.	wird doch sein Name stets fortleben.	
er ist lasterlîcher schame	Der wird sich niemals einer Schandtat	
iemer vil gar erwert,	schämen müssen,	
20 der noch nâch sînem site vert.	der nach seinem Vorbild handelt. —	
Ein rîter, der gelêret was	Ein Ritter hatte Schulbildung genossen	fehlt für
unde ez an den buochen las,	und las in Büchern,	H. 21—30
swenner sîne stunde	wenn er mit seiner Zeit	
niht baz bewenden kunde,	nichts besseres anzufangen wußte,	
25 daz er ouch tihtennes pflac	dichtete er sogar.	
(daz man gerne hœren mac,	Er verwandte seine Bemühungen auf das,	
dâ kêrt er sînen vlîz an:	was vergnüglich zu hören ist.	
er was genant Hartman	Er hieß Hartmann	
und was ein Ouwære),	und war von Aue.	
30 der tihte diz mære.	Der hat auch diese Geschichte gedichtet. —	
Ez hete der künec Artûs	Der König Artus	3
ze Karidôl in sîn hûs	hatte zu Karidol an seinem Hof	
zeinen pfingesten geleit	am Pfingstfest	
nâch rîcher gewonheit	mit der bei ihm gewohnten Pracht	
35 ein alsô schœne hôchzît	ein so glänzendes Fest veranstaltet,	
daz er vordes noch sît	wie er zuvor und hernach	
deheine schœner nie gewan.	kein glänzenderes mehr gefeiert hat.	fehlt für
deiswâr dâ was ein bœser man	Wahrhaftig, ein unedler Mensch	H. 36—48
in vil swachem werde:	galt dort nichts,	
40 wan sich gesament ûf der erde	denn auf der ganzen Welt,	
bî niemens zîten anderswâ	zu keiner Zeit und an keinem Ort,	

sô manec guot ritter alsô dâ.
ouch wart in dâ ze hove gegeben
in allen wîs ein wunschleben:

45 in liebte hof und den lîp
manec maget unde wîp,
die schœnsten von den rîchen.
mich jâmert wærlîchen,
und hulfez iht, ich woldez clagen,
50 daz nû bî unseren tagen
selch vreude niemer werden mac
der man ze den zîten pflac.
doch müezen wir ouch nû genesen.
ichn wolde dô niht sîn gewesen,
55 daz ich nû niht enwære,
dâ uns noch mit ir mære
sô rehte wol wesen sol:
dâ tâten in diu werc vil wol.
   Artûs und diu künegin,
60 ir ietwederz under in
sich ûf ir aller willen vleiz.
dô man des pfingestages enbeiz,
männeclîch im die vreude nam
der in dô aller beste gezam.
65 dise sprâchen wider diu wîp,
dise banecten den lîp,
dise tanzten, dise sungen,
dise liefen, dise sprungen,
dise hôrten seitspil,
70 dise schuzzen zuo dem zil,
dise redten von seneder arbeit,
dise von grôzer manheit.
Gâwein ahte umb wâfen:
Keiî leite sich slâfen
75 ûf den sal under in:
ze gemache ân êre stuont sîn sin.
   Der künec und diu künegin
die heten sich ouch under in
ze handen gevangen
80 und wâren ensament gegangen
in eine kemenâten dâ
und heten sich slâfen sâ
mê durch geselleschaft geleit
dan durch deheine trâkheit.
85 si entsliefen beidiu schiere.
do gesâzen ritter viere,
Dodines und Gâwein,
Segremors und Îwein,
(ouch was gelegen dâ bî
90 der zuhtlôse Keiî)
ûzerhalp bî der want:
daz sehste was Kâlogrenant.

hatten sich je so viele hervorragende Ritter versammelt
Auch wurde ihnen dort bei Hofe   [wie da.
in jeder Weise ein so angenehmes Leben bereitet wie man
                              [es sich nur wünschen kann:
den Hof und das Leben dort
machten ihnen die schönsten Frauen und Mädchen
aus Artus Ländern angenehm.
Wirklich, es bekümmert mich tief,
und ich wollte es laut beklagen, wenn es etwas nützte,   18 und
daß heutzutage   5392 (?)
eine solche Festesfreude nicht mehr zustandekommt
wie man sie damals kannte.
Aber auch die Gegenwart hat Vorteile.
Ich hätte damals nicht leben mögen,
so daß ich heute nicht existierte,
da uns mit der Erzählung von ihnen   29—33 (?)
wahres Vergnügen bereitet wird,
sie aber freuten sich an den Taten selbst. —
Artus und die Königin,
— alle beide —
suchten aller Gäste Wünsche zu erfüllen.
Als man das Pfingstmahl gehalten hatte,   8
suchte sich jeder das Vergnügen,
das ihm am meisten zusagte:
die einen trieben Konversation mit den Frauen,
andere lustwandelten,   fehlt für
andere tanzten, andere sangen,   H. 66—70
andere machten Wettläufe, andere sprangen,
andere hörten Musik,
diese schossen nach der Scheibe,
diese sagten von schmachtender Liebespein,   13
jene von großen Heldentaten.
Gawein beschäftigte sich mit Waffen,   fehlt für
und Keie legte sich   H. 73—76
im Saal mitten unter ihnen schlafen:
ihn interessierte nur Bequemlichkeit und nicht Ansehen.
Der König und die Königin
hatten einander
an den Händen gefaßt,
und waren miteinander
in eine Kemenate gegangen
und hatten sich schlafen gelegt,
mehr der Liebe   49—52
als der Müdigkeit wegen.
Beide schliefen nach kurzer Zeit ein.
Vier Ritter,
Dodines und Gawein,   54
Segremors und Iwein,
— und in der Nähe lag auch
der ungezogene Keie, —
saßen außen an der Wand.
Der sechste war Kalogrenant.

2

der begunde in sagen ein mære,
von grôzer sîner swære
95 und von deheiner sîner vrümekheit.
dô er noch lützel hete geseit,
dô erwachte diu künegin
unde hôrte sîn sagen hin in.
sî lie ligen den künec ir man
100 unde stal sich von im dan,
und sleich zuo in sô lîse dar
daz es ir deheiner wart gewar,
unz si in kam vil nâhen bî
und viel enmitten under sî.
105 niuwan eine Kâlogrenant,
der spranc engegen ir ûf zehant,
er neic ir unde enpfienc sî.
do erzeicte aber Keiî
sîn alte gewonheit:
110 im was des mannes êre leit,
und beruoft in drumbe sêre
und sprach im an sîn êre.
    Er sprach 'her Kâlogrenant,
uns was ouch ê daz wol erkant
115 daz under uns niemen wære
sô höfsch und als êrbære
als ir wænet daz ir sît.
des lâzen wir iu den strît
vor allen iuwern gesellen,
120 ob wir selbe wellen:
iuch dunket des man süln iu lân.
ouch solz mîn vrouwe dâ vür hân:
sî tæte iu anders gewalt:
iuwer zuht ist sô manecvalt,
125 und ir dunket iuch sô volkomen.
deiswâr ir hât iuch an genomen
irne wizzet hiute waz.
unser deheiner was sô laz,
heter die künegîn gesehen,
130 im wær diu selbe zuht geschehen
diu dâ iu einem geschach.
sît unser deheiner sîne sach,
od swie wir des vergâzen,
daz wir stille sâzen,
135 dô möht ouch ir gesezzen sîn.'
des antwurt im diu künegîn.
    Sî sprach 'Keiî, daz ist dîn site,
und enschadest niemen mê dâ mite
danne dû dir selbem tuost,
140 daz dû den iemer hazzen muost
deme dehein êre geschiht.
dû erlâst dîns nîdes niht
daz gesinde noch die geste:
der bœste ist dir der beste

Der erzählte ihnen eine Geschichte   *59*
von großer Gefahr, die er erlebt,
und mangelnder Tapferkeit, die er dabei gezeigt hatte.
Als er wenig erst erzählt hatte,
erwachte die Königin,
hörte drinnen seine Worte,
ließ den König, ihren Mann, liegen,   *63*
stahl sich von ihm fort
und ging so leise zu ihnen hin,
daß es keiner von ihnen merkte,
bis sie ganz nahe an sie herangekommen war
und plötzlich mitten unter ihnen stand.   *66*
Allein Kalogrenant
sprang vor ihr auf,
verbeugte sich und begrüßte sie.
Da zeigte Keie wieder
sein übliches Benehmen:
Ihn ärgerte des Mannes Auszeichnung,
drum beschimpfte er ihn heftig
und beleidigte ihn. —
Er sagte: 'Herr Kalogrenant,   *71*
wir wußten doch schon vorher genau,
daß unter uns niemand
so höflich und wohlerzogen sei   *74*
wie Ihr Euch dünkt.
Darin erkennen wir Euch gern den Vorrang zu
vor allen Euern Gefährten,
wenn es uns beliebt, so zu tun,
denn Ihr glaubt ja, er stünde Euch zu.
Auch meine Herrin soll es so halten,
andernfalls täte sie Euch Unrecht:
Ihr seid ja in jeder Hinsicht so wohlerzogen
und dünkt Euch so vollkommen.
Wirklich, Ihr maßt Euch
heute wer weiß was an.
Keiner von uns war so träge,
daß er nicht, hätte er die Königin gesehen,
dieselbe feine Lebensart bewiesen hätte,
die Ihr nun allein gezeigt habt.
Da nun niemand von uns sie gesehen hat, —   *84*
oder wie immer es kam, daß wir es verabsäumt haben,   *80*
und sitzengeblieben sind, —
so hättet auch Ihr sitzenbleiben können.'
Darauf antwortete ihm die Königin.   *87*
Sie sagte: 'Keie, es ist ganz deine Art
— und niemandem schadest du mehr damit   *fehlt für*
als dir selbst —,   *H. 138—153*
daß dir der stets ein Ärgernis ist,
dem irgendeine Auszeichnung zuteil wird.
Vor deiner Mißgunst
bleiben weder Hausgenossen noch Gäste verschont,
den Gemeinen schätzt du am meisten,

145	und der beste der bœste.	und der Schätzenswerte gilt dir als Gemeiner.
	eins dinges ich dich trœste:	Eins versichere ich dir:
	daz man dirz immer wol vertreit,	daß man es dir stets hingehen läßt,
	daz kumt von dîner gewonheit,	das kommt von deiner Gewohnheit,
150	daz dûs die bœsen alle erlâst	die Gemeinen stets zu schonen,
	und niuwan haz ze den vrumen hâst.	und nur die Anständigen mit deiner Mißgunst zu [verfolgen.
	dîn schelten ist ein prîsen	So ist für alle Verständigen
	wider alle die wîsen.	dein Schmähen Lobpreisung.
	dune hetest diz gesprochen,	Hättest du dieses nicht gesagt,
	dû wærst benamen zebrochen;	so wärst du gewiß geplatzt, 86
155	und wære daz, weiz got, vil wol,	und das wäre wahrlich kein Schaden gewesen,
	wan dû bist bitters eiters vol,	denn du bist voller ätzenden Giftes,
	dâ dîn herze inne swebet	in dem dein Herz schwimmt
	und wider dînen êren strebet.'	und dir Schande macht.'
	Keiî den zorn niht vertruoc,	Keie ließ sich die Strafrede nicht gefallen.
160	er sprach 'vrouwe, es ist genuoc.	Er sagte: 'Herrin, nun reicht es.
	ir habt mirs joch ze vil gesaget:	Ihr habt mir schon zuviel gesagt, 92
	und het irs ein teil verdaget,	und hättet Ihr es ungesagt gelassen,
	daz zæme iuwerm namen wol.	so hätte Euch das besser gestanden.
	ich enpfâhe gerne, als ich sol,	Ich empfange mit Freuden, wie sich's gehört,
165	iuwer zuht und iuwer meisterschaft:	Eure Belehrung und Unterrichtung.
	doch hât sî alze grôze kraft.	Aber sie geht zu weit.
	ir sprechet alze sêre	Ihr beleidigt die Ritter
	den rittern an ir êre.	zu heftig.
	wir wârens an iu ungewon:	Das haben wir sonst nicht von Euch erlebt,
170	ir werdet unwert dervon.	und Ihr vergebt Euch damit etwas.
	ir strâfet mich als einen kneht.	Ihr schimpft mich aus wie einen kleinen Jungen.
	gnâde ist bezzer danne reht.	Doch ist Nachsicht besser als Gerechtigkeit.
	ichn hân iu selhes niht getân,	Ich habe nicht so an Euch gehandelt, 95
	irn möhtet mich wol leben lân:	daß Ihr mich nicht davonkommen lassen könntet.
175	und wær mîn schulde grœzer iht,	Wäre meine Schuld aber irgend größer,
	so belibe mir der lîp niht.	so möge ich das Leben verlieren.
	vrouwe, habet gnâde mîn,	Herrin, seid großmütig gegen mich
	und lât sus grôzen zorn sîn.	und laßt solch heftiges Zürnen sein.
	iuwer zorn ist ze ungenædeclich:	Euer Zürnen ist allzu unnachsichtig.
180	nien brechet iuwer zuht durch mich.	Vergeßt um meinetwillen nicht Eure Liebenswürdigkeit.
	mîn laster wil ich vertragen,	Die Kränkung will ich ertragen,
	daz ir ruochet gedagen.	damit Ihr nur schweigt. 97
	ich kume nâch mînen schulden	Ich möchte, wie man von mir erwartet,
	gerne ze sînen hulden:	Kalogrenants Verzeihung erlangen:
185	nû bitet in sîn mære,	bittet ihn darum, seine Geschichte,
	des ê begunnen wære,	die vorhin angefangen worden ist,
	durch iuwer liebe volsagen.	Euch zu Liebe zu Ende zu erzählen.
	man mac vil gerne vor iu dagen.'	Vor Euch kann man mit Vergnügen schweigen.'
	Sus antwurte Kâlogrenant	Kalogrenant antwortete folgendermaßen: 106
190	'ez ist umb iuch alsô gewant	'Bei Euch verhält es sich so,
	daz iu daz niemen merken sol,	daß es Euch niemand ankreiden darf,
	sprechet ir anders danne wol.	wenn Ihr anders sprecht als es sich gehört.
	mir ist ein dinc wol kunt:	Eins weiß ich genau: fehlt für
	ezn sprichet niemannes munt	Keines Menschen Mund H. 193—201
195	wan als in sîn herze lêret:	spricht anders als es ihm sein Herz eingibt.
	swen iuwer zunge unêret,	Wann immer Eure Zunge schmäht:

dâ ist daz herze schuldec an.	es liegt an Eurem Herzen.
in der werlte ist manec man	Mancher Mensch in der Welt
valsch und wandelbære,	ist falsch und unzuverlässig,
200 der gerne biderbe wære,	der gern anständig wäre,
wan daz in sîn herze enlât.	doch sein Herz läßt es nicht zu.
swer iuch mit lêre bestât,	Wer Euch mit Ermahnungen beikommen will,
deist ein verlorniu arbeit.	dessen Mühe ist umsonst.
irn sult iuwer gewonheit	Ihr werdet Eure Art
205 durch nieman zebrechen.	um niemandes willen verleugnen.
der humbel der sol stechen:	Die Hummel sticht,
ouch ist reht daz der mist	wo Mist ist,
stinke swâ der ist:	da stinkt es,
der hornûz der sol diezen.	und die Hornisse surrt.
210 ichn möhte niht geniezen	Ich wäre gar nicht erfreut
iuwers lobes und iuwer vriuntschaft,	über Euer Lob und Eure Freundschaftsbeteuerung,
wan iuwer rede hât niht kraft:	denn Eure Rede gilt nichts.
ouch enwil ich niht engelten	So will ich es auch nicht heimzahlen,
swaz ir mich muget schelten.	was immer Ihr mir vorwerfen mögt.
215 war umbe solt ir michs erlân?	Warum solltet Ihr mich verschonen?
ir hât ez tiurerm man getân.	Ihr habt edleren Männern Schimpf zugefügt.
doch sol man ze dirre zît	Doch soll man jetzt
und iemer mêre swâ ir sît	und in Zukunft in Eurer Gegenwart
mînes sagennes enbern:	kein Wort von mir hören.
220 mîn vrouwe sol mich des gewern	Die gnädige Frau möge mir gestatten,
daz ichs mit hulden über sî.'	daß es mir gütigst erlassen sei.'
dô sprach der herre Keiî	Da sagte Herr Keie:
'Nu enlânt disen herren	'Laßt diese Herren
mîne schulde niht gewerren:	nicht unter meinen Verfehlungen leiden,
225 wan dien hânt wider iuch niht getân.	denn diese haben Euch nichts getan.
mîn vrouwe sol iuch niht erlân	Die gnädige Frau möge darauf bestehen,
irn saget iuwer mære;	daß Ihr Eure Geschichte erzählt,
wan ez niht reht wære,	denn es wäre nicht recht,
engultens alle sament mîn.'	wenn sie alle mit mir büßen sollten.'
230 dô sprach diu guote künegîn	Da sprach die gnädige Königin:
'herre Kâlogrenant,	'Herr Kalogrenant,
nû ist iu selbem wol erkant,	Ihr wißt selbst genau
und sît erwahsen dâ mite,	und seid damit groß geworden,
daz in sîn bœse site	daß ihm sein schlechtes Benehmen
235 vil dicke hât entêret	das Ansehen geraubt hat
und daz sich niemen kêret	und daß sich niemand je
an deheinen sînen spot.	um seinen Hohn bekümmert.
ez ist mîn bete und mîn gebot	Es ist mein Wunsch und Wille,
daz ir saget iuwer mære.	daß Ihr Eure Geschichte erzählt,
240 wandez sîn vreude wære,	denn er würde sich nur freuen,
heter uns die rede erwant.'	wenn er uns die Erzählung verdorben hätte.'
dô sprach Kâlogrenant	Da sagte Kalogrenant:
'Swaz ir gebietet, daz ist getân.	'Euer Wunsch ist mir Befehl.
sît ir michs niht welt erlân,	Da Ihr darauf besteht,
245 so vernemet ez mit guotem site,	vernehmt es mit geneigtem Ohr
unde mietet mich dâ mite:	und belohnt mich mit folgendem:
ich sag iu deste gerner vil,	ich erzähle euch mit desto größerem Vergnügen,
ob manz ze rehte merken wil.	je besser ihr aufpaßt.

Right margin line numbers:

116 (beside "wo Mist ist,")
112 (beside "Ihr habt edleren Männern Schimpf zugefügt.")
119 (beside "kein Wort von mir hören.")
125 (beside "Da sagte Herr Keie:")
131 (beside "'Herr Kalogrenant,")
142—148 (geändert) (beside "'Euer Wunsch ist mir Befehl.")
149—170 (beside "vernehmt es mit geneigtem Ohr")

man verliuset michel sagen,	Viele Worte sind umsonst,
250 man enwellez merken unde dagen.	wenn man nicht auf sie achtet und schweigt.
maneger biutet diu ôren dar:	Manch einer macht zwar die Ohren auf,
ern nemes ouch mit dem herzen war,	wenn er es aber nicht mit dem Herzen aufnimmt,
sone wirt im niht wan der dôz,	dann hat er nichts als den leeren Schall
und ist der schade alze grôz:	und es ist jammerschade:
255 wan si verliesent beide ir arbeit,	beider Mühe ist umsonst,
der dâ hœret und der dâ seit.	dessen der hört und dessen der erzählt. 171
ir muget mir deste gerner dagen:	Umso lieber sollt ihr mir zuhören
ichn wil iu deheine lüge sagen.	als ich keine Lüge erzählen will.
Ez geschach mir, dâ von ist ez [wâr,	Einst geschah es mir selbst, weshalb ich mich für die [Wahrheit verbürgen kann,
260 (es sint nû wol zehen jâr)	— zehn Jahre sind es etwa her —
daz ich nâch âventiure reit,	daß ich, 175
gewâfent nâch gewonheit,	gewappnet wie immer,
ze Breziljân in den walt.	auf aventiure in den Wald von Breziljan ausritt. 189
dâ wârn die wege manecvalt:	Es gab dort mehrere Wege.
265 dô kêrt ich nâch der zeswen hant	So wendete ich mich nach rechts 180
ûf einen stîc den ich dâ vant.	auf einen Pfad, den ich dort fand.
der wart vil rûch und enge:	Der wurde bald verwachsen und schmal,
durch dorne und durch gedrenge	durch Dornen und Dickicht
sô vuor ich allen den tac,	ritt ich den ganzen Tag lang, 186
270 daz ich vür wâr wol sprechen mac	sodaß ich wohl sagen kann,
daz ich sô grôze arbeit	daß ich noch niemals so große Mühsal
nie von ungeverte erleit.	durch Unwegsamkeit erlitten hatte.
und dô ez an den âbent gienc,	Da es nun Abend wurde,
einen stîc ich dô gevienc:	kam ich auf einen Pfad,
275 der truoc mich ûz der wilde,	der mich aus der Wildnis führte,
und kam an ein gevilde.	und gelangte so auf ein freies Feld.
dem volget ich eine wîle,	Eine Zeitlang folgte ich ihm,
niht vol eine mîle,	nicht ganz eine Meile,
unz ich eine burc ersach:	bis ich eine Burg sah. 192
280 dar kêrt ich durch mîn gemach.	Dorthin wandte ich mich, um auszuruhen.
ich reit gegen dem bürgetor:	Ich ritt auf das Burgtor zu,
dâ stuont ein rîter vor.	ein Ritter stand davor.
er hete, den ich dâ stânde vant,	Er, den ich dort stehen sah,
einen mûzerhabech ûf der hant:	hatte einen Jagdhabicht auf der Hand. 199
285 diz was des hûses herre.	Es war der Herr der Burg.
und als er mich von verre	Als er mich von weitem
zuo ime sach rîten,	auf sich zu reiten sah,
nune mohter niht erbîten	wartete er nicht ab
und enlie mir niht die muoze	und ließ mir nicht einmal die Zeit,
290 daz ich zuo sînem gruoze	ihn ordentlich
volleclîchen wære komen,	zu grüßen,
erne hete mir ê genomen	sondern hatte schon vorher
den zoum unde den stegereif.	Steigbügel und Zaum ergriffen. 201
und alser mich alsô begreif,	Und wie er mir so zur Hand ging,
295 do enpfienc er mich als schône	bewillkommnete er mich so freundlich,
als im got iemer lône.	daß Gott es ihm stets vergelten möge.
Nû hienc ein tavel vor dem tor	Eine Platte hing an dem Tor 214
300 an zwein ketenen enbor:	oben an zwei Ketten.
dâ sluoc er an daz ez erhal	Daran schlug er, daß es tönte

6

und daz ez in die burc erschal.	und in die Burg erscholl.
dar nâch was vil unlanc	Es dauerte nicht lange,
unz daz dort her vür spranc	bis das Gesinde des Burgherrn
305 des wirtes samenunge,	herausgelaufen kam,
schœne unde junge	ansehnliche, junge
junkherren unde knehte,	Junker und Knappen,
gecleidet nâch ir rehte:	standesgemäß gekleidet.
die hiezen mich willekomen sîn.	Diese hießen mich willkommen.
310 mînes rosses unde mîn	Für mein Pferd und mich
wart vil guot war genomen.	wurde vortrefflich gesorgt.
und vil schiere sach ich komen,	Und bald sah ich auch,
dô ich in die burc gienc,	als ich in die Burg ging,
ein juncvrouwen diu mich enpfienc:	eine junge Dame kommen, die mich bewillkommnete. 226
315 ich gihe noch als ich dô jach,	Noch heute sage ich wie damals schon,
daz ich nie schœner kint gesach.	daß ich noch niemals ein schöneres Mädchen gesehen
diu entwâfente mich.	Die nahm mir die Rüstung ab [habe. 230
und einen schaden clage ich	und nur eins will ich bedauern, *fehlt für*
(des enwunder niemen),	und niemand soll sich darüber wundern, H. 318—325
320 daz der wâfenriemen	daß der Waffenriemen
alsô rehte lützel ist,	so sehr wenige sind,
daz sî niht langer vrist	sodaß sie sich nicht längere Zeit
mit mir solde umbe gân.	mit mir beschäftigen mußte.
ez was ze schiere getân:	So ging es allzu schnell.
325 ichn ruochte, soldez iemer sîn.	Ich hätte nichts dagegen gehabt, wenn es ewig gedauert
ein scharlaches mäntelîn	Sie legte mir einen [hätte.
daz gap sî mir an.	Umhang von Scharlach um. 232
ich unsæliger man,	Wie war ich unglücklich, *fehlt für*
daz sî mîn ouge ie gesach,	sie je gesehen zu haben, H. 328—330
330 dô uns ze scheidenne geschach.	als wir Abschied nehmen mußten.
Wir zwei beliben eine.	Wir zwei blieben allein. 234
nu verstuont sich wol diu reine	Da merkte die makellos Schöne wohl,
daz ich gerne bî ir was:	daß ich mit Vergnügen in ihrer Gesellschaft war.
an ein daz schœneste gras	Auf den schönsten Rasen 239
335 daz diu werlt ie gewan,	der Welt
dâ vuorte sî mich an,	führte sie mich,
ein wênec von den liuten baz.	etwas abseits von den Leuten.
daz liez ich weizgot âne haz.	Das ließ ich bei Gott ohne Abneigung geschehen.
hie vant ich wîsheit bî der jugent,	Da fand ich Klugheit und Jugend gepaart,
340 grôze schœne und ganze tugent.	hohe Schönheit und innere Vollkommenheit.
sî saz mir güetlichen bî:	Freundlich saß sie bei mir.
und swaz ich sprach, daz hôrte sî	Meiner Rede hörte sie zu
und antwurt es mit güete.	und beantwortete sie freundlich.
ezn betwanc mîn gemüete	Niemals nahm
345 unde bekumbert mînen lîp	ein Mädchen oder eine Frau
nie sô sêre maget noch wîp	meine Sinne derart gefangen und hat mir soviel Kummer
und getuot ouch lîhte nimer mê.	und wird es auch wohl nie mehr tun; [gemacht,
ouwê immer unde ouwê,	ach und aber ach,
waz mir dô vreuden benam	welch großen Vergnügens hat mich (247)
350 ein bote der von dem wirte kam!	ein Bote beraubt, der vom Burgherren kam;
der hiez uns beidiu ezzen gân.	der forderte uns beide auf, zum Essen zu kommen.
dô muose ich rede und vreude lân.	Da mußte ich das beglückende Gespräch beenden.
Dô ich mit ir ze tische gienc,	Als ich mich mit ihr zu Tisch begab,

der wirt mich anderstunt enpfienc.	begrüßte der Burgherr mich abermals.	
355 ezn gebôt nie wirt mêre	Nie hat ein Gastgeber	
sînem gaste grœzer êre.	seinem Gaste größere Ehrerbietung erwiesen.	
er tete den stîgen und den wegen	Er segnete mehrfach	207
manegen güetlîchen segen,	die Wege und Stege,	
die mich gewîset heten dar.	die mich hergeführt hatten,	
360 hie mite sô übergulterz gar,	und damit machte er das Maß seiner Güte voll,	
daz er mich ir nie verstiez	daß er mich nicht von dem Fräulein trennte,	254
und mich sô güetlîchen liez	sondern so freundlich war,	
mit der juncvrouwen ezzen.	mich mit ihr speisen zu lassen.	
ouch enwart dâ niht vergezzen	Auch wurde nicht verabsäumt,	fehlt für
365 wirn heten alles des die kraft	uns reichlich in den Genuß alles dessen zu setzen,	H. 364—368
daz man dâ heizet wirtschaft.	was man gastliche Bewirtung nennt:	
man gap uns spîse, diu was guot,	man gab uns vortreffliche Speise,	
dâ zuo den willigen muot.	— und das mit großer Bereitwilligkeit.	
Dô wir mit vreuden gâzen	Als wir vergnüglich gegessen hatten,	256—260
370 und dâ nâch gesâzen,	und danach noch zusammensaßen,	geändert
und ich im hâte geseit	und ich ihm erzählt hatte,	
daz ich nâch âventiure reit,	daß ich auf aventiure ausgeritten sei,	
des wundert in vil sêre,	verwunderte er sich darüber außerordentlich	
und jach daz im nie mêre	und sagte, daß nie	
375 dehein der gast wære komen	ein Fremder zu ihm gekommen sei,	
von dem er hæte vernomen	von dem er gehört hätte,	
daz er âventiure suochte,	er suche aventiure,	262
und bat daz ich des geruochte,	und er bat mich um die Freundlichkeit,	
swenn ich den wec dâ wider rite,	daß, wenn ich den Weg zurückritte,	
380 daz ich in danne niht vermite.	ich nicht bei ihm vorüberreiten möge.	
dâ wider het ich deheinen strît:	Ich hatte nichts dagegen einzuwenden,	
ich lobet ez und leistez sît.	versprach es und habe es nachher auch gehalten.	
Dô slâfennes zît wart,	Als die Schlafenszeit gekommen war,	270 geändert
do gedâht ich an mîne vart.	dachte ich an meinen Ausritt.	
385 und dô ich niene wolde	Und da ich weder	
noch belîben solde,	bleiben wollte noch durfte,	
dô wart der rîterlîchen maget	sagte ich dem edlen Fräulein	
von mir gnâde gesaget	Dank	
ir guoten handelunge.	für die gütige Aufnahme.	
390 diu süeze und diu junge	Die Liebliche und Junge	fehlt für
diu lachet unde neic mir.	verneigte sich lächelnd vor mir.	H. 390—391
seht, dô muose ich von ir.	Seht, da mußte ich von ihr scheiden.	
daz gesinde daz bevalch ich gote:	Dem Burgvolk wünschte ich Gottes Schutz.	(275)
ze mînes wirtes gebote	Ich empfahl mich	
395 dâ bôt ich mich vil dicke zuo.	meinem Gastgeber.	
dan schiet ich unde reit vil vruo	Ich nahm Abschied und ritt in aller Frühe	276
ze walde von gevilde.	vom freien Feld zurück in den Wald.	fehlt für
dâ râmet ich der wilde	Dort strebte ich der Wildnis zu	H. 396—400
und vant nâch mitten morgen	und fand am späten Vormittag	
400 in dem walde verborgen	verborgen im Walde	
ein breitez geriute	ein ausgedehntes gerodetes Feld,	
âne die liute.	das jedoch menschenleer war.	
da gesach ich mir vil leide	Da bot sich mir zu meinem Schrecken	fehlt für
ein swære ougenweide,	ein entsetzlicher Anblick:	H. 403—408
405 aller der tiere hande	alle Gattungen von Tieren,	

8

die man mir ie genande,	von denen ich je gehört hatte,	
vehten unde ringen	sah ich aufs Furchtbarste	
mit eislîchen dingen.	kämpfen und ringen.	
dâ vâhten mit grimme	Da kämpften grimmig	
410 mit griulîcher stimme	und mit greulichem Gebrüll	
wisente und ûrrinder.	Wisente und Auerochsen.	280
dô gehabt ich hinder,	Da hielt ich an	285
und rou mich daz ich dar was komen.	und bereute, hergekommen zu sein.	fehlt für
und heten sî mîn war genomen,	Und hätten sie mich bemerkt,	H. 413—424,
		H. fehlt für
415 sone triut ich mich anders niht	so hätte ich mir keine andere Hilfe gewußt,	286—287
[erwern,		
wan ich bat mich got genern.	als Gott um Rettung anzuflehen.	
vil gerne wold ich von dan.	Gar zu gern wäre ich fortgeritten.	
do gesach ich sitzen einen man	Da sah ich einen Menschen	
in almitten under in:	mitten unter den Tieren sitzen,	
420 daz getrôste mir den sin.	das flößte mir wieder Zutrauen ein.	
dô ich aber im nâher kam	Doch als ich mich ihm näherte,	
und ich sîn rehte war genam,	und ihn genau sehen konnte,	
dô vorht ich in alsô sêre	fürchtete ich ihn ebenso sehr	
sam diu tier, ode mêre.	wie die Tiere oder gar mehr.	
425 sîn menneschlîch bilde	Seine menschliche Erscheinung	287
was anders harte wilde:	war überaus wild,	
er was einem Môre gelîch,	er glich einem Mohren,	288
michel unde als eislîch	war groß und so schrecklich,	
daz ez niemen wol geloubet.	daß es ganz unglaublich ist.	
430 zewâre im was sîn houbet	Wahrhaftig, sein Kopf	
grœzer dan einem ûre.	war größer als der eines Auerochsen,	295
ez hete der gebûre	der Kerl hatte	
ein ragendez hâr ruozvar:	struppiges, rußschwarzes Haar,	305
daz was im vast unde gar	das war ihm	
435 verwalken zuo der swarte	an Haupt und Bart	
an houbet unde an barte,	an der Haut ganz und gar verfilzt,	
sîn antlütze was wol ellen breit,	sein Gesicht war ellenbreit und	fehlt für
mit grôzen runzen beleit.	von tiefen Runzeln durchfurcht.	H. 437—442
ouch wâren im diu ôren	Dazu waren ihm die Ohren	299
440 als einem walttôren	wie einem Waldschrat	
vermieset zewâre	vermoost mit	
mit spannelangem hâre,	spannenlangem Haar	
breit alsam ein wanne.	und waren groß wie ein Futtertrog.	
dem ungevüegen manne	Der ungeschlachte Mann	
445 wâren granen unde brâ	hatte lange, zottige und graue	
lanc rûch unde grâ;	Barthaare und Augenbrauen.	
diu nase als einem ohsen grôz,	Die Nase war dick wie bei einem Ochsen,	
kurz, wît, niender blôz;	kurz, breit, überall behaart;	
daz antlütze dürre und vlach;	das Gesicht mager und platt,	301
450 (ouwî wie eislîch er sach!)	— ach, wie schrecklich sah er aus, —	
diu ougen rôt, zornvar.	die Augen rot und zornfunkelnd.	fehlt
der munt hâte im gar	Der Mund reichte	
bêdenthalp diu wangen	weit bis	
mit wîte bevangen.	zu beiden Wangen.	
455 er was starke gezan,	Er hatte mächtige Zähne	
als ein eber, niht als ein man:	wie ein Eber, nicht wie ein Mensch,	304

9

	ûzerhalp des mundes tür	sie ragten ihm
	rageten sî im her vür,	lang, scharf, groß und breit
	lanc, scharpf, grôz, breit.	aus dem Tor des Mundes heraus.
460	im was daz houbet geleit	Der Kopf war ihm so aufgesetzt,
	daz im sîn rûhez kinnebein	daß sein borstiges Kinn	306
	gewahsen zuo den brüsten schein.	an die Brust angewachsen schien.
	sîn rücke was im ûf gezogen,	Sein Rücken wölbte sich nach oben,	307
	hoveroht und ûz gebogen.	bucklig und verkrümmt.
465	er truoc an seltsæniu cleit:	Seltsame Kleider trug er:	309
	zwô hiute het er an geleit:	er hatte zwei Felle angezogen,
	die heter in niuwen stunden	die er eben erst
	zwein tieren abe geschunden.	zwei Tieren abgezogen hatte.
	er truoc einn kolben alsô grôz	Er trug eine so riesige Keule,	293, 308
470	daz mich dâ bî im verdrôz.	daß mir in seiner Nähe ziemlich unbehaglich war.
	Dô ich im alsô nâhen kam	Als ich ihm so nahe gekommen war,
	daz er mîn wol war genam,	daß er mich bemerken konnte,
	zehant sach ich in ûf stân	sah ich ihn plötzlich aufstehen
	unde nâhen zuo mir gân.	und sich mir nähern.	fehlt für H. 474—478
475	weder wider mich sîn muot	Ob seine Gesinnung gegen mich
	wære übel ode guot,	böse oder freundlich sei,
	desn weste ich niht die wârheit,	wußte ich nicht,
	und was iedoch ze wer bereit.	aber ich hielt mich kampfbereit.
	weder er ensprach noch ich.	Weder er noch ich sprachen.
480	dô er sweic, do versach ich mich	Da er schwieg, nahm ich an,
	daz er ein stumbe wære,	er sei ein Stummer,	326
	und bat mir sagen mære.	und sprach ihn um Auskunft an.
	ich sprach 'bistu übel ode guot?'	Ich sagte: 'Bist du böse oder gut?'	328
	er sprach 'swer mir niene tuot,	Er sagte: 'Wer mir nichts tut,	fehlt für H. 484—487
485	der sol ouch mich ze vriunde hân.'	soll auch mich zum Freund haben.'
	'mahtû mich danne wizzen lân,	'Kannst du mir dann erklären,
	waz crêatiure bistû?'	welch ein Geschöpf du bist?'
	'ein man, als dû gesihest nû.'	'Ein Mensch wie du siehst.'	330
	'nû sage mir waz dîn ambet sî.'	'Nun sage mir, was machst du hier?'
490	'dâ stân ich disen tieren bî.'	'Ich hüte diese Tiere.'
	'nû sage mir, tuont sî dir iht?'	'Nun sage mir, tun sie dir was?'	335—340
	'sî lobetenz, tæt ich in niht.'	'Sie sind froh, wenn ich ihnen nichts tue.'	geändert
	'entriuwen vürhtent sî dich?'	'Wirklich, fürchten sie dich?'
	'ich pflige ir, und sî vürhtent mich	'Ich hüte sie, und sie fürchten mich
495	als ir meister unde ir herren.'	als ihren Herrn und Meister.'
	'sage, waz mac in gewerren	'Sage, wie können sie denn
	dîn meisterschaft und dîn huote,	deine Herrschaft und dein Aufpassen hindern,
	sine loufen nâch ir muote	daß sie nicht, wie es ihnen in den Sinn kommt
	ze walde und ze gevilde?	in Wald und Feld laufen.
500	wan ich sihe wol, sî sint wilde,	Denn ich sehe wohl, daß sie wild sind.
	sine erkennent man noch sîn gebot.	Sie erkennen weder den Menschen noch sein Gebot an.	336
	ichn wânde niht daz âne got	Ich glaubte nicht, daß abgesehen von Gott jemand
	der gewalt iemen töhte	über die Macht verfügte,
	der sî betwingen möhte	daß er sie
505	âne sloz und âne bant.'	ohne Ketten und Fesseln bezwingen könnte.'	340
	er sprach 'mîn zunge und mîn hant,	Er sagte: 'Meine Worte und meine Hand,	346 geändert
	mîn bete und mîn drô,	mein Befehl und meine Drohung
	die hânt mirs gemachet sô	reichen aus,

daz sî bibende vor mir stânt
510 und durch mich tuont unde lânt.
swer ouch anders under in
solde sîn als ich bin,
der wære schiere verlorn.'
'herre, vürhtents dînen zorn,
515 so gebiut in vride her ze mir.'
er sprach 'niene vürhte dir:
sine tuont dir bî mir dehein leit.
nû hân ich dir vil gar geseit
swes dû geruochtest vrâgen:
520 nune sol dich niht beträgen,
dune sagest mir waz dû suochest.
ob du iht von mir geruochest,
daz ist allez getân.'
ich sprach 'ich wil dich wizzen lân,
525 ich suoche âventiure.'
dô sprach der ungehiure
'âventiure? waz ist daz?'
'daz wil ich dir bescheiden baz.
nû sich wie ich gewâfent bin.
530 ich heize ein riter und hân den sin
daz ich suochende rîte
einen man der mit mir strîte,
der gewâfent sî als ich.
daz prîset in, und sleht er mich:
535 gesige aber ich im an,
sô hât man mich vür einen man,
und wirde werder danne ich sî.
sî dir nû nâhen ode bî
kunt umb selhe wâge iht,
540 des verswîc mich niht,
unde wîse mich dar,
wand ich nâch anders nihte envar.'
   Alsus antwurt er mir dô
'sît dîn gemüete stât alsô
545 daz dû nâch ungemache strebest
und niht gerne sanfte lebest,
ichn gehôrte bî mînen tagen
selhes nie niht gesagen
waz âventiure wære:
550 doch sag ich dir ein mære,
wil dû den lîp wâgen,
sone darftû niht mê vrâgen.
hie ist ein brunne nâhen bî
über kurzer mîle drî:
555 zewâre unde kumestû dar
und tuostû im sîn reht gar,
tuostû dan die widerkêre
âne grôze dîn unêre,
sô bistû wol ein vrum man:
560 dâne zwîvel ich niht an.

daß sie zitternd vor mir stehen | 349
und tun und lassen, was ich will.
Träte aber ein Fremder
unter sie so wie ich,
der wäre alsbald des Todes.'
'Herr, wenn sie deinen Zorn fürchten,
so gebiete ihnen, daß sie sich friedlich gegen mich
Er sagte: 'Fürchte dich nicht, [verhalten.'
sie tun dir kein Leid, wenn ich dabei bin.
Jetzt habe ich dir auf alles Auskunft gegeben,
was dir zu fragen beliebt hat.
Nun sei auch so freundlich,
mir zu sagen, was du suchst. | 356
Wenn du etwas von mir wünschst,
so steht es zu deinen Diensten.'
Ich sprach: 'Ich will es dir sagen:
ich suche aventiure.' | 362
Da sagte der Unhold: | fehlt für
'aventiure, was ist das?' | H. 526—546
'Das will ich dir genau erklären.
Sieh her, welche Rüstung ich trage.
Man nennt mich Ritter, und ich habe die Absicht
auszureiten auf die Suche
nach einem Mann, der mit mir kämpfe
und der Waffen trägt wie ich.
Schlägt er mich, so bringt ihm das Ruhm ein,
siege aber ich über ihn,
so sieht man einen Helden in mir,
und meine Würde wächst.
Wenn dir nun hier oder in der Nähe
eine Gelegenheit zu solchem Kampf bekannt ist,
so verschweige es mir nicht,
sondern zeige mir den Weg dorthin,
denn etwas anderes suche ich nicht.'
Da antwortete er mir so:
'Also bist du solchen Sinnes,
daß du die Gefahr suchst
und nicht in friedlicher Bequemlichkeit leben möchtest.
In meinem Leben
habe ich nicht so etwas gehört,
was es mit aventiure auf sich habe. | 368
Aber ich will dir etwas sagen:
wenn du dein Leben aufs Spiel setzen willst,
so brauchst du nicht länger mehr zu fragen.
Hier in der Nähe ist eine Quelle, | 371
nicht weiter als drei kleine Meilen entfernt.
Wenn du dorthin kommst
und handelst in der richtigen Weise | 373
und kommst dann zurück,
ohne erhebliche Schande erfahren zu haben,
dann bist du wahrhaftig ein tüchtiger Mann,
daran will ich nicht zweifeln.

11

	waz vrumt ob ich dir mêre sage?	Was soll ich dir noch mehr sagen?
	ich weiz wol, und bistû niht ein zage,	Ich bin sicher, wenn du kein Feigling bist,
	so gesihestû wol in kurzer vrist	wirst du in kurzer Zeit selbst sehen,
	selbe waz diu rede ist.	wie sich die Sache verhält.
565	Noch hœre waz sîn reht sî.	Höre noch etwas von der Beschaffenheit der Quelle.
	dâ stât ein capelle bî:	Eine Kapelle steht in der Nähe,
	diu ist schœne und aber cleine.	die zwar klein aber schön ist,
	kalt und vil reine	kalt und klar
	ist der selbe brunne:	ist die erwähnte Quelle:
570	in rüeret regen noch sunne,	weder Regen noch Sonne treffen sie,
	nochn trüebent in die winde.	noch rühren sie die Winde auf.
	des schirmet im ein linde,	Eine Linde schützt sie davor,
	daz nie man schœner gesach:	schön wie keine andere:
	diu ist sîn schate und sîn dach.	sie bietet ihr Schatten und Dach.
575	si ist breit hôch und alsô dic	Sie ist mächtig, hoch und so dicht,
	daz regen noch der sunnen blic	daß weder Regen noch ein Sonnenstrahl
	niemer dar durch enkumt:	sie je durchdringen.
	irn schadet der winter noch envrumt	Der Winter hat nicht den mindesten Einfluß
	an ir schœne niht ein hâr,	auf ihre Schönheit,
580	sine stê geloubet durch daz jâr.	sodaß sie das ganze Jahr hindurch im Laub steht.
	und ob dem brunne stât ein	Oberhalb der Quelle steht ein
	harte zierlîcher stein,	überaus zierlich behauener Stein
	undersatzt mit vieren	auf einem Sockel
	marmelînen tieren:	von vier marmornen Tieren.
585	der ist gelöchert vaste.	Der ist tief ausgehöhlt.
	ez hanget von einem aste	Von einem Aste hängt
	von golde ein becke her abe:	ein goldenes Gefäß herab.
	jane wæn ich niht daz iemen habe	Ich glaube nicht, jemand
	dehein bezzer golt danne ez sî.	habe besseres Gold als dieses.
590	diu keten dâ ez hanget bî,	Die Kette, an der es hängt
	diu ist ûz silber geslagen.	ist aus Silber geschmiedet.
	wil dû danne niht verzagen,	Wenn du keine Angst hast,
	sone tuo dem becke niht mê,	so mache mit dem Becken nichts weiter,
	giuz ûf den stein der dâ stê	als daß du auf den Stein, der dort steht,
595	dâ mite des brunnen ein teil:	etwas von dem Quellwasser gießt.
	deiswâr, sô hâstû guot heil,	Wirklich, das Glück ist mit dir,
	gescheidestû mit êren dan.'	wenn du mit Ehren wieder von dort scheidest.'
	hin wîste mich der waltman	Der Waldmann zeigte mir
	einen stîc ze der winstern hant:	einen Weg dorthin zur Linken.
600	ich vuor des endes unde vant	Ich ritt dahin und fand
	der rede eine wârheit	seine Worte bestätigt,
	als er mir hete geseit,	genau wie er es gesagt hatte.
	und vant dâ grôz êre.	Und ich fand dort große Herrlichkeit.
	man gehœret nimer mêre,	Nie mehr wird man
605	diu werlt stê kurz ode lanc,	solange die Welt steht,
	sô wünneclîchen vogelsanc	so herrlichen Gesang der Vögel hören,
	als ich ze der linden vernam,	wie ich ihn bei der Linde vernahm,
	dô ich derzuo geriten kam.	als ich hingeritten kam.
	der ie gewesen wære	Das Herz selbst
610	ein tôtriuwesære,	eines Todtraurigen
	des herze wære dâ gevreut.	wäre dort froh geworden.
	sî was mit vogelen bestreut	Die Linde war so mit Vögeln bedeckt,

Margin notes (right column):

- *393* (line 566)
- *380 geändert* (line 568)
- *(417)* (line 576)
- *385* (line 579)
- *fehlt für H. 581—585* (lines 581–582)
- *(425)* (line 585)
- *(386)/420* (line 588)
- *fehlt* (line 591)
- *396* (line 595)
- *H. fehlt für 397—403 405* (lines 596–597)
- *376 geändert* (line 599)
- *H. fehlt für 400—411* (line 602)
- *fehlt für H. 604—611* (line 604)
- *460* (line 612)

daz ich der este schîn verlôs	daß ich die Äste nicht sehen konnte,
und ouch des loubes lützel kôs.	und auch kein Laub wahrnahm.
615 dern wâren niender zwêne gelîch:	Keiner war dem andern gleich,
ir sanc was sô mislîch,	ihr Gesang klang mannigfach
hôch unde nidere.	in allen Tonlagen.
die stimme gap in widere	Die Stimmen gab ihnen
mit gelîchem galme der walt.	der Wald mit gleichem Schalle zurück.
620 wie dâ sanc sange galt!	Wie da Gesang in Gesang tönte!
den brunnen ich dar under sach,	Die Quelle sah ich darunter
und swes der waltman mir verjach.	und alles, was mir der Waldmann gesagt hatte.
ein smâreides was der stein:	Der Stein war ein Smaragd.
ûz iegelîchem orte schein	Aus jeder Ecke leuchtete
625 ein alsô gelpfer rubîn,	ein Rubin, der so funkelte,
der morgensterne möhte sîn	daß der Morgenstern nicht schöner sein könnte,
niht schœner, swenner ûf gât	wenn er aufgeht
und in des luftes trüebe lât.	und ihn die dämmerige Luft nicht mehr verdunkelt.
Dô ich daz becke hangen vant,	Als ich das Gefäß hängen sah,
630 dô gedâht ich des zehant,	Dachte ich gleich,
sît ich nâch âventiure reit,	da ich ja auf aventiure ausgeritten war,
ez wære ein unmanheit	es sei eine unmännliche Schwachheit,
obe ich dô daz verbære	wenn ich es unterließe
ichn versuochte waz daz wære;	zu versuchen, wie es damit bestellt sei.
635 und riet mir mîn unwîser muot,	Und es riet mir mein Unverstand,
der mir vil dicke schaden tuot,	der mir oft schadet,
daz ich gôz ûf den stein.	den Stein zu begießen.
do erlasch diu sunne diu ê schein,	Da verfinsterte sich die Sonne, die eben noch hell ge-
	[schienen hatte,
und zergienc der vogelsanc,	und der Gesang der Vögel verstummte
640 als ez ein swærez weter twanc.	vor einem schweren Ungewitter.
diu wolken begunden	Die Wolken zogen
in den selben stunden	gleichzeitig
von vier enden ûf gân:	von vier Himmelsrichtungen her auf.
der liehte tac wart getân	Der helle Tag wurde so verwandelt,
645 daz ich die linden kûme gesach.	daß ich die Linde gar nicht mehr sehen konnte.
grôz ungnâde dâ geschach.	Ein schrecklicher Aufruhr erhob sich.
vil schiere dô gesach ich	Da sah ich alsbald
in allen enden umbe mich	um mich her auf allen Seiten
wol tûsent tûsent blicke:	tausend und abertausend Blitze.
650 dar nâch sluoc alsô dicke	Danach dröhnte ebensooft
ein alsô krêftiger donerslac	ein so gewaltiger Donnerschlag,
daz ich ûf der erde gelac.	daß ich auf die Erde stürzte.
sich huop ein hagel unde ein regen,	Es fing an zu hageln und zu regnen,
wan daz mich der gotes segen	und hätte mich nicht Gottes Gnade
655 vriste von des weters nôt,	vor Wettersnot behütet,
ich wære der wîle dicke tôt:	so wäre ich dabei umgekommen.
daz weter wart als ungemach	Das Unwetter wurde so furchtbar,
daz ez den walt nider brach.	daß es den Wald niederbrach.
was iender boum dâ sô grôz	Und war irgendwo ein Baum stark genug,
660 daz er bestuont, der wart blôz	daß er stehenblieb, so wurde er kahl
und loubes alsô lære	und so des Laubes beraubt
als er verbrennet wære.	als sei er verbrannt.
swaz lebete in dem walde,	Was im Walde lebte,

Right margin annotations:

467 (beside lines 616–618)

424 (beside line 623)

428 (beside line 626)

419 (beside line 629)

434 (beside line 635)

fehlt für H. 638—640 (beside lines 638–639)

447 (beside line 649)

444 (beside line 653)

fehlt für H. 660—662 (beside lines 661–662)

	ez entrünne danne balde,
665	daz was dâ zehant tôt.
	ich hete von des weters nôt
	mich des lîbes begeben
	und enahte niht ûf mîn leben,
	und wære ouch sunder zwîvel tôt:
670	wan daz der hagel und diu nôt
	in kurzer wîle gelac,
	und begunde liehten der tac.
	Dô diu vreise zergienc
	und ez ze wetere gevienc,
675	wær ich gewesen vür wâr
	bî dem brunnen zehen jâr,
	ichn begüzze in niemer mê:
	wan ich hetez baz gelâzen ê.
	die vogele kâmen widere:
680	ez wart von ir gevidere
	diu linde anderstunt bedaht:
	sî huoben aber ir süezen braht
	und sungen verre baz dan ê.
	mirn wart dâ vor nie sô wê,
685	desn wær nû allez vergezzen.
	alsus het ich besezzen
	daz ander paradîse.
	die selben vreude ich prîse
	vür alle die ich ie gesach.
690	jâ wând ich vreude ân ungemach
	unangestlîchen iemer hân:
	seht, dô trouc mich mîn wân.
	Mir nâhte laster unde leit.
	nû seht wâ dort her reit
695	ein rîter: des geverte
	was grimme und alsô herte
	daz ich des wânde ez wære ein her.
	iedoch bereite ich mich ze wer.
	sîn ors was starc, er selbe grôz;
700	des ich vil lützel genôz.
	sîn stimme lûte sam ein horn:
	ich sach wol, im was an mich zorn.
	als ab ich in einen sach,
	mîn vorhte und mîn ungemach
705	wart gesenftet iedoch,
	und gedâhte ze lebenne noch,
	und gurte mînem orse baz.
	dô ich dâ wider ûf gesaz,
	dô was er komen daz er mich sach.
710	vil lûte rief er unde sprach,
	dô er mich aller verrest kôs,
	'rîter, ir sît triuwelôs.
	mirn wart von iu niht widerseit,
	und habent mir lasterlîchez leit
715	in iuwer hôchvart getân.

kam, wenn es nicht rechtzeitig entrinnen konnte,	398
auf der Stelle um.	
Ich hatte wegen des Unwetters	
mich aufgegeben	
und mit meinem Leben abgeschlossen.	
Und ich wäre auch ohne Zweifel umgekommen,	
hätten sich nicht Hagel und Wettersnot	
in kurzer Zeit gelegt	
und der Tag sich wieder aufgehellt.	
Als die Gefahr vorbei war,	
und es wieder besseres Wetter wurde,	452
da hätte ich wahrhaftig	fehlt für H.
zehn Jahre lang bei der Quelle sein können	675—678
und hätte sie nicht wieder begossen,	
denn schon das erstemal hätte ich es besser unterlassen.	
Die Vögel kamen zurück,	
von ihrem Gefieder	
wurde die Linde von neuem bedeckt.	462
Sie erhoben abermals ihr süßes Getön	
und sangen noch viel schöner als zuvor.	fehlt für H.
So angst mir vorher gewesen war,	683—693
jetzt war alles vergessen.	
So war es,	
als sei ich im Paradies selbst.	
Dieses Glück rühme ich	
vor allem, das mir je widerfahren ist.	
Wirklich glaubte ich, ungetrübtes Glück	
sorglos immer zu haben:	
seht, die Hoffnung täuschte mich.	
Schande und Kummer nahten mir.	
Seht, wie dort ein Ritter hergeritten kam,	479
dessen Herangaloppieren	
war grimmig und so furchterregend,	
daß ich deshalb glaubte, es sei ein ganzes Heer.	480
Dennoch bereitete ich mich zum Kampfe vor.	
Sein Pferd war stark, er selbst gewaltig,	
was ziemlich übel für mich war.	
Seine Stimme dröhnte wie ein Horn.	
Ich merkte wohl, daß er über mich erzürnt war.	
Als ich ihn jedoch ganz allein sah,	
wurden meine Furcht und Besorgnis	
etwas beruhigt,	
und ich meinte doch, das Leben noch zu behalten,	
und zog meinem Pferd den Sattelgurt fester.	484
Als ich wieder aufgesessen war,	
war er so nahe gekommen, daß er mich sah.	
Er rief laut und sprach,	
als er mich aus der Ferne bemerkte:	
'Ritter, Ihr seid ein Friedensbrecher.	491
Ihr habt mir nicht Fehde angesagt	
und mir doch schmerzliches Böses	
in Eurer Anmaßung zugefügt.	

nu wie sihe ich mînen walt stân!	Wie sehe ich meinen Wald stehen?
den habent ir mir verderbet	Den habt Ihr mir verwüstet,
und mîn wilt ersterbet	und mein Wild umgebracht
und mîn gevügele verjaget.	und meine Vögel verjagt,
720 iu sî von mir widersaget:	Ich sage Euch Fehde an.
ir sult es mir ze buoze stân	Ihr sollt mir Schadensersatz leisten
od ez muoz mir an den lîp gân.	oder ich will selbst das Leben verlieren.
daz kint daz dâ ist geslagen,	Geschlagenes Kind 502
daz muoz wol weinen unde clagen:	klagt mit Recht:
725 alsus clag ich von schulden.	So klage auch ich mit Grund.
ichn hân wider iuwern hulden	Ich habe Euch wissentlich H. fehlt für
mit mînem wizzen niht getân:	nichts Feindseliges getan. 503—514
âne schulde ich grôzen schaden hân.	Schuldlos erleide ich großen Verlust.
hien sol niht vrides mêre wesen:	Der Friede soll jetzt aus sein.
730 wert iuch, ob ir welt genesen.'	Wehrt Euch, wenn Euch das Leben lieb ist.' 516
Dô bôt ich mîn unschulde	Da stellte ich ihm meine Unschuld vor fehlt für H.
und suochte sîne hulde:	und suchte seine Vergebung zu erlangen, 731—737
wan er was merre danne ich.	denn er war mir überlegen.
done sprach er niht wider mich.	Aber er erwiderte mir nur,
735 wan daz ich mich werte,	ich solle mich wehren,
ob ich mich gerne nerte.	wenn ich wünschte, mich zu retten.
dô tete ich daz ich mohte,	Da tat ich, was ich konnte,
daz mir doch lützel tohte.	aber das nützte mir gar nichts.
ich tjostierte wider in:	Ich ritt mit der Lanze gegen ihn an.
740 des vuort er mîn ors hin.	Auf diese Weise gewann er mein Pferd:
daz beste heil daz mir geschach,	Das beste, was ich ausrichtete,
daz was daz ich mîn sper zebrach.	war, daß ich meine Lanze zerbrach. 532
vil schône sazte mich sîn hant	Gar kunstvoll warf er mich
hinder daz ors ûf daz lant,	hinter das Pferd auf die Erde,
745 daz ich vil gar des vergaz	daß ich nicht mehr wußte, fehlt für H.
ob ich ûf ors ie gesaz.	ob ich jemals auf einem Pferd gesessen hatte. 745—746
er nam mîn ors und lie mich ligen.	Er nahm mein Pferd und ließ mich liegen. 544
mir was gelückes mich dâ verzigen.	Das Glück hatte mich im Stich gelassen.
done muote mich nichts sô sêre,	Aber nichts ärgerte mich so sehr,
750 ern bôt mir nie die êre	als daß er mir nicht einmal soviel Achtung erwies,
daz er mich wolde ane gesehen.	mich anzusehen. 543
dô im diu êre was geschehen,	Als er den ehrenvollen Sieg davongetragen hatte, fehlt für H.
do gebârter rehte diu gelîch	da tat er ganz so, 752—762
als im aller tägelîch	als geschähe ihm das
755 zehenstunt geschæhe alsame.	jeden Tag zehnmal.
der prîs was sîn, und mîn diu	Er hatte den Ruhm und ich die Schande.
[schame.	
swaz ich doch lasters dâ gewan,	Was mir da an Schmach widerfuhr,
dâ was ich ein teil unschuldec an.	dafür konnte ich doch gar nichts.
mir was der wille harte guot:	Ich war besten Willens,
760 done mohten mir diu werc den muot	aber ich konnte eben nicht so mit ihm H. fehlt für
an im niht volbringen:	verfahren wie ich wollte. 550—553
des muose mir misselingen.	Darum mußte ich Mißerfolg haben. fehlt für H.
Dô mir des orses wart verzigen,	Als ich des Pferdes beraubt war 764—774
ichn moht niht immer dâ geligen:	und doch nicht ewig liegenbleiben konnte,
765 dô geruocht ich gân von dan	befand ich es für gut, zu Fuß davon zu gehen,
als ein êrlôser man	der Ehre beraubt,

und saz aber zuo dem brunnen.   *und setzte mich wieder zu der Quelle.*
der unzuht sult ir mich verkunnen,   *Ein solch törichtes Benehmen müßt ihr mir nicht*
                                                   [zutrauen,
swie niugerne ich anders sî,   *daß ich sie, wie vorwitzig ich sonst auch sei,*
770 und sæz ich iemer dâ bî,   *jemals wieder begossen hätte,*
ichn begüzze in niemer mêre: *und säße ich auch stets in ihrer Nähe.*
ich engalt es ê sô sêre.   *Ich hatte es einmal zu schwer gebüßt.*
    Dô ich gnuoc lange dâ gesaz   *Da saß ich dann ziemlich lange*
unde betrahte daz   *und überlegte,*
775 waz mir ze tuonne wære,   *was ich tun sollte;*
mîn harnasch was ze swære   *meine Rüstung war zu schwer,*
daz ichz gânde niht enmohte ge-   *als daß ich sie, zu Fuß gehend, hätte tragen können.*
               [tragen:
nû waz mag ich iu mêre sagen?   *Was soll ich noch euch mehr sagen?*
wan ich schuttez abe und gie dan.   *Ich warf sie ab und ging davon.*   558
780 ich genâdelôser man   *Ich unglückseliger Mensch*
gedâhte war ich kêrte,   *überlegte, wohin ich mich wenden sollte,*
unz mich mîn herze lêrte,   *bis mir mein Herz das Rechte eingab,*   553
daz mir an mînen wirt geriet,   *das mir riet, zu meinem Gastgeber zurückzukehren,*
von dem ich des morgens schiet.   *von dem ich des Morgens geschieden war.*
785 swie ich dar kam gegangen,   *Wiewohl ich zu Fuß ankam,*
ichn wart niht wirs enpfangen   *wurde ich doch nicht weniger gut aufgenommen,*   563
danne ouch des âbents dô ich reit: *als an dem Abend, da ich zu Pferd gekommen war.*
daz machet aber sîn hövescheit.   *Das kam von seinem höfischen Takt.*
wær mir diu êre geschehen   *Wäre ich Sieger gewesen,*
790 als ich in dem laster wart gesehen,   *anstatt so schmählich besiegt zu sein,*
mîn handelunge wær gnuoc guot.   *ich hätte nicht besser aufgenommen werden können.*
alsus trôstens mir den muot,   *So trösteten*   *H. fehlt für*
er und mîn juncvrouwe.   *er und das Fräulein mich.*   572—576
daz sî got iemer schouwe!   *Dafür möge Gott stets gnädig auf sie herabsehen.*
795   Ich hân einem tôren glîch getân,   *Ich habe gehandelt wie ein Tor,*   579
diu mære der ich laster hân,   *daß ich die Geschichte, die für mich blamabel ist,*
daz ich diu niht kan verdagen: *nicht für mich behalten kann.*
ichn woldes ouch ê nie gesagen.   *Ich habe sie auch früher nie erzählen mögen.*
wære mir iht baz geschehen,   *Wäre mir etwas besseres widerfahren,*   *fehlt für H.*
800 des hôrtent ir mich ouch nû jehen.   *so solltet ihr auch das jetzt noch erzählen hören.*   799—804
sî iuwer deheinem geschehen baz,   *Wenn einem von euch besseres widerfahren ist,*
ob er nû welle, der sage ouch daz.'   *so erzähle er es ebenfalls, wenn er will.'*
    Dô rechent der herre Îwein   *Herr Iwein zählte*
ze künneschaft under in zwein: *zu seiner Verwandtschaft.*
805 er sprach 'neve Kâlogrenant,   *Er sagte: 'Vetter Kalogrenant,*   581
ez richet von rehte mîn hant   *mir kommt es zu, zu rächen,*
swaz dir lasters ist geschehen.   *was dir an Schmach geschehen ist.*
ich wil ouch varn den brunnen   *Ich will auch ausziehen, um die Quelle zu sehen,*
und waz wunders dâ sî.'   [sehen,   *und was es Wunderbares dort gibt.'*
810 dô sprach aber Keiî   *Da sagte Keie wieder*
ein rede diu im wol tohte;   *etwas, das bezeichnend für ihn war.*   *fehlt für H.*
wan ers niht lâzen mohte,   *Denn er konnte es nicht lassen:*   811—814
geschach ie man dehein vrümek-   *wenn jemand sich anständig erwies,*
               [heit,
ezn wær im doch von herzen leit.   *dann bekümmerte ihn das in tiefster Seele.*
815 'ez schînet wol, wizze Krist,   *'Man merkt, weiß Gott, genau,*   590

daz disiu rede nâch ezzen ist.	daß diese Rede nach Tisch geführt wird.
irn vastet niht, daz hœr ich wol.	Ihr bliebt nicht eben nüchtern, wie ich merke.
wînes ein becher vol	Ein einziger Becher Wein,
der gît, daz sî iu geseit,	das sei Euch gesagt,
820 mêre rede und manheit	gibt mehr große Worte und Tapferkeit ein
dan vierzec unde viere	als vierundvierzig
mit wazzer ode mit biere.	mit Wasser oder mit Bier.
sô diu katze gevrizzet vil,	Wenn die Katze viel frißt,
zehant sô hebet sî ir spil:	wird sie übermütig.
825 herre îwein, alsô tuot ir.	So geht's auch Euch, Herr Iwein.
rât ich iu wol, sô volget mir.	Folgt meinem guten Rat.
iu ist mit der rede ze gâch:	Ihr seid zu voreilig mit Worten.
slâfet ein lützel darnâch.	Überschlaft es erst ein bißchen.
troume iu danne iht swâre,	Träumt Ihr dann etwas Schlechtes,
830 sô sult irs iu zewâre	so solltet Ihr Euch wahrlich
nemen eine mâze.	danach richten.
ode vart iuwer strâze	Sonst zieht Eures Weges
mit guotem heile,	mit den besten Wünschen.
und gebet mir niht ze teile	Ich will nichts von dem abhaben,
835 swaz iu dâ êren geschiht,	was Ihr dort an Ehren erringt,
und enzelt mir halben schaden niht.'	aber gebt mir auch nicht das halbe Unglück ab.'
'Her Keiî,' sprach diu künegîn,	'Herr Keie', entgegnete die Königin,
'iuwer zunge müez gunêret sîn,	'Pfui über Eure Zunge,
diu allez guot gar verdaget	die alles Gute verschweigt,
840 und niuwan daz allerbœste saget	und nur das Übelste sagt,
des iuwer herze erdenken kan.	das Euer Herz sich ausdenken kann.
doch wæn ich dar an	Doch scheint mir,
der zungen unrehte tuo:	ich tue der Zunge Unrecht.
iuwer herze twinget sî darzuo.	Euer Herz zwingt sie dazu.
845 dazn dunket deheiner schalkheit	Dem scheint keine Bosheit zu groß.
[ze vil:	
nû muoz sî sprechen swaz ez wil.	Nun muß die Zunge reden wie es will.
ichn mac sî niht gescheiden,	Ich kann aber keinen Unterschied zwischen ihnen
wan übel geschehe in beiden.	sondern verwünsche sie beide. [machen,
ich wil iu daz zewâre sagen,	Wahrhaftig,
850 dem ir den vater hetet erslagen,	hättet Ihr einem den Vater getötet,
dern vlizze sich des niht mêre	er könnte sich keine größere Mühe geben,
wie er iu alle iuwer êre	Euch aller Eurer Ehre
benæme, danne sî dâ tuot.	zu berauben als Eure Zunge.
iu habt ez eine, werdez iu guot.'	Falle es allein auf Euch zurück, wohl bekomm's Euch.'
855 Her îwein lachet unde sprach	Herr Iwein lachte und sagte:
'vrouwe, mirn ist niht ungemach	'Gnädige Frau, es stört mich nicht,
swaz mir her Keiî sprichet:	was Herr Keie mir sagt.
ich weiz wol daz er richet	Ich weiß wohl, daß er mir
an mir mîn ungewizzenheit.	meine Beschränktheit tadelt.
860 im ist mîn unvuoge leit:	Ihn ärgert mein Ungestüm,
dien wold er mich niht verdagen.	das wollte er mir nicht schweigend durchgehen lassen.
ouch kan erz mir wol undersagen	Er versteht es ja auch gut, mir Vorhaltungen zu machen
mit selher vuoge als er ie pflac,	mit dem bei ihm gewohnten Takt,
die niemen wol gezürnen mac.	über den doch niemand zürnen kann.
865 mîn her Keiî der ist sô wîs	Monsieur Keie ist so klug,
und hât selch êre und selhen pris	erfreut sich solchen Ansehens und solcher Schätzung,

Marginal notes (right margin):
594
H. fehlt für 595—609
611
fehlt für H. 832—836
615
fehlt für H. 841—848
625 geändert
H. fehlt für 627—629
631

daz man in gerne hœren sol;
und hân ich nû wâr, daz wizzet ir
                [wol.

ich wil des iemer sîn ein zage
870 daz ich im sîniu wort vertrage.
ouch enhebet er niht den strît
der den êrsten slac gît:
unz in der ander vertreit,
sô ist der strît hin geleit.
875 ichn wil mich mit dem munde
niht gelîchen dem hunde,
der dâ wider grînen kan,
sô in der ander grînet an.'
   Hie was mit rede schimpfes vil.
880 ouch hete der künec ûf sîn zil
geslâfen und erwachte sâ,
unde enlac ouch niht langer dâ.
er gienc hin ûz zuo in zehant,
dâ er sî sament sitzen vant.
885 sî sprungen ûf: daz was im leit
und zurnde durch gesellekeit:
wander was in weizgot verre
baz geselle dan herre.
er saz zuo in dâ nider.
890 diu künegin saget im her wider
Kâlogrenandes swære
und älliu disiu mære.
   Nû hete der künec die gewonheit
daz er nimmer deheinen eit
895 bî sînes vater sêle swuor
wan des er benamen volvuor.
Uterpandragôn was er genant.
bî im swuor er des zehant
(daz hiez er über al sagen)
900 daz er in vierzehen tagen
und rehte an sant Jôhannes naht
mit aller sîner maht
zuo dem brunnen wolde komen.
dô sî daz heten vernomen,
905 daz dûhte si rîterlich und guot.
wan dar stuont ir aller muot.
ichn weiz wem liebe dran geschach:
ez was dem hern Îwein ungemach,
wand er sich hete an genomen
910 daz er dar eine wolde komen
er gedâhte 'ich enmac daz niht
             [bewarn,
und wil der künec selbe varn,
mirn werde mîn rîterschaft be-
             [nomen.
mir sol des strîtes vür komen
915 mîn her Gâwein:

daß man ihn mit Vergnügen anhören muß.
Ich habe vollkommen recht, das wißt Ihr genau.

In der Beziehung will ich stets ein Feigling sein,
daß ich seine Worte widerspruchslos hinnehme.
Auch fängt einer ja keinen Streit an,   641
wenn er den ersten Schlag tut:
solange der andere ihn einsteckt,
ist der Streit hinfällig.
Ich mag mich nicht mit dem Maul
dem Hund gleichsetzen,   646
der zurückknurrt,
wenn ihn ein anderer anknurrt.'
So wurden mancherlei spöttische Worte gewechselt.
Nun hatte der König
ausgeschlafen und war erwacht   650
und blieb nicht länger liegen.
Er ging gleich zu ihnen hinaus,
wo sie beisammensaßen.
Sie sprangen auf, das mochte er nicht.   fehlt für H. 886—888
Er zürnte aus Freundschaft,
Denn er war ihnen bei Gott
weit mehr Freund als Herr.
Er setzte sich zu ihnen hin.   656
Die Königin berichtete
von Kalogrenants unglücklichem Erlebnis,
und alles was erzählt worden war.
Nun pflegte der König
niemals einen Eid
bei der Seele seines Vaters zu schwören,   663
ohne ihn auch aufs genaueste zu erfüllen.
Sein Vater hieß Uterpandragon.
Bei ihm schwor er gleich
und ließ es überall verbreiten,
daß er in vierzehn Tagen,
gerade zur Johannis-Nacht,   669
mit seinem ganzen Hofstaat
zu der Quelle kommen wolle.
Als sie das vernommen hatten,
dünkte es sie wahrhaft edel und vortrefflich,   674
denn sie alle brannten darauf, dorthin zu kommen.
Aber wenn auch alle froh darüber waren,
Herr Iwein jedenfalls war darob betrübt,   678
weil er sich vorgenommen hatte,
allein dorthin zu gehen.
Er dachte sich: 'Ich kann das nicht verhindern:

will der König selbst hinziehen,
so werde ich der Möglichkeit zu ritterlicher Tat beraubt.   H. fehlt für 684

Herr Gawein wird
mir im Kampf zuvorkommen.

18

des enist zwîvel dehein,
als schiere so er des strîtes gert,
ern werdes vür mich gewert.
entriuwen ez sol anders varn:
920 ich kan daz harte wol bewarn,
swer vierzehen tage erbîtet,
daz er vor mir niht enstrîtet.
wan ich sol in disen drin tagen
des endes varn, und niemen sagen,
925 in den walt ze Breziljân,
suochen unz ich vunden hân
den stîc den Kâlogrenant
sô engen und sô rûhen vant.
und dâ nâch sol ich schouwen
930 die schœnen juncvrouwen,
des êrbæren wirtes kint,
diu beidiu alsô hövesch sint.
so gesihe ich, swenne ich scheide
den vil ungetânen man   [dan,
935 der dâ pfliget der tiere.
dar nâch sô sihe ich schiere
den stein und den brunnen:
des müezen sî mir gunnen
daz ich in eine begieze,
940 ich engeltes ode genieze.
desn wirt nû niemen zuo gedâht
unz ichz habe volbrâht:
bevindent sîz sô ez ergât,
des wirt danne guot rât.'
945   Alsus stal er sich dan
und warp rehte als ein man
der êre mit listen
kunde gewinnen und vristen,
und kam dâ er die knappen vant.
950 den besten nam er dâ zehant,
den er niht verdagete.
vil stille er im sagete
daz er im sîn gereite
ûf sîn pfärit leite:
955 er wolde ze velde rîten
und sîn dâ ûze bîten
unz erm sîn harnasch bræhte nâch.
er sprach 'nû lâ dir wesen gâch,
und sich daz dûz wol verdagest.
960 zewâre ob dûz iemen sagest,
so ist iemer gescheiden
diu vriuntschaft under uns beiden.'
    Sus reit er ûz und liez in dâ.
vil schiere brâhter im hin nâ
965 sîn ors und sîn îsengewant.
nû wâfent er sich zehant,
er saz ûf unde reit

Es gibt keinen Zweifel daran,
daß, sobald er zu kämpfen wünscht,
ihm das vor mir gewährt wird.   690
Wahrlich, es soll anders gehen.
Ich kann leicht verhüten,
daß einer, der vierzehn Tage wartet,
vor mir kämpft.
Denn ich will noch innerhalb dreier Tage   696
heimlich dorthin
in den Wald von Breziljan reiten,
um zu suchen, bis ich
den schmalen und so verwachsenen Pfad gefunden habe,
den Kalogrenant fand.
Und danach werde ich
das schöne Fräulein sehen,
die Tochter des edlen Burgherrn,   704
die beide so höfisch sind.
Dann werde ich, wenn ich von dort Abschied nehme,
den so ungeschlachten Menschen sehen,
der die Tiere hütet.
Danach werde ich dann gleich
den Stein und die Quelle sehen.   714
Sie werden es nicht hindern können,
daß nur ich allein ihn begieße,
möge mir daraus Glück oder Unglück entstehen.
Das soll niemandem gegenüber erwähnt werden,
bis ich es vollbracht habe.
Werden sie vor die vollendete Tatsache gestellt,
so wird sich die Sache schon finden.'
So stahl er sich davon   723
und handelte ganz wie einer,   fehlt für H.
der Ansehen durch kluges Handeln   946—948
zu gewinnen und zu bewahren verstand,
und ging zu den Knappen.
Den besten wählte er gleich aus,
dem er seinen Plan nicht verschwieg.   729
Er befahl ihm heimlich,
seinem Pferd
das Zaumzeug aufzulegen,
er wolle ins Freie reiten   733
und dort draußen auf ihn warten,
bis er ihm den Harnisch nachbringe.
Er sagte: 'Beeile dich
und sieh zu, daß du kein Wort davon sagst.
Wahrlich, wenn du es jemandem erzählst,
so ist für immer
die Freundschaft zwischen uns beiden aus.'   H. fehlt für
                                                  744—746
So ritt er hinaus und ließ ihn zurück.   747
Sehr bald brachte er ihm   H. fehlt für
sein Pferd und seine Rüstung nach.   749—759
Gleich wappnete er sich,
saß auf und ritt,

nâch wâne in grôz arbeit,	ohne die genaue Richtung zu kennen, zu großer Mühsal, *763*
und erstreich grôze wilde,	und durchstreifte große Wildnis,
970 walt unde gevilde,	Wald und Feld,
unz er den engen stîc vant	bis er den schmalen Pfad fand,
den sîn neve Kâlogrenant	durch den sein Vetter Kalogrenant
alsô kûme durch gebrach.	sich nur mit Mühe hatte durcharbeiten können.
ouch leit er grôzen ungemach	Auch er mußte große Schwierigkeiten überwinden,
975 unz daz er ûz ze velde kam.	bis er hinaus auf freies Feld kam.
die guoten herberge er dô nam,	Er suchte die schon bekannte gute Unterkunft auf, *778*
daz im von wirte selch gemach	und niemals hatte ihm ein Gastgeber
eines nahtes nie geschach.	für eine Übernachtung solche Bequemlichkeit bereitet. *H. fehlt für 780—790*
des morgens schiet er von dan	Morgens nahm er Abschied
980 und vant den griulîchen man	und fand den greulichen Menschen
ûf einem gevilde	auf dem besagten Felde *794*
stân bî sînem wilde	bei seinen wilden Tieren stehen.
und vor sînem aneblicke	Vor seinem Anblick
segent er sich vil dicke,	bekreuzigte er sich viele Male, *795*
985 daz got sô ungehiure	daß es Gott eine so ungeheuerliche
deheine crêatiure	Kreatur
geschepfen ie geruochte.	zu erschaffen gefallen hatte.
der bewîst in des er suochte.	Dieser zeigte ihm den Weg zu seinem Ziel.
Vil schiere sach her Îwein	Bald sah Herr Iwein *800*
990 den boum, den brunnen, den stein,	den Baum, die Quelle und den Stein
und gehôrte ouch den vogelsanc.	und hörte auch den Gesang der Vögel.
dô was sîn twelen unlanc	Da zögerte er nicht lange,
unz daz er ûf den stein gôz.	den Stein zu begießen.
dô kam ein siusen unde ein dôz	Darauf kam ein Brausen und ein Getöse
995 und ein selch weter dar nâch	und ein solches Unwetter hinterher,
daz in des dûhte daz im ze gâch	daß ihm schien, er sei wohl zu voreilig
mit dem giezen wær gewesen:	mit dem Gießen gewesen, *H. fehlt für 808—811*
wan er entriute niemer genesen.	denn er fürchtete, nicht mehr davonzukommen.
Dô daz weter ende nam,	Als das Unwetter aufhörte,
1000 dô hôrter daz geriten kam	hörte er,
des selben waldes herre.	daß der Herr des Waldes geritten kam. *813*
der gruozt in harte verre	Der forderte ihn schon von fern heraus,
als vîent sînen vîent sol:	wie es ein Feind mit seinem Feinde tun soll.
ouch verstuont sich her Îwein wol	Herrn Iwein wurde klar,
1005 daz er sich weren solde,	daß er sich verteidigen mußte,
ob er niht dulden wolde	wenn er nicht
beide laster unde leit.	Schande und Kummer erleiden wollte.
ir ietweder was gereit	Jeder von ihnen war darauf bedacht,
ûf des anderen schaden:	den andern zu besiegen.
1010 sî hete beide überladen	Sie waren besessen
grôz ernest unde zorn.	von Kampfeseifer und Zorn. *817*
sî nâmen diu ors mitten sporn:	Sie gaben den Pferden die Sporen,
sus was in zuo ein ander ger.	so sehr verlangte es sie, aneinanderzugeraten.
ir ietweder sîn sper	Jeder von ihnen rannte seine Lanze *819*
1015 durch des andern schilt stach	durch des andern Schild
ûf den lîp daz ez zebrach	auf die Rüstung, daß die Lanze
wol ze hundert stücken.	in tausend Stücke zerbrach. *822*
dô muosen si beide zücken	Da mußten sie beide
diu swert von den sîten.	die Schwerter von der Seite ziehen.

1020 hie huop sich ein strîten	Es hob ein Kampf an,	
daz got mit êren möhte sehen,	der selbst Gottes würdig gewesen wäre,	*H. 1020—*
und solt ein kampf vor im [geschehen.	sollte ein Zweikampf vor ihm stattfinden.	*1047 ändert* *825—861*
über die schilte gienc diu nôt,	Am meisten in Mitleidenschaft gezogen wurden die [Schilde,	
den ir ietweder vür bôt,	die jeder schützend vor sich hielt,	
1025 die wîle daz die werten:	solange sie standhielten.	
sî wurden ab mit den swerten	Sie wurden aber bald mit den Schwertern	
zehouwen schiere alsô gar	so vollständig zerhauen,	
daz si ir bêde wurden bar.	daß sie beide keine Deckung mehr hinter ihnen fanden.	
Ich machte des strîtes harte vil	Ich könnte jetzt mit großem Aufwand an Worten	
1030 mit worten, wan daz ich enwil,	den Kampf ausmalen, aber das will ich nicht,	
als ich iu bescheide.	wie ich es euch begründen will:	
sî wâren dâ beide,	sie beide allein waren da	
unde ouch nieman bî in mê	und sonst niemand mehr bei ihnen,	
der mir der rede gestê.	der mir für den Bericht einstehen könnte.	
1035 spræche ich, sît ez nieman sach,	Wie könnte ich erzählen, — da es doch niemand mit [ansah —,	
wie dirre sluoc, wie jener stach:	wie dieser schlug und jener stach.	
ir einer wart dâ erslagen:	Es kam ja der eine von ihnen dort um,	
dern mohte niht dâ von gesagen:	der konnte nicht mehr davon berichten;	
der aber den sige dâ gewan,	der aber damals dort obsiegte,	
1040 der was ein sô hövesch man,	war ein Mann von so feiner Gesittung,	
er hete ungerne geseit	daß er es abgelehnt hätte,	
sô vil von sîner manheit	soviel von seiner Tapferkeit zu erzählen,	
dâ von ich wol gemâzen mege	daß ich danach das Ausmaß ihrer Stiche und Hiebe	
die mâze ir stiche und ir slege.	ermessen könnte.	
1045 wan ein dinc ich iu wol sage,	Aber eins kann ich euch sehr wohl berichten:	
daz ir deweder was ein zage,	daß keiner von beiden ein Feigling war,	
wan da ergienc wehselslege gnuoc,	denn der Hiebe wurden viele gewechselt,	
unz daz der gast dem wirte sluoc	bis daß der Eindringling dem Herrn des Landes	
durch den helm einen slac	einen Schlag durch den Helm schlug	*862*
1050 zetal unz dâ daz leben lac.	herunter bis zum Sitz des Lebens.	
und alser der tôtwunden	Als er die tödliche Wunde	
rehte het enpfunden,	fühlte,	
dô twanc in des tôdes leit	zwang ihn nicht so sehr Feigheit	*873*
mêre dan sîn zageheit	als die Pein des Todes	
1055 daz er kêrte und gap die vluht.	sein Pferd zu wenden und die Flucht zu ergreifen.	
her Îwein jaget in âne zuht	Herr Iwein jagte ihn, Regel und Rücksicht vergessend,	*fehlt für H.* *1056*
engegen sîner burc dan.	seiner Burg zu.	*H. fehlt für*
ez het der halptôte man	Der tödlich Verwundete	*873—834*
ze vliehen einen gereiten muot:	dachte nur an Flucht.	
1060 ouch was sîn ors alsô guot	Auch war sein Pferd so gut,	
daz er vil nâch was komen hin.	daß er schon beinahe an die Burg gekommen war.	
do gedâht her Îwein, ob er in	Da dachte Herr Iwein, wenn er ihn	
niht erslüege od vienge,	nicht tötete oder gefangennähme,	
daz ez im danne ergienge	daß es ihm dann ergehen werde,	
1065 als im her Keiî gehiez,	wie ihm Herr Keie vorausgesagt hatte,	*895*
der niemens ungespottet liez:	der niemanden mit seinem Hohn verschonte,	
und waz im sîn arbeit töhte,	und was ihm seine ganze Mühe nütze,	
sô er mit niemen enmöhte	wenn er niemanden	
erziugen dise geschiht	als Zeugen für seine Geschichte beibringen könne,	
1070 (wan dâne was der liute niht):	(denn da war kein Mensch).	

21

sô spræcher im an sîn êre.	Dann werde Keie seine Ehre schmälern.	
des begunder im vil sêre	Darum jagte er ihm sehr schnell nach,	*fehlt für H.*
ze slage mite gâhen,	so daß die Hufschläge zu gleicher Zeit erklangen,	*1072—1078*
unz sî die burc sâhen.	bis sie die Burg sahen.	
1075 Nune was diu burcstrâze	Nun war aber der Burgweg	
zwein mannen niht ze mâze:	nicht für zwei Mann bemessen.	
sus vuoren si in der enge	So ritten sie auf dem schmalen Weg	
beide durch gedrenge	beide wegen der Enge	
unz an daz palas. dâ vor	bis zum Palas. Davor	*906*
1080 was gehangen ein slegetor:	war ein Fallgatter aufgehängt.	
dâ muose man hin durch varn	Dort mußte man hindurchreiten	*H. fehlt für*
unde sich vil wol bewarn	und sich sehr	*913—920*
vor der selben slegetür,	vor eben dem Fallgatter vorsehen,	
daz man den lîp dâ niht verlür.	um dort das Leben nicht zu verlieren.	
1085 sweder ros od man getrat	Wenn Pferd oder Mensch	
iender ûz der rehten stat,	nicht an die richtige Stelle traten,	
daz ruorte die vallen und den haft	so löste das die Falle und Haltevorrichtung aus,	
der dâ alle dise kraft	die diese ganze Wucht	
und daz swære slegetor	und das schwere Fallgatter	
1090 von nidere ûf habte enbor:	in der Höhe hielt,	
sô nam ez einen val	und es schlug	*926*
alsô gâhes her zetal	dermaßen heftig herunter,	
daz im nieman entran.	daß ihm niemand ausweichen konnte.	
sus was beliben manec man.	Auf diese Weise war schon mancher umgekommen.	
1095 dâ reit der wirt vor im in.	Der Burgherr ritt vor ihm hinein.	
der hete die kunst und den sin	Der hatte die Geschicklichkeit und die Kenntnis,	
daz im dâ von niht arges enwar:	daß ihm nichts passierte,	
wander meistert ez dar.	denn er hatte diese Einrichtung dorthin anbringen	
	[lassen.	
ez was swære unde sneit	Das Fallgatter war schwer und schnitt	
1100 sô sêre daz ez niht enmeit	so scharf, daß es unfehlbar	
ezn schriete îsen unde bein.	sogar Eisen und Knochen zerschlug.	
nune kunde sich her Îwein	Nun verstand sich Herr Iwein	
niht gehüeten dâ vor	nicht davor zu hüten	
unde valte daz tor,	und löste das Gatter aus,	
1105 und sluoc zen selben stunden	schlug aber im selben Augenblick	*fehlt für H.*
dem wirte eine wunden,	dem Burgherrn eine Wunde	*1105—1106*
und genas als ich iu sage.	und wurde dadurch gerettet, wie ich euch erzählen will:	
er hete sich nâch dem slage	er hatte sich, um den Hieb auszuführen,	
hin vür geneiget unde ergeben:	weit nach vorn geneigt.	*940*
1110 alsus beleip im daz leben,	Auf diese Weise behielt er das Leben	
dô daz tor her nider sleif,	als das Tor heruntersauste,	*945*
deiz im den lîp niht begreif	daß es ihn nicht traf.	
und sluoc, als ich vernomen habe,	Es durchschlug, wie ich hörte,	
daz ros ze mittem satel abe,	das Pferd in der Mitte beim Sattel	
1115 und schriet die swertscheide	und schnitt die Schwertscheide	
und die sporn beide	und beide Sporen	
hinder der versenen dan:	hinter der Ferse ab.	
er genas als ein sælec man.	Ihn selbst bewahrte ein gütiges Geschick vor dem Tode.	
Dô im daz ros tôt gelac,	Als sein Pferd tot dalag,	
1120 done mohter, als er ê pflac,	konnte er nicht wie vorher	
niht vürbaz gejagen:	vorwärts jagen.	

ouch het er den wirt erslagen.
der vlôch noch den ende vor
durch ein ander slegetor
1125 und liez daz hinder ime nider:
done mohte der gast vür noch wider.
sus was mîn her Îwein
zwischen disen porten zwein
beslozzen und gevangen.
1130 swie sêre im missegangen
an der vancnüsse wære,
doch was sîn meistiu swære
daz er im vor dan
alsô lebendec entran.
1135 Ich wil iu von dem hûse sagen
dâ er inne was beslagen.
ez was, als er sît selbe jach,
daz er sô schœnez nie gesach
weder vor des noch sît,
1140 hôch vest unde wît,
gemâlet gar von golde.
swer darinne wesen solde
âne vorhtlîche swære,
den dûhtez vreudebære.
1145 dô suochter wider unde vür
und envant venster noch tür
dâ er ûz möhte.
nu gedâhter waz im töhte.
dô er mit selhen sorgen ranc,
1150 dô wart bî im niht über lanc
ein türlîn ûf getân:
dâ sach er zuo im ûz gân
eine rîterlîche maget,

enhete sî sich niht verclaget.
1155 diu sprach zem êrsten niht mê
wan 'ouwê, rîter, ouwê!
daz ir her komen sît,
daz ist iuwer jungestiu zît.
ir habet mînen herrn erslagen.
1160 man mac sô jæmerlîchez clagen
an mîner lieben vrouwen
und an dem gesinde schouwen,
und sô grimmeclîchen zorn,
daz ir den lîp hânt verlorn.
1165 daz sî iuch nû niht hânt erslagen,
daz vristet niuwan daz clagen
daz ob mînem herren ist:
sî slahent iuch ab an dirre vrist.'
    Er sprach 'so ensol ich doch den
1170 niht verliesen als ein wîp: [lîp
michn vindet nieman âne wer.'
si sprach 'got sî der iuch ner:

Zudem hatte er dem Burgherrn einen tödlichen Schlag   *fehlt für H.*
Dieser floh noch ein Stück weiter   [*versetzt.*   *1122*
durch ein anderes Fallgatter
und ließ das hinter sich herunter.   *960*
Da konnte der Eindringling weder vor noch zurück.
Auf diese Weise war Herr Iwein
zwischen den beiden Gattern
eingeschlossen und gefangen.
Wie übel für ihn
diese Gefangenschaft auch war:
am meisten ärgerte ihn,
daß der Burgherr ihm voraus
lebendig entkommen war.
Nun will ich über die Burg berichten,
in der er gefangen war.
Sie war, wie er später selbst sagte,
so schön wie er noch keine gesehen hatte,
weder zuvor noch später,
sie war hoch, stark und weiträumig,
ganz mit Gold bemalt.   *(965)*
Wer darin hätte sein können
ohne von Furcht belastet zu sein,   *fehlt für H.*
dem hätte es sehr gefallen.   *1140—1148*
Nun suchte er allenthalben
und fand weder Fenster noch Tür,
daraus er hätte entkommen können.
Er überlegte, was zu tun sei.
Als er sich mit solchen Sorgen quälte,   *972*
wurde in seiner Nähe nach kurzer Zeit
eine kleine Tür geöffnet,
aus der sah er
ein Mädchen herauskommen, das vollkommen schön
    [*gewesen wäre,*
wäre es nicht durch Weinen entstellt gewesen.
Zunächst sprach sie nichts als:
'Weh, Ritter, weh,   *978*
daß Ihr hierhergekommen seid.
Das ist Euer letztes Stündlein.
Ihr habt meinen Herrn erschlagen,
und so jammervolle Klage
hört man von meiner lieben Herrin
und vom Gesinde,
und so grimmige Wut,
daß Ihr das Leben lassen müßt.
Daß sie Euch noch nicht erschlagen haben,
verdankt Ihr nur dem Klagen   *988*
um meinen Herrn,
gleich aber werden sie Euch erschlagen.'
Er sagte: 'So will ich doch das Leben
nicht verlieren wie ein Weib.
Ich werde mich zu wehren wissen.'
Sie sagte: 'Gott errette Euch.

	ern beschirme iuch eine, ir sît tôt.	Er allein kann Euch beschützen, sonst müßt Ihr sterben.
	doch gehabte sich ze grôzer nôt	Doch hielt sich in großer Gefahr
1175	nie man baz danne ir tuot:	nie ein Mann besser als Ihr,	1000
	ir sît benamen wol gemuot.	denn Ihr habt wahrhaftig den Mut nicht sinken lassen.
	des sol man iuch geniezen lân.	Dafür sollt Ihr belohnt werden.
	swie leide ir mir habt getân,	Wie sehr Ihr mir auch Leid zugefügt habt,
	ichn bin iu doch niht gehaz,	ich hasse Euch dennoch nicht
1180	und sage iu mêre umbe waz.	und will Euch erklären, weshalb:
	Mîn vrouwe hete mich gesant	Einstmals hatte mich meine Herrin
	ze Britanje in daz lant.	nach Britannien gesandt,	1004
	dâ gesprach ich den künec von ir:	dort sprach ich den König Artus in ihrem Auftrag.
	herre, daz geloubet mir,	Herr, glaubt mir,
1185	ich schiet alsô von dan	ich reiste von dort ab,
	daz mir dâ nie dehein man	ohne daß ein einziger Mann
	ein wort zuo gesprach.	ein Wort zu mir gesagt hätte.
	ich weiz doch wol daz ez geschach	Heute weiß ich wohl,
	von mîner unhövescheit.	daß es wegen meines unhöfischen Benehmens geschah.	1006
1190	alsô het ich ûf geleit,	Ich hatte mich so benommen, (?)
	ichn wære ir gruozes niht sô wol	daß ich ihrer Begrüßung nicht so wert war,
	als man dâ ze hove gert: [wert,	wie man bei Hofe verlangt.
	ich weiz wol, des engalt ich.	Mir ist klar, daß ich dafür büßen mußte.
	herre, do gruoztet ir mich,	Ihr aber, Herr, grüßtet mich da,
1195	und ouch dâ nieman mêre.	und niemand sonst,
	do erbutet ir mir die êre	da erwieset Ihr mir eine Ehre,
	der ich iu hie lônen sol.	die ich Euch heute vergelten werde.
	herre, ich erkenn iuch wol:	Herr ich erkenne Euch genau:
	iuwer vater was, deist mir erkant,	Euer Vater hieß, das weiß ich,	1018
1200	der künec Urjên genant.	König Urien.
	ir sult vor schaden sicher sîn:	Ihr sollt vor Unglück sicher sein.
	her Îwein, nemet diz vingerlîn.	Nehmt, Herr Iwein, diesen Ring.
	ez ist umben stein alsô gewant:	Mit dem Stein hat es folgende Bewandtnis:
	swer in hât in blôzer hant,	wer ihn in der bloßen Hand hält,	(1031)
1205	den mac niemen, al die vrist	den kann niemand, solange
	unz er in blôzer hant ist,	er in der bloßen Hand ist,
	gesehen noch gevinden.	sehen oder finden;
	sam daz holz under der rinden,	wie das Holz unter der Rinde	1037
	alsam sît ir verborgen:	werdet Ihr verborgen sein.
1210	irn durfet niht mê sorgen.'	Ihr braucht keine Sorge mehr zu haben.'
	Alsus gap sîz im hin.	So überreichte sie ihm den Ring.
	nû stuont ein bette dâ bî in:	Es stand eine Lagerstatt bei ihnen in der Nähe,
	daz was berihtet alsô wol	die war so herrlich hergerichtet
	als ein bette beste sol:	wie ein Bett nur sein kann.
1215	daz nie künec bezzer gewan:	Kein König hatte ein besseres.	1042 (geändert)
	dâ hiez sî in sitzen an.	Darauf hieß sie ihn sich setzen,
	und dô er was gesezzen,	und als er Platz genommen hatte
	sî sprach 'welt ir iht ezzen?'	sagte sie: 'Wollt Ihr etwas essen?'	1046
	er sprach 'gerne, der mirz gît.'	Er sagte: 'Mit Vergnügen, wenn ich etwas haben kann!'
1220	sî gienc und was in kurzer zît	Sie ging fort und war nach kurzer Zeit
	her wider komen unde truoc	wieder zurück und trug
	guoter gâchspîse gnuoc:	einen reichlichen, wohl zubereiteten Imbiß.	H. fehlt für 1048—1052
	des saget er ir gnâde und danc.	Dafür dankte er ihr von Herzen.
	dô er gâz und getranc,	Als er nun gegessen und getrunken hatte,

1225 dô huopz gesinde grôzen schal	erhob das Gesinde großen Lärm 1057
ze bêden porten über al,	an beiden Toren,
als sîz im niht wolden vertragen	da sie es dem nicht ungerächt hingehen lassen wollten,
der in den herren hete erslagen.	der ihnen den Herrn erschlagen hatte.
Sî sprach 'her îwein, hœret ir?	Sie sagte: 'Hört Ihr, Herr Iwein?
1230 sî suochent iuch, nû volget mir,	Sie suchen Euch, folgt jetzt meinem Rat
und enkumt niht ab dem bette.	und kommt nicht von dem Bett herunter.
iu stât diz dinc ze wette	Nicht weniger steht auf dem Spiel
niuwan umbe daz leben.	als Euer Leben.
den stein den ich iu hân gegeben,	Den Stein, den ich Euch gegeben habe,
1235 den besliezet in iuwer hant.	umschließt mit Eurer Hand.
des sî mîn sêle iuwer pfant	Meine Seele setze ich zum Pfande dafür,
daz iu niht leides geschiht,	daß Euch kein Leid widerfahren wird,
wande iuch vürnamens nieman siht.	denn bestimmt wird niemand Euch sehen.
nu wâ mite möht iu wesen baz,	Womit könnte Euch wohl besser gedient sein, (1074)
1240 dan dazs iu alle sint gehaz,	als daß Ihr alle Eure Feinde
und ir sî seht bî iu stân	in Eurer Nähe stehen seht
unde drônde umbe iuch gân,	und drohend um Euch herumgehen,
und sî doch sô erblindent	und sie doch so mit Blindheit geschlagen sind,
daz si iuwer niene vindent,	daß sie Euch nicht finden können,
1245 und sît doch rehte under in.	obwohl Ihr mitten unter ihnen seid.
ouch tragent sî in vür iuch hin,	Auch werden sie meinen Herrn auf der Bahre 1070
sîne liebe gesellen,	vor Euch hintragen,
als si in begraben wellen,	seine Freunde,
mînen herren, ûf der bâre.	wenn sie ihm das Begräbnis bereiten.
1250 so beginnent si iuch zewâre	Sie werden Euch wahrhaftig
in manegen ende suochen:	aller Orten suchen.
desn durfet ab ir niht ruochen.	Darum braucht Ihr Euch nicht zu kümmern.
tuont alsus und sît genesen:	Tut wie ich Euch gesagt habe und Ihr werdet gerettet [werden.
ichn tar niht langer bî iu wesen.	Es geht nicht, daß ich länger bei Euch bleibe. 1081
1255 und vunden sî mich hinne,	Würden sie mich hier drinnen finden,
daz kæme uns zungewinne.'	könnte das unser Unglück werden.'
Sus hete sî urloup genomen.	Damit war sie gegangen.
die liute die dâ wâren komen	Die Leute, die
zuo dem vordern bürgetor,	zum vorderen Burgtor gekommen waren,
1260 die vunden dâ vor	fanden davor
daz ros halbez abe geslagen.	das halbe durchschlagene Pferd. 1093
wer moht in daz dô widersagen?	Was gab es da zu bezweifeln?
wan sî wolten daz gewis hân,	Denn sie waren der Sache sicher,
und wurde diu porte ûf getân,	wenn das Tor geöffnet würde,
1265 daz si in dar inne vunden.	daß sie ihn drinnen fänden.
in vil kurzen stunden	Eilig
brâchens beide porte dan,	rissen sie beide Tore auf
und envunden doch dâ nieman	und fanden doch niemanden dort 1107
wanz halbe ors innerhalp der tür	als die andere Hälfte des Pferdes innerhalb des Tors,
1270 von mitteme satele hin vür.	das Vorderteil von der Mitte des Sattels an.
do begunden sî von zorne toben	Da tobten sie vor Zorn fehlt für H.
und got noch den tiuvel loben.	und verfluchten Gott und den Teufel. 1272
sî sprâchen 'warst der man komen,	Sie sagten: 'Wo ist der Mann geblieben,
ode wer hât uns benomen	oder wer hat uns
1275 diu ougen und die sinne?	des Sehvermögens und des Verstandes beraubt?

er ist benamen hinne:	Er muß unbedingt hier drinnen sein.
wir sîn mit gesehenden ougen blint.	Mit sehenden Augen sind wir blind.
ez sehent wol alle die hinne sint:	Alle, die hier drinnen sind, haben scharfe Augen:
ezn wær dan cleine als ein mûs,	Wenn es nicht klein wie eine Maus wäre,
1280 unz daz beslozzen wær diz hûs,	so konnte nichts Lebendiges herauskommen
sone möht niht lebendes drûz [komen:	solange diese Burg verschlossen war.
wie ist uns dirre man benomen?	Auf welche Weise ist uns dieser Mann entgangen?
swie lange er sich doch vriste	Aber wie lange er sich
mit sînem zouberliste,	mit seinen Zauberkunststücken einstweilen schützen
1285 wir vinden in noch hiute.	wir werden ihn doch heute noch finden. [möge,
suochent, guote liute,	Sucht, Freunde,
in winkeln und under benken.	in Winkeln und unter Bänken.
erne mac des niht entwenken	Er kann dem nicht entgehen,
erne müeze her vür.'	er muß hervor!'
1290 sî verstuonden im die tür.	Sie verstellten ihm die Tür.
Ein dinc was ungewärlich:	Eins war nicht zu verhindern:
sî giengen slahende umbe sich	Sie gingen mit Schwertern
mit swerten sam die blinden.	um sich schlagend wie die Blinden.
solden si in iemer vinden,	Wäre es bestimmt gewesen, daß sie ihn überhaupt finden
1295 daz heten sî ouch dô getân.	so hätten sie es getan. [sollten,
daz bette enwart des niht erlân	Sogar unter dem Bett verabsäumten
sîne ersuochtenz under im gar.	sie nicht, zu suchen.
bî sîner genist nim ich war,	Daraus daß er davonkam, schließe ich:
unz der man niht veige enist,	solange ein Mensch nicht zum Tode bestimmt ist,
1300 sô nert in vil cleiner list.	kann ihn schon ein kleiner Kunstgriff retten.
Dô er in disen sorgen saz,	Während er sich in dieser Beängstigung befand,
nû widervuor im allez daz	widerfuhr ihm alles,
daz im sîn vriunt diu guote maget	was seine Beschützerin, das vortreffliche Mädchen,
vordes hete gesaget.	vorher gesagt hatte.
1305 er sach zuo im gebâret tragen	Er sah, wie man aufgebahrt
den wirt den er dâ hete erslagen,	den Burgherrn hertrug, den er erschlagen hatte.
und nâch der bâre gienc ein wîp,	Und der Bahre folgte eine Frau,
daz er nie wîbes lîp	wie er niemals eine
alsô schœnen gesach.	so schöne gesehen hatte.
1310 von jâmer sî vürder brach	Vor Jammer raufte sie
ir hâr und diu cleider.	die Haare und zerriß die Kleider.
ezn dorfte nie wîbe leider	Kein größerer Schmerz konnte einer Frau
ze dirre werlte geschehen:	auf dieser Welt zugefügt werden:
wand sî muose tôten sehen	denn sie mußte
1315 einen den liebesten man	den allerliebsten Mann tot erblicken,
den wîp ze liebe ie gewan.	den je eine Frau geliebt hatte.
ezn möhte nimmer dehein wîp	Keine Frau könnte
gelegen an ir selber lîp	sich selbst
von clage selhe swære,	vor Jammer solchen Schmerz antun,
1320 der niht ernest wære.	der es nicht ernst damit wäre.
ez erzeicten ir gebærde	Ihr Verhalten zeigte
ir herzen beswærde	den Kummer ihres Herzens
an dem libe und an der stimme.	in ihren Schmerzensgebärden und -äußerungen.
von ir jâmers grimme	Von der Gewalt des Schmerzes überwältigt
1325 sô viel sî dicke in unmaht:	wurde sie häufig ohnmächtig,
der liehte tac wart ir ein naht.	der helle Tag wurde ihr zur Nacht.

Marginal line numbers (right column): 1115, 1120—1126, *H. fehlt für 1120—1126*, *fehlt für H. 1282—1289*, 1142, *fehlt für H. 1294—1304*, 1162, 1146, 1154

<table>
<tr><td>

sô sî wider ûf gesach
und weder gehôrte noch ensprach,
sone sparten ir die hende
1330 daz hâr noch daz gebende.
swâ ir der lîp blôzer schein,
da ersach sî der her Îwein:
dâ was ir hâr und ir lîch
sô gar dem wunsche gelîch
1335 daz im ir minne
verkêrten die sinne,
daz er sîn selbes gar vergaz
und daz vil kûme versaz
sô sî sich roufte unde sluoc.
1340 vil ungerne er ir daz vertruoc:
sô wolder dar gâhen
und ir die hende vâhen,
daz sî sich niht enslüege mê.
im tete der kumber alsô wê
1345 an dem schœnen wîbe
daz erz an sînem lîbe
gerner hæte vertragen.
sîn heil begunder gote clagen,
daz ir ie dehein ungemach
1350 von sînen schulden geschach.
sô nâhen gienc im ir nôt,
in dûhte des daz sîn tôt
unclägelîcher wære
dan ob sî ein vinger swære.
1355 Nû ist uns ein dinc geseit
vil dicke vür die wârheit,
swer den andern habe erslagen,
und wurder vür in getragen,
swie langer dâ vor wære wunt,
1360 er begunde bluoten anderstunt.
nû seht, alsô begunden
im bluoten sîne wunden,
dô man in in daz palas truoc:
wan er was bî im der in sluoc.
1365 dô daz diu vrouwe rehte ersach,
sî ruofte sêre unde sprach
'er ist zewâre hinne
und hât uns der sinne
mit zouber âne getân.'
1370 die ê daz suochen heten lân,
die begunden suochen anderstunt.
daz bette wart vil dicke wunt,
und durch den kulter, der dâ lac,
gie manec stich unde slac:
1375 ouch muoser dicke wenken.
in winkeln und under benken
suochten sin mitten swerten,
wand sî sîns tôdes gerten

</td><td>

Als sie wieder zu sich kam,
aber keiner Wahrnehmung noch Äußerung fähig war,
da schonten doch ihre Hände
weder Haar noch Kopfputz.
Herr Iwein sah, wo
durch die zerrissene Kleidung ihr Körper schimmerte.
Ihr Haar und ihre Gestalt
waren so vollkommen,
daß ihm die Liebe zu ihr
den Verstand raubte,
so daß er sich völlig vergaß
und fast nicht sitzend mit angesehen hätte,
wie sie sich raufte und schlug.
Nur widerwillig ließ er sie gewähren:
er wollte eigentlich hineilen
und ihr die Hände festhalten,
damit sie sich nicht mehr schlüge.
Der Jammer
der schönen Frau tat ihm so weh,
daß er ihn weit lieber
selbst erlitten hätte.
Sein Mißgeschick klagte er Gott,
daß ihr jemals ein Unglück
durch seine Schuld geschehen war.
So zu Herzen ging ihm ihr Schmerz,
daß ihn dünkte, sein eigener Tod
wäre weniger zu beklagen
als wenn ihr auch nur ein Finger wehtäte.
Nun wird uns eine Sache
glaubhaft versichert:
Wenn jemand einen andern erschlagen hat,
und dieser wird an jenem vorbeigetragen,
so beginnt er von neuem zu bluten
und sei er auch noch so lange vorher schon verwundet
Seht, so fingen auch seine [worden.
Wunden wieder an zu bluten,
als man ihn in den Palas trug,
denn der war in der Nähe, der ihn erschlagen hatte.
Als die Herrin das sah,
schrie sie voll Schmerz und sagte:
'Er ist wahrhaftig hier
und hat uns die Sinne
mit Zauber verblendet.'
Die vorher das Suchen aufgegeben hatten,
fingen von neuem an zu suchen.
Das Bett wurde ganz zerfetzt,
und durch die darauf liegende Überdecke
ging mancher Stich und Schlag.
Daher mußte er oft behende ausweichen.
In Winkeln und unter Bänken
suchten sie ihn mit den Schwertern,
denn sie waren begierig, ihn zu töten

</td></tr>
</table>

H. fehlt für 1166—1172

fehlt für H. 1331—1336

fehlt für H. 1337—1354

(1180)

fehlt für H. 1367—1369

1186

	alsam der wolf der schâfe tuot.	wie der Wolf die Schafe.
1380	von zorne tobet in der muot.	Vor Zorn waren sie außer sich.
	Ze gote huop diu vrouwe ir zorn.	Die Burgherrin fing an mit Gott zu hadern.
	sî sprach 'herre, ich hân verlorn	Sie sagte: 'Herr, ich habe
	vil wunderlîchen mînen man:	auf sehr seltsame Weise meinen Mann verloren.
	dâ bistû eine schuldec an.	Daran bist du allein schuld.
1385	dû hetest an in geleit	Du hattest ihm
	die kraft und die manheit	die Kraft und die Tapferkeit gegeben,
	daz er von gehiuren dingen	daß ihm, wenn es mit rechten Dingen zuging,
	nie mohte misselingen.	nie etwas fehlschlagen konnte.
	ez ist niuwan alsô komen:	Nur so konnte das geschehen:
1390	der im den lîp hât genomen,	der ihn getötet hat
	daz ist ein unsihtic geist.	war ein unsichtbarer Geist.
	got herre, wie wol dû weist,	Herrgott, du weißt es:
	swer ez anders wære	wäre es irgendein anderer gewesen
	niuwan ein zouberære,	als ein Zauberer,
1395	des heter sich vil wol erwert.	hätte er sich seiner leicht erwehrt.
	im was eht dirre tôt beschert.	Also war ihm dieser Tod bestimmt.
	diz hœret er und ist uns bî.	Das hört dieser nun und ist bei uns.
	nû kieset hie wie küener sî:	Demnach mögt ihr einschätzen, wie tapfer er ist.
	sît er mînen herren hât erslagen,	Wenn er doch meinen Mann erschlagen hat,
1400	wie mac er dar an verzagen	wie kann er denn Angst davor haben,
	ern lâze sich ouch ein wîp sehen?	sich vor einer Frau zu zeigen?
	wand waz möht im von der ge-[schehen?'	Denn was könnte die ihm wohl antun?'
	Dô sî gesuochten genuoc	Als sie ihn lange genug gesucht hatten,
	und in sîn stein des übertruoc	und der Stein ihn davor bewahrt hatte,
1405	daz im niht arges geschach,	daß ihm etwas Schlimmes zustieß,
	wand in dâ nieman ensach,	weil ihn nämlich niemand sehen konnte,
	do gelac daz suochen under in.	da wurden sie des Suchens müde.
	ir tôten truogen sî hin	Sie trugen ihren Toten
	ze münster, dâ manz ambet tete	zum Münster, um einen Gottesdienst zu halten
1410	mit vollem almuosen und mit gebete.	mit gesetzlicher Almosenverteilung und Gebet.
	dar nâch truogen si in ze grabe.	Hernach trugen sie ihn zu Grabe.
	von ir grôzen ungehabe	Ihr Jammer
	wart dâ ein jæmerlîcher schal.	wurde in bitteren Klagen laut.
	diu juncvrouwe sich dô stal	Da stahl sich das Fräulein
1415	von dem gesinde dan	vom Gesinde weg,
	und gruozte den verborgen man	besuchte den Versteckten
	und trôst in als ein hövesch maget.	und sprach ihm gut zu als ein höfisch erzogenes Mädchen.
	ouch enwas her Îwein niht verzaget:	Doch war Herr Iwein gar nicht verzweifelt.
	im hete diu minne einen muot	Ihn hatte die Liebe
1420	gegeben, als sî manegem tuot,	wie so manchen, so erfüllt,
	daz er den tôt niht entsaz.	daß er nicht einmal den Tod fürchtete.
	doch hal er die maget daz	Doch verbarg er vor dem Mädchen,
	daz er sîner vîendinne	daß er zu seiner Feindin
	truoc sô grôze minne.	so große Liebe gefaßt hatte.
1425	Er gedâhte 'wie gesihe ich sî?'	Er überlegte: 'wie kann ich sie zu sehen bekommen?'
	nû was im sô nâhen bî	Nun war die Stelle,
	diu stat dâ man in leite,	da man den Burgherrn zu Grabe trug, so in der Nähe,
	daz er sam gereite	daß er so direkt
	hôrte alle ir swære	alle ihre Klagen hörte

1205

1210—1221
geändert

1222

fehlt für H.
1404—1408

1254—1257
geändert

1258

H. fehlt für
1254—1256

1269
geändert,
fehlt für H.
1418—1430

1430	sam er under in wære.	*als sei er mitten unter ihnen.*
	mit listen sprach er alsô	*Voller Schlauheit sagte er:*
	'ouwê, diz volc ist starke unvrô:	*'Ach, diese Leute sind sehr traurig.*
	mir gât ze herzen ir clage	*Ihr Jammer geht mir mehr zu Herzen*
	nâher danne ich iemen sage.	*als ich sagen kann.*
1435	möht ez mit vuoge geschehen,	*Wenn es irgend anginge,*
	sô wold ich harte gerne sehen	*hätte ich den dringenden Wunsch,*
	ir gebærde und ir ungehabe,	*Verhalten und Leidwesen derer zu sehen,*
	die ich dâ hœre bî dem grabe.'	*die ich vom Grabe her höre.'*
	Die rede meinder niender sô:	*Dies meinte er in keiner Weise ehrlich,*
1440	wan ern gæbe drumbe niht ein strô,	*denn es wäre ihm vollkommen gleichgültig gewesen,*
	ob sî mit glîchem valle	*wenn auf einen Schlag* 1277
	dâ zehant alle	*alle miteinander*
	lægen ûf der bâren,	*auf der Bahre gelegen hätten,*
	die dâ gesinde wâren,	*die zum Gesinde gehörten,*
1445	âne die vrouwen eine.	*die Burgherrin allein ausgenommen.*
	ouch enwas diu nôt niht cleine,	*Es bekümmerte ihn nicht wenig,*
	daz er sî hôrte und niene sach.	*daß er sie hörte und nicht sah.*
	nû buozte si im den ungemach,	*Nun half ihm das Mädchen,*
	wande sî nâch sîner bete	*weil es auf seine Bitte hin*
1450	ein venster ob im ûf tete,	*ein Fenster über ihm aufmachte*
	und liez si in wol beschouwen.	*und ihn sie betrachten ließ.* 1283
	nû sach er die vrouwen	*Da sah er die Dame*
	von jâmer lîden michel nôt.	*vom Schmerz große Not erdulden.*
	sî sprach 'geselle, an dir ist tôt	*Sie sagte: 'Lieber, mit dir ist*
1455	der aller tiureste man,	*der edelste Mann gestorben,*
	der rîters namen ie gewan,	*der je dem Stand der Ritter angehörte,* 1291
	von manheit und von milte.	*in Hinsicht auf Tapferkeit und Großmut.*
	ezn gereit nie mit schilte	*Nie ist unterm Schild*
	dehein rîter alsô volkomen.	*je ein Ritter so herrlich einhergeritten.*
1460	ouwê wie bistû mir benomen?	*Ach, wie hast du mir entrissen werden können,*
	ichn weiz war umbe ode wie.	*ich weiß nicht, warum und wie.*
	der tôt möhte an mir wol hie	*Der Tod könnte mir jetzt* fehlt für H.
	büezen swaz er ie getete,	*alles was er angerichtet hat, wieder gutmachen,* 1462—1475
	und gewerte mich einer bete,	*wenn er mir die Bitte gewährte,*
1465	daz er mich lieze varn mit dir.	*mich mit dir sterben zu lassen.*
	waz sol ich, swenne ich dîn enbir?	*Was soll ich ohne dich?*
	waz sol mir guot unde lîp?	*Was taugen mir Besitz und Leben?*
	waz sol ich unsælic wîp?	*Was soll ich unglückliche Frau anfangen?*
	ouwê daz ich ie wart geborn!	*Ach, daß ich je geboren wurde.*
1470	ouwê wie hân ich dich verlorn?	*Ach, daß ich dich verloren habe.*
	ouwê, trûtgeselle.	*Ach, mein Geliebter.*
	got versperre dir die helle	*Gott versperre dir die Hölle*
	und gebe dir durch sîne kraft	*und reihe dich durch seine Macht*
	der engel genôzschaft:	*in den Chor der Engel ein,*
1475	wan dû wær ie der beste.'	*denn du warst immer der beste Mensch.'*
	ir jâmer was sô veste	*Ihr Jammer war so heftig,*
	daz sî sich roufte und zebrach.	*daß sie sich die Haare raufte und die Kleider zerriß.* 1300
	dô daz her Îwein ersach,	*Als das Herr Iwein sah,*
	dô lief er gegen der tür,	*lief er zur Tür hin,*
1480	als er vil gerne hin vür	*denn er verlangte dringend*
	zuo ir wolde gâhen	*hinaus zu ihr zu eilen*

und ir die hende vâhen.
    Dô daz diu juncvrouwe ersach,
sî zôch in wider unde sprach
1485 'saget, wâ welt ir hin,
ode wâ habt ir den sin
genomen der iu diz geriet?
nu ist vor der tür ein michel diet:
diu ist iu starke erbolgen.
1490 irn wellent mir volgen,
sô habt ir den lîp verlorn.'
alsus erwant in ir zorn.

sî sprach 'wes was iu gedâht?
wær iuwer gedanc volbrâht,
1495 sone hetent ir niht wol gevarn.
ichn trûwe iu den lîp niht bewarn,
ezn sî dan iuwer wille.
durch got sitzent stille.
er ist ein vil wîser man
1500 der tumben gedanc verdenken kan
mit wîslîcher getât:
swes sin aber sô stât
daz er an allen dingen
wil volbringen
1505 mit den werken sînen muot,
daz enist niht halbez guot.
gedenket ir deheiner tumpheit,
der muot sî gar hin geleit:
hât ab ir deheinen wîsen muot,
1510 den volvüeret, daz ist guot.
herre, ich muoz iuch eine lân
und vil drâte wider gân
hin zuo dem gesinde.
ich vürhte, man bevinde
1515 daz ich zuo iu gegangen bin.
vermisset sî mîn under in,
sô verdenket sî mich sâ.'
hin gie sî und liez in dâ.
    Swie im sîne sinne
1520 von der kraft der minne
vil sêre wæren überladen,
doch gedâht er an einen schaden,
daz er niht überwunde
den spot den er vunde,
1525 sô er sînen gelingen
mit deheinen schînlichen dingen
ze hove erziugen möhte,
waz im danne töhte
älliu sîn arbeit.
1530 er vorhte eine schalkheit:
er weste wol daz Keiî
in niemer gelieze vrî

und ihr die Hände festzuhalten.
Als das Mädchen das sah,   *(1309—*
zog es ihn zurück und sagte: *1338)*
'Sagt, wo wollt Ihr hin?
Oder was denkt Ihr
Euch dabei, so etwas zu tun?
Vor der Tür ist doch eine große Menge Volks,
die heftig gegen Euch aufgebracht ist.
Wenn Ihr nicht auf mich hört,
so müßt Ihr das Leben verlieren.'
So brachte ihn ihre Zurechtweisung von seinem Vorhaben
                                         [ab.
Sie sagte: 'Was ist Euch plötzlich in den Sinn ge-
Hättet Ihr Euren Einfall ausgeführt,   *[kommen?*
so wäre es Euch schlimm ergangen.
Ich bin außerstande, Euch das Leben zu retten,
wenn Ihr es selbst nicht wollt.
Bleibt um Gottes willen ruhig sitzen.
Nur der ist weise,
der törichten Gedanken ein Ende macht
mit vernünftigem Handeln.
Ist aber jemandes Wesen so,
daß er in allem
seine Launen
in die Tat umsetzen will,
so ist das nur von zweifelhaftem Wert.
Wenn Ihr etwas Törichtes denkt,
so unterdrückt diese Laune,
habt Ihr aber einen klugen Einfall,
so führt ihn aus, das ist lobenswert.
Herr, ich muß Euch jetzt allein lassen,
und schnell zurück
zum Gesinde gehen.
Ich fürchte, man könne sonst bemerken,
daß ich zu Euch gegangen bin.
Wenn sie mich unter sich vermissen,
schöpfen sie gleich Verdacht gegen mich.'   *1335*
Sie ging fort und ließ ihn zurück.
Wie sehr seine Gedanken
von der Gewalt der Liebe
auch bedrängt waren,
er dachte doch an einen unglücklichen Umstand:
daß er nichts gegen den Spott ausrichten könne,
mit dem er bei Hofe überschüttet werden würde,
wenn er seinen Sieg
nicht mit handgreiflichen Beweisen   *1344*
bei Hofe bezeugen könne,
und wozu ihm dann
alle seine Mühe genützt hätte.
Eine Bosheit fürchtete er besonders: *1348*
er wußte genau, daß Keie
ihn niemals mit

	vor spotte und vor leide.	Hohn und Beschimpfung verschonen werde.
	dise sorgen beide	Diese zwei Sorgen
1535	die tâten im gelîche wê.	bedrückten ihn gleichermaßen.
	vil schiere wart des einen mê:	Aber bald wurde die eine gewichtiger:
	vrou Minne nam die obern hant,	Frau Minne behielt die Oberhand, *(1356)*
	daz sî in vienc unde bant.	so daß sie ihn gefangennahm und fesselte.
	si bestuont in mit überkraft,	Sie befiel ihn mit unwiderstehlicher Macht,
1540	und twanc in des ir meisterschaft	und ihre Gewalt zwang ihn dazu,
	daz er herzeminne	daß er herzliche Liebe
	truoc sîner vîendinne,	seiner Feindin entgegenbrachte,
	diu im ze tôde was gehaz.	die ihn tödlich haßte.
	ouch wart diu vrouwe an im baz	So wurde die Dame besser an ihm
1545	gerochen danne ir wære kunt:	gerächt als sie ahnen konnte, *1362*
	wan er was tœtlichen wunt.	denn er war zu Tode verwundet.
	die wunden sluoc der Minnen hant.	Die Wunde schlug die Hand der Minne.
	ez ist der wunden alsô gewant,	Und mit einer solchen Wunde hat es folgende Bewandtnis:
	sî wellent daz sî langer swer	man sagt, sie schmerze länger
1550	dan diu von swerte ode von sper:	als die von einem Schwert oder einer Lanze.
	wan swer von wâfen wirt wunt,	Denn wer nur durch Waffen verwundet wird,
	der wirt schiere gesunt,	der wird schnell gesund,
	ist er sînem arzte bî:	wenn er seinen Arzt in der Nähe hat.
	und wellnt daz disiu wunde sî	Nun sagt man aber, daß eine solche Wunde
1555	bî ir arzte der tôt	tödlich und ein ständig wachsender Schmerz sei
	unde ein wahsendiu nôt.	gerade dadurch, daß man in der Nähe dessen ist, der sie *1364*
	Ê hâte sich diu Minne	Vorher hatte sich die Minne [heilen könnte. — *1378*
	nâch swachem gewinne	mancherorts niedrig verzettelt
	geteilet an manege arme stat,	und deshalb hatte sie nicht viel ausgerichtet.
1560	dar ir nieman enbat:	Von dort, wohin sie niemand gebeten hatte,
	von danne nam sî sich nû gar	kehrte sie sich nun ab
	unde kêrte sich dar	und wendete sich hierher
	mit aller ir kraft,	mit ihrer ganzen Kraft,
	ze diu daz ir meisterschaft	damit ihre Herrschaft
1565	dâ deste merre wære.	um so gewaltiger sei.
	ein dinc ist clagebære:	Eins ist zu beklagen: *1386*
	sît Minne kraft hât sô vil	da doch die Minne solche Macht hat,
	daz sî gewaltet swem sî wil	daß sie Besitz ergreift, von wem sie will, *fehlt für H.*
	und alle künege die nû sint	und alle Könige, die es gibt, *1567—1570*
1570	noch lîhter twinget danne ein kint,	leichter bezwingt als ein Kind,
	sô ist sî einer swachen art,	so ist sie doch von niedriger Natur, *1387*
	daz si ie sô diemüete wart	daß sie sich so gedemütigt hat,
	daz sî iht bœses ruochet	sich gemein zu machen
	und so swache stat suochet,	und so niedrige Stellen aufsucht,
1575	diu ir von rehte wære	die ihr von Rechts wegen
	smæhe unde unmære.	verächtlich und zu gering sein müßten.
	sî ist mit ir süeze	Sie ist mit ihrer Lieblichkeit
	vil dicke under vüeze	oft unter die Füße
	der Schanden gevallen,	der Schande geraten,
1580	als der zuo der gallen	wie wenn man süßen Honig
	sîn süezez honec giuzet	in die Galle gießt
	und der balsem vliuzet	oder wie wenn man Balsam *1399*
	in die aschen von des mannes hant:	mit eigner Hand in die Asche laufen läßt;
	wan daz wurde allez baz bewant.	denn der könnte wahrhaftig besser verwendet werden.

1585	doch enhât sî hie niht missetân:	Doch hat sie hier nicht falsch gehandelt,
	wir suln sî genesen lân.	wir dürfen sie in Frieden lassen.
	si erwelte hie nû einen wirt	Hier erwählte sie einen Herrn,
	deiswâr von dem sî niemer wirt	von dem sie wahrlich niemals
	geswachet noch gunêret.	erniedrigt oder verunehrt wird,
1590	si ist rehte zuo gekêret:	sie hat sich an den rechten Ort begeben.
	si belîbet hie mit êren:	Hier kann sie mit Ehren bleiben.
	sus solde sî zuo kêren.	Zu solchen Stellen sollte sie sich immer wenden.
	Dô man den wirt begruop, dô	Als man den Burgherrn begraben hatte,
	sich diu riuwige diet. [schiet	ging das trauernde Volk wieder auseinander.
1595	leien unde pfaffen	Jedermann
	die vuoren ir dinc schaffen:	begab sich wieder an sein Geschäft.
	diu vrouwe beleip mit ungehabe	Die Dame blieb voller Jammer
	alters eine bî dem grabe.	allein am Grabe zurück.
	dô sî her îwein eine ersach	Als Herr Iwein sie allein sah
1600	unde ir meinlich ungemach,	und ihren übermächtigen Kummer,
	ir starkez ungemüete,	ihr heftiges Leid,
	unde ir stæte güete,	ihre unwandelbare Treue,
	ir wîplîche triuwe	ihre Hingabe
	und ir senlîche riuwe,	und ihren Schmerz um den geliebten Mann,
1605	dô minnet er sî deste mê,	da ergriff ihn die Liebe zu ihr um so heftiger,
	und im wart nâch ir alsô wê	und ihm wurde so weh nach ihr,
	daz diu Minne nie gewan	daß die Minne niemals
	græzern gewalt an deheinem man.	größere Gewalt über jemanden erlangt hatte.
	er gedâhte in sînem muote	Er dachte bei sich:
1610	'ei herre got der guote,	'Ach Gott,
	wer gît mir sô starke sinne	wer macht meine Regungen so übermächtig,
	daz ich die sô sêre minne	daß ich die so schmerzlich liebe,
	diu mir zem tôde ist gehaz?	die mir todfeind ist.
	od wie möhte sich gevüegen daz	Oder wie sollte es angehen,
1615	daz sî mir gnædec würde	daß sie mir geneigt würde
	nâch alsô swærer bürde	bei der schweren Last der Schuld,
	mîner niuwen schulde?	die ich eben auf mich geladen habe.
	ich weiz wol daz ich ir hulde	Ich weiß genau, daß ich ihre Neigung
	niemer gewinnen kan:	niemals gewinnen kann:
1620	nû sluoc ich doch ir man.	Habe ich doch ihren Mann erschlagen.
	Ich bin ouch ze sêre verzaget,	Aber ich bin zu pessimistisch,
	daz ich mir selbe hân versaget.	daß ich selbst schon die Hoffnung aufgebe.
	nû weiz ich doch ein dinc wol,	Eins weiß ich doch genau,
	des ich mich wol trœsten sol:	woraus ich Zuversicht schöpfen kann:
1625	und wirt mîn vrou Minne	übt Frau Minne
	rehte ir meisterinne	die Herrschaft über sie aus
	als sî mîn worden ist,	wie über mich,
	ich wæne sî in kurzer vrist	so glaube ich, sie kann in kurzer Zeit,
	ein unbillîche sache	eine unschickliche Angelegenheit
1630	wol billîch gemache.	tragbar machen.
	ezn ist nie sô unmügelich,	Ganz ausgeschlossen ist es nicht,
	bestât sî sî alsô mich	bezwingt sie sie so wie mich
	und rætet ir her ze mir,	und flößt ihr Zuneigung zu mir ein,
	swie gar ich nû ir hulde enbir,	so wird sie, wie sehr sie mir feindlich gesinnt ist,
1635	und het ich ir leides mê getân,	und selbst, wenn ich ihr größeres Leid zugefügt hätte,
	sî müese ir zorn allen lân	ihren Haß fahren lassen müssen

Marginal notes:
1391
1405
1411
H. fehlt für 1414—1415
1428
fehlt für H. 1623—1653
H. fehlt für 1429—1461

und mich in ir herze legen.
vrou Minne muoz sî mir bewegen:
ichn trûwe mit mîner vrümekheit
1640 ir niemer benemen ir leit.
weste sî ouch welche nôt
mich twanc ûf ir herren tôt,
sô wurdes deste bezzer rât,
und weste si wie mîn muot stât,
1645 daz ich ze wandel wil geben
mich selben unde mîn leben.

Sît nû diu Minne unde ir rât
sich mîn underwunden hât,
sô hât sî michel reht dâ zuo
1650 daz sî der zweier einez tuo,
daz si ir râte her ze mir
od mir den muot beneme von ir:
wan ich bin anders verlorn.
daz ich ze vriunde hân erkorn
1655 mîne tôtvîendinne,
dazn ist niht von mînem sinne:
ez hât ir gebot getân:
dâ von sol sî mich niht lân
als unbescheidenlich under wegen.
1660 ouwî wan wolde sî nû pflegen
gebærde nâch ir güete!
vreude und guot gemüete
daz zæme mîner vrouwen baz
dan dazs ir selber ist gehaz.
1665 die marter und die arbeit
die sî an sich selben leit,
die sold ich billîcher enpfân.
ouwê waz hât ir getân
ir antlütze unde ir schœniu lîch,
1670 der ich nie niht sach gelîch?
ichn weiz waz sî zewâre
an ir goltvarwem hâre
und an ir selber richet,
daz sî den lîp zebrichet.
1675 dâ ist sî selbe unschuldec an:
ouwê jâ sluoc ich den man.
disiu zuht unt dirre gerich
gienge billîcher über mich:
ouch tæte sî got erkennen daz
1680 mir an mîn selbes lîbe baz.
ouwê daz diu guote
in selhem unmuote
ist sô rehte wünneclîch!
nû wem wære sî gelîch,
1685 enhete sî dehein leit?
zewâre got der hât geleit
sîne kunst und sîne kraft,
sînen vlîz und sîne meisterschaft,

und mir einen Platz in ihrem Herzen gönnen.
Frau Minne muß sie dazu bringen,
denn ich mit meiner ganzen Tüchtigkeit traue mir nicht
ihr den Kummer zu nehmen.   [zu,
Wüßte sie, welche Zwangslage
es unumgänglich machte, daß ich ihren Mann tötete,
so wäre alles schon viel leichter,
und wüßte sie zudem um meine Absicht,
mich selbst und mein Leben
als Schadensersatz anzubieten.
Da nun die Minne und ihr Machtwort
sich meiner bemächtigt haben,
so ist es nur recht und billig,
daß sie mir eins von beidem tue:
daß sie in ihr Zuneigung zu mir erwecke
oder daß sie meine Gedanken von ihr abwende,
denn sonst bin ich verloren.
Daß ich zur Geliebten
meine Todfeindin erwählt habe,
kommt nicht aus meinem eigenen Entschluß,
das hat das Gebot der Minne getan,
drum soll sie mich nicht
ungebührlich im Stich lassen.
Ach, wenn sie sich doch so verhalten wollte,
wie es ihrer Liebenswürdigkeit gemäß wäre!
Freude und Frohsinn
stünden ihr besser
als Selbstkasteiung
Qual und Pein,
die sie sich auferlegt,
sollte von Rechts wegen ich erdulden.
Ach, was hat ihr
ihr Antlitz und ihr schöner Leib getan,
dergleichen ich noch nie sah?
Ich kann nicht verstehen, was sie
an ihrem goldfarbenen Haar
und am eigenen Leibe straft,
daß sie sich selbst verletzt.
Sie selbst ist ja daran unschuldig:
Ach, ich habe doch ihren Mann erschlagen.
Diese Züchtigung und diese Rache
ergingen besser an mir,
und sie würde dem Herrgott ihren Schmerz besser
an meinem eigenen Leibe zu erkennen geben.
Ach, daß die Herrliche
sogar in solcher Verzweiflung
noch so lieblich ist!
Wem wäre sie erst zu vergleichen,
hätte sie keinen Kummer?
Wahrlich, Gott hat
all sein Vermögen und seine Macht,
seine Sorgfalt und seine Schöpferkraft

1498

an disen lobelîchen lip:

auf diese Schönheit verwendet.

1690 ez ist ein engel und niht ein wîp.'

Ein Engel ist sie, keine Frau.'

    Her Îwein saz verborgen

Herr Iwein saß verborgen,

1507
geändert

in vreuden unde in sorgen.

zugleich freudig und bekümmert.

im schuof daz venster guot gemach,

Er war glücklich über das Fenster,

des er genôz daz er sî sach:

denn dieses verschaffte ihm ihren Anblick.

1695 dâ wider vorhter den tôt.

Andererseits fürchtete er den Tod.

sus heter wünne unde nôt.

So hatte er Glück und Unglück zugleich.

er saz dâ und sach sî an

Er saß da und betrachtete sie,

unz an die wîle daz sî dan

bis sie fort

wider durch daz palas gie.

und zurück durch den Palas ging.

1700 ouwî wie kûme er daz verlie,

Ach, wie schwer wurde es ihm,

dô er sî vür sich gân sach,

als er sie an sich vorbeigehen sah,

daz er niht wider sî ensprach!

sich zurückzuhalten, daß er sie nicht ansprach.

dô muoserz doch durch vorhte lân.

Aber um der Furcht willen mußte er es unterlassen.

die porte wurden zuo getân,

Die Tore wurden geschlossen,

1519

1705 dâ sî durch was gegangen:

als sie hindurchgegangen war,

und er was alsô gevangen

und auf diese Weise war er gefangen,

daz im aber diu ûzvart

so daß ihm der Ausweg wieder

anderstunt versperret wart.

zum zweitenmal versperrt wurde.

daz was im alsô mære,

Das war ihm jedoch gleichgültig,

1710 wan ob ietweder porte wære

denn wären beide Tore

ledeclîchen ûf getân,

weit aufgesperrt worden

und wærer dâ zuo ledec lân

und hätte man ihm dazu

aller sîner schulde

alle seine Schuld vergeben,

alsô daz er mit hulde

so daß er mit guten Wünschen auf den Weg

1715 vüere swar in dûhte guot,

hätte gehen können, wohin es ihm beliebte,

1530

sone stuont doch anders niht sîn

so hätte er doch keinen andern Wunsch gehabt

    [muot

niuwan ze belîbenne dâ.

als dazubleiben,

wær er gewesen anderswâ,

und wäre er woanders gewesen,

sô wolder doch wider dar.

so hätte er doch wieder dahin zurückgewollt.

1720 sîn herze stuont niender anderswar

Seine Gedanken gingen nirgends

niuwan dâ er sî weste:

als dorthin, wo er sie wußte.

diu stat was im diu beste.

Diese Stelle war ihm die teuerste.

    Sus was mîn her Îwein

Herr Iwein war

mit disen nœten zwein

ganz unter dem Druck

1725 sêre betwungen.

folgender beider Sorgen:

swie wol im was gelungen,

soviel Erfolg er gehabt hatte,

sô wærer doch gunêret,

er wäre doch der Ehre verlustig gegangen,

1533

wær er ze hove gekêret

wenn er zum Hofe zurückgekehrt wäre,

âne geziuc sîner geschiht:

ohne daß jemand sein Erlebnis bezeugt hätte,

1730 wan man geloubet es im niht.

denn ihm allein hätte man nicht geglaubt.

do begunde in dô an strîten

Da focht es ihn

zuo den andern sîten

auf der anderen Seite an,

daz im gar unmære

daß ihm ja alle Ehre

älliu diu êre wære

der Welt ganz

1735 diu im anders möhte geschehen,

gleichgültig sei,

ern müese sîne vrouwen sehen,

wenn er seine Herrin nicht sehen könne,

von der er was gevangen.

von der er gefangengenommen war.

schiere kam gegangen

Bald kam

1541

diu guote maget diu sîn pflac.

das freundliche Mädchen, das sich um ihn kümmerte.

1740 sî sprach 'ich wæne ir swæren tac
und übele zît hinne traget.'
er sprach 'daz sî iu widersaget:
wan ichn gewan liebern tac nie.'
'liebern tac? saget, herre, wie
1745 mac sich daz gevüegen?
wan die iuch gerne slüegen,
die seht ir hie umbe iuch gân:
mac ein man danne hân
guoten tac und senfte zît
1750 der ûf den lîp gevangen lît,
ern wære danne des tôdes vrô?'
er sprach 'mîn muot stât niender sô
daz ich gerne wære tôt,
und vreu mich doch in mîner nôt,
1755 und hân daz hiute getân
und hân ouch noch ze vreuden wân.'
  Dô ez ir halbez wart gesaget,
do erkande wol diu wîse maget
daz er ir vrouwen meinde,
1760 als sî im sît bescheinde.
sî sprach 'ir muget wol wesen vrô:
wan ich gevüegez wol alsô
mit etelîchem dinge
daz ich iuch hinnen bringe
1765 noch ode vruo verholne.'
er sprach 'vüer ich verstolne
ze vüezen von hinnen,
des müese ich wol gewinnen
laster unde unêre:
1770 swenn ich von hinnen kêre,
daz bevindet allez diz lant.'
sî sprach, und nam in bî der hant,
'deiswâr ichn heize iuch niender varn
und wil iu gerne bewarn
1775 den lîp sô ich beste kan.
mîn her Îwein, nû gât dan
dâ iuwer gewarheit bezzer sî.'
und vuorte in nâhen dâ bî
dâ im allez guot geschach.
1780 sî schuof im allen den gemach
des im zem lîbe nôt was:
sî pflac sîn daz er wol genas.
  Dô er guot gemach gewan,
dô gienc sî von im dan
1785 und tete daz durch allez guot:
vil starke ranc dar nâch ir muot
daz er herre wurde dâ.
zuo ir vrouwen gienc sî sâ:
der was sî heimlîch genuoc,
1790 sô daz sî gar mit ir truoc
swaz sî tougens weste,

Es sagte: 'Ich fürchte, Ihr verbringt einen sorgenvollen
und eine unangenehme Zeit hier.'   [Tag
Er antwortete: 'Da muß ich Euch widersprechen,
denn niemals erlebte ich einen erfreulicheren Tag.'
'Einen erfreulicheren? Sagt,   1551
wie paßt das zusammen?
Denn um Euch herumlaufen seht Ihr die,
welche darauf brennen, Euch zu erschlagen.
Wie kann ein Mensch unter diesen Umständen
einen schönen Tag und eine angenehme Zeit verbringen,
wenn er in Gefangenschaft und Todesgefahr sich be-
es sei denn, er wünsche den Tod herbei?'   [findet,
Er sagte: 'Ich bin keineswegs so gesonnen,   1555
daß ich den Tod herbeiwünsche.
Vielmehr bin ich glücklich in meiner schlimmen Lage,
ich bin heute glücklich
und hoffe auch in Zukunft glücklich zu sein.'
Kaum hatte sie die Hälfte gehört,   (1560—
da merkte das kluge Mädchen genau,   1564)
daß er ihre Herrin im Sinn hatte,
was sie ihm auch bald zu erkennen gab.
Sie sagte: 'Ihr habt allen Grund, Euch zu freuen,
denn ich kann es
auf die eine oder andere Weise so einrichten,
daß ich Euch
heute noch oder morgen früh heimlich fortschaffe.'
Er sagte: 'Machte ich mich heimlich
zu Fuß davon,
so brächte mir das gewiß
Schaden und Schande ein.
Wenn ich von hier weggehe,
soll das in aller Öffentlichkeit geschehen.'   1574
Sie sagte und faßte ihn dabei an der Hand:
'Wirklich, ich sage nicht, daß Ihr irgendwohin gehen
und ich will alles tun,   [sollt,
um Euch das Leben zu retten, soweit es in meinen
Herr Iwein, jetzt geht fort   [Kräften steht.
an eine Stelle, wo Ihr sicherer seid.'
Und sie führte ihn in einen Raum in der Nähe,
wo ihm alles zu Gute getan wurde.
Sie schaffte ihm alle Bequemlichkeit,
deren er für sein leibliches Wohl bedurfte.
Sie sorgte so für ihn, daß er sich ganz erholte.   1583
Als alles zu seiner Bequemlichkeit eingerichtet war, fehlt für H.
ging sie von ihm fort   1784—1788
und tat das alles in der besten Absicht:
Sie hatte sich fest vorgenommen,
daß er dort Burgherr werden sollte.
Sie ging alsbald zu ihrer Herrin.
Mit der stand sie so vertraulich,   (1589)
daß diese auch die
heimlichsten Gedanken mit ihr teilte.

	ir diu næhest und diu beste.	Sie war ihre nächste und beste Freundin.
	ir râtes unde ir lêre	Ihrem Ratschlag und ihrer Belehrung
	gevolgete sî mêre	folgte sie mehr
1795	dan aller ir vrouwen.	als denen aller Hofdamen.
	sî sprach 'nû sol man schouwen	Sie sagte: 'Jetzt erst zeigt sich
	alrêrst iuwer vrümekheit	Euer gutes Herz
	dar an daz ir iuwer leit	daran, daß Ihr Euer Leid tragt
	rehte und redelîchen traget.	wie es Recht und Sitte verlangen.
1800	ez ist wîplich daz ir claget,	Daß Ihr klagt, steht einer Frau wohl an.
	und muget ouch ze vil clagen.	Doch könnt Ihr auch wieder das Klagen übertreiben.
	uns ist ein vrumer herre erslagen:	Ein trefflicher Herr ist uns erschlagen,
	nû mac iuch got wol stiuren	möge Euch Gott zu einem
	mit einem alsô tiuren.'	ebenso ausgezeichneten wieder verhelfen.'
1805	'meinstuz sô?' 'vrouwe, jâ.'	'Meinst du das im Ernst?' 'Ganz gewiß, Herrin.'
	'wâ wære der?' 'etewâ.'	'Aber wo sollte man den finden?' 'Irgendwo.'
	'dû tobest, ode ez ist dîn spot.	'Du bist wahnsinnig oder du spottest.
	und kêrte unser herre got	Selbst wenn unser Herrgott
	allen sînen vlîz dar an,	die größte Mühe aufwendete,
1810	ern gemachte niemer tiurern man.	er könnte niemals einen vortrefflicheren Menschen er- [schaffen.
	dâ von sol sich mîn senediu nôt,	Und deshalb werde ich meinen sehnlichen Schmerz,
	ob got wil, unz an mînen tôt	so Gott will, bis zu meinem Tode
	niemer volenden:	nie und nimmer ablegen.
	den tôt sol mir got senden,	Möge Gott mir den Tod schicken,
1815	daz ich nâch mînem herren var.	damit ich meinem Herrn nachfolge.
	dû verliusest mich gar,	Du verlierst meine Gunst,
	ob dû iemer man gelobest	wenn du jemals einen Mann ihm an Verdienst
	neben im: wan dû tobest.'	gleichstellst; da müßtest du schon wahnsinnig sein.'
	Dô sprach aber diu maget	Da fing das Mädchen wieder an:
1820	'iu sî doch ein dinc gesaget,	'Eins will ich Euch doch sagen,
	daz man iedoch bedenken sol,	was man schließlich bedenken muß,
	ir vervâhez übel ode wol.	Ihr mögt es übel oder wohl aufnehmen.
	ezn ist iu niender sô gewant,	Es steht nun einmal nicht anders um Euch:
	irn wellet iuwern brunnen und daz	wenn Ihr nicht Eure Quelle, Land
1825	und iuwer êre verliesen, [lant	und Ehre verlieren wollt,
	sô müezet ir etewen kiesen	so müßt Ihr jemanden aussuchen,
	der iun vriste unde bewar.	der sie Euch erhält und beschützt.
	manec vrum rîter kumt noch dar	Mancher tapfere Ritter wird noch dahin kommen,
	der iuch des brunnen behert,	der Euch an der Quelle Schaden stiftet,
1830	enist dâ nieman der in wert.	wenn niemand da ist, der sie verteidigt.
	und ein dinc ist iu unkunt:	Eine Sache wißt Ihr noch nicht:
	ez wart ein bote an dirre stunt	gerade jetzt war ein Bote
	mînem herren gesant:	meinem Herrn gesandt worden.
	dô er in dô tôten vant	Als er ihn aber tot vorfand
1835	und iuch in selher swære,	und Euch in solchem Jammer,
	do versweic er iuch daz mære	verschwieg er Euch die Nachricht,
	und bat aber michz iu sagen,	und bat mich stattdessen, Euch auszurichten,
	daz nâch disen zwelf tagen	daß heute in zwölf Tagen
	unde in kurzerme zil	oder sogar schon eher
1840	der künec Artûs wil	der König Artus
	zuo dem brunnen mit her.	mit Heeresmacht zur Quelle kommen will.
	enist dan nieman der in wer,	Wenn dann niemand da ist, der sie verteidigt,

Marginal notes (right column):
- 1598 geändert
- 1606
- 1604
- (1613)
- 1620 geändert
- 1617 geändert
- 1616

so ist iuwer êre verlorn.
habt ab ir ze wer erkorn
1845 von iuwerm gesinde deheinen man,
dâ sît ir gar betrogen an.
und wære ir aller vrümekheit
an ir einen geleit,
dazn wær noch niht ein vrum man.
1850 swelher sich daz nimet an
daz er der beste sî von in,
dern getar niemer dâ hin
dem brunnen komen ze wer.
sô bringet der künec Artûs ein her,
1855 die sint zen besten erkorn
die ie wurden geborn.
vrouwe, durch daz sît gemant,
welt ir den brunnen und daz lant
niht verliesen âne strît,
1860 sô warnet iuch der wer enzît,
und lât iuwern swæren muot.
ichn râtez iu niuwan durch guot.'
    Swie sî ir die wârheit
ze rehte hete underseit
1865 und sî sich des wol verstuont,
doch tete sî sam diu wîp tuont:
sî widerredent durch ir muot
daz sî doch ofte dunket guot.
daz sî sô dicke brechent
1870 diu dinc diu sî versprechent,
dâ schiltet sî vil maneger mite:
sô dunketz mich ein guot site.
er missetuot, der daz seit,
ez mache ir unstætekheit:
1875 ich weiz baz wâ vonz geschiht
daz man sî alsô dicke siht
in wankelm gemüete:
ez kumt von ir güete.
man mac sus übel gemüete
1880 wol bekêren ze güete
unde niht von guote
bringen ze übelem muote.
diu wandelunge diu ist guot:
ir deheiniu ouch anders niht entuot.
1885 swer in danne unstæte giht,
des volgære enbin ich niht:
ich wil in niuwan guotes jehen.
allez guot müez in geschehen.
    Diu vrouwe jæmerlîchen sprach
1890 'nû clag ich gote mîn ungemach,
daz ich nû niht ersterben mac.
daz ich iemer deheinen tac
nâch mînem herren leben sol,
dâ mite enist mir doch niht wol.

so ist Eure Ehre verloren.
Solltet Ihr aber für solche Verteidigung
einen Mann von Eurem Gesinde erwählt haben,   1629
So seid Ihr schlecht beraten.
Selbst wenn ihrer aller Tapferkeit
auf einen einzigen konzentriert würde,
so wäre es noch kein tapferer Mann.
Wer auch sich anmaßen möge,
er sei der beste von allen,
der kann sich doch nicht unterstehen,
die Quelle zu verteidigen.
Bringt doch der König Artus ein Heer   1636
derer, die zu den besten gehören,
die je geboren wurden.
Herrin, deswegen laßt Euch mahnen:
wenn Ihr Quelle und Land
nicht kampflos aufgeben wollt,
so sorgt beizeiten für Verteidigung
und laßt Eure Betrübnis fahren.
Ich rate Euch zu Euerm besten.'
Obwohl sie ihr nun die wahre Lage   1639
deutlich dargelegt hatte,
und die Herrin es auch einsah,
tat sie doch wie die Frauen nun einmal tun.
Aus bloßer Laune widersprechen sie dem,   1644
was ihnen doch oft eigentlich sehr gut erscheint.
Daß sie so oft doch tun,
was sie vorher abgelehnt haben,
dafür tadelt sie so mancher.
Mir scheint im Gegenteil, es sei gut.   *fehlt für H.*
                                          1872—1888
Der tut Unrecht, der sagt,
das liege an ihrer Launenhaftigkeit.
Ich weiß besser, woher es kommt,
daß man sie oft
gar so wankelmütig findet:
es kommt von ihrem weichen Herzen.
Man kann eine falsche Ansicht
wohl zur richtigen wandeln,
hingegen nicht eine richtige
zur falschen.
Eine solche Sinnesänderung ist aber nichts schlechtes,
und keine wird anders handeln:
Wer sie dann der Launenhaftigkeit bezichtigt,
dem will ich nicht zustimmen:
ich will nur das beste von ihnen reden
und wünsche ihnen nur das beste.
Die Dame sagte voll Jammer: *fehlt für H.*
                               1889—1926
'Gott klage ich mein Unglück,
daß ich jetzt nicht sterben kann.
Daß ich meinen Mann
nur einen einzigen Tag überleben soll,
damit geschieht mir kein Gefallen,

1895 und möht ich umben tôt mîn leben	und könnte ich mein Leben für den Tod eintauschen,
âne houbetsünde gegeben,	ohne damit eine Todsünde zu begehen,
des wurd ich schiere gewert,	so würde ich das gleich tun,
od ichn vunde mezzer noch swert.	es sei denn, ich fände kein Messer oder Schwert.
ob ich des niht gerâten kan	Und wenn ich es nun gar nicht vermeiden kann,
1900 ichn müeze mit einem andern man	daß ich mit einem andern Mann
mînes herren wandel hân,	meinen Herrn ersetzen muß,
sone wilz diu werlt sô niht verstân	so wird es die Welt nicht so verstehen,
als ez doch gote ist erkant:	wie es doch Gott kund ist.
der weiz wol, ob mîn lant	Der weiß wohl: wenn meinem Land
1905 mit mir bevridet wære,	durch mich allein der Friede erhalten werden könnte,
daz ichs benamen enbære.	dann wollte ich wahrlich keinen Mann haben.
nû rât mir, liebe, waz ich tuo,	Nun rate mir, Liebe, was ich tun soll,
hœret dehein rât dâ zuo.	wenn sich hier überhaupt raten läßt.
sît ich ân einen vrumen man	Da ich ohne einen tapferen Mann
1910 mîn lant niht bevriden kan,	meinem Land den Frieden nicht zu erhalten vermag,
so gewinn ich gerne einen,	so habe ich den Wunsch, einen zu finden,
und anders deheinen,	und zwar keinen andern,
den ich sô vrumen erkande	als einen, den ich als so tapfer befinde,
daz er mînem lande	daß er meinem Lande
1915 guoten vride bære	den süßen Frieden bewahren kann,
und doch mîn man niht wære.'	ohne daß ich ihn heirate.'
Sî sprach 'daz sî iu widerseit.	Das Mädchen sagte: 'Da muß ich Euch widersprechen.
wer wær der sich sô grôz arbeit	Wer würde sich wohl so großer Mühe
iemer genæme durch iuch an,	um Euretwillen unterziehen,
1920 erne wære iuwer man?	wenn Ihr ihn nicht heiratet?
ir sprechet eht als ein wîp.	Ihr redet typisch weiblich.
gebet ir im guot und lîp,	Selbst wenn Ihr Euer Gut und Euch selbst gebt,
ir muget ez dannoch heizen guot	könnt Ihr Euch glücklich preisen,
oberz willeclîchen tuot.	wenn er geneigt ist, das zu tun.
1925 nû habent ir schœne unde jugent,	Aber nun seid Ihr doch schön und jung,
geburt rîcheit unde tugent	von guter Abkunft, reich und edel
und muget einen alsô biderben man	und könnt einen ebenso tüchtigen Mann
wol gewinnen, obs iu got gan.	bestimmt finden, wenn Gott es Euch gewährt.
nune weinet niht mêre	Hört auf zu weinen,
1930 und gedenket an iuwer êre:	und denkt an Eure Ehre.
zewâre, vrouwe, des ist nôt.	Wahrhaftig, Herrin, das ist jetzt erforderlich.
mîn herre ist vür sich einen tôt:	Mein Herr ganz allein ist gestorben,
wænt ir daz ælliu vrümekeit	glaubt Ihr, alle Tapferkeit
mit im ze grabe sî geleit?	sei mit ihm zu Grabe getragen worden?
1935 zewâre des enist niht,	Wahrlich, so ist es nicht,
wand man noch hundert ritter siht	da man noch hundert Ritter sehen kann,
die alle tiurre sint dan er	die alle besser als er
ze swerte ze schilte und ze sper.'	mit Schwert, Schild und Lanze umgehen können.'
'dû hâst zewâre misseseit.'	'Das ist überhaupt nicht wahr!'
1940 'vrouwe, ich hân die wârheit.'	'Herrin, ich sage die Wahrheit.'
'der zeige mir doch einen.'	'Dann zeige mir doch einen von ihnen.'
'liezet ir iuwer weinen,	'Wenn Ihr Euer Weinen ließet,
deiswâr ich vunden iu harte wol.'	so könnte ich ihn Euch bestimmt herbeischaffen.'
'ichn weiz waz ich dir tuon sol:	'Ich weiß nicht, was ich mit dir anfangen soll,
1945 wan ez dunket mich unmügelich.	denn es scheint mir unmöglich.
sich, got der gebezzer dich,	Gott möge dich bessern,

(H. fehlt für
1653—1655)

1674

1678

ob dû mir nû liegest	wenn du mich jetzt belügst
und mich gerne triegest.'	und dir ein Vergnügen daraus machst, mich zu be-
'vrouwe, hân ich iu gelogen,	'Herrin, wenn ich Euch angelogen habe, [trügen.'
1950 sô bin ich selbe betrogen.	so bin ich selbst betrogen.
nû bin ich ie mit iu gewesen	Nun bin ich doch aber stets mit Euch gewesen
und muoz ouch noch mit iu genesen:	und werde auch in Zukunft Euer Geschick teilen.
verriet ich iuch, waz wurde mîn?	Riete ich Euch schlecht, was würde aus mir?
nû müezt ir mîn rihtære sîn:	Nun sollt Ihr selbst mein Richter sein.
1955 nu erteilet mir (ir sît ein wîp),	Urteilt mir, obwohl Ihr eine Frau seid:
swâ zwêne vehtent umbe den lîp,	wo zwei um ihr Leben kämpfen:
weder tiurre sî der dâ gesige	ist der anerkennenswerter, der siegt *1694*
od der dâ sigelôs gelige.'	oder der besiegt liegenbleibt?'
'der dâ gesiget, sô wæn ich.'	'Der siegt, vermute ich.'
1960 'vrouwe, ez ist niht wænlich:	'Herrin, das hat mit Vermutung nichts zu tun,
wan ez ist gar diu wârheit.	denn es ist die unbestreitbare Wahrheit.
als ich iu nû hân geseit,	Wie ich Euch eben gesagt habe,
rehte alsô hât ein man	genauso hat ein Mann
gesiget mînem herren an.	über meinen Herrn gesiegt.
1965 daz wil ich wol mit iu gehaben:	Das könnt Ihr mir doch nicht bestreiten,
wan ir habet in begraben.	denn Ihr habt ihn ja nun einmal begraben.
ich erziuges nû genuoc,	Ich beweise es Euch damit eindeutig:
der in dâ jagete unde sluoc,	der ihn jagte und erschlug, *1709*
der ist der tiurer gewesen:	ist besser gewesen,
1970 mîn herre ist tôt und er genesen.'	denn mein Herr ist tot, und er lebt.'
Daz was ir ein herzeleit,	Das machte der Dame herzlichen Kummer,
daz sî deheiner vrümekeit	daß das Mädchen jemandem den Vorzug
iemen vür ir herren jach.	vor ihrem Herrn gab.
mit unsiten si ir zuo sprach	Aufgebracht fuhr sie sie an *(1710)*
1975 und hiez si enwec strîchen:	und hieß sie sich wegscheren.
sine woltes nämelîchen	Sie wollte sie durchaus nicht mehr
niemer mêre gesehen.	unter den Augen haben.
sî sprach 'mir mac wol geschehen	Das Mädchen sagte: 'Mir kann wohl *1717*
von mînen triuwen arbeit	wegen meiner Ergebenheit Unglück geschehen *1726*
1980 und doch nimmer dehein herzeleit,	aber niemals Kummer, *geändert*
wan ich sî gerne lîden wil.	denn ich will es mit Freuden erdulden.
zewâre ich bin gerner vil	Wirklich, mir ist es viel lieber,
durch mîne triuwe vertriben	um meiner Ergebenheit willen verstoßen zu sein
dan mit untriuwen beliben.	als mit Untreue zu bleiben.
1985 vrouwe, nû gân ich von iu hin:	Herrin, so gehe ich von Euch,
und sô ich hin vertriben bin,	und wenn ich verstoßen bin,
sô nemet durch got in iuwern muot	so bedenkt um Gottes willen,
waz iu sî nütze unde guot.	was für Euch heilsam und gut ist.
daz ich iu ê gerâten hân,	Was ich Euch vorhin geraten habe,
1990 daz hân ich gar durch guot getân:	tat ich nur in bester Absicht.
und got vüege iu heil und êre,	Möge Gott Euch Glück und Ansehen schenken,
gesehe ich iuch niemer mêre.'	wenn ich Euch nicht mehr sehe.'
Sus stuont sî ûf und gie dan	So stand sie auf und ging davon *1727*
zuo dem verborgen man.	zu dem Versteckten.
1995 dem brâhtes bœsiu mære,	Dem brachte sie die schlechte Nachricht, *fehlt für H.*
daz ir vrouwe wære	daß ihre Herrin *1995—2008*
unbekêriges muotes:	unbeugsamen Sinnes sei,
sine kunde si deheines guotes	sie hätte sie zu keinem guten Entschluß

mit nihte überwinden:	überreden können,
2000 sine möhte dâ niht vinden	sie habe nichts bei ihr erreichen können
niuwan zorn unde drô.	als Zorn und Drohungen.
des wart her Îwein unvrô.	Darüber wurde Herr Iwein betrübt.
diu maget und her Îwein	Das Mädchen und Herr Iwein
begunden ahten under in zwein	überlegten zusammen,
2005 daz sîz noch versuochte baz,	daß sie noch eindringlicher versuchen sollten,
ob sî ir vrouwen haz	ob sie die Feindseligkeit ihrer Herrin
bekêrte mit guote	mit gütlichem Zureden
ze senfterem muote.	in Milde verkehren könnte. —
Dô diu vrouwe ir maget vertreip	Als die Dame ihre Zofe vertrieben hatte
2010 und sî eine beleip,	und allein war,
do begundes sêre riuwen	da empfand sie heftige Reue,
daz sî ir grôzen triuwen	daß sie ihre große Ergebenheit
wider sî sô sêre engalt,	sie so schmerzlich entgelten ließ,
wand sî ir vluochet und sî schalt.	denn sie hatte sie mit Schimpf und Schande bedeckt.
2015 si gedâhte 'waz hân ich getân!	Nun dachte sie: 'Was habe ich getan!
ich solde sî geniezen lân	Ich hätte es ihr lohnen sollen,
daz sî mir wol gedienet hât.	daß sie mir so treulich gedient hat.
ich weiz wol daz sî mir den rât	Ich weiß genau, daß sie mir den Rat
niuwan durch alle triuwe tete.	nur erteilte, wie ihre Ergebenheit es sie hieß.
2020 swâ ich gevolget ir bete,	Wo immer ich auf sie gehört habe,
daz enwart mir nie leit,	habe ich es nie bereuen müssen,
und hât mir ouch nû wâr geseit.	und auch jetzt hat sie mir die Wahrheit gesagt.
ich erkenne nu lange wol ir muot:	Ich kenne ihre Gesinnung seit langem genau,
sî ist getriuwe unde guot.	sie ist ergeben und gut.
2025 ich hân sî übele lâzen.	Es war nicht recht, daß ich sie fortgeschickt habe.
ich möhte wol verwâzen	Ich könnte
mîne zornige site:	mein zorniges Benehmen verwünschen!
wan dâ gewinnet niemen mite	Jedermann richtet
niuwan schande unde schaden.	damit nur Unheil an.
2030 ich solde sî her wider laden:	Ich sollte sie zurückkommen lassen,
daz kæme mir vil lîhte baz.	das wäre sicher besser für mich.
ich was ir âne schult gehaz.	Ich war ohne ihr Verschulden zornig auf sie.
mîn herre was biderbe genuoc:	Mein Herr war sehr tüchtig im Kampf,
aber jener der in dâ sluoc,	doch muß der, der ihn erschlagen hat,
2035 der muose tiurre sîn dan er:	ihm überlegen sein,
erne het in anders her	sonst hätte er ihn nicht
mit gewalte niht gejaget.	mit Gewalt hierher jagen können.
sî hât mir dar an wâr gesaget.	Was das betrifft, hat sie recht gehabt.
Swer er ist der in sluoc,	Wer es auch sein mag, der ihn erschlagen hat, —
2040 wider den hân ich schulde gnuoc	dem feindlich gesinnt zu sein
daz ich im vîent sî:	habe ich allen Grund.
ouch stât unschulde dâ bî,	Doch ist er in gewissem Sinne auch unschuldig,
der ez rehte wil verstân:	wenn man es recht überlegt:
er hât ez werende getân.	er hat es in Notwehr getan.
2045 mîn herre wolt in hân erslagen:	Mein Herr hat ihn erschlagen wollen.
heter im daz durch mich vertragen	Hätte er sich das um meinetwillen gefallen lassen
und het in lâzen genesen,	und hätte ihn geschont,
sô wær ich im ze liep gewesen:	so hätte das allzu große Rücksicht mir gegenüber bedeutet,
wan sô wærer selbe tôt.	denn dann wäre er selbst umgekommen.
2050 daz er in sluoc, des gie im nôt.'	Daß er ihn erschlagen hat, geschah unter Zwang.'

1734 (at line 2011)

1743 (at line 2024)

Es war nicht recht, daß ich sie fortgeschickt habe.

(1760—1772) (at lines 2033–2034)

Sus brâhte siz in ir muote
ze suone und ze guote,
und machte in unschult wider sî.
dô was gereite dâ bî
2055 diu gewaltige Minne,
ein rehtiu süenærinne
under manne und under wîbe.
si gedâhte 'mit mînem lîbe
mac ich den brunnen niht erwern:
2060 mich muoz ein biderbe man nern,
ode ich bin benamen verlorn.
weizgot ich lâze mînen zorn,
ob ez sich gevüegen kan,
und enger niuwan des selben man
2065 der mir den wirt erslagen hât.
ob ez anders umb in stât
alsô rehte und alsô wol
daz ich im mîn gunnen sol,
sô muoz er mich mit triuwen
2070 ergetzen mîner riuwen,
und muoz mich deste baz hân
daz er mir leide hât getân.'
      Daz sî ir maget ie leit gesprach,
daz was ir alsô ungemach
2075 daz sîz vil sêre clagete.
morgen, dô ez tagete,
dô kam sî wider gegangen
und wart baz enpfangen
dan sî verlâzen wære.
2080 ir benam diu vrouwe ir swære
mit guotem antfange.
sine saz bî ir niht lange
unz sî sî vrâgen began.
sî sprach 'durch got, wer ist der man
2085 den dû mir gester lobtest
(ich wæne dû niht tobtest,
wan ez entohte deheinem zagen)
der mînen herren hât erslagen.
hât er die geburt und jugent
2090 und dâ zuo ander tugent,
daz er mir ze herren zimt,
und swenn ez diu werlt vernimt,
daz sî mirz niht gewîzen kan
ob ich genomen habe den man
2095 der mînen herren hât erslagen,
kanstû mir daz von im gesagen
daz mir mîn laster ist verleit
mit ander sîner vrümekheit,
und rætestû mirz danne,
2100 ich nim in zeinem manne.'
      Sî sprach 'ez dunket mich guot
und gan iu wol daz ir den muot

So stellte sie es sich selbst
entschuldigend im besten Lichte dar
und sprach ihn ihr gegenüber von Schuld frei.
Da war auch gleich
die mächtige Minne zur Hand,
die große Versöhnerin
zwischen Männern und Frauen.
Sie dachte: 'Ich
kann die Quelle nicht verteidigen,
ein tapferer Mann muß mich schützen,
oder ich bin tatsächlich verloren.
Bei Gott, ich lasse meinen Zorn fahren
und, wenn es möglich ist,
begehre ich keinen andern Mann
als denselben, der meinen Herrn erschlagen hat.
Wenn er wirklich
so vorzüglich ist,
daß es recht ist, ihm meine Hand zu reichen,
so soll er durch seine Ergebenheit
meinen Kummer vertreiben,
und muß mich darum um so besser halten
als er mir Schmerz zugefügt hat.'
Daß sie ihre Kammerjungfer ausgeschimpft hatte,
tat ihr so leid,
daß sie bitterlich darüber klagte.
Am Morgen als es Tag wurde
kam das Mädchen zurück
und wurde besser empfangen
als es entlassen worden war.
Ihre Herrin nahm ihr die Sorgen
durch einen guten Empfang.
Sie brauchte nicht lange bei ihr zu sitzen,
bis sie anfing, sie auszufragen.
Sie sagte: 'Wer, um Gottes willen, ist der Mann
den du mir gestern gepriesen hast, —
mir scheint, du warst doch nicht von Sinnen,
denn kein Feigling wäre dazu imstande gewesen, —
der meinen Mann erschlagen hat.
Wenn er von guter Herkunft, mit Jugend
und allen andern guten Eigenschaften ausgestattet ist,
so daß er sich mir zum Gemahl schickt,
wenn zudem die Welt, wenn sie es vernimmt,
mich nicht tadeln kann,
ich hätte den Mann genommen,
der meinen Gemahl erschlagen hat,
wenn nämlich du mir das von ihm zusichern kannst,
daß diese schmachvolle Lage von mir abgewendet werde
durch die bloße Tatsache seiner Vortrefflichkeit,
und rätst du mir überdies noch dazu:
dann nehme ich ihn zum Gemahl.'
Das Mädchen sagte: 'Das dünkt mich vorzüglich,
und ich freue mich für Euch, daß Ihr Euch

1773

*H. fehlt für
1777—1780*

*fehlt für H.
2055—2072*

1785

*H. fehlt für
1788—1798*

1799

1810

1811

sô schône hât verkêret. *eines Besseren besonnen habt.*
ir sît mit im gêret *Eure Ehre wird durch ihn erhöht,*
2105 und endurfet iuchs niemer ge- *und Ihr braucht Euch seiner nicht zu schämen.'*
 [schamen.'
sî sprach 'nû sage mir sînen namen.' *Die Dame sagte: 'Sag mir jetzt seinen Namen.'* *1815*
'vrouwe, er heizet her Îwein.' *'Herrin, er heißt Herr Iwein.'*
zehant gehullen sî in ein. *Da waren sie gleich einhellig einer Meinung.*
sî sprach 'deiswâr, jâ ist mir kunt *Sie sagte: 'Natürlich kenne ich*
2110 sîn name nû vor maneger stunt: *seinen Namen schon seit langer Zeit.*
er ist sun des künec Urjênes. *Er ist der Sohn des Königs Urien.*
entriuwen ich verstênes *Wahrhaftig, jetzt erst*
mich nû alrêrst ein teil: *wird mir alles klar.*
und wirt er mir, sô hân ich heil. *Und wenn ich ihn bekomme, so ist das ein großes Glück.* *fehlt für H. 2112—2116*
2115 weist aber dû, geselle, *Weißt du nun aber, Freundin,*
rehte ob er mich welle?' *genau, ob er mich auch will?'*
'er wolde wærez nû geschehen.' *'Er wollte, es wäre schon soweit.'*
'sage, wenne mag ich in gesehen?' *'Sag, wann kann ich ihn sehen?'* *1820*
'vrouwe, in disen vier tagen.' *'Herrin, heute in vier Tagen.'*
2120 'ouwê, durch got waz wil dû sagen? *'Ach, um Gotteswillen, was sagst du da?*
dû machest mir den tac ze lanc. *Du setzt mir eine viel zu lange Frist.*
nim daz in dînen gedanc, *Sieh zu,*
daz ichn noch od morgen sehe.' *daß ich ihn noch heute oder morgen sehe.'*
'wie welt ir, vrouwe, daz daz ge- *'Wie stellt Ihr Euch das vor, Herrin?*
 [schehe?
2125 ich entrœst iuch nihtes dar an: *Ich mache Euch keine Hoffnung darauf.*
sô snel ist dehein man *So schnell ist kein Mensch*
noch niht âne gevidere *noch sonst etwas, das keine Flügel hat,* *1824*
daz hin und her widere *daß es hin und wieder hierher zurück*
möhte komen in sô kurzer vrist. *in so kurzer Zeit kommen könnte.*
2130 ir wizzet wol wie verre dar ist.' *Ihr wißt genau, wie weit es bis dorthin ist.'*
'sô volge mînem râte. *'So tu, was ich sage:*
mîn garzûn loufet drâte: *mein Page läuft schnell.* *1826*
im endet ie ze vuoz ein tac, *Er schafft an einem Tage zu Fuß,*
daz einer in zwein gerîten mac. *was sonst einer in zweien reitet.*
2135 ouch hilfet im der mânschîn: *Zudem kommt ihm der Mondschein zu Hilfe.*
er lâze die naht einen tac sîn. *Er soll die Nacht Tag sein lassen.*
ouch sint die tage unmâzen lanc. *Überhaupt sind jetzt die Tage außergewöhnlich lang.* *1833*
sag im, er hât sîn iemer danc, *Sage ihm, daß ich ihm immer zu Dank verpflichtet bin,*
und daz ez im lange vrumt, *und daß er lange Vorteil davon haben wird,*
2140 ob er morgen wider kumt. *wenn er schon morgen zurückkommt.*
heiz in rüeren diu bein, *Heiß ihn die Füße bewegen,*
und mache vier tage ze zwein. *und er soll aus vier Tagen zwei machen.* *fehlt für H. 2141—2145*
er lâz im nû wesen gâch, *Er soll sich jetzt beeilen*
unde ruowe dar nâch *und soll hinterher ausruhen*
2145 swie lange sô er welle. *solange er will.*
nû liebe imz, trûtgeselle.' *Lege ihm das ans Herz, liebe Freundin.'*
 Sî sprach 'vrouwe, daz sî getân. *Sie sagte: 'Herrin, das will ich tun,* *1842*
ouch sult ir ein dinc niht lân: *auch sollt Ihr eins nicht unterlassen:*
besendet iuwer liute *laßt Eure Untertanen*
2150 morgen unde hiute. *heute und morgen holen.*
ir næmet übele einen man, *Ihr würdet schlecht tun, einen Mann zu nehmen*
dâne wære ir rât an. *ohne ihre Zustimmung.*

swer volget guotem râte,
dem misselinget spâte.
2155 swaz der man eine tuot,
und enwirtz dar nâch niht guot,
sô hât er in zwei wîs verlorn:
er duldet schaden und vriunde zorn.'
sî sprach 'trûtgeselle, ouwê,
2160 ich vürht ez mir niht wol ergê:
ezn ist lîhte niht ir rât.'
'vrouwe mîn, die rede lât.
irn habet niender selhen helt
ern lâze iuch nemen swen ir welt,
2165 ê er iu den brunnen bewar.
diu rede ist ûf ir wege gar.
ouwî sî sint des vil vrô
daz sî der lantwer alsô
über werden müezen:
2170 sî bietent sich ziuwern vüezen,
swenne si iuwer rede vernement,
und bitent iuch daz ir in nement.'
sî sprach 'nû sende den garzûn hin:
die wîle wil ouch ich nâch in
2175 mînen boten senden,
daz wir die rede verenden.'
   Sî het in schiere besant:
wan er was dâ zehant.
der garzûn tete als si im beschiet,
2180 er hal sich als sî im geriet:
wan er was gemachet unde gereit
zaller guoten kündekheit,
er kunde ir helfen liegen
und âne schalkheit triegen.
2185 dô sich diu vrouwe des versach
daz dâ niender geschach,
daz der garzûn wære under wegen,
do begunde diu maget des rîters
als ir got iemer lône.   [pflegen
2190 sî bât in harte schône.
ouch was dâ gereit
wol drîer hande cleit,
grâ, härmîn, unde bunt:
wan des was der wirt zaller stunt
2195 gewarnet als ein hövesch man
der wol des lîbes pflegen kan
und ders ouch guote state hât;
dô welte si im die besten wât
unde leite in die an.
2200 des andern âbendes gienc sî dan
dâ sî ir vrouwen eine vant,
unde machte sî zehant
von vreuden bleich unde rôt.
sî sprach 'gebet mir daz botenbrôt:

Wer gutem Rat folgt,
wird keinen Mißerfolg haben.
Wenn der Mensch etwas auf eigne Faust tut,
und es mißlingt ihm,
so hat er Nachteil in zweierlei Hinsicht:
Er hat den Schaden und die Mißbilligung der Freunde.'
Sie sagte: 'Liebe Freundin, ach,
ich fürchte, das wird schlecht für mich ausgehen,
denn es findet vielleicht nicht ihre Zustimmung.'
'Liebe Herrin, so müßt Ihr nicht reden.
Ihr habt keinen solchen Helden,
der Euch nicht lieber nehmen ließe, wen Ihr wollt,
ehe er bereit wäre, Euch die Quelle zu schützen.
Euer Entschluß wird ihnen sehr gelegen kommen.
Ach, die sind darüber nur zu glücklich,
wenn sie der Landesverteidigung auf diese Weise
enthoben werden.
Sie werden sich Euch zu Füßen werfen,
wenn sie Euren Entschluß hören,
und werden Euch bitten, ihn zu nehmen.'
Sie sagte: 'Schicke jetzt den Pagen hin.
Inzwischen will auch ich
meinen Boten zu ihnen senden,
damit wir der Sache ein Ende machen.'
Das Mädchen hatte Iwein schnell herbeigeholt,
denn er war schon da.
Der Page tat, wie sie ihm befahl,
er verbarg sich, wie sie ihn anwies,
denn er war wie geschaffen
für jede schlaue List.
Er vermochte ihr beim Schwindeln zu helfen
und den frommen Betrug durchzuführen.
Als die Dame des Glaubens war,
daß — was gar nicht der Fall war —
der Page unterwegs sei,
kümmerte sich das Mädchen um den Ritter,
wofür ihr Gott lohnen möge.
Sie badete ihn sorglich.
Drei Sorten von Kleidern
lagen bereit
aus Grauwerk, Hermelin und buntem Fell.
Denn damit war der Burgherr jederzeit
versehen gewesen als ein feiner Herr,
der sich in gutem Stande hält
und sich das auch leisten kann.
Nun wählte sie ihm die beste Kleidung aus
und legte sie ihm an.
Am andern Abend ging sie dahin,
wo sie ihre Herrin allein fand,
und machte sie gleich
vor Freude bleich und rot:
Sie sagte: 'Gebt mir den Botenlohn,

H. 2153—
2172 ändert
1845—1868

1880

fehlt für H.
2179—2187

1881

1884—1892
geändert

1893
geändert

2205 iuwer garzûn der ist komen.'	Eure Page ist angekommen.'	
'waz mære hâstû vernomen?'	'Welche Nachricht hat er dir gebracht?'	
'guotiu mære.' 'sage doch, wie?'	'Gute.' 'Sag doch, welche denn?'	
'dâ ist ouch mîn her Îwein hie.'	'Herr Iwein ist auch hier.'	
'wie mohter komen alsô vruo?'	'Wie konnte er so bald kommen?'	
2210 'dâ treip in diu liebe darzuo.'	'Das Glück hat ihn beflügelt.'	
'sage durch got, wer weiz ez doch?'	'Sag, um Gotteswillen, wer weiß es sonst noch?'	
'vrouwe, ezn weiz niemen noch,	'Herrin, es weiß noch niemand	
niuwan der garzûn unde wir.'	als der Page und wir.'	
'wan vüerstun danne her ze mir?	'Warum führst du ihn nicht zu mir?	
2215 nû genc enwec, ich beites hie.'	Geh, ich will hier darauf warten.'	
dô diu maget nâch im gie,	Als das Mädchen zu ihm hinging,	*1904*
durch ir gämelîche	tat es voller Ausgelassenheit	
do gebârte sî gelîche	so, als	
als sî mit bœsem mære	sei es mit einer schlechten Nachricht	
2220 zuo im gesendet wære.	zu ihm geschickt.	
sî hienc daz houbet unde sprach	Sie ließ den Kopf hängen und sagte	
trûreclîchen, dô si in sach	mit trauriger Miene, als sie ihn sah:	
'ichn weiz waz ich des tuon sol.	'Ich weiß nicht, was ich tun soll.	
mîn vrouwe weiz iuch hinne wol:	Meine Herrin weiß, daß Ihr in der Burg seid,	
2225 ir ist ûf mich vaste zorn,	sie ist äußerst zornig auf mich,	
ich hân ir hulde verlorn,	ich habe ihre Gunst verloren,	
daz ich iuch hie behalten hân,	weil ich Euch hier versteckt habe.	
und enwil mich doch des niht erlân	Und sie verlangt dennoch von mir	
sîne welle iuch gesehen.'	Euch zu sehen.'	
2230 'ê des niht ensüle geschehen,	'Ehe das nicht geschehen sollte,	
ich lâze mir ê nemen den lîp.'	wollte ich auch eher das Leben verlieren.'	
'wie möhte iu den genemen ein wîp?'	'Wie könnte eine Frau Euch das nehmen?'	
'sî hât doch volkes ein her.'	'Sie hat doch eine ganze Menge Volks.'	
'ir geneset wol âne wer:	'Ihr werdet auch ohne Kampf gerettet.	
2235 ich hân des ir sicherheit,	Ich habe ihr Wort,	*1916*
daz iu deheiner slahte leit	so daß Euch keinerlei Leid	
nû von ir mac geschehen.	mehr von ihr geschehen kann.	
sî wil iuch niuwan eine sehen.	Sie will Euch ganz allein sehen.	
ir müezet ir gevangen wesen:	Ihr müßt Euch ihr gefangen geben,	
2240 anders lât si iuch wol genesen.'	im übrigen aber wird sie Euch nur Gutes tun.'	
er sprach 'sî vil sælec wîp,	Er sagte: 'Herrlichste aller Frauen!	
ich wil gerne daz mîn lîp	Keinen andern Wunsch habe ich,	*1925*
immer ir gevangen sî,	als daß ich stets ihr Gefangener sei	
und daz herze dâ bî.'	und mein Herz dazu.'	*1923*
2245 Sus stuont er ûf und gie dan	So stand er auf und ging	
mit vreuden als ein sælec man,	voller Freude als ein Mensch, dem das Glück hold ist,	*ll. fehlt für*
und wart doch undâre enpfangen:	doch wurde er unfreundlich empfangen.	*1928—1942*
dô er kam gegangen,	Als er hinkam,	
weder si ensprach noch enneic.	grüßte sie ihn nicht, noch dankte sie für seinen Gruß.	
2250 dô sî alsô stille sweic,	Als sie so stille schwieg,	*1953*
daz begund im starke swâren,	bekümmerte ihn das sehr,	
unde enweste wie gebâren,	und er wußte nicht, wie sich verhalten.	
wan er saz verre hin dan	So setzte er sich bloß fern von ihr hin	
und sach sî bliuclichen an.	und sah sie verlegen an.	
2255 Do si beidiu swigen, dô sprach	Als sie beide schwiegen, sagte das Mädchen:	
[diu maget		

44

'her îwein, wie sît ir sô verzaget?
lebet ir ode habt ir munt?
ir sprâchet doch in kurzer stunt:
wenne wurdent ir ein stumbe?
2260 saget durch got, war umbe
vliehet ir ein sô schœne wîp?
got gehazze iemer sînen lîp
der âne danc deheinen man,
der selbe wol gesprechen kan,
2265 ze schœnem wîbe ziehe,
der sî sô sêre vliehe.
ir möhtent sitzen nâher baz:
ich geheize iu wol daz,
mîn vrouwe enbîzet iuwer niht.
2270 swem von dem andern geschiht
sô leide als ir ir habt getân,
und sol man des genâde hân,
dâ zuo hœret bezzer lôn.
ir habt den künec Ascalôn,
2275 ir vil lieben man, erslagen:
wer solt iu des genâde sagen?
ir habet vil grôze schulde:
nû suochet ouch ir hulde.
nû bite wir sî beide
2280 daz sî ir leide
geruoche vergezzen.'
done wart niht mê gesezzen:
er bôt sich drâte ûf ir vuoz
und suochte ir hulde unde ir gruoz
2285 als ein schuldiger man.
er sprach 'ichn mac noch enkan
iu gebieten mêre
wandels noch êre,
wan rihtet selbe über mich:
2290 swie ir welt, alsô wil ich.'
'Welt ir allez taz ich wil?'
'jâ, michn dunket nihts ze vil.'
'sô nim ich iu lîhte den lîp.'
'swie ir gebietet, sælec wîp.'
2295 'nu waz hulfe danne rede lanc?
sît ir iuch âne getwanc
in mîne gewalt hât ergeben,
næme ich iu danne daz leben,
daz wære harte unwîplich.
2300 her îwein, niene verdenket mich,
daz ichz von unstæte tuo,
daz ich iuwer alsô vruo
gnâde gevangen hân.
ir hât mir selch leit getân,
2305 stüende mir mîn ahte und mîn guot
als ez andern vrouwen tuot,
daz ich iuwer niht enwolde

'Herr Iwein, warum seid Ihr so verzagt.
Ihr seid doch wohl lebendig und habt einen Mund?
Eben habt Ihr doch noch gesprochen.
Wann wurdet Ihr denn ein Stummer?
Sagt doch, um Gotteswillen, weswegen
flieht Ihr eine so schöne Frau?
Gott strafe den,   1959
der gegen seinen Willen einen Mann,
der selbst der Rede mächtig ist,
zu einer schönen Frau führt,
wenn dieser dann so gar nichts von ihr wissen will.
Ihr könnt ruhig ein bißchen näher rücken,
ich kann es Euch versichern,
meine Herrin beißt Euch nicht.   1967
Wenn einer einem andern so
großes Leid zugefügt hat, wie Ihr es getan habt,
muß sich der die Vergebung
besser erkaufen.
Ihr habt den König Askalon,   1970
ihren geliebten Mann, erschlagen.
Wer sollte Euch dafür danken?
Ihr habt große Schuld auf Euch geladen,
nun sucht auch ihre Gunst zu erlangen.
Nun wollen wir sie beide bitten,
daß sie ihren großen Schmerz
vergessen möge.'
Da blieb er nicht länger sitzen,
er warf sich ihr gleich zu Füßen   1973
und bat um einen gnädigen Empfang
als ein schuldbeladener Mann.
Er sagte: 'Weder vermag noch weiß ich
Euch mehr
Ersatz oder Genugtuung zu bieten,
als daß Ihr selber über mich richten sollt.
Wie Ihr wollt, so will auch ich!'
'Wollt Ihr alles, was ich will?'
'Ja, mich dünkt nichts eine zu hohe Forderung.'
'So könnte ich Euch womöglich das Leben nehmen!'   1979
'Wie Ihr wünscht, herrliche Frau.'
'Nun, was soll da langes Reden?   (1995)
Da Ihr Euch freiwillig
in meine Gewalt ergeben habt,
so stünde es mir als Frau schlecht an,
wollte ich Euch das Leben nehmen.
Herr Iwein, denkt nicht schlecht von mir,
ich täte es aus Charakterlosigkeit,
daß ich Euch so schnell   H. fehlt für
verziehen habe.   1999—2005
Ihr habt mir solches Leid zugefügt,   fehlt für H.
daß, stünde es mit meinen Verhältnissen und meinem   2305—2339
so wie bei anderen Damen,   [Besitz
ich Euch nicht

45

sô gâhes noch ensolde	so schnell verzeihen
gnâde gevâhen.	wollte noch dürfte.
2310 nû muoz ich leider gâhen:	Nun muß ich mich bedauerlicherweise beeilen,
wandez ist mir sô gewant,	denn meine Lage ist so,
ich mac verliesen wol mîn lant	daß ich leicht heute oder morgen
hiute ode morgen.	mein Land verlieren kann.
daz muoz ich ê besorgen	Ich muß vorher Sorge tragen,
2315 mit einem manne der ez wer:	es mit einem Manne zu versehen, der es verteidige.
der ist niender in mînem her,	In meinem Heer gibt es keinen,
sît mir der künec ist erslagen:	seit der König mir erschlagen ist.
des muoz ich in vil kurzen tagen	Daher muß ich möglichst schnell
mir einen herren kiesen	mir einen Gemahl erwählen
2320 ode daz lant verliesen.	oder das Land verlieren.
nune bit ich iuch niht vürbaz sagen.	Ihr braucht mir nichts weiter zu erzählen.
sît ir mînen herren hânt erslagen,	Da Ihr meinen Herrn erschlagen habt,
sô sît ir wol ein sô vrum man,	seid Ihr gewiß ein so tapferer Mann,
ob mir iuwer got gan,	daß, wenn Gott Euch mir gönnt,
2325 sô bin ich wol mit iu bewart	ich bei Euch gut aufgehoben bin
vor aller vremder hôchvart.	vor allem fremden Übermut.
und geloubet mir ein mære:	Glaubt mir eins:
ê ich iuwer enbære,	Ehe ich auf Euch verzichtete,
ich bræche ê der wîbe site:	wollte ich lieber außer acht lassen, was Konvention [Frauen verbietet:
2330 swie selten wîp mannes bite,	wenn nie eine Frau um einen Mann geworben hat,
ich bæte iuwer ê.	ich wollte dennoch eher um Euch werben.
ichn nœtlîche iu niht mê:	Ich bin nicht länger Eure Feindin.
ich wil iuch gerne: welt ir mich?'	Ich will Euch von Herzen, wollt Ihr mich?'
'spræch ich nû, vrouwe, nein ich,	'Wenn ich jetzt, Herrin, nein sagte,
2335 sô wær ich ein unsælec man.	dann wäre ich heillos.
der liebste tac den ich ie gewan,	Heute ist der glücklichste Tag,
der ist mir hiute widervarn.	den ich je erlebt habe.
got ruoche mir daz heil bewarn,	Gott möge mir das Glück erhalten,
daz wir gesellen müezen sîn.'	daß wir uns lieben.'
2340 dô sprach diu künegîn	Da erwiderte die Königin:
'Ouwî, mîn her Îwein,	'Ach, Herr Iwein,
wer hât under uns zwein	wer hat diese Liebe
gevüeget dise minne?	zwischen uns beiden entstehen lassen?
es wundert mîne sinne,	Ich wundere mich,
2345 wer iu geriete disen wân,	wer Euch die Hoffnung eingab, (2014)
sô leide als ir mir hât getân,	bei dem Schmerz, den Ihr mir zugefügt habt,
daz ich immer wurde iuwer wîp.'	daß ich je Eure Frau werden könnte.'
'mir rietz niuwan mîn selbes lîp.'	'Ich hegte diese Hoffnung ganz von mir aus.'
'wer rietz dem lîbe durch got?'	'Und wer, bei Gott, hat sie Euch eingegeben?' 2018
2350 'daz tete des herzen gebot.'	'Das Gebot des Herzens.'
'nû aber dem herzen wer?'	'Wer hat es aber dem Herzen eingegeben?'
'dem rieten aber diu ougen her.'	'Das veranlaßten die Augen dazu.'
'wer riet ez den ougen dô?'	'Wer veranlaßte aber die Augen?'
'ein rât, des muget ir wesen vrô,	'Ein Anlaß, dessen Ihr Euch glücklich schätzen könnt:
2355 iuwer schœne und anders niht.'	nichts sonst als Eure Schönheit.' H. fehlt für 2021—2039
'sît unser ietwederz giht	'Da nun jeder von uns sagt,
ez sî des anderen vrô,'	er sei glücklich über den andern,'
sprach diu küneginne dô,	sagte da die Königin,

	'wer ist der uns des wende	'Wer sollte uns daran hindern
2360	wirn geben der rede ein ende?	die Angelegenheit zu Ende zu bringen.
	dazn vüeget sich niht under uns [drin:	Doch das können wir drei nicht beschließen,
	nû gân wir zuo den liuten hin.	gehen wir zu den Untertanen.
	ich hân gester besant	Ich habe gestern nach
	die besten über mîn lant:	den Edelsten im ganzen Lande geschickt,
2365	vor den suln wirz niht stillen.	vor denen dürfen wir es nicht verschweigen.
	ich hân in mînes willen	Ich habe ihnen meinen Beschluß
	ein teil dar umbe kunt getân.	in dieser Angelegenheit genau mitgeteilt.
	die suln wir an der rede hân:	Wir müssen sie zum Vertrag zuziehen,
	deiswâr ez vüeget sich deste baz.'	dann hat alles seine Ordnung.'
2370	nû tâten sî ouch daz.	So taten sie das also.
	Do si sich ze handen viengen	Als sie sich bei den Händen nahmen
	und in daz palas giengen,	und in den Palas gingen
	und sî den hern Îwein sâhen,	und die Untertanen Herrn Iwein sahen,
	benamen sî des jâhen,	da sagten sie wahrlich,
2375	sin gesæhen nie sô schœnen man.	sie hätten noch nie einen so stattlichen Mann gesehen,
	dâne lugen sî niht an.	und damit logen sie nicht.
	ouch enwart nie rîter anderswâ	Auch wurde nirgendwo je ein Ritter
	baz enpfangen dan er dâ.	besser empfangen als er dort.
	si besâhen in als ein wunder	Sie bestaunten ihn wie ein Wunder,
2380	und sprâchen alle besunder	und jeder sagte:
	'wer brâhte disen rîter her?	'Wer hat diesen Ritter hergebracht?
	ob got wil, ez ist der	Wenn Gott will,
	den mîn vrouwe nemen sol.'	so soll unsere Herrin diesen nehmen.'
	in behaget nie rîter alsô wol.	Niemals hatte ihnen ein Ritter so gut gefallen.
2385	alsus vuorten sî in	So führten sie ihn
	durch die liute enmitten hin,	mitten durch das Volk
	und gesâzen beide an einer stat.	und beide setzten sich an dieselbe Stelle.
	diu vrouwe ir truhsæzen bat	Die Herrin bat ihren Truchsessen,
	daz er ir rede tæte	für sie zu reden
2390	und sî des alle bæte	und alle um
	daz sî ez liezen âne zorn:	ihr Einverständnis zu bitten,
	sî het ir disen man erkorn.	sie habe sich diesen Mann erwählt.
	sî sprâchen, ez wær âne ir haz	Sie sagten, sie hätten keine Einwände,
	und in geviele nie dinc baz.	und nie habe ihnen ein Vertrag besser gefallen.
2395	ein ros daz willeclîchen gât,	Wenn jemand ein Pferd, das willig geht,
	swer ouch daz mit sporn bestât,	noch mit den Sporen anstachelt,
	sô gât ez deste baz ein teil.	so läuft es desto besser.
	sî mohten ir willen unde ir heil	Sie konnten sie leicht zu dem bewegen,
	ir lîhte gerâten.	was ihr eigner Wunsch und ihr Glück war.
2400	ich wæn sî rehte tâten:	Mir scheint, daran taten sie recht.
	wan dûhtez si alle missetân,	Denn wären sie auch alle der Meinung gewesen, das sei
	sî wold in doch genomen hân.	sie hätte ihn dennoch genommen. [schlecht gehandelt,
	Dô der truhsæze getete	Als der Truchseß
	sîner vrouwen rede nâch ir bete,	für seine Herrin geredet hatte ihrer Bitte gemäß
2405	und dô sî ouch hôrten sagen,	und als sie auch vernahmen,
	ez kæme in vierzehen tagen	in vierzehn Tagen
	der künec Artûs dar mit her:	werde der König Artus mit Heeresmacht hierherkommen,
	vund er den brunnen âne wer,	und fände er die Quelle ohne Verteidigung,
	sô wærer benamen verlorn:	so sei sie mit Sicherheit verloren,

Marginal notes (right column):
2040
2053
2057
H. fehlt für 2064—2068
2076
H. 2391—2433 ändert 2081—2163
2146
(2085)

2410 wan er hete der vart gesworn;	denn er hätte geschworen, den Zug zu unternehmen,	
und als in rehte wart geseit	und als ihnen genau,	
des rîters geburt und vrümekheit	des Ritters Herkunft und Tapferkeit erklärt wurden,	
ze der schœne die sî sâhen,	zu der Herrlichkeit, die sie selbst sahen,	
von rehte sî des jâhen,	da sagten sie mit Recht,	
2415 ez wære vrume und êre.	das sei nützlich und ehrenvoll.	
waz sol der rede mêre?	Was soll längeres Reden,	
wan ez was michel vuoge.	denn alles war, wie es sich gehörte.	
dâ wâren pfaffen genuoge:	Es waren viele Priester da,	(2150)
die tâten in die ê zehant.	die trauten sie gleich.	
2420 sî gâben im vrouwen unde lant.	Sie gaben ihm die Herrin und das Land.	
Vrou Laudîne hiez sîn wîp.	Seine Frau hieß Laudine.	2151
sî kund im leben unde lîp	Sie war dazu angetan, ihm das Leben	
wol gelieben mit ir tugent.	mit ihren guten Eigenschaften angenehm zu machen.	
dâ was geburt unde jugent,	Herkunft und Jugend,	
2425 schœne unde rîcheit.	Schönheit und Reichtum hatte sie.	
an swen got hât geleit	Wem Gott einen	
triuwe und andern guoten sin,	festen und anständigen Charakter gegeben hat	
volle tugent, als an in,	und alle guten Eigenschaften wie ihm,	
und den eins guoten wîbes wert,	und wenn er dem noch eine gute Frau schenkt,	
2430 diu niuwan sînes willen gert,	die ganz seinem Willen lebt,	
suln diu mit liebe lange leben,	und wenn die lange in Freuden leben dürfen,	
den hât er vreuden vil gegeben.	so hat er denen ein volles Maß an Glück geschenkt.	
daz was allez wænlich dâ.	Das war in diesem Falle alles zu erhoffen.	
hie huop sich diu brûtlouft sâ.	Die Hochzeitsfeierlichkeiten gingen an.	
2435 des tôten ist vergezzen:	Der Tote ist vergessen,	2165
der lebende hât besezzen	der Lebende hat	
beidiu sîn êre und sîn lant.	sein Land und seine Ehre in Besitz genommen.	
daz was vil wol zuo im bewant.	Alles ist ihm übergeben worden.	
ezn wart vordes noch sît	Weder früher noch später gab es je	fehlt für H.
2440 volleclîcher hôchzît	ein prächtigeres Fest	2438—2444
in dem lande nie mêre.	im Lande.	
dâ was wünne und êre,	Da gab es Freude und Prachtentfaltung,	
vreude und michel rîterschaft	Vergnügen und große Turniere,	
und alles des diu überkraft	und von allem im Überfluß,	
2445 des man zem lîbe gerte.	was das Herz begehrte.	
ir rîterschaft diu werte	Ihre Turniere dauerten,	2171
unz daz in daz lant vuor	bis der König Artus, wie er geschworen hatte,	
der künec Artûs, alser swuor,	ins Land gezogen kam	
zuo dem brunnen mit her.	mit einem Heer zu der Quelle.	
2450 dô bedorfter guoter wer:	Da bedurfte diese kräftiger Verteidigung,	
im entoht ze herren niht ein zage.	kein Feigling taugte ihr zum Besitzer.	
ezn kam dar nie in einem tage	Niemals waren auf einmal	
sô manec guot rîter alsô dô.	so viele treffliche Ritter dorthin gekommen wie damals.	
nû was der herre Keiî vrô	Nun machte es Herrn Keie Vergnügen,	2178
2455 daz er ze spottenne vant.	daß er Gelegenheit zum Höhnen hatte.	
er sprach 'her Kâlogrenant,	Er sagte: 'Herr Kalogrenant,	
wa ist iuwer neve her îwein?	wo ist Euer Vetter, Herr Iwein?	
ez schînet noch als ez dô schein	Es ist heute klar wie es damals schon klar war	
und ich wænez immer schîne:	und, denke ich, auch weiter klar bleiben wird:	
2460 sîn rede was nâch wîne,	Seine Rede geschah in der Trunkenheit,	
dô er iuch hie mit worten rach.	als er Euch hier mit Worten rächte.	

48

ouwî wie er sluoc und stach!
wær im ein trinken noch getragen,
er hete zwelf risen erslagen.
2465 sîner manheit der ist vil.
deiswâr ober iuch rechen wil,
sô sûmet er sich.
der iuch dâ richet, daz bin ich.
ich muoz eht aber die nôt bestân,
2470 als ich vil dicke hân getân
dâ ich vür mînen vriunt stuont.
ichn weiz war umbe sî ez tuont,
od waz si an in selben rechent,
die alsô vil gesprechent
2475 von ir selber getât,
sô ins nieman gestât.
ez ist ze vehtenne guot.
dâ niemen den widerslac tuot.
nû ist er uns entwichen,
2480 im selben lasterlichen.
er vorhte, wærer iz komen,
wander sichz het an genomen,
er müese die nôt vor bestân.
ich hetes in doch vil wol erlân.
2485   Ez swachet manec bœse man
den biderben swâ er iemer kan:
ern begât deheine vrümekheit,
und ist im gar ein herzeleit
swem dehein êre geschiht.
2490 nû seht, des entuon ich niht,
wan ich einem iegelîchen man
sîner êren wol gan:
ich prîs in swâ er rehte tuot,
und verswîge sîn laster: daz ist guot.
2495 ez ist reht daz mir gelinge:
wan ezn sprichet vonme dinge
nieman minre danne ich.
iedoch sô vürdert er sich,
swâ sich der bœse selbe lobet;
2500 wand niemen vür in gerne tobet,
der sîne bôsheit prîse.
her Îwein ist niht wîse:
er möhte swîgen als ich.'
diu rede dûhte sî gämelich,
2505 daz er sich dûhte alsô guot:
wan alsô schalclîchen muot
gewan nie rîter dehein.
dô sprach mîn her Gâwein
'wie nû, mîn her Keiî?
2510 nû sprechent ir doch, ir sît vrî
valscher rede: wie schînet daz?
ir erzeiget doch iezuo grôzen haz
disem guoten knehte.

Ach, wie er da hauen und stechen konnte!
Hätte man ihm noch einen Trunk mehr gereicht,
dann hätte er zwölf Riesen totgeschlagen.
Sein Mut ist ja gewaltig!
Wirklich, wenn er Euch rächen will,
so braucht er etwas lange dazu.
In Wirklichkeit bin ich es, der Euch rächen wird.
Ich muß also wieder einmal die Gefahr auf mich nehmen
wie ich schon so oft getan habe,
wenn ich für meinen Freund eintrat.
Ich weiß nicht, warum die das tun (2187)
oder was sie an sich selbst bestrafen,
die soviel
von ihren eignen Heldentaten sprechen,
wenn niemand ihnen zustimmt.
Da ist leicht Fechten,
wo niemand zurückschlägt.
Nun hat er sich gedrückt,
sich selbst zur Schande.
Er fürchtete, wäre er hierhergekommen,
er müßte, da er sich's angemaßt hatte,
die Gefahr bestehen.
Ich hätte sie ihm doch gern abgenommen.
Manch unedler Mann schmäht
den anständigen, wo immer er nur die Möglichkeit hat.
Er selbst leistet nichts Mutiges,
aber es ist ihm ein herzlicher Kummer,
wenn jemandem Ehre widerfährt.
Seht, so bin ich nicht,
denn ich gönne jeglichem Manne
seinen Ruhm von Herzen.
Ich rühme ihn, wo immer er gut handelt,
und verschweige seine Schande; so ist's recht.
Es ist recht und billig, daß ich Erfolg habe,
denn keiner spricht von seinen Angelegenheiten
bescheidener als ich. 2199
Doch der Unedle spielt
sich überall in den Vordergrund durch Selbstlob.
Denn niemand wäre um seinetwillen so verrückt,
seinen geringen Wert zu rühmen.
Herr Iwein ist nicht klug,
er sollte schweigen so wie ich.'
Diese Rede fanden sie belustigend,
weil er sich selbst so vortrefflich dünkte.
Denn er war doch der Boshafteste
von allen Rittern.
Da sagte Herr Gawein: 2208
'Wie denn, Herr Keie,
Ihr sagt ja, Ihr enthieltet
Euch der Verleumdungen. Woran zeigt sich das?
Ihr bezeigt doch eben gerade große Feindschaft
gegen diesen trefflichen Ritter.

nû tuot ir im unrehte.

Dabei tut Ihr ihm unrecht.

2515 ern gedâhte iuwer nie wan wol,

Er hat Euer immer wohlwollend gedacht,

als ein rîter des andern sol:

wie sich das für einen Ritter dem andern gegenüber

und daz er nû niht komen ist,

Daß er jetzt nicht gekommen ist,   *[gehört. 2211*

daz hât im lîhte an dirre vrist

daran hat ihn vermutlich gerade

ein selch unmuoze benomen

ein so wichtiges Vorhaben gehindert,

2520 daz er niht enmohte komen.

daß er nicht kommen konnte.

durch got ir sult die rede lân,'

Bei Gott, Ihr sollt nicht so sprechen.'

her Keiî sprach 'daz sî getân:

Herr Keie sagte: 'So soll es sein.   *2215*

ich wând ich redte rehte dran.

Ich glaubte recht zu haben mit meiner Rede.

alsô gerne mac ein man

So ist es also ganz gleichgültig, ob ein Mensch

2525 übel tuon alsô wol,

schlecht oder gut handelt,

sît ez nieman reden sol.

wenn doch niemand darüber reden darf.

ichn gewähenes niemer mêre,

Ich will es nicht mehr erwähnen.

nû daz sîn iuwer êre.'

Das sei Eure Art von Ehrbegriff.'

Der künec Artûs nam in die hant

Der König Artus nahm das Becken,   *2218*

2530 daz becke daz er dâ hangen vant,

das er dort hängen fand,

und schuof ez vollez brunnen,

und schöpfte es voll Quellwassers

und wolde rehte erkunnen

und wollte genau in Erfahrung bringen,

ob daz selbe mære

ob eben die Geschichte,

wâr ode gelogen wære

um derentwillen er hergekommen war,

2535 durch daz er was komen dar,

wahr oder erlogen sei,

unde begôz den stein gar.

und begoß den Stein.

dô wart daz weter alsô grôz

Da gab es ein so gewaltiges Unwetter,   *2221*

daz alle die dâ verdrôz

daß alle in Bestürzung gerieten,

die dar komen wâren:

die dorthin gekommen waren,

2540 und daz sî genâren,

und fast wären sie daran verzweifelt,

des heten sî verzwîfelt nâch.

lebend davonzukommen.

dô wart dem hern Îwein gâch

Da ritt Herr Iwein eilends

gewâfent von der veste;

gewappnet von der Burg herab,

wander sâ wol weste,

denn er wußte genau,

2545 ern beschirmte sînen brunnen

wenn er seine Quelle nicht beschützte,

er wurd im an gewunnen.

würde sie ihm erobert.

ouch habete her Keiî

Herr Keie hielt

alsô gewâfent dâ bî.

ebenfalls gewappnet in ihrer Nähe.   *2239*

der hete der êrsten tjost gegert:

Er hatte den ersten Kampf begehrt,   *2228—2238*

2550 der hete ouch in der künec gewert.

den ihm der König auch gewährt hatte.

nû kam her Îwein balde

Jetzt kam Herr Iwein schnell

dort ûz jenem walde

aus jenem Walde

ze velde gewalopieret,

aufs freie Feld galoppiert,   *2225*

in engels wîs gezieret.

prächtig wie ein Engel.

2555 in einrte ros noch der muot:

Weder sein Pferd noch sein Mut ließen ihn im Stich,

wan diu wâren beidiu guot.

denn beide waren vorzüglich.

sînem herzen liebe geschach,

Er freute sich von Herzen,   *(2241)*

dô er jenen halten sach

als er jenen dort halten sah,

der allez guot verkêrte,

der alles Gute schlecht machte,

2560 dô in got sô gêrte

und daß Gott ihm die Gunst gewährte,

daz er im solte gelten

jenem sein

sîn ungevüegez schelten

maßloses Schimpfen

und sînen tägelîchen spot.

und seinen täglichen Hohn heimzahlen zu dürfen.

des lobete er got.

Dafür pries er Gott.

2565 ouch sag ich iu ein mære:

Doch sage ich euch eins: *fehlt für H.*
                                                                            2565—2583

swie schalkhaft Keiî wære,
er was iedoch vil unervorht.
enheten sîn zunge niht verworht,
son gewan der hof nie tiurern helt.
2570 daz mugent ir kiesen, ob ir welt,
bî sînem ampte des er pflac:
sîn hete anders niht einen tac
geruochet der künec Artûs
ze truhsæzen in sînem hûs.
2575   Nû wârens under in beiden
des willen ungescheiden:
ir ietweder gedâhte sêre
ûf des andern êre:
ir gelinge was ab mislîch.
2580 diu tjost wart guot unde rîch,
und der herre Keiî,
swie bœse ir wænet daz er sî,
er zestach sîn sper unz an die hant.
dâ mite wart ouch er gesant
2585 ûz dem satel als ein sac,
daz ern weste wâ er lac.
done wolder im niht mêre
tuon dehein unêre,
wan daz er schimpflichen sprach,
2590 dô er in vor im ligen sach
'war umbe liget ir dâ durch got?
nû wârn sî doch ie iuwer spot
den âne ir schulde misselanc.
vielet ir sunder iuwern danc?
2595 michn triege danne mîn wân,
ir habet ez gerne getân:
ezn mohte iu anders niht geschehen.
ir woldet niuwan gerne sehen
welch vallen wære.
2600 ez ist doch lasterbære.'
     Er nam daz ors, dô erz gewan,
und vuortez vür den künec dan.
er sprach 'diz ors hân ich genomen:
herre, heizet etewen komen
2605 von iuwerme gesinde,
der sichs underwinde.
ich enger niht iuwer habe,
ichn gewinnes iu anders abe.'
des gnâdet er im verre.
2610 er sprach 'wer sît ir, herre?'
'ich bin ez Îwein.' 'nû durch got.'
'herre, ich bin ez sunder spot.'
nû saget er im mære
wie er worden wære
2615 herre dâ ze lande.
sîner êrn und Keiî schande
vreuten sî sich alle dô:

so boshaft Keie auch war,
er war dennoch sehr mutig.
Hätte seine Zunge ihn nicht verdorben,
so hätte der Hof keinen besseren Helden gehabt.
Das könnt ihr, wenn ihr wollt,
an seinem Hofamte feststellen, das er verwaltete:
sonst hätte ihn doch nicht einen Tag lang
der König Artus
als Truchsessen an seinem Hof geduldet.
Nun waren sie beide
vom gleichen Willen beseelt:
Jeder trachtete begierig,
dem andern die Ehre abzujagen.
Der Erfolg allerdings war unterschiedlich.
Der Zweikampf war gewaltig und prächtig.
Und Herr Keie,
für wie unedel ihr ihn auch halten mögt,
zersplitterte seine Lanze bis zum Griff.
Aber dabei wurde er
aus dem Sattel geworfen wie ein Sack,
daß er nicht mehr wußte, wo er lag.
Doch wollte Iwein ihm weiter   2258
keine Schande antun,
außer daß er spottete,
als er ihn vor sich liegen sah.
'Warum, um Himmelswillen, liegt Ihr denn da?   (2263—
Sonst waren Euch doch die immer ein Gespött,   2267)
denen ohne ihr Verschulden etwas fehlschlug.
Fielt Ihr etwa aus Versehen?
Wenn ich mich nicht irre,
hat Euch das Spaß gemacht,
denn sonst hätte es Euch nicht passieren können.
Ihr wolltet nur gern sehen,
wie es sei, zu fallen.
Aber es bringt doch Schimpf ein.'
Er nahm das Pferd, als er es gewonnen hatte,   2269
und führte es hin vor den König.
Er sagte: 'Dieses Pferd habe ich erobert.
Herr, laßt jemanden
aus Euerm Gefolge kommen,
der sich darum kümmert.
Ich begehre Euern Besitz nicht,
wenn ich ihn Euch nicht auf andere Weise abgewinne!'
Dafür sagte er ihm großen Dank.
Er sagte: 'Wer seid Ihr, Herr?'
'Iwein bin ich.' 'Mein Gott!'   2279
'Herr, ich bin es im Ernst.'
Nun erzählte er ihm,
wie er dort
zulande der Herr geworden sei.
Seiner Ehre und der Schande Keies   (2280)
freuten sich alle,

dochn was dâ nieman alsô vrô
alsô mîn her Gâwein:
2620 wan ez was ie under in zwein
ein geselleschaft âne haz,
und stuont vil verre deste baz
ir ietweders wort.
noch lac der herre Keiî dort
2625 gar ze spotte in allen:
wander was gevallen
ûf den lîp vil sêre.
und wære ein selch unêre
an einem biderben man gesehen
2630 der im vil manegiu was geschehen,
der sich lasters kunde schamen,
der hæte benamen
die liute gevlohen iemer mê.
ez tete im an dem lîbe wê,
2635 ez was im anders sam ein bast:
wandez hete der schanden last
sînen rücke überladen.
ez enkund im niht geschaden
an sînen vreuden alsô
2640 daz er iender unvrô
gegen einem hâre wurde dervon:
wan er was lasters wol gewon.
    Sus hete der strît ende
mit sîner missewende
2645 und mit lasterlîchem schalle.
die andern muosen alle
hern Îwein wol gunnen
sînes landes und des brunnen
und aller sîner êren:
2650 sine möhtens im gemêren,
in was anders niht gedâht.
sus het erz umb sî alle brâht.
    Nû reit der künec Artûs
durch sîne bete mit im ze hûs.
2655 dane irte unstate noch der muot
dane wurde handelunge guot,
daz er âne sîn lant
nie bezzer kurzwîle vant:
wan dem was eht niht gelîch,
2660 unde ist ouch unmügelîch
daz im ûf der erde
iemer iht glîches werde.
    Diu künegîn was des gastes vrô:
ze hern Îwein sprach sî dô
2665 'geselle unde herre,
ich gnâde dir vil verre
unsers werden gastes.
zewâre dû hastes
iemer lôn wider mich.'

aber niemand war so erfreut
wie Herr Gawein,
denn von jeher war zwischen ihnen beiden
eine uneingeschränkte Freundschaft gewesen,   *2288*
und ihrer beider Ansehen
war darum nur um so größer.
Herr Keie lag noch immer da,   *fehlt für H.*
ihnen allen sehr zum Spott: *2624—2652*
denn er hatte   *H. fehlt für*
einen harten Fall getan,   *2291—2328*
und hätte eine solche Schande,
wie ihm schon manche geschehen war,
einen anständigen Menschen getroffen,
der Schamgefühl besaß,
so hätte der wahrlich
in Zukunft die Menschen gemieden.
Ihn aber plagten nur die körperlichen Schmerzen,
sonst war es ihm vollkommen gleichgültig,
denn es hatte die Last der Schande
seinen Rücken ohnehin schon überbürdet.
Es vermochte seine Zufriedenheit
nicht so zu beeinträchtigen,
daß er irgend auch nur
im Geringsten betrübt deshalb gewesen wäre.
Denn Schande war ihm nichts Neues.
So hatte der Kampf
mit seinem Mißgeschick geendet
und mit lautem Hohngelächter.
Den andern blieb nichts, als
Herrn Iwein
sein Land und die Quelle
und alle seine Ehre zu gönnen.
Sie hatten auch keinen andern Gedanken,
als seine Ehre noch zu mehren,
so sehr hatte er ihre Zuneigung gewonnen.
Nun ritt der König Artus   *H. fehlt für*
auf seine Einladung zur Burg.   *2329—2402*
Es fehlte weder an Mitteln noch am Willen,   *fehlt für H.*
die Bewirtung so vorzüglich zu machen,   *2652—2696*
daß er, außer im eignen Lande,
niemals die Zeit besser zugebracht hatte,
denn dem konnte natürlich nichts gleichkommen,
und es ist auch unmöglich,
daß ihm auf Erden
irgend etwas Gleichwertiges an die Seite träte.
Die Königin freute sich über den Gast.
Sie sagte zu Herrn Iwein:
'Geliebter und Herr,
ich sage dir großen Dank
für unseren hohen Gast.
Wahrlich, du hast für alle Zeiten
Anspruch auf meine Dankbarkeit.'

2670 von schulden vreute sî sich:
     wan sî was unz an die zît
     niuwan nâch wâne wol gehît:
     nu enwas dehein wân dar an:
     alrêst liebet ir der man.
2675 dô ir diu êre geschach
     daz sî der künec durch in gesach,
     dô hete sî daz rehte ersehen
     daz ir wol was geschehen,
     und hete ouch den brunnen
2680 mit manheit gewunnen
     und wert ouch den als ein helt.
     si gedâhte 'ich hân wol gewelt.'
        Der gast wirt schiere gewar,
     enist er niht ein tôre gar,
2685 wie in der wirt meinet;
     wander im wol bescheinet
     an etelîcher swære,
     ist er im unmære:
     und geherberget ein man
2690 dâ ims der wirt wol gan,
     dem gezimt deste baz
     sîn schimpf unde sîn maz.
     ouch enwirt diu wirtschaft nimmer
     âne willigen muot.   [guot
2695 nû vant der künec Artûs
     werc und willen dâ ze hûs,
     unde mîn her Gâwein,
     an dem niht tes enschein
     ezn wære hövesch unde guot,
2700 der erzeicte getriuwen muot
     hern Îwein sînem gesellen;
     als ouch die wîsen wellen,
     ezn habe deheiniu grœzer kraft
     danne unsippiu geselleschaft,
2705 gerâte sî ze guote;
     und sint sî in ir muote
     getriuwe under in beiden,
     sô sich gebruoder scheiden.
     sus was ez under in zwein:
2710 der wirt und her Gâwein
     wârn ein ander liep genuoc,
     sô daz ir ietweder truoc
     des andern liep unde leit.
     hie erzeicte sîne hövescheit
2715 her Gâwein der bescheiden man,
     unde ich sage iu war an.
        Diu maget hiez Lûnete,
     diu sô bescheidenlîchen tete
     daz sî sô grôzer herte
2720 hern Îweinen nerte
     mit ir vil guoten witzen.

Sie freute sich mit Grund,
denn bis dahin hatte sie
keinen Beweis dafür gehabt, gut verheiratet zu sein.
Jetzt hatte sie den Beweis:
nun erst wurde ihr der Mann richtig lieb.
Als ihr die Ehre widerfuhr,
daß der König sie auf seine Veranlassung besuchte,
da wurde ihr ganz deutlich,
daß ihr Glück widerfahren war,
und zudem hatte er ja auch die Quelle
mit Mannesmut gewonnen
und sie auch verteidigt wie ein Held.
Sie dachte: 'Ich habe gut gewählt.'
Ein Gast merkt schnell,
wenn er nicht ein Tor ist,
wie der Gastgeber zu ihm steht,
denn dieser läßt ihn
an mancherlei Mißmut merken,
wenn er ihm zur Last fällt.
Und nimmt ein Mann dort Herberge,
wo der Gastgeber es ihm von Herzen gönnt,
so sind ihm seine fröhliche Unterhaltung
und seine gute Speise um so angenehmer.
So wird die Bewirtung niemals gut
ohne Bereitwilligkeit.
Der König Artus aber fand
dort in der Burg rechte Tat und Gesinnung vor,
und Herr Gawein,
von dem man nichts behaupten konnte,
das nicht höfisch und vortrefflich war,
zeigte seinem Freunde Iwein
seine getreue Gesinnung,
wie denn auch die Meinung der Weisen ist,
nichts verbinde mehr
als Freundschaft zwischen nicht Blutsverwandten,
wenn sie zum Guten ausschlägt,
und Freunde stehen
in Treue zueinander,
wo selbst Brüder sich trennen.
So stand es auch zwischen diesen beiden.
Der Burgherr und Herr Gawein
waren so befreundet miteinander,
daß jeder des andern
Freud und Leid mittrug.
Herr Gawein, der Formvollendete,   (2404)
bewies nun seine Wohlerzogenheit,
und ich sage euch womit:
Das Mädchen hieß Lunete,   2415
das so verständig gehandelt hatte,
daß sie Herrn Iwein aus so schwerer Bedrängnis
gerettet hatte
mit ihrer großen Klugheit.

<table>
<tr><td></td><td>zuo der gienc er sitzen</td><td>Zu der setzte er sich</td><td></td></tr>
<tr><td></td><td>und gnâdet ir vil sêre,</td><td>und sagte ihr vielen Dank,</td><td></td></tr>
<tr><td></td><td>daz sî sô manege êre</td><td>daß sie Herrn Iwein, seinem Freunde,</td><td></td></tr>
<tr><td>2725</td><td>dem hern îwein sînem gesellen bôt:</td><td>so große Ehre verschafft hatte.</td><td></td></tr>
<tr><td></td><td>wan daz er mislîcher nôt</td><td>Denn daß er aus allerhand Not</td><td></td></tr>
<tr><td></td><td>âne kumber genas</td><td>ohne Unglück gerettet</td><td></td></tr>
<tr><td></td><td>und dâ ze lande herre was,</td><td>und Herr in diesem Lande war,</td><td></td></tr>
<tr><td></td><td>daz ergienc von ir schulden.</td><td>war durch ihr Verdienst geschehen.</td><td></td></tr>
<tr><td>2730</td><td>des gnâdet er ir hulden.</td><td>Darum bezeigte er ihrem Wohlwollen seinen Dank.</td><td></td></tr>
<tr><td></td><td>wan zewâre ez ist guot,</td><td>Denn wirklich, es ist lobenswert,</td><td>fehlt für H.
2731—2738</td></tr>
<tr><td></td><td>swer gerne vrümeclîchen tuot,</td><td>daß man einem, der freudig bereit ist, Nutzen zu stiften,</td><td></td></tr>
<tr><td></td><td>daz mans im genâde sage,</td><td>auch dafür danke,</td><td></td></tr>
<tr><td></td><td>daz er dar an iht verzage</td><td>damit er nicht müde wird,</td><td></td></tr>
<tr><td>2735</td><td>(wan dâ hœrt doch arbeit zuo);</td><td>denn schließlich ist ja Mühe dabei aufzuwenden;</td><td></td></tr>
<tr><td></td><td>und swer ouch dankes missetuo,</td><td>wer jedoch vorsätzlich schlecht handelt,</td><td></td></tr>
<tr><td></td><td>daz man dem erbolgen sî:</td><td>dem soll man ruhig zürnen,</td><td></td></tr>
<tr><td></td><td>der ziuhet sich ouch lîhte derbî.</td><td>vielleicht richtet er sich danach.</td><td></td></tr>
<tr><td></td><td>Her Gâwein sprach 'mîn vrou
[Lûnete,</td><td>Herr Gawein sagte: 'Frau Lunete,</td><td></td></tr>
<tr><td>2740</td><td>iuwer rât und iuwer bete</td><td>Eure Vorsorge und Fürsprache</td><td></td></tr>
<tr><td></td><td>hât mir liebes vil getân</td><td>haben mir große Freude gebracht</td><td>(2419)</td></tr>
<tr><td></td><td>an dem besten vriunde den ich hân.</td><td>für den besten Freund, den ich habe.</td><td></td></tr>
<tr><td></td><td>er hât mirz allez wol geseit,</td><td>Er hat mir alles genau erzählt,</td><td>2424</td></tr>
<tr><td></td><td>wie im iuwer hövescheit</td><td>wie ihm Eure Gewandtheit</td><td>geändert</td></tr>
<tr><td>2745</td><td>dise êre hât gevüeget,</td><td>diese Ehre verschafft hat,</td><td></td></tr>
<tr><td></td><td>der in durch reht genüeget.</td><td>die ihn mit Recht zufrieden macht.</td><td></td></tr>
<tr><td></td><td>er hât von iu ein schœne wîp</td><td>Euch verdankt er eine schöne Frau,</td><td></td></tr>
<tr><td></td><td>ein rîchez lant und den lîp</td><td>ein mächtiges Land und das eigene Leben</td><td></td></tr>
<tr><td></td><td>und swes ein man zer werlte gert.</td><td>und was ein Mensch in der Welt begehren kann.</td><td></td></tr>
<tr><td>2750</td><td>wær ich sô biderbe und sô wert</td><td>Wäre ich so tüchtig und so angesehen,</td><td></td></tr>
<tr><td></td><td>daz mîn gêret wære ein wîp,</td><td>daß die Ehre einer Frau durch mich erhöht würde,</td><td></td></tr>
<tr><td></td><td>ich hân niht liebers danne den lîp:</td><td>ich gäbe, und ich habe nichts lieberes,</td><td></td></tr>
<tr><td></td><td>den gæbe ich iu ze lône</td><td>mein Leben Euch zum Dank</td><td></td></tr>
<tr><td></td><td>umb mîns gesellen krône,</td><td>für die Krone meines Freundes,</td><td></td></tr>
<tr><td>2755</td><td>die er von iuwern schulden treit.'</td><td>die er durch Euer Verdienst trägt.'</td><td></td></tr>
<tr><td></td><td>hie wart mit stæter sicherheit</td><td>So wurde zwischen ihnen beiden</td><td></td></tr>
<tr><td></td><td>ein geselleschaft under in zwein.</td><td>ein Bündnis dauernder Freundschaft geschlossen.</td><td></td></tr>
<tr><td></td><td>vrou Laudîne und her îwein</td><td>Frau Laudine und Herr Iwein</td><td>2454</td></tr>
<tr><td></td><td>die buten in ir hûse</td><td>boten in ihrer Burg</td><td></td></tr>
<tr><td>2760</td><td>dem künige Artûse</td><td>dem König Artus</td><td></td></tr>
<tr><td></td><td>selch êre diu in allen</td><td>solche ehrenvolle Aufnahme,</td><td></td></tr>
<tr><td></td><td>wol muose gevallen.</td><td>daß diese ihrer aller Beifall finden mußte.</td><td>H. fehlt für
2455—2475</td></tr>
<tr><td></td><td>Dô sî dâ siben naht gebiten,</td><td>Als sie eine Woche dort verbracht hatten,</td><td></td></tr>
<tr><td></td><td>dô was ouch zît daz sî riten.</td><td>kam die Zeit fortzureiten.</td><td>2476</td></tr>
<tr><td>2765</td><td>do si urloup nemen wolden,</td><td>Als die, die weggehen mußten,</td><td></td></tr>
<tr><td></td><td>die dâ rîten solden,</td><td>darangingen, Abschied zu nehmen,</td><td></td></tr>
<tr><td></td><td>her Gâwein der getriuwe man</td><td>führte Herr Gawein, der Getreue,</td><td></td></tr>
<tr><td></td><td>vuorte hern îweinen dan</td><td>Herrn Iwein weg,</td><td>fehlt für H.
2769—2787</td></tr>
<tr><td></td><td>von den liuten sunder.</td><td>abseits von den Leuten.</td><td></td></tr>
<tr><td>2770</td><td>er sprach 'ezn ist niht wunder</td><td>Er sagte: 'Es ist nichts Verwunderliches dabei,</td><td></td></tr>
<tr><td></td><td>umb einen sæligen man</td><td>wenn ein begnadeter Mann,</td><td></td></tr>
<tr><td></td><td>der dar nâch gewerben kan</td><td>der es versteht, nach Ansehen zu streben</td><td></td></tr>
</table>

und dem vrümekheit ist beschert,   *und der zudem tüchtig ist,*
ob im vil êren widervert.   *auch zu Ansehen gelangt.*

2775 doch ringet dar nâch allen tac   *Doch müht sich täglich darum*
manec man sô er meiste mac,   *manch einer nach besten Kräften,*
dem doch dehein êre geschiht: *der doch kein Ansehen erringt:*
der enhât der sælden niht.   *solch einem fehlt der Segen dazu.*
nû ist iuwer arbeit   *Nun hat Euch zu Eurer Mühe*

2780 sæleclîchen an geleit: *der Segen nicht gefehlt.*
iu hât erworben iuwer hant   *Ihr habt Euch*
ein schœne wîp unde ein lant.   *eine schöne Frau und ein Land errungen.*
sît iu nû wol geschehen sî,   *Da es Euch so gut ausgeschlagen ist,*
sô bewaret daz dâ bî   *so nehmt Euch nun auch in acht,*

2785 daz iuch iht gehœne   *daß Euch nicht die Schönheit Eurer Frau*
iuwers wîbes schœne.   *Schande bringe.*
geselle, behüetet daz enzît   *Freund, verhindert beizeiten,*
daz ir iht in ir schulden sît   *daß Ihr nicht in den gleichen Fehler verfallt wie die,*
die des werdent gezigen   *welche dessen bezichtigt werden,*   *2484*

2790 daz sî sich durch ir wîp verligen.   *daß sie sich um ihrer Frau willen 'verliegen'.*
kêrt ez niht allez an gemach;   *Richtet nicht Euer ganzes Denken bloß auf häusliche*
als dem hern Êrecke geschach,   *wie es Herrn Erec geschah,*   *[Freuden,*   *fehlt für H.*
                                                                                                                                  2792–2912
der sich ouch alsô manegen tac   *der sich auch lange Zeit*
durch vrouwen Ênîten verlac.   *um Enitens willen 'verlegen' hatte.*

2795 wan daz er sichs erholte   *Hätte er sich nicht später eines besseren besonnen,*
sît als ein rîter solte,   *wie es einem Ritter geziemt,*
sô wære vervarn sîn êre.   *so wäre seine Ehre zugrunde gerichtet gewesen.*
der minnete ze sêre.   *Der war zu sehr der Liebe verfallen.*
    Ir hât des iuch genüegen sol: *Ihr habt, womit Ihr zufrieden sein könnt.*

2800 dar under lêr ich iuch wol   *Angesichts dessen will ich Euch genau belehren,*
iuwer êre bewarn.   *wie Ihr Euer Ansehen bewahren könnt.*
ir sult mit uns von hinnen varn: *Ihr müßt mit uns davonziehen,*
wir suln turnieren als ê.   *und wir müssen Turniere austragen wie früher.*   *2501*
mir tuot anders iemer wê   *Sonst wird es mir sehr leid tun,*

2805 daz ich iuwer künde hân,   *mit Euch befreundet zu sein,*   *H. fehlt für*
                                                                                                                                  2515—2538
sol iuwer rîterschaft zergân.   *wenn Eure ritterliche Gesinnung in Verfall gerät.*
vil maneger beschirmet sich dâ   *Manch einer schützt vor,*   *fehlt für H.*
            [mite: *2807—2844*
er giht ez sî des hûses site,   *es sei das Gebot des Haushaltens,*
ist er êlîche gehît,   *daß, wenn er ehelich kopuliert ist,*

2810 daz er danne vür die zît   *er nunmehr*
sül weder rîten noch geben: *weder ritterlich kämpfen noch schenken dürfe.*
er giht er sül dem hûse leben.   *Er sagt, er müsse seiner Häuslichkeit leben.*
er geloubet sich der beider,   *Er verzichtet sowohl*
vreuden unde cleider   *auf gesellschaftliches Vergnügen wie auf guten Anzug,*

2815 die nâch rîterlîchen siten   *zugeschnitten und beschaffen,*
sint gestalt und gesniten: *wie es einem Ritter ansteht.*
und swaz er warmes an geleit,   *Und was er Warmes anzieht,*
daz giht er ez sîn wirtes cleit.   *sagt er, sei die Tracht des Hausherren.*
er treit den lip swâre,   *Er geht mißmutig umher*

2820 mit strûbendem hâre,   *mit struppigem Haar,*
barschenkel unde barvuoz.   *bloßen Schenkeln und Füßen,*
und daz ist ie der ander gruoz   *und das einzige Willkommen,*
den er sînem gaste gît: *das er seinem Gaste bietet, ist dieses:*

er sprichet 'sît der zît ·

2825 daz ich êrste hûs gewan
    (daz geloubet mir lützel ieman)
    sone wart ich nie zewâre
    des über ze halbem jâre
    ichn müese koufen daz korn.

2830 hiure bin ich gar verlorn
    (mich müet daz ichz iu muoz
                [clagen):
    mir hât der schûr erslagen
    den besten bû den ich hân.
    ich vürhte ich müeze daz hûs lân.

2835 etewie ernert ich den lîp,
    wan daz ich sorge um mîn wîp:
    diene weiz ich war ich tuo.
    dâ hœret grôz kumber zuo,
    swer daz hûs haben sol:

2840 jane mac nieman wizzen wol
    waz ez muoz kosten.
    ich wære wol enbrosten
    der werlt an andern dingen,
    möht ich dem hûse geringen.'

2845   Sus beginnet er trûren unde
    unde sînem gaste sagen   [clagen
    sô manec armez mære
    daz im lieber wære
    wærer nie komen dar.

2850 der wirt hât wâr, und doch niht gar.
    daz hûs muoz kosten harte vil:
    swer êre ze rehte haben wil,
    der muoz deste dicker heime sîn:
    sô tuo ouch under wîlen schîn

2855 ob er noch rîters muot habe,
    unde entuo sich des niht abe
    ern sî der rîterschefte bî
    diu im ze suochenne sî.
    ich rede als ichz erkennen kan.

2860 nû durch wen möhte ein vrumer
    gerner wirden sînen lîp   [man
    danne durch sîn biderbez wîp?
    hât er sich êren verzigen
    und wil sich bî ir verligen,

2865 unde giht des danne,
    gelîch einem bœsen manne,
    daz erz ir ze liebe tuo,
    dâne geziehe si niemer zuo:
    wan ir ist von herzen leit

2870 sîn unwirde und sîn verlegenheit.
    swie rehte liep er ir sî,
    sî müet, ist er ir ze dicke bî.
    manegiu ziuhet sich daz an,

Er sagt: 'Seit der Zeit,
da ich einen Hausstand gründete,
blieb mir, — leider glaubt mir das niemand —,
doch tatsächlich nichts anderes
übrig als alle halben Jahre
Korn zu kaufen.
Und dieses Jahr bin ich ganz schlecht dran.
Es tut mir leid, daß ich Euch darüber klagen muß:

der Hagel hat mir
den besten Schlag, den ich habe, zerstört.
Ich fürchte, ich muß das Haus aufgeben.
Ich selbst wollte mich schon irgendwie durchbringen,
nur um meine Frau sorge ich mich.
Ich weiß nicht, wohin mit ihr.
Große Sorgen hat,
wer einen Haushalt führt.
Und niemand kann sich vorstellen,
was das kostet.
Ich wollte schon den Forderungen
der Gesellschaft gerecht werden,
wenn ich nur mit dem Haushalt zurechtkäme.'

So jammert und klagt er
und erzählt seinem Gaste
so viele jämmerliche Geschichten,
daß es diesem lieber wäre,
er wäre nie hingekommen.

Der Hausherr hat recht, aber doch nicht völlig.
Ein Haushalt kostet eine Menge:
wenn er ihn ansehnlich führen will,
muß er desto häufiger zu Hause sein.
Doch soll er auch von Zeit zu Zeit unter Beweis stellen,
ob er noch ritterlicher Gesinnung sei
und verabsäume nicht,
an Turnieren teilzunehmen,
die er aufsuchen soll.
Ich rede über Dinge, die ich wohl zu beurteilen imstande
                                          [bin.]*

Und um wessentwillen könnte denn ein tüchtiger Mann
sich lieber als würdig erweisen
als um seiner trefflichen Frau willen?
Wenn er auf Ehre verzichtet hat
und sich bei ihr 'verliegen' will
und dann behauptet,
wie die Unedlen tun,
er tue es ihr zuliebe,
so möge sie nicht darauf eingehen (?).
Denn sie bekümmert von Herzen
seine Würdelosigkeit und sein 'Verliegen'.
So sehr sie ihn liebt,
es bekümmert sie, wenn er zuviel bei ihr herumsitzt.
Manche gibt sich den Anschein,

durch die vorhte des man,
2875 daz sîs niht verdrieze:
swaz aber ers genieze
ober sich bî ir verlît,
daz haber eine âne nît.
　　Iu hât verdienet iuwer hant
2880 eine küngîn unde ein lant:
sult ir nû dâ verderben bî,
sô wæn ich daz noch rîcher sî
âne huobe ein werder man.
her îwein, dâ gedenket an,
2885 und vart mit uns von hinnen,
und gewinnet mit minnen
der küneginne ein urloup abe
zeinem tage der vuoge habe,
und bevelhet ir liut unde lant.
2890 ein wîp die man hât erkant
in alsô stætem muote,
diun bedarf niht mêre huote
niuwan ir selber êren.
man sol die huote kêren
2895 an irriu wîp und an kint,
diu sô einvaltec sint
daz sî eins alten wîbes rât
bringen mac ze missetât.
　　Ir hât alsô gelebet unz her
2900 daz ichs an iu niht wandel ger,
nâch êren als ein guot kneht:
nû hât ir des êrste reht
daz sich iuwer êre
breite unde mêre.
2905 irte iuch etewenne daz guot
michels harter dan der muot,
nû muget ir mit dem guote
volziehen dem muote.
nû sît biderbe und wol gemuot:
2910 sô wirt diu rîterschaft noch guot
in manegem lande von uns zwein.
des volget mir, her îwein.'
　　Nû versuochter zehant
an die vrouwen daz er vant:
2915 wan dô sîn bete was getân,
done hete sî des deheinen wân
daz er sî ihtes bæte
wan daz sî gerne tæte.
daz geweren rou sî dâ ze stat,
2920 dô er sî urloubes bat
daz er turnieren müese varn.
sî sprach 'daz sold ich ê bewarn':
done mohte sis niht wider komen.
sus wart dâ urloup genomen
2925 zeinem ganzen jâre.

aus Furcht vor dem Manne,
daß sie dessen nicht überdrüssig werde.
Den Vorteil aber, den er daraus zieht,
wenn er sich bei ihr 'verliegt',
den mag er neidlos für sich behalten.
Ihr habt Euch
eine Königin und ein Land erworben.
Wenn Ihr nun damit verkommt,
so scheint mir,
ein edler Mann ohne Grundbesitz sei reicher.
Herr Iwein, bedenkt das
und zieht mit uns fort
und gewinnt mit Liebe
der Königin die Erlaubnis zum Fortgehen
bis zu einem passenden Termin ab
und befehlt Volk und Land ihrer Obhut.
Eine Frau, die man als
so treu erkannt hat.
bedarf keiner anderen Aufpasser
als ihrer eigenen Ehre.
Aufpasser soll man nur
bei untreuen Frauen und jungen Mädchen anstellen,
die so einfältig sind,
daß sie die Einflüsterung eines alten Weibes
zur Missetat verleiten kann.
Bis jetzt habt Ihr so gelebt
wie ich es nicht anders wünschen würde,
auf Ehre bedacht als ein tüchtiger Ritter.
Jetzt habt ihr erst Anspruch darauf,
daß sich Euer Ansehen
ausbreite und mehre.
Hat es Euch früher weit mehr an Besitz gefehlt
als an Beherztheit,
so ermöglicht Euch Euer Besitz jetzt
Eure Gesinnung zu betätigen.
Seid wacker und verständig,
so werden die Turniere
noch in manchem Lande durch uns beide sehenswert.
Hört auf mich, Herr Iwein.'
Da wandte er sich gleich
an die Dame und zwar mit Erfolg,　　　　(2550)
denn als er mit der Bitte ankam,
hatte sie keine Ahnung,
daß er sie um etwas bitten könnte,
das sie nicht mit Freuden erfüllte.
Aber gleich gereute sie ihre Zustimmung,
als er um Erlaubnis bat,
sich zum Turnieren fort begeben zu dürfen.
Sie sagte: 'Davor hätte ich mich eher hüten sollen.'　　fehlt für H.
Jetzt konnte sie nicht mehr zurück.　　　　　　　　　2922—2924
So nahm er die Erlaubnis,
für ein ganzes Jahr fortzureiten.

	ouch swuor sî des, zewâre,	Aber sie schwor,
	und beliber iht vürbaz,	bliebe er darüber hinaus,
	ez wære iemer ir haz.	so wolle sie ihm ewig darum feind sein.
	ouch swuor er, des in diu liebe [twanc,	Er schwor, wozu ihn die Liebe zwang:
2930	in dûht daz eine jâr ze lanc,	ihm schiene schon das eine Jahr zu lang,

ouch swuor sî des, zewâre,   Aber sie schwor,
und beliber iht vürbaz,   bliebe er darüber hinaus,   2566
ez wære iemer ir haz.   so wolle sie ihm ewig darum feind sein.
ouch swuor er, des in diu liebe   Er schwor, wozu ihn die Liebe zwang:
                         [twanc,
2930 in dûht daz eine jâr ze lanc,   ihm schiene schon das eine Jahr zu lang,
unde ern sûmde sich niht mê,   und er wolle nicht länger verweilen,
er kæme wider, möhter, ê,   und wenn er könne, käme er schon eher wieder,   (2586)
esn latzte in êhaftiu nôt,   es sei denn, es bände ihn höhere Gewalt,
siechtuom vancnüsse ode der tôt.   nämlich Krankheit, Gefangenschaft oder Todesfall. 2590
2935   Sî sprach 'iu ist daz wol erkant Sie sagte: 'Ihr wißt genau,
daz unser êre und unser lant   daß unsere Ehre und unser Land
vil gar ûf der wâge lît,   auf dem Spiel stehen,
ir enkumt uns wider enzît,   und daß, kommt Ihr nicht rechtzeitig zurück,
daz ez uns wol geschaden mac.   großes Unglück daraus entstehen kann.
2940 hiute ist der ahte tac   Heute ist der achte Tag
nâch den sunewenden: nach der Sonnenwende,   2574
dâ sol daz jârzil enden.   da soll die Jahresfrist um sein.
sô kumt benamen ode ê,   Dann also kommt oder auch früher,
ode ichn warte iuwer niht mê.   oder ich erwarte Euch gar nicht mehr.
2945 unde lât diz vingerlîn   Und laßt diesen Ring   2600
einen geziuc der rede sîn.   einen Zeugen der Abmachung sein.
ichn wart nie manne sô holt   Nie habe ich einen Mann so geliebt,
dem ich diz selbe golt   daß ich ihm diesen Goldring
wolde lîhen ode geben.   leihen oder schenken wollte.
2950 er muoz wol deste baz leben,   So soll es dem desto besser gehen,
der ez treit und an siht.   der ihn trägt und vor Augen hat.
her Îwein, nûne verliesetz niht.   Herr Iwein, verliert ihn nicht.
sînes steines kraft ist guot: Die Kraft seines Steines ist außerordentlich:
er gît gelücke und senften muot: er gibt Glück und Zufriedenheit,
2955 er ist sælec der in treit.'   und wer ihn trägt, ist bewahrt vor allem Übel.'
nû was der künec Artûs gereit: Nun war der König Artus reisefertig   (2616–
der schiet mit urloube dan.   und nahm Abschied.   2638)
nû reit diu vrouwe mit ir man   Die Dame begleitete ihren Mann
wol drî mîle ode mê.   über drei Meilen.
2960 daz scheiden tete ir herzen wê,   Der Abschied tat ihrem Herzen weh,
als wol an ir gebærden schein.   wie sie es auch offen zeigte,
daz senen bedahte her Îwein   Iwein dagegen verbarg den Trennungsschmerz
als er dô beste kunde: so gut er es vermochte.
mit lachendem munde   Sein Mund lachte,
2965 truobeten im diu ougen.   aber seine Augen waren trübe.
der rede ist unlougen,   Das ist keine Lüge:
er hete geweinet benamen,   er hätte wahrhaftig geweint,
wan daz er sich muose schamen.   wenn er sich nicht hätte schämen müssen.
ze lande vuor der künec Artûs,   Der König Artus ritt in sein Land
2970 diu vrouwe widere ze hûs.   und die Dame nach Hause zurück.
    Dô vrâgte mich vrou Minne   Da fragte mich Frau Minne etwas,   fehlt für H.
des ich von mînem sinne   worauf ich mit meinem Verstand   2971—2989
niht geantwurten kan.   nicht antworten kann.
sî sprach 'sage an, Hartman,   Sie sprach: 'Sage, Hartmann,
2975 gihstû daz der künec Artûs   behauptest du, daß der König Artus
hern Îweinen vuort ze hûs   Herrn Iwein mit an den Hof nahm

und liez sîn wîp wider varn?'
done kund ich mich niht baz
[bewarn,
wan ich sagt irz vür die wârheit:
2980 wan ez was ouch mir vür wâr geseit.
sî sprach, und sach mich twerhes an,
'dune hâst niht wâr, Hartman.'
'vrouwe, ich hân entriuwen.' sî
[sprach 'nein.'
der strît was lanc under uns zwein,
2985 unz sî mich brâhte ûf die vart
daz ich ir nâch jehende wart.
er vuorte dez wîp und den man,
und volget im doch dewederz dan,
als ich iu nû bescheide.
2990 sî wehselten beide
der herzen under in zwein,
diu vrouwe und her Îwein:
im volget ir herze und sîn lîp,
und beleip sîn herze und daz wîp.
2995 Dô sprach ich 'mîn vrou Minne,
nu bedunket mîne sinne
daz mîn her Îwein sî verlorn,
sît er sîn herze hât verkorn:
wan daz gap im ellen unde kraft.
3000 waz touc er nû ze rîterschaft?
er muoz verzagen als ein wîp,
sît wîbes herze hât sîn lîp,
und sî mannes herze hât:
sô üebet sî manlîche tât
3005 und solde wol turnieren varn
und er dâ heime daz hûs bewarn.
mir ist zewâre starke leit
daz sich ir beider gewonheit
mit wehsel sô verkêret hât:
3010 wan nûne wirt ir dewoders rât.'
Dô zêch mich vrou Minne,
ich wære kranker sinne.
sî sprach 'tuo zuo dînen munt:
dir ist diu beste vuore unkunt.
3015 dich geruorte nie mîn meisterschaft:
ich bin ez Minne und gibe die kraft
daz ofte man unde wîp
habent herzelôsen lîp
und hânt ir kraft doch deste baz.'
3020 do engetorst ich vrâgen vürbaz:
wan swâ wîp unde man
âne herze leben kan,
daz wunder daz gesach ich nie:
doch ergienc ez nâch ir rede hie.
3025 ichn weiz ir zweier wehsel niht:
wan als diu âventiure giht,

und seine Frau zurückreiten ließ?'
Da konnte ich mich nicht besser verteidigen,

als daß ich ihr versicherte, es sei die Wahrheit,
denn es war auch mir als wahr berichtet worden.   (2635)
Sie sagte und sah mich zweifelnd an:
'Hartmann, du hast nicht die Wahrheit gesagt.'
'Wirklich, Herrin, ich habe es.' Sie sagte: 'Nein!'

Der Wortwechsel dauerte lange zwischen uns,
bis sie mich auf die rechte Fährte brachte,
so daß ich ihr beistimmen konnte.
Artus führte die Frau und den Mann
und doch folgten ihm beide nicht,
wie ich euch jetzt erklären will:
sie tauschten beide
untereinander die Herzen,   2641
die Dame und Herr Iwein:
Artus folgten ihr Herz und er selbst,
und zurück blieben sein Herz und die Frau.
Da sagte ich: 'Frau Minne,   (2647)
nun scheint mir aber,
Herr Iwein sei verloren,
da er auf sein Herz freiwillig verzichtet hat,
denn das gab ihm Mut und Stärke.
Was taugt er jetzt noch zu Rittertat?
Er wird ängstlich werden wie eine Frau,   II. ändert
denn er hat das Herz einer Frau,   2647—2660
und sie hat das Herz eines Mannes.
So wird sie auch männlich handeln.
Und so sollte eigentlich sie aufs Turnier reiten,
und er sollte daheim das Haus hüten.
Es bekümmert mich wirklich sehr,
daß sich ihrer beider Wesen
so durch Tausch verändert hat:
denn jetzt ist keinem von beiden geholfen.'
Da warf mir Frau Minne vor,
ich sei nicht recht bei Verstande:
Sie sagte: 'Sei bloß still.
Du kennst ja das beste nicht.
Meine Gewalt hat dich nie bewegt.
Ich bin die Minne und schenke die Fähigkeit,
daß oft Mann und Frau
ihr Herz verlieren
und dennoch ihre Eigenschaft in gesteigertem Maße
Da traute ich mich nicht, weiterzufragen.   [haben.'
Denn daß irgendwo eine Frau oder ein Mann
ohne Herz leben könnten,
ein solches Wunder habe ich nie gesehen.
Doch hat es sich nach Behauptung der Minne hier so
Ich weiß nichts über ihrer beider Tausch,   [ereignet.
als daß, wie meine Quelle berichtet,

sô was her îwein âne strît
ein degen vordes und baz sît.
   Her Gâwein sîn geselle
3030 der wart sîn ungevelle.
durch nôt bescheid ich iu wâ von:
wan diu werlt ist des ungewon,
swer vrumen gesellen kiese,
daz er dar an verliese.
3035 zewâre geschach ez ê nie,
ez geschach doch im, und sage iu
               [wie.
her Gâwein was der höfschste man
der rîters namen ie gewan:
engalt er sîn, daz was im leit;
3040 wan er alle sîn arbeit
im ze dienste kêrte,
wier im sînen prîs gemêrte.
swâ sî turnierens pflâgen,
des sî niht verlâgen,
3045 dâ muose selch rîterschaft geschehen
die got mit êren möhte sehen:
dâ vürdert er in in allen wîs
und alsô gar daz im der prîs
aller oftest beleip;
3050 unz er der tage ze vil vertreip.
im gie diu zît mit vreuden hin.
man saget daz mîn her Gâwein in
mit guoter handelunge
behabte unde betwunge
3055 daz er der jârzal vergaz
und sîn gelübede versaz,
unz daz ander jâr gevienc
und vaste in den ougest gienc.
   Nû wâren sî beide
3060 mit vreuden sunder leide
von einem turneie komen
und hete her îwein genomen
den prîs ze beiden sîten.
nû was mit hôchzîten
3065 ir herre der künec Artûs
ze Karidôl in sînem hûs.
dô sluogens ûf ir gezelt
vür die burc an daz velt.
dâ lâgen sî durch ir gemach,
3070 unz sî der künec dâ gesach
und sîne besten alle
mit vrœlîchem schalle:
wand im was komen mære
wie in gelungen wære:
3075 er saget in gnâde unde danc,
daz in sô ofte wol gelanc.
swer gerne vrümeclîchen tuot,

Herr Iwein ohne Zweifel
schon vorher ein Held war und seither ein noch größerer.
Herr Gawein, sein Freund,
wurde ihm zum Verhängnis.
Es ist wohl nötig, daß ich euch sage, weshalb.
Denn der Welt ist es ungewohnt,
daß einer, der einen anständigen Freund erwählt,
durch ihn ins Unglück gerät.
Tatsächlich war das auch vorher nie geschehen,
aber ihm geschah es, und ich will euch sagen, wie:
Herr Gawein war der höfischste Mann,
der je zum Stande der Ritter gehörte.
Wurde Iwein durch ihn benachteiligt, so machte ihm das
denn alle seine Bemühungen   [Kummer,
wandte er nur für ihn auf,
um seinen Ruhm zu mehren.
Wo immer sie am Turnier teilnahmen,
das sie nicht etwa durch 'verliegen' versäumten,
da gab es stets einen so heldenhaften Kampf,
daß sein Anblick Gottes würdig gewesen wäre.
Da half er ihm in jeder Weise
und dergestalt, daß der Kampfpreis
ihm am häufigsten zufiel;
bis er zu viele Tage verstreichen ließ.
Die Zeit verging ihm mit Vergnügen.
Man sagt, daß Herr Gawein ihn
mit seiner Gastfreundschaft
festhielt und bannte,
daß er die Jahresfrist vergaß
und die Erfüllung des Gelübdes verabsäumte,
bis das nächste Jahr begann
und es weit in den August hinein ging.
Nun waren sie beide
voller ungetrübter Freude
von einem Turnier gekommen,
und Herr Iwein hatte sich
Ruhm bei beiden Parteien erworben.
Nun war, Feste feiernd,
ihr Herr der König Artus
zu Karidol in seinem Schloß.
Da schlugen sie ihre Zelte
vor der Burg auf freiem Felde auf.
Dort lagerten sie um auszuruhen,
bis sie der König da besuchte
und mit ihm alle die Edelsten
mit fröhlichem Lärm.
Denn die Kunde war zu ihm gelangt,
welchen Erfolg sie gehabt hatten.
Er sagte ihnen Gruß und Dank,
daß sie so erfolgreich gewesen waren.
Einem, dem Tüchtigkeit ein Vergnügen ist,

H. fehlt für
2661—2669

fehlt für H.
3029—3042

2671

2679

(2680)

2691

fehlt für H.
3073—3079

der dem gnâdet, daz ist guot:
in gezimt der arbeit deste baz.
3080 swâ man mit worten hie gesaz,
diu rede was wan von in zwein.
nû kam mîn her îwein
in einen seneden gedanc:
er gedâhte, daz twelen wær ze lanc,
3085 daz er von sînem wîbe tete:
ir gebot unde ir bete
diu heter übergangen.
sîn herze wart bevangen
mit senlîcher triuwe:
3090 in begreif ein selch riuwe
daz er sîn selbes vergaz
und allez swîgende saz.
er überhôrte und übersach
swaz man dâ tete unde sprach,
3095 als er ein tôre wære.
ouch nâhten im bœsiu mære.
im wîssagete sîn muot,
als er mir selbem ofte tuot:
ich siufte, sô ich vrô bin,
3100 mînen künftegen ungewin:
sus nâhte im sîn leit.
nû seht wâ dort her reit
sîns wîbes bote, vrou Lûnete,
von der râte und von der bete
3105 daz von êrste was komen
daz sî in hâte genomen.
sî gâhte über jenez velt
unde erbeizt vür diu gezelt.
als schiere sî den künec sach,
3110 dô kam sî vür in unde sprach
  'Künec Artûs, mich hât gesant
mîn vrouwe her in iuwer lant:
unde daz gebôt sî mir
daz ich iuch gruozte von ir,
3115 und iuwer gesellen über al;
wan einen: der ist ûz der zal:
der sol iu sîn unmære
als ein verrâtære.
daz ist hie der her îwein,
3120 der niender in den siten schein,
dô ich in von êrste sach,
daz untriuwe ode ungemach
ieman von im geschæhe
dem er triuwen verjæhe.
3125 sîniu wort diu sint guot:
von den scheidet sich der muot.
ez schînet wol, wizze Krist,
daz mîn vrouwe ein wîp ist,
und daz si sich niht gerechen mac.

Dank zu sagen, ist recht.
Der ist dann seiner Bemühung desto froher.
Wo immer man im Gespräch zusammensaß,
wurde nur von ihnen beiden geredet.
Da überfiel Herrn Iwein   *2695*
ein Sehnen.
Ihm fiel ein, die Abwesenheit
von seiner Frau sei zu lange gewesen.
Ihren Wunsch und Befehl
hätte er übertreten.
Sein Herz wurde ergriffen
von schmerzlicher Liebe.
Ein solcher Kummer bemächtigte sich seiner,
daß er sich selbst vergaß   *2704*
und dasaß ohne ein Wort zu sagen.
Er hörte und sah nicht
was man tat und redete,
als sei er von Sinnen.
Die schlimme Kunde nahte sich ihm auch schon.   *fehlt für H.*
Ihm prophezeite seine Ahnung   *3096—3100*
wie es auch mir oft geht:
ich beseufze im Glück
mein zukünftiges Unglück.
So naht auch ihm sein Mißgeschick.
Denn seht, dort kommt schon
die Botin seiner Frau, Lunete, geritten,   *(2705)*
durch deren Vorsorge und Zureden
es überhaupt erst gekommen war,
daß Laudine ihn geheiratet hatte.
Sie ritt schnell über jenes freie Feld
und saß vor den Zelten ab.
Sobald sie den König sah,
trat sie vor ihn hin und sagte:
'König Artus, mich hat
meine Herrin her in Euer Land gesandt
und das hat sie mir aufgetragen:
Euch ihren Gruß zu entbieten   *2716*
und allen Euren Gefährten.
Außer einem, der nicht dazuzählt.
Der soll Euch zuwider sein
als ein Verräter.
Das ist hier Herr Iwein,
der keineswegs den Eindruck machte,
als ich ihn zuerst sah,
als könnten Verräterei oder Unheil
jemandem von ihm zugefügt werden,
dem er Treue versprochen hat.
Seine Worte klingen vortrefflich,   *(2720)*
aber seine Gesinnung weicht von ihnen ab.
Eins ist, weiß Gott, klar: *H. 3126—*
da meine Herrin eine Frau ist,   *3192 ändert*
kann sie sich also nicht rächen: *2722—2766*

61

3130 und vorht er den widerslac, sô heter sîs vil wol erlân daz er ir lasters hât getân. in dûht des schaden niht genuoc daz er ir den man sluoc, 3135 erne tæte ir leides mêre und benæme ir lîp und êre.	*Hätte er nämlich gefürchtet, sie könne zurückschlagen,* *so hätte er es ihr sicherlich erspart,* *ihr Schande anzutun.* *Ihm schien es noch nicht genug Schädigung,* *daß er ihr den Mann erschlagen hat,* *sondern er wollte ihr noch mehr Leid zufügen* *und ihr Ehre und Leben rauben.*
Her îwein, sît mîn vrouwe ir [jugent, schœne, rîcheit, unde ir tugent, wider iuch niht geniezen kan, 3140 wan gedâhtet ir doch dar an waz ich iu gedienet hân? und het sî mîn genozzen lân: ze welhen staten ich iu kam, dô ich iuch von dem tôde nam.	*Herr Iwein, wenn schon meine Herrin von ihrer Jugend,* *Schönheit, Reichtum und Vollkommenheit* *bei Euch keinen Nutzen hat,* *warum habt Ihr nicht einmal daran gedacht,* *womit ich Euch gedient habe* *und habt sie nicht den Nutzen meiner Tat haben lassen:* *zu welch willkommener Hilfe kam ich Euch,* *als ich Euch vor dem Tod rettete!*
3145 ez wære umb iuch ergangen, het ichz niht undervangen. daz ich ez ie undervienc, daz iuwer ende niht ergienc, des wil ich iemer riuwec sîn:	*Es wäre um Euch geschehen gewesen,* *wenn ich es nicht abgewendet hätte.* *Daß ich je abwendete,* *daß Ihr Euer Ende fandet,* *das soll mir immer leid tun,*
3150 wan diu schult ist älliu mîn; wan daz ichz durch triuwe tete. ez vuocte mîn rât und mîn bete daz sî leit und ungemach verkôs der ir von iu geschach:	*denn ich allein bin schuld daran.* *Freilich habe ich es in aufrichtiger Gesinnung getan.* *Meine Vorsorge und mein Zureden brachten es dazu,* *daß sie Kummer und Unglück* *unbeachtet ließ, die Ihr ihr zugefügt hattet.*
3155 wand ich het ir ze vil geseit von iuwer vrümekheit; unz daz sî iu mit vrîer hant gap ir lîp unde ir lant, daz ir daz soldet bewarn.	*Denn ich hatte ihr nur zuviel* *von Eurer Tüchtigkeit erzählt,* *bis sie Euch aus eigenem Antrieb* *sich selbst und ihr Land schenkte,* *um dieses zu schützen.*
3160 nû hânt ir sô mit ir gevarn daz sich ein wîp wider die man niemer ze wol behüeten kan. deiswâr was mit iu ze gâch. dâ stüende bezzer lôn nâch	*Nun seid Ihr in einer Weise mit ihr umgegangen,* *daß eine Frau* *den Männern gegenüber hilflos ist.* *Wirklich, wir haben es mit Euch zu eilig gehabt.* *Das hätte bessere Belohnung verdient*
3165 dan der uns von iu geschiht: ouch gehiezet irs uns niht. Mîner vrouwen wirt wol rât, wan daz ez lasterlîchen stât, deiswâr unde ist unbillîch:	*als uns von Euch gegeben wird,* *und damals habt Ihr uns etwas ganz anderes versprochen.* *Meine Herrin wird sich schon zu helfen wissen,* *wiewohl die Situation schändlich* *und unbillig ist*
3170 si ist iu ze edel und ze rîch daz ir sî kebsen soldet, ob ir erkennen woldet waz rîters triuwe wære. nû ist iu triuwe unmære.	*Doch ist sie zu edel und zu mächtig,* *als daß Ihr sie zum Kebsweib haben solltet,* *selbst wenn Ihr jetzt merken wolltet,* *was ritterliche Verpflichtung bedeutet.* *Euch ist ja Pflichterfüllung gleichgültig.*
3175 doch sulent ir in allen deste wirs gevallen die triuwe und êre minnent und sich des versinnent daz nimmer ein wol vrumer **man** 3180 âne triuwe werden kan.	*Doch sollt Ihr allen denen* *um so verabscheuenswürdiger sein,* *die Verläßlichkeit und Ehre lieben,* *und sich klar darüber sind,* *daß es keinen wirklich ehrenwerten Mann* *ohne Verläßlichkeit gibt.*

Nû tuon ich disen herren kunt
daz sî iuch haben vür dise stunt
vür einen triuwelôsen man
(dâ ir wurdet, da was ich an
3185 ensament meineide
und triuwelôs beide);
und mac sich der künec iemer
[schamen,
hât er iuch mêre in rîters namen,
sô liep im triuwe und êre ist.
3190 ouch sulnt ir vür dise vrist
mîner vrouwen entwesen:
sî wil ouch âne iuch genesen.
und sendet ir wider ir vingerlîn:
daz ensol niht langer sîn
3195 an einer ungetriuwen hant:
sî hât mich her darnâch gesant.'
von herzeleide geschach im daz
daz erz verdulte und versaz
daz sîz im ab der hant gewan.
3200 sî neic dem künege und schiet von
[dan.
Daz smæhen daz vrou Lûnete
den herren Îweinen tete,
daz gæhe wider kêren,
der slac sîner êren,
3205 daz sî sô von im schiet
daz sî in entrôste noch enriet,
daz smæhlîche ungemach,
dazs im an die triuwe sprach,
diu versûmde riuwe
3210 und sîn grôziu triuwe
sînes stæten muotes,
diu verlust des guotes,
der jâmer nâch dem wîbe,
die benâmen sînem lîbe
3215 vil gar vreude und den sin.
nâch einem dinge jâmert in,
daz er wære etewâ
daz man noch wîp enweste wâ
und niemer gehôrte mære
3220 war er komen wære.
Er verlôs sîn selbes hulde:
wan ern mohte die schulde
ûf niemen anders gesagen:
in hete sîn selbes swert erslagen.
3225 ern ahte weder man noch wîp,
niuwan ûf sîn selbes lîp.
er stal sich swîgende dan
(daz ersach dâ nieman)
unz daz er kam vür diu gezelt
3230 ûz ir gesihte an daz velt.

Nun verkünde ich allen diesen Rittern,
daß sie Euch von Stund an
als wortbrüchigen Mann ansehen mögen, —
und da Ihr es wurdet, wurde auch ich
gleichzeitig meineidig
und wortbrüchig, —
und dem König gereicht es zur Schande,
wenn er Euch weiterhin im Stande der Ritter duldet,
da er doch auf Verläßlichkeit und Ehre so großen Wert
Auch sollt Ihr von nun an   [legt.
meiner Herrin fernbleiben.   2771
Sie will auch ohne Euch glücklich sein.
Und schickt ihr ihren Ring zurück,
der soll nicht länger
an einer ungetreuen Hand stecken.
Sie hat mich hierhergeschickt um ihn zu holen.'
Es kam von seinem großen Herzeleid,
daß er es ohne Widerstand geschehen ließ,
daß sie ihm den Ring von der Hand zog.   2776
Sie neigte sich vor dem König und ging davon.

Die Schmähworte, die Frau Lunete   fehlt für H.
Herrn Iwein gesagt hatte,   3202—3213
ihre abrupte Umkehr,
die Vernichtung seiner Ehre,
daß sie von ihm geschieden war,
ohne ihn zu trösten oder ihm beizustehen,
das schmachvolle Unglück,
die Zweifel an seiner Verläßlichkeit,
die zu späte Reue,
die große Beständigkeit
seines treuen Herzens,
der Verlust seines Besitzes,
die schmerzliche Sehnsucht nach der Frau,
— das alles raubte ihm
Frohsinn und Verstand.
Nur eins wünschte er sehnsüchtig: 2784
daß er irgendwo anders wäre,
daß kein Mensch wüßte, wo,
und auch niemals hörte,
wohin er geraten sei.
Er begann, sich selbst zu hassen,
denn er konnte die Schuld   2792
auf niemanden sonst schieben.
Sein eigenes Schwert hatte ihn erschlagen.   2792
Er kümmerte sich um niemanden
als um sich selbst.
Er stahl sich schweigend davon, —
niemand sah es, —
bis er vor die Zelte
aus ihrem Gesichtskreis zu dem freien Felde kam.

dô wart sîn riuwe alsô grôz　　　　Da wurde sein Schmerz derart gewaltig,
daz im in daz hirne schôz　　　　daß ihm Wut und Tobsucht　　　　2804
ein zorn unde ein tobesuht,　　　　ins Gehirn fuhren,
er brach sîne site und sîne zuht　　　　er vergaß seine Gesittung und Erziehung
3235　und zarte abe sîn gewant,　　　　und riß sich das Gewand vom Leibe,
daz er wart blôz sam ein hant.　　　　daß er splitternackt war.
sus lief er über gevilde　　　　So lief er über das Feld
nacket nâch der wilde.　　　　nackt der Wildnis zu.

Dô diu juncvrouwe gereit,　　　　Als das Mädchen weggeritten war,　　　　*fehlt für H.*
3240　nû was dem künege starke leit　　　　bekümmerte den König sehr　　　　*3241—3262*
hern Îweines swære,　　　　Herrn Iweins Unglück,
und vrâgte wâ er wære.　　　　und er fragte, wo er sei.
er wold in getrœstet hân　　　　Er wollte ihn trösten
unde bat nâch im gân.　　　　und bat, ihn zu suchen.
3245　und als in nieman envant,　　　　Und als ihn niemand fand,
nû was daz vil unbewant,　　　　nützte es nichts,
swaz man im dâ gerief,　　　　daß man nach ihm rief,
wander gegen walde lief.　　　　denn er lief dem Walde zu.
er was ein degen bewæret　　　　Er war ein erfahrener Kämpfer
3250　und ein helt unerværet:　　　　und ein unerschrockener Held,
swie manhaft er doch wære　　　　und doch — wie mannhaft er auch sein mochte
und swie unwandelbære　　　　und wie unerschütterlich
an lîbe unde an sinne,　　　　an Leib und Seele —,
doch meistert vrou Minne　　　　Frau Minne brachte es fertig,
3255　daz im ein krankez wîp　　　　daß ihm eine schwache Frau
verkêrte sinne unde lîp.　　　　Leib und Seele aus dem Gleichgewicht brachte.
der ie ein rehter adamas　　　　Der stets ein Kleinod
rîterlîcher tugende was,　　　　ritterlicher Vollkommenheit gewesen war,
der lief nû harte balde　　　　der lief nun
3260　ein tôre in dem walde.　　　　als Wahnsinniger im Walde umher.

Nû gap im got der guote,　　　　Nun schenkte ihm der gütige Gott,
der in ûz sîner huote　　　　der ihn auch da noch nicht gänzlich
dannoch niht volleclîchen liez,　　　　aus seinem Schutz entließ,
daz im ein garzûn widerstiez,　　　　daß er auf einen Knappen traf,　　　　2816
3265　der einen guoten bogen truoc:　　　　der einen guten Bogen trug.
den nam er im und strâlen gnuoc.　　　　Den nahm er ihm ab und auch viele Pfeile.
als in der hunger bestuont,　　　　Als ihn der Hunger befiel,
sô teter sam die tôren tuont:　　　　tat er wie die Irren tun:
in ist niht mêre witze kunt　　　　sie haben für nichts Sinn
3270　niuwan diu eine umbe den munt.　　　　als für den Magen.
er schôz prîslichen wol:　　　　Er schoß rühmenswert gut,
ouch gie der walt wildes vol:　　　　auch war der Wald voller Wildes.
swâ daz gestuont an sîn zil,　　　　Wo immer ihm das vor den Bogen kam,
des schôz er ûz der mâze vil.　　　　schoß er Unmengen davon.　　　　2825
3275　ouch muose erz selbe vâhen,　　　　Doch mußte er es selbst fangen
âne bracken ergâhen.　　　　und ohne Bracken erjagen.
sone heter kezzel noch smalz,　　　　Außerdem hatte er weder Kessel noch Schmalz,　　　　(2826)
weder pfeffer noch salz:　　　　weder Pfeffer noch Salz.
sîn salse was diu hungers nôt,　　　　seine Sauce war die Qual des Hungers,
3280　diuz im briet unde sôt　　　　die es ihm briet und sott,
daz ez ein süeziu spîse was,　　　　so daß es eine schmackhafte Speise wurde
und wol vor hunger genas.　　　　und er gut den Hunger stillen konnte.

64

Dô er des lange gepflac,
er lief umb einen mitten tac
3285 an ein niuweriute.
dane vander niht mê liute
niuwan einigen man:
der selbe sach im daz wol an
daz er niht rehtes sinnes was.
3290 der vlôch in, daz er genas,
dâ bî in sîn hiuselîn.
dane wânder doch niht sicher sîn
unde verrigelte vaste die tür:
dâ stuont im der tôre vür.
3295 der tôre dûht in alze grôz:
er gedâhte 'tuot er einen stôz,
diu tür vert ûz dem angen,
und ist um mich ergangen.
ich arme wie genise ich?'
3300 ze jungest dô bedâhter sich
'ich wil im mînes brôtes geben:
sô lât er mich vil lîhte leben.'
hie gienc ein venster durch die
dâ durch rahter die hant   [want:
3305 und leit im ûf ein bret ein brôt:
daz suozt im diu hungers nôt;
wand er dâ vor, daz got wol weiz,
sô jæmerlîches nie enbeiz.
waz welt ir daz der tôre tuo?
3310 er âz daz brôt und tranc dâ zuo
eines wazzers daz er vant
in einem einber an der want,
unde rûmdez im ouch sâ.
der einsidel sach im nâ
3315 und vlêget got vil sêre
daz er in iemer mêre
erlieze selher geste:
wand er vil lützel weste
wie ez umbe in was gewant.
3320 nu erzeicte der tôre zehant
daz der tôre und diu kint
vil lîhte ze wenenne sint.
er was dâ zuo gnuoc wîse
daz er nâch der spîse
3325 dar wider kam in zwein tagen,
und brâhte ein tier ûf im getragen
und warf im daz an die tür.
daz machte daz er im her vür
deste willeclîcher bôt
3330 sîn wazzer unde sîn brôt:
erne vorht in dô niht mê
und was im bezzer danne ê,
unt vant ie diz dâ gereit.
ouch galt er im die arbeit

Als er das lange so getrieben hatte,
lief er einmal um die Mittagszeit
auf eine neue Rodung.
Dort fand er niemanden
als einen einzigen Mann.
Dieser sah ihm genau an,   2834
daß er nicht bei Verstande war.
Er floh vor ihm, um sich zu retten
in seine Hütte in der Nähe.
Da fühlte er sich aber nicht sicher   *fehlt für H.*
und verriegelte fest die Tür.   *3292—3302*
Der Irre stand davor.
Der Irre schien ihm gar zu groß.
Er dachte: 'Wenn er einmal dagegenstößt,
bricht die Tür aus der Angel,
und es ist um mich geschehen.
Ich Armer, wie soll ich mich retten?'
Schließlich fiel ihm ein:
'Ich will ihm von meinem Brot geben,
dann läßt er mich vielleicht leben.'
Ein Fenster ging durch die Wand.
Da hindurch streckte er die Hand
und legte ihm auf ein Brett ein Brot.   2838
Das würzte ihm die Qual des Hungers.
Denn vormals hatte er, Gott weiß es,
so erbärmliches nie gegessen.
Aber was soll der Narr tun?
Er aß das Brot und trank dazu
Wasser, das er
in einem Eimer an der Wand fand
und zog sich auch bald wieder zurück.   2859
Der Einsiedler sah ihm nach
und flehte Gott inbrünstig an,
daß er ihn in Zukunft
mit solchen Gästen verschone.
Denn er wußte überhaupt nicht,
welche Bewandtnis es mit ihm hatte.
Nun zeigte aber der Irre alsbald,
daß Narr und Kinder
sich leicht gewöhnen lassen.   2865
Dazu war er klug genug,
daß er zum Essen
nach zwei Tagen zurückkam
und auf seinem Rücken ein Stück Wild angetragen
das warf er ihm vor die Tür.   [brachte,
Davon kam, daß der Einsiedler ihm
um so williger
sein Wasser und sein Brot herausreichte.
Er fürchtete ihn nicht mehr
und war freundlicher zu ihm als vorher,
und Iwein fand das immer dort bereitstehen.   2876
Er vergalt ihm die Mühe

3335	mit sînem wiltpræte.	mit seinem Wildbret.
	daz wart mit ungeræte	Das wurde ohne Zutat
	gegerwet bî dem viure.	am Feuer gar gebraten.
	im was der pfeffer tiure,	Ihm fehlten Pfeffer,
	daz salz, unde der ezzich.	Salz und Essig.
3340	ze jungest wenet er sich	Schließlich gewöhnte er sich daran,
	daz er die hiute veile truoc,	die Felle zu verkaufen · 2883
	unde kouft in beiden gnuoc	und kaufte ihnen beiden genügend
	des in zem lîbe was nôt,	von dem, dessen sie zum Leben bedurften,
	salz unde bezzer brôt.	Salz und besseres Brot.
3345	Sus twelte der unwîse	So blieb der Irrsinnige
	ze walde mit der spîse,	im Walde mit dieser Art Nahrung,
	unz daz der edele tôre	bis der edle Narr · fehlt für H.
	wart gelîch einem môre	am ganzen Leibe · 3347—3358
	an allem sînem lîbe.	einem Mohren gleich wurde.
3350	ob im von guotem wîbe	Wenn ihm von schönen Frauen
	ie dehein guot geschach,	je Freundlichkeit entgegengebracht worden war,
	ob er ie hundert sper zebrach,	wenn er je Hunderte von Lanzen verstochen hatte,
	gesluoc er viur ûz helme ie,	wenn er je Funken aus Helmen geschlagen hatte.
	ob er mit manheit ie begie	wenn er je mit Tapferkeit
3355	deheinen lobelîchen prîs,	hohen Ruhm erlangt hatte,
	wart er ie hövesch unde wîs,	wenn er je höfisch und klug war,
	wart er ie edel unde rîch,	wenn er je edel und reich war,
	dem ist er nû vil ungelîch.	so war ihm das jetzt nicht mehr anzusehen.
	er lief nû nacket beider,	Er war entblößt
3360	der sinne unde der cleider,	von Verstand wie von Kleidern,
	unz daz in zeinen stunden	bis ihn eines Tages
	slâfende vunden	schlafend
	drî vrouwen dâ er lac,	drei Damen fanden, wo er lag, · 2889
	wol umb einen mitten tac,	mitten am Tage
3365	nâ ze guoter mâze	und ziemlich nahe
	bî der lantstrâze	an der Landstraße,
	diu in ze rîten geschach.	die sie zufällig entlangritten.
	und alsô schiere do in ersach	Und kaum hatte ihn
	diu eine vrouwe von den drin,	eine der drei Damen gesehen,
3370	dô kêrte sî über in	beugte sie sich über ihn
	und sach in vlîzeclîchen an.	und sah ihn genau an.
	nû jach des ein ieglich man	Nun erzählte jedermann davon, · fehlt für H.
	wie er verloren wære:	daß Iwein verschwunden sei. · 3372—3378
	daz was ein gengez mære	Es war eine verbreitete Geschichte
3375	in allem dem lande:	im ganzen Land,
	und daz sî in erkande,	und daher kam es, daß sie ihn erkannte,
	daz was des schult; und doch niht	aber doch nicht nur deswegen:
	sî nam an im war [gar.	Sie bemerkte an ihm
	einer der wunden	eine Narbe, · 2904
3380	diu ze manegen stunden	die seit langem
	an im was wol erkant,	an ihm bekannt war,
	unde nande in zehant.	und nannte sogleich seinen Namen.
	sî sprach her wider zuo den zwein	Sie rief zu den zwei andern zurück: · (2921)
	'vrouwe, lebet her Îwein,	'Herrin, wenn Herr Iwein lebt,
3385	sô lît er âne zwîvel hie,	so liegt er ohne Zweifel hier,
	ode ichn gesach in nie.'	oder ich habe ihn nie gesehen.'

66

ir höfscheit unde ir güete
beswârten ir gemüete,
daz sî von grôzer riuwe
3390 und durch ir reine triuwe
vil sêre weinen begang,
daz einem alsô vrumen man
diu swacheit solde geschehen
daz er in den schanden wart ge-
[sehen.
3395   Ez was diu eine von den drin
der zweier vrouwe under in:
nû sprach sî zuo ir vrouwen
'vrouwe, ir muget wol schouwen
daz er den sin hât verlorn.
3400 von bezzern zühten wart geborn
nie rîter dehein
danne mîn her Îwein,
den ich sô swache sihe leben.
im ist benamen vergeben,
3405 ode ez ist von minnen komen
daz im der sin ist benomen.
und ich weiz daz als mînen tôt,
vrouwe, daz alle iuwer nôt,
die iu durch sînen übermuot
3410 der grâve Âliers lange tuot
und noch ze tuonne willen hât,
der wirt iu buoz unde rât,
ob er von uns wirt gesunt.
mir ist sîn manheit wol kunt:
3415 wirt er des lîbes gereit,
er hât in schiere hin geleit:
und sult ir ouch vor im genesen,
daz muoz mit sîner helfe wesen.'
Diu vrouwe was des trôstes vrô.
3420 sî sprach 'und ist der suht alsô
daz sî von dem hirne gât,
der tuon ich im vil guoten rât,
wand ich noch einer salben hân
die dâ Feimorgân
3425 machte mit ir selber hant.
dâ ist ez umbe sô gewant
daz niemen hirnsühte lite,
wurd er bestrichen dâ mite,
erne wurde dâ zestunt
3430 wol varende und gesunt.'
sus wurden sî ze râte
und riten alsô drâte
nâch der salben alle drî:
wand ir hûs was dâ bî
3435 vil kûme in einer mîle.
nû wart der selben wîle
diu juncvrouwe wider gesant,

Ihr Zartgefühl und ihre Güte   (2917)
machten ihr das Herz so schwer,
daß sie aus großem Schmerz
und wegen ihres treuen Herzens
in bitteres Weinen darüber ausbrach,
daß ein so hervorragender Mann
so erniedrigt werden konnte,
daß man ihn in solcher Schande sah.

Eine der drei
war der beiden andern Herrin.
Nun sagte sie zu der Herrin: 2891
'Herrin, Ihr könnt deutlich sehen,
daß er den Verstand verloren hat.
Es gab niemals
einen Ritter besserer Herkunft
als Herrn Iwein,
den ich jetzt in so erbärmlicher Lage sehe.
Er muß tatsächlich vergiftet sein,
oder die Minne hat es angerichtet,
daß er den Verstand verloren hat.
Und ich weiß so gewiß wie ich sterben muß,
Herrin, daß Ihr aller Eurer Drangsal,
die Euch in seiner Anmaßung
der Graf Aliers seit langem zufügt   2939
und weiter zuzufügen willens ist,
sogleich ledig werdet,
wenn er durch uns geheilt wird.
Über seine Tapferkeit weiß ich Bescheid.
Kommt er wieder zu Kräften,
so wird er ihn schnell besiegt haben,
und wenn Ihr vor ihm gerettet werden wollt,
so muß das mit seiner Hilfe geschehen.'
Die Dame war froh über diesen Zuspruch.
Sie sagte: 'Ist die Krankheit derart,
daß sie vom Gehirn ausgeht,
so kann ich ihm leicht Hilfe schaffen,
denn ich habe noch von einer Salbe,
die Feimorgan   2953
mit eigener Hand gemacht hat.
Die ist so beschaffen,
daß niemand an Krankheit des Gehirns leidet,
der, wird er damit bestrichen,
nicht gleich
wohlauf und gesund wäre.'
So kamen sie überein
und ritten schnell
alle drei, die Salbe zu holen,
denn ihre Burg war
kaum eine Meile entfernt.   (2958)
Zur selben Stunde noch   H. fehlt für
wurde das Mädchen zurückgeschickt,   2958—2959

diu in noch slâfende vant.

Diu vrouwe gebôt ir an daz leben,
3440 dô sî ir hâte gegeben
die bühsen mit der salben,
daz sî in allenthalben
niht bestriche dâ mite.
niuwan dâ er die nôt lite,
3445 dâ hiez sî sî strîchen an:
sô entwiche diu suht dan,
under wær zehant genesen.
dâ mite es gnuoc möhte wesen,
daz hiez sî an in strîchen,
3450 und daz si ir nämelîchen
bræhte wider daz ander teil:
daz wære maneges mannes heil.
ouch sante sî bî ir dan
vrischiu kleider, seit von gran
3455 und cleiner lînwæte zwei,
schuohe unde hosen von sei.

Nû reit sî alsô balde
daz sî in in dem walde
dannoch slâfende vant,
3460 und zôch ein pfärit an der hant,
daz vil harte sanfte truoc
(ouch was der zoum rîche gnuoc,
daz gereite guot von golde),
daz er rîten solde,
3465 ob ir daz got bescherte
daz sî in ernerte.

Dô sî in ligen sach als ê,
nûne twelte sî niht mê,
sî hafte zeinem aste
3470 diu pfärit beidiu vaste,
und sleich alsô lîse dar
daz er ir niene wart gewar,
unz sî in allenthalben bestreich.
dâ zuo sî vil stille sweich.
3475 mit ter vil edelen salben
bestreich sî in allenthalben
über houbet und über vüeze.
ir wille was sô süeze
daz sî daz alsô lange treip
3480 unz in der bühsen niht beleip.
des wær doch alles unnôt,
dâ zuo und man irz verbôt;
wan daz sî im den willen truoc,
esn dûhtes dannoch niht genuoc,
3485 und wær ir sehsstunt mê gewesen:
sô gerne sach sî in genesen.
und dô sîz gar an in gestreich,
vil drâte sî von im entweich,
wand sî daz wol erkande

das ihn noch schlafend antraf.

Die Herrin hatte ihr bei Todesstrafe geboten,
als sie ihr
die Büchse mit der Salbe gegeben hatte, 2967
sie möge ihn nicht überall
damit bestreichen.
Sondern nur dort, wo er krank sei,
hatte sie befohlen, sie hinzustreichen:
so werde die Krankheit vergehen,
und er werde gleich genesen sein.
Nur mit der nötigen Menge
hieß sie ihn bestreichen,
und den Rest solle
sie ihr ja wieder zurückbringen,
der könne noch vielen Menschen zugute kommen.
Auch gab sie ihr
frische Kleider mit, eins aus roter Wolle, (2975)
eins aus feiner Leinwand,
Schuhe und wollene Hosen.

Nun ritt sie so schnell,
daß sie ihn in dem Walde
noch schlafend antraf,
und führte ein Pferd an der Hand,
das besonders ruhig ging, —
der Zaum war sehr wertvoll
und das Sattelzeug kostbar von Gold, —
auf dem er reiten sollte,
wenn Gott es ihr vergönnte,
ihn zu heilen.

Da sie ihn liegen sah wie zuvor,
zögerte sie nicht länger.
Sie band an einen Ast 2984
beide Pferde fest an
und ging so leise herzu,
daß er sie nicht bemerkte,
bis sie ihn überall gesalbt hatte,
wozu sie kein Wort sagte.
Mit der kostbaren Salbe
bestrich sie ihn überall
von Kopf zu Füßen.
Sie war so voller Hingabe,
daß sie das solange tat, 2992
bis nichts mehr in der Büchse blieb.
Das war doch ganz unnötig,
zumal man es ihr verboten hatte.
Nur meinte sie es so gut mit ihm,
daß ihr das immer noch nicht genug schien,
und wäre es sechsmal mehr gewesen: (3008)
so begierig war sie, ihn geheilt zu sehen. 2993
Und als sie ihn ganz damit bestrichen hatte,
ging sie schnell von ihm weg,
weil sie genau wußte,

3490 daz schämelîchiu schande	daß entehrende Schande
dem vrumen manne wê tuot,	den anständigen Mann schmerzt,
und barc sich durch ir höfschen [muot,	und sie verbarg sich aus Taktgefühl,
daz sî in sach und er sî niht.	so daß sie ihn sehen konnte und er sie nicht.
sî gedâhte 'ob daz geschiht	Sie dachte: 'Wenn es geschieht,
3495 daz er kumt ze sinnen,	daß er zur Besinnung kommt,
und wirt er danne innen	und er dann merkt,
daz ich in nacket hân gesehen,	daß ich ihn nackt gesehen habe,
sô ist mir übele geschehen:	so wäre das schlecht für mich,
wan des schamt er sich sô sêre	denn er würde sich darüber so schämen,
3500 daz er mich nimmer mêre	daß er mich nie mehr
willeclîchen an gesiht.'	gern ansähe.'
alsus enoucte sî sich niht	Daher zeigte sie sich nicht,
unz in diu salbe gar ergienc	bis die Salbe ihre Wirkung tat,
und er ze sinnen gevienc.	und er zu Sinnen kam.
3505 Dô er sich ûf gerihte	Als er sich aufrichtete
und sich selben ane blihte	und sich selbst ansah,
und sich sô griulîchen sach,	und sah, wie abscheulich er war,
wider sich selben er dô sprach	da sagte er zu sich selbst:
'bistûz îwein, ode wer?	' Bist du Iwein oder wer sonst?
3510 hân ich geslâfen unze her?	Habe ich bis jetzt geschlafen?
wâfen, herre, wâfen!	Ach, Herr,
sold ich dan iemer slâfen!	könnte ich dann doch immer weiter schlafen!
wand mir hât mîn troum gegeben	Denn mein Traum hat mir
ein vil harte rîchez leben.	ein sehr prächtiges Leben geschenkt.
3515 ouwî waz ich êren pflac	Ach, welches Ansehen hatte ich,
die wîl ich slâfende lac!	solange ich schlief.
mir hât getroumet michel tugent:	Herrliches hat mir geträumt:
ich hete geburt und jugent,	Ich war von edler Abkunft und jung,
ich was schœne unde rîch	ich war ansehnlich und reich
3520 und disem lîbe vil unglîch,	und ganz anders als ich jetzt aussehe,
ich was hövesch unde wîs	ich war höfisch und klug
und hân vil manegen herten prîs	und hatte viel schwer erworbenen Ruhm
ze rîterschefte bejaget,	im Turnier erlangt,
hât mir mîn troum niht missesaget.	wenn mir mein Traum nicht gelogen hat.
3525 ich bejagte swes ich gerte	Ich erlangte, was ich wollte
mit sper und mit swerte:	mit Lanze und Schwert.
mir ervaht mîn eines hant	Ich ganz allein erkämpfte mir
ein vrouwen und ein rîchez lant;	eine Frau und ein mächtiges Land.
wan daz ich ir doch pflac,	Allerdings widmete ich mich ihr nur,
3530 sô mir nû troumte, unmanegen tac,	so träumte ich, kurze Zeit,
unz mich der künec Artûs	bis mich der König Artus
von ir vuorte ze hûs.	von ihr weg zu seinem Hof führte.
mîn geselle was her Gâwein,	Mein Freund war Herr Gawein,
als mir in mînem troume schein.	wie mich in meinem Traum dünkte.
3535 sî gap mir urloup ein jâr	Sie gab mir die Erlaubnis, ein Jahr wegzubleiben,
(dazn ist allez niht wâr):	— aber all das ist ja nicht wahr —,
do beleip ich langer âne nôt,	ich blieb ohne Notwendigkeit länger aus,
unz sî mir ir hulde widerbôt:	bis sie mir ihre Zuneigung aufsagte,
der was ich ungerne âne.	die ich mit Schmerz entbehrte.
3540 in allem disem wâne	In diesen Vorstellungen

Marginal notes (right margin):

fehlt für H. 3494—3501

3019

fehlt für H. 3508—3583

sô bin ich erwachet.	bin ich aufgewacht.
mich hete mîn troum gemachet	Mein Traum hatte mich
zeinem rîchen herren.	zu einem mächtigen Herrn gemacht.
nu waz möhte mir gewerren,	Was könnte mich noch anfechten,
3545 wær ich in disen êren tôt?	wenn ich in diesem glanzvollen Zustande gestorben wäre.
er hât mich geffet âne nôt.	Er hat mich unnötig geäfft.
swer sich an troume kêret,	Wer sich nach Träumen richtet,
der ist wol gunêret.	dem macht es Schande.
Troum, wie wunderlich dû bist!	Wie seltsam bist du, Traum.
3550 dû machest rîche in kurzer vrist	Reich machst du in kurzer Zeit
einen alsô swachen man	einen so jämmerlichen Mann,
der nie nâch êren muot gewan:	dem nie der Gedanke an Ehre in den Sinn kam.
swenner danne erwachet,	Wenn er dann aufwacht,
sô hâstû in gemachet	so hast du ihn
3555 zeinem tôren als ich.	zu einem Narren wie mich gemacht.
zewâre doch versihe ich mich,	Und doch traue ich es mir wahrhaftig zu,
swie rûch ich ein gebûre sî,	ein so struppiger Kerl ich auch bin,
und wær ich rîterschefte bî,	wäre ich bei ritterlichen Spielen,
wær ich gewâfent unde geriten,	wäre ich bewaffnet und beritten,
3560 ich kunde nâch rîterlîchen siten	mich in ritterlicher Art
alsô wol gebâren	ebensogut zu benehmen
als die ie rîter wâren.'	wie die, welche von jeher Ritter waren.'
Alsus was er sîn selbes gast,	So war er sich selbst fremd,
daz im des sinnes gebrast:	daß ihm die Einsicht fehlte.
3565 und ob er ie rîter wart	Seine Ritterzeit
und alle sîn umbevart	und alle seine Streifzüge
die heter in dem mære	sah er so an
als ez im getroumet wære.	als habe er sie geträumt.
er sprach 'mich hât gelêret	Er sagte: 'Mein Traum hat mir etwas beigebracht,
3570 mîn troum: des bin ich gêret,	deswegen will ich Ehre erwerben,
mac ich ze harnasche komen.	wenn ich zu einer Rüstung kommen kann.
der troum hât mir mîn reht be-[nomen:	Der Traum hat mich meinem Stande entfremdet:
swie gar ich ein gebûre bin,	wenn ich auch gänzlich ein Bauer bin,
ez turnieret al mîn sin.	ich habe nur Gedanken fürs Turnier.
3575 mîn herze ist mînem lîbe unglîch:	Mein Herz paßt nicht zu meinem Äußeren.
mîn lîp ist arm, daz herze rîch.	Äußerlich bin ich arm, aber mein Herz ist reich.
ist mir getroumet mîn leben?	Habe ich mein Leben geträumt?
ode wer hât mich her gegeben	Oder wer hat mich
sô rehte ungetânen?	so häßlich hergebracht?
3580 ich möhte mich wol ânen	Ich werde wohl
rîterlîches muotes:	die ritterliche Gesinnung wieder loswerden müssen,
lîbes unde guotes	denn ich habe weder die Gestalt
der gebristet mir beider.'	noch den Reichtum dazu.'
als er diu vrischen cleider	Als er die neuen Kleider
3585 einhalp bî im ligen sach,	zu seiner Seite liegen sah,
des wundert in, unde sprach	wunderte er sich darüber und sagte:
'diz sint cleider der ich gnuoc	'Dieses sind Kleider wie ich viele
in mînem troume dicke truoc.	in meinem Traum trug.
ichn sihe hie niemen des sî sîn:	Ich sehe hier niemanden, dem sie gehören.
3590 ich bedarf ir wol: nû sîn ouch mîn.	Ich bedarf ihrer dringend, so sollen sie mein sein.
nû waz ob disiu sam tuont?	Ob es mit diesen nun genauso geht?

3024

70

sît daz mir ê sô wol stuont
in mînem troume rîch gewant.'
alsus cleiter sich zehant.
3595 als er bedahte die swarzen lîch,
dô wart er einem rîter glîch.

Nu ersach diu juncvrouwe daz
daz er unlasterlîchen saz:
sî saz in guoter kündekheit
3600 ûf ir pfärit unde reit,
als sî dâ vür wære gesant
und vuorte ein pfärit an der hant.
weder si ensach dar noch ensprach.
dô er sî vür sich rîten sach,
3605 dô wærer ûf gesprungen,
wan daz er was betwungen
mit selher siecheite
daz er sô wol gereite
niht ûf enmohte gestân
3610 als er gerne hete getân,
unde rief ir hin nâch.
dô tete sî als ir wære gâch
und niht umb sîn geverte kunt,
unz er ir rief anderstunt.
3615 dô kêrte sî sâ
unde antwurt im dâ.
sî sprach 'wer ruofet mir? wer?'
er sprach 'vrouwe, kêret her.'
sî sprach 'herre, daz sî.'
3620 sî reit dar und habet im bî.
sî sprach 'gebietet über mich:
swaz ir gebietet, daz tuon ich,'
und vrâget in der mære
wie er dar komen wære.
3625 Dô sprach her Îwein
als ez ouch wol an im schein
'dâ hân ich mich hie vunden
des lîbes ungesunden.
ichn kan iu des gesagen niht
3630 welch wunders geschiht
mich dâ her hât getragen:
wan daz kan ich iu wol gesagen
daz ich hie ungerne bin.
nû vüeret mich mit iu hin:
3635 sô handelt ir mich harte wol,
und gedienez immer als ich sol.'
sî sprach 'rîter, daz sî getân.
ich wil mîn reise durch iuch lân:
mich hete mîn vrouwe gesant.
3640 diu ist ouch vrouwe über diz lant:
zuo der vüer ich iuch mit mir.
ich râte iu wol daz ir
geruowet nâch iuwer arbeit.'

Denn vorher in meinem Traum
stand mir doch prächtige Kleidung so gut.
So kleidete er sich gleich an.   3033
Als er seinen schwarzen Leib bedeckt hatte,
sah er wieder aus wie ein Ritter.
Nun sah das Mädchen,   3042
daß er nicht mehr so unanständig dasaß.
Sie setzte sich mit klugem Bedacht
auf ihr Pferd und ritt,
so als führe sie ihr Weg hier vorbei
und führte ein Pferd an der Hand.
Sie blickte weder hin noch sprach sie.
Als er sie an sich vorbeireiten sah,
wäre er aufgesprungen,
wäre er nicht
von Krankheit so geschwächt gewesen,   3040
daß er so schnell
nicht aufstehen konnte
wie er gern getan hätte,
und er rief hinter ihr her.   3050
Da tat sie als hätte sie es eilig
und bemerke seine Gegenwart gar nicht,
bis er sie ein zweitesmal anrief.
Da wandte sie sich um
und antwortete ihm.
Sie sagte: 'Wer ruft mich, wer?'
Er sagte: 'Herrin, wendet Euch hierher!'   3056
Sie sagte: 'Ja, Herr.'
Sie ritt hin und hielt bei ihm.
Sie sagte: 'Ich stehe Euch zu Diensten,
was Ihr wünscht, will ich tun',
und fragte ihn danach,
wie er dahin gekommen sei.
Da sagte Herr Iwein,
was man ihm ja ansah:
'Ich habe mich hier
krank wiedergefunden.
Ich vermag es Euch nicht zu sagen,
welch wunderliches Geschick
mich hierhergebracht hat.   3069
Aber eins kann ich Euch versichern:
ich bin nur widerwillig hier.
Nehmt mich mit Euch,
so handelt Ihr gütig an mir
und ich will es immer nach Schuldigkeit vergelten.'
Sie sagte: 'Das soll geschehen, Ritter.
Ich will meine Reise um Euretwillen abbrechen.
Meine Herrin hat mich ausgesandt.
Sie ist Herrin über dieses Land,
zu der werde ich Euch geleiten.
Ich werde dafür sorgen, daß Ihr
Ruhe nach Eurer Mühsal habt.'

sus saz er ûf unde reit.

So saß er auf und ritt los.

3645   Nû vuorte sî in mit ir dan
zuo ir vrouwen, diu nie man
alsô gerne gesach.
man schuof im guoten gemach
von cleidern von spîse und von bade,
3650 unz daz im aller sîn schade
harte lützel an schein.
hie hete her Îwein
sîn nôt überwunden
und guoten wirt vunden.

Nun führte sie ihn mit sich fort
zu ihrer Herrin, der noch niemals ein Mann
so willkommen gewesen war.
Man tat alles für seine Bequemlichkeit:
Kleider, Speise und Bad,   *3131*
bis von seiner Verwahrlosung
gar nichts mehr zu sehen war.
Jetzt hatte Herr Iwein
sein Unglück überstanden
und vortreffliche Aufnahme gefunden.

3655   Diu vrouwe ouch des niht vergaz,
sîne wolde wizzen daz
wâ ir salbe wære.
mit einem lügemære
beredte sich diu wîse maget.
3660 sî sprach 'vrouwe, iu sî geclaget
wie mir zer bühsen ist geschehen.
ez hât der rîter wol gesehen
wie nâch ich ertrunken was.
wunder ist daz ich genas.
3665 ich kam in michel arbeit,
dô ich über daz wazzer reit
die hôhen brücke hie bî.
daz daz ros unsælec sî!
daz strûchte vaste unz an diu knie,
3670 alsô daz ich den zoum verlie
unde der bühsen vergaz
und selbe kûme gesaz.
do enpfiels mir in den wâc zetal,
und wizzet daz mich nie dehein val
3675 sô starke gemuote.
waz hilfet älliu huote?
wan daz man niht behalten sol,
daz verliuset sich wol.'
    Swie vil gevüege wære
3680 diz guote lügemære,
doch zurnte sî ein teil.
sî sprach 'heil und unheil
diu sint uns nû geschehen:
der mac ich beider nû wol jehen.
3685 den schaden suln wir verclagen,
des vrumen gote gnâde sagen.
ich hân in kurzen stunden
einen rîter vunden
und mîn guote salben verlorn.
3690 der schade sî durch den vrumen
                [verkorn.
niemen habe seneden muot
umbe ein verlornez guot
des man niht wider müge hân.'
hie mite was der zorn ergân.

Die Herrin vergaß auch nicht,
sich zu erkundigen,
wo ihre Salbe sei.
Das kluge Mädchen   *(3093)*
redete sich mit einer Lügengeschichte heraus.
Sie sagte: 'Herrin, ich muß Euch klagen,
wie es mir mit der Büchse ergangen ist.
Der Ritter hat es genau gesehen,
wie ich beinahe ertrunken wäre.
Nur durch ein Wunder wurde ich überhaupt gerettet.
Ich kam in große Gefahr,
als ich das Wasser
auf der hohen Brücke hier überquerte.   *3095*
Verdammt sei das Pferd!
Das strauchelte, daß es in die Knie ging,
so daß ich den Zaum verlor
und nicht an die Büchse dachte
und selbst nur mit Mühe im Sattel blieb.
Da fiel sie mir hinunter in das Wasser,
und glaubt nur, daß mich kein Verlust
je heftiger bekümmerte.
Was nützt alles Aufpassen?
Denn was man nun einmal nicht behalten soll,
das verliert sich eben.'
So geschickt
diese schöne Schwindelei auch war,
die Herrin war dennoch nicht wenig zornig.   *3114*
Sie sagte: 'Glück und Unglück
sind uns heute widerfahren.
Von beiden kann ich jetzt mit Grund reden.
Den Verlust müssen wir verschmerzen,
für den Gewinn Gott danken.
Ich habe gleichzeitig
einen Ritter gefunden
und meine kostbare Salbe verloren.
Der Verlust sei um des Gewinnes willen verschmerzt.

Niemand soll sich grämen
um einen verlorenen Besitz,
den er nicht wiederkriegen kann.'
Damit war der Zorn verflogen.

3695 Sus twelte mîn her Îwein hie	So weilte Herr Iwein dort,
unz in diu wilde varwe verlie,	bis er das ungepflegte Äußere verloren hatte
und wart als ê ein schœne man.	und wieder ein ansehnlicher Mann wurde wie zuvor.
vil schiere man im dô gewan	Gleich verschaffte man ihm
daz beste harnasch daz man vant	die beste Rüstung, die man finden konnte,
3700 und daz schœnest ors über al daz	und das schönste Pferd im ganzen Land.
sus wart bereitet der gast [lant.	So wurde der Gast ausgestattet,
daz im nihtes gebrast.	daß es ihm an nichts fehlte.
Dar nâch eines tages vruo	Darauf sahen sie eines Tages früh
dô sâhen sî dort rîten zuo	den Grafen Aliers
3705 den grâven Âliers mit her:	mit Heeresmacht heranziehen.
ouch sazten sich ze wer	Die Ritter des Landes
die rîter vonme lande	setzten sich zur Wehr,
unde ir sarjande,	sowie ihre Knappen,
unde mîn her Îwein	und Herr Iwein
3710 zaller vorderest schein.	war in der vordersten Reihe.
sî wârn ê vaste in getân,	Sie waren vorher ganz eingeschlossen gewesen
und heten joch die wer verlân,	und hatten gar die Verteidigung schon aufgegeben
und alsô gar überriten	und waren so sehr von Reiterscharen bedrängt worden,
daz sî von vrävellîchen siten	daß sie den Mut
3715 vil nâhen wâren komen:	beinahe gänzlich hatten sinken lassen.
nû wart der muot von in genomen,	Nun wurden sie von dieser Verzagtheit befreit,
dô sî den gast sâhen	als sie den Gast
zuo den vîenden gâhen	auf die Feinde zustürmen
und sô manlîchen gebâren.	und sich so mannhaft verhalten sahen.
3720 die ê verzaget wâren,	Die vorher mutlos gewesen waren,
die sâhen nû alle ûf in	blickten nun alle auf ihn
und geviengen manlîchen sin.	und faßten wieder Mut.
Dô liez er sîne vrouwen	Da ließ er die Dame
ab der were schouwen	von der Zinne herab sehen,
3725 daz ofte kumet diu vrist	daß häufig die Zeit kommt,
daz selch guot behalten ist	da eine Wohltat sich auszahlt,
daz man dem biderben manne tuot.	die man einem wackeren Manne erweist.
sîne rou dehein daz guot	Sie reute nicht,
daz sî an in hete geleit:	was sie an ihn gewendet hatte,
3730 wand sîn eines manheit	denn seine Tapferkeit allein
diu tetes unstätelîchen	machte, daß die Feinde in wilder Flucht
an einen vurt entwîchen.	an eine Furt zurückwichen.
dâ bekoberten sî sich.	Dort sammelten sie sich wieder.
hie slac, dâ stich!	Schlag und Stich hier und dort!
3735 nû wer möhte diu sper	Wer könnte die Lanzen
älliu bereiten her	alle herzählen
diu mîn her Îwein dâ brach?	die Herr Iwein dort zersplitterte?
er sluoc unde stach,	Er hieb und stach
und die sîne alle,	und alle die seinen,
3740 daz jene mit maneges valle	daß jene unter Verlust manchen Mannes
muosen unstätelîchen	in wilder Flucht
von dem vurte entwîchen	von der Furt weichen mußten
und in den sige lâzen.	und ihnen den Sieg lassen.
die der vluht vergâzen,	Die nicht rechtzeitig flohen,
3745 die wurden âne zagen	wurde kurzerhand
alle meisteil erslagen	zum größten Teil erschlagen

Marginal references (right column):
3139
3142
H. fehlt für 3152—3170
3171
3184
H. fehlt für 3193—3242
3258
H. fehlt für 3264—3270

und die andern gevangen.	*und die andern gefangengenommen.*
hie was der strît ergangen	*Der Kampf war*
nâch hern Îweines êren.	*zu Herrn Iweins Ehre ausgegangen.*
3750 si begunden an in kêren	*Sie sprachen ihm*
den lop unde den prîs,	*Ruhm und Ehre zu.*
er wære biderbe hövesch und wîs,	*Er sei wacker, höfisch und klug,*
und in enmöhte niht gewerren,	*und ihnen könnte niemand etwas anhaben,*
heten sin ze herren	*hätten sie ihn zum Herrn*
3755 od einen im gelîchen.	*oder einen, der ihm gleich sei.*
sî wunschten vlîzeclîchen	*Sie wünschten eifrig,*
daz sî des beidiu zæme	*es möchte beiden recht sein,*
daz in ir vrouwe næme.	*daß ihn ihre Herrin heirate.*
Sus wart dem grâven Âliere	*So wurde dem Grafen Aliers*
3760 genendeclîchen schiere	*schnell und kühn*
gevangen unde erslagen sîn her.	*sein Heer erschlagen und gefangengenommen.*
dannoch entwelter ze wer	*Dennoch hielt er stand*
mit einer lützelen kraft,	*mit einer kleinen Mannschaft*
und tete selhe rîterschaft	*und vollbrachte solche Heldentaten,*
3765 die niemen gevelschen mohte.	*daß niemand sie herabwürdigen konnte.*
dô daz niht langer tohte,	*Als das nicht länger nützte,*
dô muoser ouch entwîchen,	*mußte auch er weichen,*
und vlôch dô werlîchen	*und floh, immer kämpfend,* 3271
gegen einer sîner veste	*einer Burg zu, die ihm gehörte*
3770 die er dâ nâhen weste.	*und von der er wußte, sie läge in der Nähe.*
dâ er zuo dem hûse vlôch,	*Wo er zu der Burg floh,*
dâ was der burcberc sô hôch,	*war der Burgberg so hoch,*
beidiu sô stechel und sô lanc,	*so steil und so lang,* 3275
daz in sunder sînen danc	*daß wider seinen Willen*
3775 her Îwein ergâhte an dem tor:	*Herr Iwein ihn am Tor ereilte.*
dâ vienc er in vor	*Davor nahm er ihn gefangen*
und nam des sîne sicherheit	*und ließ sich sein Ehrenwort geben,*
daz er gevangen wider reit	*daß er gefangen zurückreite*
in der vrouwen gewalt,	*in die Gewalt der Herrin,*
3780 diu sîn dâ vor sô dicke engalt,	*die vorher so sehr unter ihm gelitten hatte*
und ir verwüestet hete ir lant.	*und der er ihr Land verwüstet hatte.*
er sazte ir gîsel unde pfant	*Er setzte ihr Geisel und Pfand aus,*
daz er alle sîne schulde	*daß er alle seine Schuld wieder gutmachen wolle*
buozte unz ûf ir hulde.	*bis zur völligen Aussöhnung.*
3785 Ezn wart nie rîter mêre	*Nie wurde einem Ritter*
erboten græzer êre	*mehr Ehrerbietung dargebracht*
dan mînem hern Îweine geschach,	*als Herrn Iwein,*
dô man in zuo rîten sach	*da man ihn herbeireiten*
unde sînen gevangen man	*und seinen Gefangenen*
3790 eneben im vuorte dan.	*neben sich führen sah.*
dô in diu grævinne enpfienc	*Als ihn die Gräfin empfing* 3301
unde engegen ime gienc	*und ihm entgegenging*
mit allen ir vrouwen,	*mit allen ihren Hofdamen,*
dô mohte man schouwen	*da konnte man*
3795 vil vriuntlîche blicke.	*viele liebevolle Blicke bemerken.*
si besach in ofte und dicke:	*Sie betrachtete ihn unaufhörlich,*
und wolder lônes hân gegert,	*und hätte er Lohn begehrt,*
des wærer dâ gewert:	*so hätte er ihn bekommen:*

sîne versaget im lîp noch guot.	sie hätte ihm weder sich selbst noch ihren Besitz versagt.
3800 sone stuont ab niender sîn muot:	Aber sein Sinn stand nicht danach.
ern wolde dehein ander lôn.	Er wollte keinerlei Lohn.
dô diu vrouwe von Nârisôn	Als die Dame von Narison
ir nôt überwant	aus ihrer Not befreit war
von sîner gehülfigen hant,	durch seine Hilfe,
3805 do begunder urloubes gern.	da bat er, sich entfernen zu dürfen.
desn wolde sî in niht gewern:	Das wollte sie ihm nicht erlauben,
wan an in stuont al ir muot.	denn sie hing von ganzem Herzen an ihm.
si bedûhte des, er wære guot	Ihr schien, er tauge
ze herren in ir lande:	ihrem Lande vortrefflich zum Herrn,
3810 und endûhtez sî niht schande,	und wäre es ihr nicht unehrenhaft erschienen,
sî hete geworben umb in.	so hätte sie um ihn geworben.
und mich entriege mîn sin,	Doch wenn ich mich nicht täusche,
swie ez deheiniu entuo,	— obwohl es doch keine tut —
dâ hœret grœzer wîsheit zuo	wäre es klüger,
3815 daz sî umb den wurbe	selbst um den zu werben,
von dem sî niht verdurbe,	durch den sie nicht ins Unglück gerät,
dan sî sich den lieze erwerben	als sich den werben zu lassen,
von dem sî müese verderben.	durch den sie ins Unglück gerät.
si bat in mit gebærden gnuoc;	Ihre Gebärden sprachen deutlich genug,
3820 daz er doch harte ringe truoc.	aber das beeindruckte ihn gar nicht.
beide gebærde unde bete	Ihn durch Blicke und Worte
die man in durch belîben tete,	zum Bleiben zu bewegen,
daz was verloren arbeit:	war verlorene Mühe,
wan er nam urloup unde reit,	denn er nahm Abschied und ritt davon
3825 unde suochte dâ zehant	und suchte alsbald den nächsten Weg auf,
den næhsten wec den er vant,	den er finden konnte
und volget einer strâze.	und folgte einer Straße.
lûte âne mâze	Über die Maßen laut
hôrter eine stimme	hörte er eine Stimme,
3830 clægelich und doch grimme.	jammernd und doch grimmig.
nune weste mîn her Îwein	Herr Iwein wußte nicht,
von wederm si wære under den [zwein,	von wem von beiden,
von wurme ode von tiere:	Drachen oder wildem Tier, sie stamme,
er bevandez aber schiere.	aber er fand es gleich heraus.
3835 wan diu selbe stimme wîst in	Denn eben die Stimme führte ihn
durch michel waltgevelle hin	durch einen großen Waldbruch.
dâ er an einer blœze ersach	Dort sah er, daß auf einer Lichtung
wâ ein grimmer kampf geschach,	ein grimmiger Kampf stattfand.
dâ mit unverzagten siten	Dort kämpften voller Kampfeswut
3840 ein wurm unde ein lewe striten.	ein Drache und ein Löwe.
der wurm was starc unde grôz:	Der Drache war stark und gewaltig.
daz viur im ûz dem munde schôz.	Das Feuer schoß ihm aus dem Rachen.
im half diu hitze und der stanc,	Hitze und Gestank machten,
daz er den lewen des betwanc	daß der Löwe
3845 daz er alsô lûte schrê.	so laut brüllte.
hern Îwein tete der zwîvel wê	Herrn Iwein quälte der Zweifel,
wederm er helfen solde,	wem er helfen solle,
und bedâhte sich daz er wolde	und er entschloß sich,
helfen dem edelen tiere.	er wolle dem edlen Tiere helfen.

Right margin notes:
3316
fehlt für H.
3810—3818
3339
3345
3344
3354

3850	doch vorhter des, swie schiere	Doch fürchtete er, sobald
	des wurmes tôt ergienge,	der Drache tot sei,
	daz in daz niht vervienge,	ließe es sich nicht vermeiden,
	der lewe bestüende in zehant.	daß ihn der Löwe sogleich angriffe.
	wan alsô ist ez gewant,	Denn so geht es nun einmal
3855	als ez ouch undern liuten stât:	— was auch für die Menschen zutrifft:
	sô man aller beste gedienet hât	Wenn man nach besten Kräften
	dem ungewissen manne,	einem Menschen gedient hat, den man nicht kennt,
	sô hüete sich danne	so hüte man sich hernach,
	daz ern iht beswîche.	daß er einen nicht betrüge.
3860	dem was diz wol gelîche.	Dieses war die gleiche Situation.
	doch wâgterz als ein vrum man,	Doch wagte er es als beherzter Mann.
	er erbeizte und lief den wurm an	Er saß ab und stürmte auf den Drachen los,
	und sluoc in harte schiere tôt	schlug ihn gleich tot
	und half dem lewen ûz der nôt.	und half dem Löwen aus der Bedrängnis.
3865	Dannoch dô er den wurm ersluoc,	Doch als er den Drachen erschlagen hatte,
	dô heter zwîvel genuoc	war er voller Besorgnis,
	daz in der lewe wolde bestân:	daß der Löwe ihn angreifen werde,
	daz wart im anders kunt getân.	aber er erfuhr bald, daß es sich anders verhielt.
	sich bôt der lewe ûf sînen vuoz	Der Löwe schmiegte sich ihm zu Füßen
3870	und zeict im unsprechende gruoz	und grüßte ihn ohne Sprache
	mit gebærde und mit stimme.	mit Gebärden und Lauten.
	hie liez er sîne grimme	Er ließ ab von seiner Grimmigkeit
	und erzeict im sîne minne	und zeigte ihm seine Zuneigung
	als er von sînem sinne	so gut er es nach
3875	aller beste mohte	den Kräften seines Verstandes konnte,
	und einem tiere tohte.	und wie es eben einem Tier möglich ist.
	er antwurt sich in sîne pflege,	Er schloß sich ihm an,
	alser in sît alle wege	indem er ihm seitdem überall
	mit sînem dienste êrte	mit seinem Dienst Ehrerbietung erwies,
3880	und volgt im swar er kêrte	und ihm folgte, wohin er sich wandte
	und gestuont im zaller sîner nôt,	und ihm in aller Gefahr beistand,
	unz sî beide schiet der tôt.	bis sie beide der Tod schied.
	Der lewe und sîn herre	Der Löwe und sein Herr
	die vuoren unverre	zogen nicht weit,
3885	unz er ein tier ersmahte.	bis er ein Wild witterte.
	nû twanc in des sîn ahte,	Nun zwang ihn seine Natur dazu,
	beidiu der hunger und sîn art,	sowohl der Hunger wie seine angestammte Art
	dô er des tieres innen wart,	daß er, als er das Wild bemerkte,
	daz er daz gerne wolde jagen.	es zu jagen begehrte.
3890	dazn kunderm anders niht gesagen,	Das konnte er Iwein nicht anders sagen,
	wan er stuont und sach in an	als daß er stehenblieb und ihn ansah
	und zeicte mit dem munde dan:	und mit dem Maule dorthin wies.
	dâ mite teterz im kunt.	Auf diese Weise machte er es ihm klar.
	dô gruoztern als einn suochhunt	Da feuerte ihn Iwein an wie einen Spürhund
3895	und volgt im von der strâze	und folgte ihm von der Straße
	wol eines wurfes mâze,	etwa einen Steinwurf weit.
	dâ er ein rêch stânde vant,	Dort fand der Löwe ein Reh,
	unde vienc ouch daz zehant	das fing er gleich
	und souc im ûz daz warme bluot:	und saugte ihm das warme Blut aus:
3900	dazn wær sînem herren doch niht	das hätte für seinen Herrn doch nicht getaugt.
	[guot.	

Marginal notes (right column):
fehlt für H. 3854—3859
3365
H. fehlt für 3376—3387
3390
3412
3420
3439

nû schant erz dâ erz weste
veizet und aller beste,
und nam des einen brâten dan.
nû gienc ouch diu naht an.
3905 er schurft ein viur und briet daz
und âz diz ungesalzen maz
âne brôt und âne wîn:
ezn moht eht dô niht wæher sîn.
daz im dâ überiges schein.
3910 daz âz der lewe unz an diu bein.
    Her îwein leite sich und slief:
der lewe wachet unde lief
umb sîn ors unde umb in.
er hete die tugent und den sin
3915 daz er sîn huote zaller zît,
beidiu dô unde sît.
diz was ir beider arbeit,
daz er nâch âventiure reit
rehte vierzehen tage,
3920 und daz mit selhem bejage
der wilde lewe disem man
sîne spîse gewan.
    Dô truoc in diu geschiht
(wande ern versach sichs niht)
3925 vil rehte an sîner vrouwen lant,
dâ er den selben brunnen vant,
von dem im was geschehen,
als ich iu ê hân verjehen,
grôz heil und michel ungemach.
3930 als er die linden drobe sach,
und dô im dâ zuo vor erschein
diu kapelle und der stein,
dô wart sîn herze ermant
wie er sîn êre und sîn lant
3935 hete verlorn und sîn wîp.
des wart sô riuwec sîn lîp,
von jâmer wart im alsô wê,
daz er vil nâch als ê
von sînem sinne was komen,
3940 unde im wart dâ benomen
des herzen kraft alsô gar
daz er zer erde tôtvar
von dem orse nider seic.
und als er vol sich geneic,
3945 daz swert im ûz der scheide schôz:
des güete was alsô grôz
daz ez im durch den halsperc brach
und im ein grôze wunden stach,
daz er vil sêre bluote.
3950 des wart in unmuote
der lewe, wânde er wære tôt,
und was im nâch dem tôde nôt.

Nun zog Iwein ihm das Fell ab, dort wo er wußte,
es sei fett und am besten
und nahm ein Bratenstück davon.
Jetzt brach die Nacht herein. 3456
Er schlug ein Feuer an und briet den Braten
und aß diese ungesalzene Mahlzeit
ohne Brot und ohne Wein. 3469
Auf delikatere Weise ging es eben nicht.
Was übrig blieb
fraß der Löwe bis auf die Knochen.
Herr Iwein legte sich hin und schlief.
Der Löwe hielt Wache und umkreiste
ihn und sein Pferd.
Er war treulich bedacht,
ihn jederzeit zu schützen,
damals und seither stets.
Beide nahmen sie die Mühe auf sich,
daß Iwein auf aventiure ausritt,
vierzehn Tage lang, 3489
und daß durch solche Jagdbeute
der wilde Löwe diesen Menschen
mit Nahrung versorgte.
Da führte ihn das Geschick, —
denn er hatte es nicht beabsichtigt —,
gerade in das Land seiner Herrin,
wo er eben die Quelle fand, 3490
von der ihm früher,
wie ich euch schon erzählt habe,
großes Glück und viel Unglück widerfahren war.
Als er die Linde darüber sah,
und dazu die
Kapelle und der Stein vor ihm auftauchten, 3495
da wurde sein Herz daran erinnert,
wie er seine Ehre und sein Land
verloren hatte und dazu seine Frau.
Das schmerzte ihn so sehr,
vor Jammer wurde ihm so weh,
daß er fast wie vorher
den Verstand verloren hätte, 3492
und sein Herz
versagte ihm,
so daß er totenbleich zur Erde
von seinem Pferde herabsank,
und als er vornüberfiel,
fuhr das Schwert aus der Scheide, 3498
das so vorzüglich war,
daß es ihm durch den Halsberg fuhr
und eine große Wunde stach,
so daß er heftig blutete.
Darob bekümmerte sich
der Löwe, er glaubte er sei tot 3506
und begehrte auch zu sterben.

77

	er rihte daz swert an einen strûch	Er stellte das Schwert an einem Strauch auf	3508—3520
	und wolt sich stechen durch den	und wollte sich durch den Bauch stechen,	
3955	wan daz im her Îwein [bûch,	doch gab Herr Iwein	
	dannoch lebende vor schein.	ein Lebenszeichen von sich.	
	er rihte sich ûf und saz	Er richtete sich auf und setzte sich hin	
	unde erwante dem lewen daz	und hinderte den Löwen daran,	3522
	daz er sich niht ze tôde stach.	sich zu erstechen.	
3960	her Îwein clagete unde sprach	Herr Iwein klagte und sprach:	
	'unsælec man, wie verstû nû!	'Unglückseliger Mann, wie steht es jetzt um dich?	fehlt für H.
	der unsæligest bistû	Du bist der unglückseligste,	3961—3992
	der ie zer werlte wart geborn.	der je das Licht der Welt erblickt hat.	
	nû wie hâstû verlorn	Ach, wie hast du	
3965	dîner vrouwen hulde!	die Gunst deiner Herrin verloren!	
	jane wær diu selbe schulde	Träfe diese Schuld	
	zer werlte niemans wan dîn,	irgendeinen sonst in der Welt außer dir,	
	ezn müese sîn ende sîn.	so müßte das sein Ende sein.	
	Er ist noch baz ein sælec man	Der ist noch glücklicher,	
3970	der nie dehein êre gewan	der überhaupt nie Ehre errang,	
	dan der êre gewinnet	als der, der zwar Ehre erringt,	
	und sich sô niht versinnet	aber dann nicht überlegt genug ist,	
	daz er sî behalten künne.	sie zu behalten.	
	êre unde wünne,	Ich hatte soviel	
3975	der hât ich beider alsô vil	Glück und Ehre,	
	daz ichz gote clagen wil	daß ich Gott klagen will,	
	daz ich ir ie sô vil gewan,	je soviel errungen zu haben,	
	ichn solde stæte sîn dar an.	wenn es nicht auf die Dauer sein sollte.	
	wær mir niht geschehen heil	Wären mir nicht Glück	
3980	und liebes ein vil michel teil,	und Freude in hohem Maße zugefallen,	
	sone west ich waz ez wære:	so wüßte ich gar nicht erst, was das ist.	
	âne senede swære	Ohne schmerzliches Verlangen	
	sô lebet ich vrîlichen als ê:	lebte ich dann unbeschwert wie früher.	
	nû tuot mir daz senen wê,	Nun schmerzt mich die Sehnsucht.	
3985	daz mir daz solde geschehen	Daß mir das geschehen mußte,	
	daz ich muoz ane sehen	daß ich Unglück und Schmach	
	schaden unde schande	im Lande meiner Herrin	
	in mîner vrouwen lande.	erleben muß!	
	diz ist ir êre unde ir lant:	Dies ist ihr Land und ihre Herrschaft.	
3990	daz stuont ê in mîner hant,	Die besaß ich ehedem,	
	daz mir des wunsches niht gebrast:	so daß mir nichts fehlte, was ich nur wünschen konnte.	
	des bin ich alles worden gast.	Und dem allen bin ich jetzt fremd geworden.	
	ich mac wol clagen mîn schœne wîp:	Ich habe wahrlich Grund, um meine schöne Frau zu	
	war umbe spar ich den lîp?	Weshalb schone ich mein Leben? [klagen.	3533
3995	mîn lîp wære des wol wert	Ich wäre es wohl wert,	
	daz mich mîn selbes swert	daß mich mein eigenes Schwert	
	zehant hie an im ræche,	gleich hier an mir selbst rächte	
	und ez durch in stæche.	und mich durchbohrte.	
	sît ich mirz selbe hân getân,	Da ich mir selbst Unglück zugefügt habe,	
4000	ich solts ouch selbe buoze enpfân	sollte ich auch selbst dafür Genugtuung leisten.	
	(nû gît mir doch des bilde	Gibt mir doch dieser	
	dirre lewe wilde,	wilde Löwe ein Beispiel,	3548
	daz er von herzeleide sich	indem er sich vor Herzeleid	
	wolde erstechen umbe mich,	meinetwegen erstechen wollte,	

78

4005 daz rehtiu triuwe nâhen gât);	daß rechte Treue unbedingt ist.
sît mir mîn selbes missetât,	Denn meine eigene Verfehlung 3543
mîner vrouwen hulde,	ließ mich der Gunst meiner Herrin, —
unde dehein ir schulde,	und es war durchaus nicht ihre Schuld, —
ân aller slahte nôt verlôs,	ohne jegliche Notwendigkeit verlustig gehen,
4010 und weinen vür daz lachen kôs.'	und ließ mich Weinen für Lachen eintauschen.'
Dô disiu grôze clage geschach,	Dieses heftige Klagen 3563
daz gehôrte unde sach	hörte und sah
ein juncvrouwe, diu leit	ein Mädchen, das litt
von vorhten græzer arbeit	von Furcht größere Not
4015 danne ie dehein wîp,	als je eine Frau erlitten hatte,
wand sî gevangen ûf den lîp	denn sie lag, zum Tode verurteilt,
in der kapellen lac.	in der Kapelle.
und dô er dirre clage pflac,	Und als er so klagte,
dô sach sî hin vür	da sah sie 3567
4020 durch eine schrunden an der tür.	durch einen Riß in der Tür hinaus.
sî sprach 'wer claget dâ? wer?'	Sie sagte: 'Wer klagt, wer?'
'wer vrâget des?' sprach aber er.	'Wer fragt das?' erwiderte er.
sî sprach 'herre, daz hie claget,	Sie sagte: 'Herr, wer hier klagt,
daz ist ein alsô armiu maget	ist ein so elendes Mädchen,
4025 daz von deheiner sache,	daß wegen keiner Angelegenheit
von manegem ungemache,	und wegen größeren Unglücks
deheiniu armer möhte leben.'	keine schlimmer daran sein könnte.'
er sprach 'wer möhte iu geben	Er sagte: 'Wer könnte Euch 3576
sô grôzen kumber als ich hân?	ein so großes Leid zugefügt haben wie ich es trage?
4030 ir muget wol iuwer clage lân:	Ihr habt Grund, Eure Klage zu lassen,
wan der vervluochte daz bin ich.'	der Verfluchte bin ich.'
sî sprach 'daz ist unmügelich,	Sie sagte: 'Es ist unmöglich,
daz iuwer kumber müge sîn	daß Euer Leid
des endes iender sam der mîn.	an meines heranreichen könnte.
4035 ich sihe wol daz ir stât	Ich sehe gut, daß Ihr stehen, 3592
unde rîtet unde gât	reiten und gehen könnt,
swar iuch iuwer wille treit:	wohin Ihr Lust habt.
sô ist mir daz vür geleit,	Dagegen ist meine Lage so:
ich bin alsô gevangen,	Ich bin gefangengesetzt,
4040 verbrant ode erhangen	und am morgigen Tage
wird ich morgen an dem tage.	werde ich verbrannt oder gehängt. 3606
niemen ist der michs übertrage	Es gibt niemanden, der mich davor bewahrt,
mirne werde der lîp benomen.'	das Leben zu verlieren.'
er sprach 'vrouwe, wie ist daz	Er sagte: 'Herrin, wie ist das gekommen?'
[komen?']	
4045 sî sprach 'hab ich dehein schulde,	Sie sagte: 'Wenn mich irgendeine Schuld trifft,
got welle daz ich sîn hulde	so wolle Gott, daß ich nie seiner Gnade
niemer gewinne.	teilhaftig werden möge.
vür eine verrâtærinne	Als Verräterin 3604
bin ich dâ her in geleit:	bin ich hier gefangengesetzt.
4050 daz lantvolc hât ûf mich geseit	Das Volk des Landes hat mich fehlt für H.
eine schult sô swære:	einer so schweren Schuld bezichtigt, 4051—4071
und ob ich schuldec wære,	daß, wäre ich wirklich schuldig,
sô wær ich grôzer zühte wert.	ich harte Strafe verdient hätte.
ez nam in dem jâre vert	Im vorigen Jahr heiratete
4055 des landes vrouwe einen man:	die Herrin des Landes einen Mann;

dâ missegienc ir leider an:	bedauerlicherweise schlug ihr das zum Unglück aus.
die schulde legent sî ûf mich.	Nun sagen sie, ich sei schuld.
nû herre got, waz moht ich	Bei Gott, was konnte ich dafür,
daz ir an im missegie?	daß sie durch ihn unglücklich wurde.
4060 deiswâr geriet ich irz ie,	Wahrlich, habe ich ihr damals die Heirat angeraten,
daz tet ich durch ir êre.	so tat ich das um ihrer Ehre willen.
ouch wundert mich iemer mêre	Auch kann ich überhaupt nicht verstehen,
daz ein alsô vrumer man	daß ein so rechtschaffener Mann
sô starke missetuon kan:	eine so schwere Verfehlung begehen kann,
4065 wander was benamen der beste	denn er war wirklich der vorzüglichste,
den ich lebende weste.	den ich auf der Welt kannte.
ouch enistz niht von den schulden [sîn:	Er kann auch nichts dafür,
ez ist von den unsælden mîn.	es kommt von meinem Unstern.
alsus ring ich mit sorgen.	So ringe ich mit dem Kummer.
4070 sî beitent mir unz morgen:	Sie haben mir bis morgen Frist gegeben,
sô nement sî mir ouch den lîp.	dann werden sie mir das Leben nehmen.
wan ich bin leider ein wîp,	Denn ich bin unglücklicherweise eine Frau,
daz ich mich mit kampfe iht wer:	so daß ich mich nicht kämpfend verteidigen kann,
so enist ouch niemen der mich ner.'	und es gibt auch niemanden, der mich rettet.'
4075 Er sprach 'sô lâze ich iu den strît,	Er sagte: 'So gestehe ich Euch zu, (3607)
daz ir angesthafter sît	daß Ihr in größerer Bedrängnis seid
dan ich, sît ez sô umbe iuch stât	als ich, da es so um Euch steht,
daz ez iu an den lîp gât,	daß es Euch an das Leben geht,
ob ir iuch niht muget erwern.'	wenn Ihr keine Verteidigung findet.'
4080 sî sprach 'wer möhte mich ernern?	Sie sagte: 'Wer könnte mich retten?
der joch den willen hæte	Selbst wenn einer willens wäre,
daz erz gerne tæte,	es aus freien Stücken zu tun,
wer hete dannoch die kraft	wer hätte denn die Kraft,
erne dulte meisterschaft?	nicht überwunden zu werden?
4085 wan ez sint drî starke man	Denn es sind drei starke Männer, 3616
die mich alle sprechent an.	die mich alle anklagen.
ich weiz ir zwêne, und ouch niht mê,	Ich kenne nur zwei und niemanden sonst, 3614
an den sô vrecelîchen stê	die so vollkommen
diu tugent und diu manheit,	mit Kraft und Tapferkeit ausgestattet sind
4090 die sich sô starke arbeit	und die sich derartiger Mühe
durch mich armen næmen an.	um meinetwillen, der Elenden, unterziehen würden. **fehlt für H. 4090—4101**
daz sint ouch zwêne selhe man,	Diese beiden Männer sind so,
ir ietweder slüege âne wer	daß jeder von ihnen ohne Waffen
disses volkes ein her;	einen ganzen Haufen dieser Leute schlüge.
4095 und weiz daz ouch als mînen tôt,	Und ich bin dessen so sicher wie meines Todes:
west ir ietweder mîne nôt,	wüßte einer von ihnen um meine Not,
er kæme und væhte vür mich.	er käme und kämpfte für mich.
der dewedern mac ich	Aber ich kann keinen von beiden
ze disen zîten niht hân,	im Augenblick erreichen,
4100 und muoz mir an den lîp gân:	und so ist mein Tod unvermeidlich.
ouch entrûw ichs niemen wan den	Auf niemanden als die beiden kann ich hoffen.'
dô sprach der her Îwein [zwein.'	Da sagte Herr Iwein:
'nû nennet mir die drî man	'Nennt mir jetzt die drei Männer, (3617)
die iuch mit kampfe sprechent an:	die Euch zum Kampf herausfordern
4105 und nennet mir danne mê	und nennt mir dann weiter
die zwêne umbe diez sô stê,	noch die zwei, 3620

80

der ietweder sô vrum sî
daz er eine væhte wider drî.'
sî sprach 'ich nennes iu alle wol.
4110 die drî der gewalt ich dol,
der ein ist truhsæze hie,
und sîne bruoder, die mir ie
wâren nîdec und gehaz,
wand mich mîn vrouwe hâte baz
4115 dan sî mir des gunden,
und hânt si des überwunden
daz sî nû wol übersiht
swaz mir leides geschiht.
dô mîn vrouwe ir man nam,
4120 der ir nâch wâne wol gezam
und sî dar nâch niht wol enlie,
dô begâben sî mich nie
mit tägelîcher arbeit,
sine zigen mich der valscheit
4125 daz ez schüefe niuwan mîn list
daz ir sus missegangen ist.
und swaz ouch mir dâ von geschiht,
sône lougen ich des niht
ezn vuocte mîn rât und mîn bete
4130 daz sîz ie umb in getete;
wand ich mich wol umb in versach,
geschæhez als ez doch geschach,
sî hetes vrume und êre.
nû velschent sî mich sêre,
4135 ich habe sî verrâten.
wand sî mir dô tâten
michel unreht unde gewalt,
dô wart mîn leit vil manecvalt,
unde ich armiu verlorne
4140 vergâhte mich mit zorne.
wan daz ist gar der sælden slac,
swer sînem zorne niene mac
getwingen, ern überspreche sich.
leider alsô tet ich mich.
4145 ich hân mich selben verlorn.
ich sprach durch mînen zorn,
swelhe drî die tiursten man
sich von dem hove næmen an
daz sîz beredten wider mich,
4150 einen rîter vund ich
der mit in allen drin strite,
ob man mir vierzec tage bite.
der rede giengen sî dô nâch:
wand mir was gewesen ze gâch:
4155 man liez mich ir niht wandel hân,
und enwart ouch des niht erlân
ichn schüef in rehte sicherheit
daz ich der rede wære gereit

deren jeder so tapfer ist,
daß er allein gegen drei kämpfen könnte.'
Sie sagte: 'Ich will sie Euch alle nennen.
Die drei, in deren Gewalt ich mich befinde,
deren einer ist Truchseß hier,   (3667)
dazu seine Brüder, die mir von jeher
mißgünstig und gehässig waren,   (3671)
weil mich meine Herrin besser hielt
als sie mir gönnten.
Und sie haben sie dahin gebracht,
daß sie jetzt nicht mehr kümmert,
was mir an Leid zugefügt wird.
Als meine Herrin ihren Mann heiratete,
der aller Voraussicht nach so gut zu ihr paßte,
und der ihr danach übel mitspielte,
da machten sie mir
täglich das Leben schwer,
sie bezichtigten mich der Verräterei,   3675
nur meine Intrige habe es bewirkt,
daß sie solche Enttäuschung erlitten habe.
Was mir auch deswegen geschehen möge,
ich will es nicht leugnen,
daß es mein Rat und mein Zureden dazu brachten,
daß sie ihn zum Manne nahm,
da ich doch von ihm erwartete,
daß, ginge es wie es immer gegangen war,
sie Nutzen und Ehre davon hätte.
Nun verleumden sie mich hartnäckig,
ich hätte sie hintergangen.
Da sie mir so
großes Unrecht und Gewalt zufügten,
wurde mein Leid unerträglich,
und ich arme Unglückliche
übereilte mich im Zorn.
Denn damit richtet einer sein Glück zugrunde,   3680
wenn er seinen Zorn nicht beherrschen kann,
so daß er mehr sagt, als er zu erfüllen vermag.
Zu meinem Unglück ging es mir so.
Ich habe mich selbst ins Verderben gestürzt.
Ich sagte, weil ich zornig war,
wenn die drei tapfersten Männer   (3683)
am Hof bereit seien,
Anklage gegen mich zu erheben,
so wollte ich einen Ritter finden,
der mit allen dreien kämpfte,
wenn man mir vierzig Tage Frist gönnte.   3691
Auf diesem Vorschlag bestanden sie,
denn ich hatte mich übereilt.
Man erlaubte mir nicht, ihn zurückzunehmen   3686
und man verlangte von mir,
ich solle ihnen mein Wort geben,
daß ich dem Vorschlag nachkäme

als ich dâ hete gesprochen,	*wie ich ihn gemacht hatte:*
4160 daz ich in sehs wochen	*daß ich in sechs Wochen*
mich mit kampfe lôste.	*mich mit einem Zweikampf rechtfertigen werde.*
die zwêne der ich mich trôste,	*Auf der Suche nach den beiden, auf die*
die reit ich suochen in diu lant,	*ich meine Hoffnung gesetzt hatte, ritt ich in die Lande*
daz ich ir dewedern vant.	*und fand keinen von beiden.*
4165 dô suocht ich den künec Artûs,	*Da suchte ich den König Artus auf*
und envant dâ nieman ze hûs	*und fand niemanden am Hof,*
der sich ez wolde nemen an:	*der sich der Sache annehmen wollte,*
sus schiet ich âne kempfen dan.	*so schied ich ohne Rechtskämpfer von dort.*
des wart ich sô ze spotte hie	*Darob wurde ich hier so verhöhnt,*
4170 daz ez mir an mîn herze gie.	*daß es mir das Herz brach.*
sus wurfen sî mich dâ her in,	*So sperrten sie mich hier ein,*
als ich des beitende bin	*und also warte ich darauf,*
daz sich mîn lîp sol enden:	*daß mein Leben enden soll,*
wan die mirz hulfen wenden,	*denn die mir helfen könnten, das abzuwenden,*
4175 die sint mir nû vil ungereit.	*sind nicht zu meiner Verfügung.*
mir hulfe ûz dirre arbeit	*Mich könnte jeder von den beiden, der es wüßte,*
sweder ez weste von in zwein,	*aus meiner Not erlösen,*
her Gâwein ode her Îwein.'	*Herr Gawein oder Herr Iwein.'*
'Welhen Îwein meinet ir?' sprach [er.	*'Welchen Iwein meint Ihr?' sagte er.*
4180 sî sprach 'herre, daz ist der	*Sie sagte: 'Herr, das ist der,*
durch den ich lîde disiu bant.	*um dessentwillen ich diese Gefangenschaft erleiden muß.*
sîn vater ist genant	*Sein Vater heißt*
der künec Urjên.	*der König Urien.*
der kumber dâ ich inne stên,	*Das Leid, in dem ich mich befinde,*
4185 der ist von sînen schulden.	*kommt durch seine Schuld.*
mir was ze sînen hulden	*Ich war allzu eifrig bestrebt,*
alze liep und alze gâch,	*seine Gunst zu erwerben,*
unde ranc starke dar nâch	*und gab mir große Mühe darum,*
daz er herre wurde hie	*daß er hier Herr würde,*
4190 leider als ez ouch ergie.	*wie es zum Unglück auch geschah.*
er behagete mir ze gâhes wol:	*Er gefiel mir zu schnell,*
wan swer den man erkennen sol,	*denn um einen Menschen kennenzulernen*
dâ hœret langer wîle zuo.	*braucht man lange Zeit.*
ich lobet in leider alze vruo:	*Ich rühmte ihn zum Unglück voreilig.*
4195 ich wânde er kunde lônen baz.	*Ich bildete mir ein, er könne besser danken.*
mîn rât vuoget ime daz	*Mein Zureden erreichte es,*
daz sichs mîn vrouwe underwant	*daß meine Herrin sich dazu entschloß,*
und gap im lîp unde lant.	*sich selbst und ihr Land ihm zu geben.*
nû hât er uns beswichen	*Nun hat er uns betrogen,*
4200 im selben schädelichen.	*sich selbst zum Schaden.*
ez ist sîn unsælekeit:	*Es ist sein Unglück,*
wan des swüer ich wol einen eit,	*denn das könnte ich wohl schwören,*
mîn vrouwe ist ein sô edel wîp	*daß meine Herrin eine so edle Frau ist,*
daz er niemer sînen lîp	*daß er sich niemals auf Erden*
4205 bestætet ûf der erde	*besser*
ze hôherem werde:	*verheiraten kann.*
sî ist sô schœne und sô rîch,	*Sie ist überaus schön und reich,*
wær sî sînem lîbe gelîch,	*aber sie wäre ihm auch nur gleich,*
sô vreuter sich daz sîz getete.'	*er müßte froh sein, daß sie ihn nahm.'*
4210 dô sprach er 'heizet ir Lûnete?'	*Da sagte er: 'Heißt Ihr Lunete?'*

Right margin notes:
3694 (at line 4165)
3625—3626 (at line 4179)
fehlt für H. (at line 4186)
4188—4211

sî sprach 'herre, jâ ich.'
er sprach 'sô erkennet mich:
ich binz îwein der arme.
daz ez got erbarme
4215 daz ich ie wart geborn!
nû wie hân ich verlorn
mîner vrouwen hulde!
sît diu selbe schulde
niemannes ist wan mîn,
4220 der schade sol ouch mîn eines sîn:
ichn weiz wem ich sî mêre gebe.
jane müet mich niht wan daz ich
[lebe:
ouch sol ich schiere tôt geligen.
deiswâr ich trûwe wol gesigen
4225 an den rîtern allen drin,
die iuch geworfen hânt her in:
und swenn ich iuch erlœset hân,
sô sol ich mich selben slân.
mîn vrouwe muoz doch den kampf
[gesehen:
4230 wander sol vor ir geschehen.
ichn weiz waz ich nû mêre tuo
wan daz ich ir morgen vruo
über mich selben rihte
und zuo ir angesihte
4235 durch ir willen lige tôt:
wand ez muoz doch mîn senediu nôt
mit dem tôde ein ende hân.
diz sol allez ergân
daz sî niht wizze wer ich sî,
4240 unz ich ersterbe und die drî
an den ich iuch rechen sol:
sô weiz mîn vrouwe danne wol,
sô sî bevindet, wer ich bin,
daz ich lîp und den sin
4245 von leide verloren hân.
diu râche sol vor ir ergân.
    Ez ist reht daz ich iu lône
der êrbæren krône
die ich von iuwern schulden truoc.
4250 ich hete êren genuoc:
waz half mich daz ich golt vant?
ez ist eht vil unbewant
zuo dem tôren des goldes vunt:
er wirfet ez doch hin zestunt.
4255 swie ich zuo mir selben habe getân,
ir sult iedoch gewis hân,
ichn lâze iuch niht under wegen.
wan dô ich tôt wære gelegen,
dô hulfet ir mir von sorgen:
4260 alsô tuon ich iu morgen.'

Sie sagte: 'Ja, Herr, ich bin's.'
Er sagte: 'So erfahrt, wer ich bin.
Ich bin Iwein, der Elende,
Gott erbarme es,
daß ich je geboren wurde.
Wie habe ich doch
die Gunst meiner Herrin verloren!
Da die Schuld
nur bei mir liegt,
soll auch die Strafe mir allein zufallen,
ich weiß nicht, wem ich sonst die Schuld zusprechen
Mich bekümmert nichts so sehr wie mein Leben. [sollte.

Doch werde ich in kurzer Zeit sterben.
Wahrhaftig, ich traue mir wohl zu,
alle drei Ritter zu besiegen,
die Euch hier gefangengesetzt haben,
und wenn ich Euch befreit habe,
so werde ich mich selbst umbringen.
Meine Herrin soll den Kampf ansehen,

denn er soll vor ihr ausgetragen werden.
Ich weiß nicht, was ich anderes tun sollte,
als daß ich ihr morgen früh
über mich das Urteil spreche
und vor ihren Augen
um ihretwillen sterbe,
denn mein sehnlicher Kummer
wird doch mit dem Tode enden.
Dies soll aber alles geschehen,
ohne daß sie weiß, wer ich bin,
bis ich sterbe und die drei,
von denen ich Euch Genugtuung verschaffen werde.
So wird dann meine Herrin erkennen,
wenn sie entdeckt, wer ich bin,
daß ich Leben und Verstand
vor Kummer verloren habe.
Die Genugtuung soll vor ihren Augen geleistet werden.
Zuvor aber ist es recht und billig,
daß ich Euch für die ehrenvolle Krone Lohn gebe,
die ich durch Euer Verdienst trug.
Ich hatte Ehren im Überfluß.
Was half es mir, daß ich Gold fand?
Es nützt
dem Toren nichts, Gold zu finden,
er wirft es gleich wieder weg.
Aber wie immer ich mir selbst gegenüber gehandelt habe,
Ihr sollt gewiß sein,
daß ich Euch nicht im Stiche lasse.
Denn als ich fast erschlagen worden wäre,
da habt Ihr mir aus der Not geholfen.
Dasselbe will ich morgen für Euch tun.'

3634

fehlt für H.
4214—4237

3731

fehlt für H.
4242—4262

	Nu entwâfent er sîn houbet:	*Nun nahm er den Helm ab,*	
	dô wart ez im geloubet	*da vergewisserte sie sich,*	
	daz erz her îwein wære.	*daß er Herr Iwein sei.*	
	geringet wart ir swære:	*Die Last wurde von ihrem Herzen genommen.*	
4265	von vreuden sî weinde	*Vor Freude weinte sie*	
	und sprach als sîz ouch meinde	*und sagte wie ihr zumute war:*	
	'mirn mac nû niht gewerren,	*'Mir kann nun nichts mehr zustoßen,*	
	sît ich mînen herren	*da ich meinen Herrn*	
	lebenden gesehen hân.	*lebendig wiedergesehen habe.*	
4270	ez was mîn angest und mîn wân	*Meine Sorge und Befürchtung waren,*	
	daz ir wæret erslagen.	*Ihr seiet erschlagen.*	
	ichn hôrte dâ ze hove sagen	*Ich hörte am Hofe*	
	von iu dehein daz mære	*keinerlei Nachricht*	3697
	daz iuwer iht wære.'	*von Eurem Verbleib.'*	
4275	Er sprach 'mîn vrouwe Lûnete,	*Er sagte: 'Frau Lunete,*	
	wâ was der noch ie tete	*wo war denn, der noch stets getan hat,*	
	des alle vrouwen ruochten	*was die Damen begehrten,*	
	die sînen dienest suochten,	*die um seinen Dienst nachsuchten,*	
	mîn lieber vriunt her Gâwein,	*mein lieber Freund, Herr Gawein,*	3698
4280	der ie nâch vrouwen willen schein,	*der stets den Damen gefällig zu sein*	
	ie ranc und noch tuot?	*jederzeit bestrebt war?*	
	het ir im gesaget iuwern muot,	*Hättet Ihr ihm Eure Absicht gesagt,*	
	er hete iuch alles des gewert	*so hätte er Euch alles gewährt,*	
	des ir an in hetet gegert.'	*worum Ihr ihn gebeten hättet.'*	
4285	sî sprach 'het ich den vunden,	*Sie sagte: 'Hätte ich ihn gefunden,*	
	sô het ich überwunden	*so wäre ich gleich*	
	mîne sorgen zehant.	*meiner Sorgen ledig gewesen.*	
	daz ich sîn dâ niene vant,	*Daß ich ihn nicht fand,*	
	daz was wunderlîchen komen.	*kam durch eine seltsame Angelegenheit:*	
4290	in was diu künegîn genomen.	*Ihnen war die Königin geraubt.*	
	daz hete ein rîter getân.	*Das hatte ein Ritter getan.*	3707
	den woltens alle gelastert hân,	*Dem wollten sie alle Schimpf antun,*	*H. fehlt für*
	und was in den selben tagen,	*und gerade zu der Zeit,*	3710—3711
	dô ich dar kam durch clagen,	*als ich dahin kam, meine Klage vorzubringen,*	
4295	her Gâwein nâch gestrichen.	*war ihm Herr Gawein nachgeritten.*	
	ich liez dâ wærlichen	*Ich ließ sie tatsächlich*	
	umb die vrouwen grôz clagen,	*in heftigem Wehklagen um die Königin zurück*	
	unde ouch umb sîn nâch jagen.	*und auch darum, daß er nachgejagt war.*	
	sî vorhten daz sî daz wîp	*Sie fürchteten, sie verlören die Frau*	
4300	verlürn, und dâ zuo er den lîp;	*und er das Leben dazu,*	
	wand er niht wider wolde komen,	*denn er wollte nicht zurückkommen,*	
	ern ervüere wie sî wære genomen.'	*bevor er nicht erkundet hätte, auf welchem Wege sie weg-*	
	Nû was im daz mære	*Diese Geschichte bereitete Iwein [geführt worden sei.'*	
	durch sînen gesellen swære.	*um seines Freundes willen Sorge.*	
4305	er sprach 'nû müez in got bewarn.	*Er sagte: 'Gott möge ihn beschützen,*	
	vrouwe, ich muoz von hinnen varn	*Herrin, ich muß fortreiten,*	
	und mich bereiten dar zuo.	*um mich auf den Kampf vorzubereiten.*	
	und wartet mîn morgen vruo:	*Erwartet mich morgen früh,*	
	ich kume ze guoter kampfzît.	*ich komme rechtzeitig zum Kampf*	
4310	und alsô hövesch sô ir sît,	*und, habt die Güte,*	
	sone saget niemen wer ich sî.	*sagt niemandem, wer ich bin.*	(3731)
	deiswâr ich slahe sî alle drî,	*Wahrhaftig, ich will sie alle drei besiegen*	

ich hilfe iu von dirre nôt,
od ich gelige durch iuch tôt.'

4315 Sî sprach 'lieber herre,
sô stüende iuch al ze verre
ze wâgen ein als vorder lîp
umb ein alsus armez wîp.
mir wær der rede gar ze vil:
4320 und wizzet daz ich immer wil
den willen vür diu werc hân:
ir sult der rede sîn erlân.
iuwer leben ist nützer danne daz
und möht ez ein wâge sîn,   [mîn.
4325 sô getorste ichs iuch biten:
diz ist gar wider den siten
daz einer kempfe drî man.
die liute habent sich joch dar an
daz zwêne sîn eines her:
4330 sô wære diz gar âne wer.
verlüret ir durch mich den lîp,
sone wart nie dehein armez wîp
als unsælec als ich,
und dannoch slüegen sî ouch mich.
4335 so ist bezzer mîn verderben
danne ob wir beidiu sterben.'
   Er sprach 'diu rede sol bezzer
                  [wesen,
wan wir suln beidiu wol genesen.
deiswâr ich wil iuch trœsten wol,
4340 wan ichz ouch bewaren sol.
ir hât sô vil durch mich getân:
ob ich deheine triuwe hân,
sone sol ich daz niht gerne sehen
daz iu dehein schade mac gesche-
4345 dâ ichz kan erwenden.   [hen
diu rede sol sich enden:
sî müezen iuch lâzen vrî,
od ich erslahe sî alle drî.'
nû was ir durch ir vrümekheit
4350 ir êre unde ir vrume leit.
sî wære gerne genesen,
und möht ez alsô sîn gewesen
daz er den lîp niht verlür.
sît ab er mit vrîer kür
4355 den kampf wolde bestân,
sô lie sîz sîn und muosez lân.
   Nû entwelter dâ niht mê
(sîn lewe volget im als ê)
und reit unz er ein hûs ersach.
4360 dâ was guot rîters gemach.
diu burc was harte veste
und allen wîs diu beste
vür stürme und vür mangen:

und Euch aus dieser Gefahr befreien
oder um Euretwillen fallen.'
Sie sagte: 'Lieber Herr,   (3736)
das wäre zu teuer erkauft,
ein so kostbares Leben
für eine so arme Frau zu wagen.
Das wäre zuviel verlangt.
Wißt, daß ich den
Willen für die Tat nehmen will.
Euch soll das Versprechen erlassen sein.
Euer Leben ist mehr wert als meins.
Wäre es ein gleicher Kampf,
so würde ich schon wagen, Euch darum zu bitten.
Aber das ist wider die Regel,
daß einer gegen drei Männer kämpfe.
Die Leute sagen doch sogar,
daß schon zwei einem über sind.
So wäre hier gar kein Widerstand möglich.
Verlöret Ihr um meinetwillen das Leben,
so wäre niemals eine arme Frau
so unglücklich wie ich,
und sie würden mich dann ohnehin töten.   3746
So ist es besser, ich verderbe allein
als daß wir beide sterben.'
Er sagte: 'Die Sache wird besser ausgehen,
denn wir werden beide am Leben bleiben.
Wirklich, ich will Euch guten Trost spenden,
weil ich ihn auch wahr machen werde.
Ihr habt soviel um meinetwillen getan,   3757
wenn ich nur das geringste Gefühl der Verpflichtung
so darf ich nicht mit ansehen,   [habe,
daß Euch Schaden zugefügt wird,
wo ich es verhindern kann.
Genug der Worte,
sie sollen Euch freilassen
oder ich werde sie alle drei erschlagen.'
Nun war ihr wegen ihrer Anständigkeit
ihre eigene Ehre und ihr eigener Nutzen nicht recht:
Zwar wünschte sie inständig, gerettet zu werden,
könnte das so geschehen,
daß er das Leben nicht verlöre.
Da er aber aus freiem Willen
den Kampf auf sich nehmen wollte,
so ließ sie es dabei bewenden, und es blieb ihr auch keine
Nun blieb er nicht länger dort.   [andere Wahl.   3770
Sein Löwe folgte ihm wie früher,
und er ritt, bis er eine Burg sah.
Dort wohnte ein vortrefflicher Ritter.
Die Burg war stark befestigt
und in jeder Weise hervorragend
geschützt gegen Bestürmung und Schleudermaschinen.   3777

den berc hete bevangen	Um den Berg lief
4365 ein burcmûre hôch und dic.	eine hohe und dicke Burgmauer.
doch sach vil leiden anblic	Doch hatte der, der da Burgherr war,
der dâ wirt was genant:	einen sehr traurigen Anblick vor Augen:
im was diu vorburc verbrant	Die Vorburg war ihm verbrannt
unz an die burcmûre gar.	bis direkt an die Burgmauer.
4370 nû kam mîn her Îwein dar,	Nun kam Herr Iwein dahin
als in der wec lêrte.	wie der Weg ihn führte.
dô er ze dem hûse kêrte,	Als er sich zu der Burg wendete,
dô wart diu brücke nider lân,	wurde die Brücke herabgelassen,
und sach engegen im gân	und er sah, wie sechs ansehnliche Knappen
4375 sehs knappen wætlîche:	ihm entgegengingen.

H fehlt für 3789—3802

sî zæmen wol dem rîche	Der Kaiser hätte sich ihrer nicht zu schämen brauchen,
von aller ir getât	so wie sie, was
an ir lîbe und an ir wât.	Gestalt und Kleidung betrifft, aussahen.
von den wart er wol enpfangen.	Von denen wurde er bewillkommnet.
4380 vil schiere kam gegangen	Gleich kam auch der Burgherr,
der wirt als ein bescheiden man:	ein Mann, der wußte, was sich gehört.
der gruozt in unde vuort in dan	Der begrüßte und geleitete ihn
ûf daz hûs an guot gemach,	in die Burg in einen herrlichen Raum,
dâ er rîter und vrouwen sach	wo er eine glänzende Schar
4385 eine sûberlîche schar.	von Rittern und Damen erblickte.

3805

dô nam er ir beider war,	Er nahm sowohl ihr Benehmen
ir gebærde unde ir muotes:	wie ihre Gesinnung wahr
done vander niht wan guotes.	und fand nichts auszusetzen.
Swer ie kumber erleit,	Wer je Kummer erlitten hat,
4390 den erbarmet des mannes arbeit	den erbarmt die Not eines Menschen
michels harter dan den man	viel mehr als den,
der nie deheine nôt gewan.	der niemals in Not gewesen ist.
der wirt het selbe vil gestriten	Der Burgherr war selbst weit herumgekommen
und dicke ûf den lîp geriten,	und hatte unter Lebensgefahr gekämpft
4395 und geloupte dem gaste deste baz;	und war darum zu dem Gaste desto freundlicher.
wander allez bi im saz	Denn er saß die ganze Zeit bei ihm
unz daz er entwâfent wart.	bis man ihm die Rüstung abgenommen hatte.
der wille was dâ ungespart	Jedermann
von manne und von wîbe,	bewies ihm Wohlwollen,
4400 er wart sînem lîbe	sie stellten sich ihm
ze dienste gekêret	zu Diensten
und über state gêret.	und erwiesen ihm Ehren mehr als nötig.
sî wurden vil vaste	Sie wurden

fehlt für H. 4404—4424

ze liebe dem gaste	dem Gast zuliebe
4405 alle wider ir willen vrô:	fröhlich gegen ihren Willen,
wand ir herze meindez niender sô.	denn ihr Herz meinte es anders.
in hete ein tägelich herzeleit	Ihnen hatte ein täglich sich erneuerndes Herzeleid
vil gar ir vreude hin geleit;	den Frohsinn gänzlich geraubt.
dâ er niht umbe enweste,	Iwein wußte nichts davon,
4410 er als ander geste.	er sowenig wie andere Fremde.
ouch enhet ir vreude unde ir	Ihre Fröhlichkeit und ihr Scherz
deheiner slahte gelimpf. [schimpf	waren in keiner Weise angemessen.
diu trügevreude ist ein niht,	Die vorgebliche Fröhlichkeit ist nichtig,
diu sô mit listen geschiht,	die künstlich erzeugt wird,
4415 sô der munt lachet	wenn der Mund lacht

und daz herze krachet
von leide und von sorgen.
ouch ist ez unverborgen,
ezn kiese listvreude ein man
4420 der sich iht versinnen kan,
und welch vreude niht des herzen
ouch half sî unlange ir list: [ist.
diu vorhte und die sorgen
die ûf ten tac morgen
4425 hete wîp unde man,
die gesigeten ir vreuden an.
daz trûren behabte den strît,
und verkêrte sich sô in kurzer zît
daz iu daz nieman kan gesagen,
4430 in ein weinen und in ein clagen
diu vreude der man dâ *jach*.
als daz her îwein ersach,
dô vrâgte er den wirt mære,
waz im geschehen wære.
4435 Er sprach 'saget mir, herre,
durch got waz iu werre,
und waz dirre wehsel diute:
daz ir und iuwer. liute
sô niuwelîchen wâret vrô,
4440 wie hât sich daz verkêret sô?'
dô sprach des hûses herre
'waz uns arges werre,
der mære endurfet ir niht gern.
iedoch enwelt irs niht enbern,
4445 sô sage ich iu unser arbeit:
so beswært ez iuch: daz ist mir leit.
ez ist iuch nützer verswigen,
und vreut iuch mitten sæligen.
ich bin der Unsælden kint:
4450 mit ten die unsælec sint
muoz ich leider sîn unvrô:
wan ez geziuhet mir alsô.'
    Dô bat der gast unz an die stunt
daz im der wirt tete kunt
4455 alle sîne swære.
er sprach 'mir ist unmære
der lîp immer mêre:
wand ich alte ân êre,
mir wære bezzer der tôt.
4460 ich lîde laster unde nôt
von einem sô gewanten man
daz ich mich geréchen niene kan.
mir hât gemachet ein rise
mîne huobe zeiner wise
4465 und hât mich âne getân
alles des ich solde hân,
unz an die burc eine;

und das Herz bricht
vor Leid und Kummer.
Auch bleibt es nicht lange verborgen,
denn ein Mensch, der nur etwas aufmerksam beobachtet,
kann künstliche Fröhlichkeit leicht bemerken,
das heißt, solche, die nicht von Herzen kommt.
Ihre Verstellung half ihnen nicht lange.
Die Furcht und die Besorgnis   3827
mit der jedermann
an den morgigen Tag dachte,
siegten über ihre Fröhlichkeit.
Die Trübsal behielt die Oberhand,   3829
und es verwandelte sich in kürzerer Zeit
als man sagen kann
die Fröhlichkeit, die man eben noch vorgegeben hatte,
in Weinen und Klagen.
Als Herr Iwein das sah,
bat er den Burgherrn um Auskunft,
was ihm geschehen sei.
Er sagte: 'Sagt mir, Herr,
um Gotteswillen, was Euch bedrückt,   3835
und was dieser plötzliche Wandel bedeutet.
Daß Ihr und Euer Gesinde
eben noch so fröhlich wart,
warum hat sich das so geändert?'
Da sagte der Burgherr:
'Was uns Schlimmes bedrückt,
das solltet Ihr nicht zu erfahren begehren.
Besteht Ihr aber darauf,
so erzähle ich Euch unsere Not,
wird Euch das bedrücken, das täte mir leid.   3842
Ihr hört besser nichts davon,
damit Ihr Euch mit den Glücklichen freuen könnt.
Ich bin ein Kind des Unglücks.
Mit denen, die unglücklich sind,
muß ich leider traurig sein,
denn das ist mein Los.'
Da bat der Gast solange,
bis ihm der Gastgeber
alle seine Sorgen eröffnete.
Er sagte: 'Das Leben
ist mir verhaßt,
denn ich werde alt in Schanden
und der Tod wäre mir besser.
Ich erdulde Schande und Not
von einem Mann, dergestalt,
daß ich mich nicht zu rächen vermag.
Mir hat ein Riese   3852
meinen Besitz zu Brachland gemacht
und hat mich alles dessen beraubt,
was mir rechtmäßig zukäme
bis auf die Burg allein.

und sag iu doch wie cleine	Und ich versichere Euch, wie wenig
alle mîne schulde sint.	ich etwas dafür kann:
4470 ich hân ein tohter, ein kint:	Ich habe eine Tochter, ein junges Mädchen,
daz ist ein harte schœniu maget:	die ist eine recht schöne Jungfrau:
daz ich im die hân versaget,	dafür, daß ich sie ihm verweigert habe,
dar umbe wüestet er mich.	verwüstet er meinen Besitz.
zewâre ê verlius ich	Wahrlich, lieber will ich
4475 daz guot und wâge den lîp,	den Besitz verlieren und mein Leben daransetzen,
ê si immer werde sîn wîp.	ehe sie je seine Frau werden soll.
dâ zuo hân ich sehs kint,	Außerdem habe ich noch sechs Söhne,
die alle ritter sint:	die alle Ritter sind,
die hât er gar gevangen,	die hat er alle gefangen
4480 und hât ir zwêne erhangen	und zwei von ihnen
daz ichz ane muose sehen.	vor meinen Augen erhängt.
wem möhte leider geschehen?	Wem könnte größerer Schmerz zugefügt werden.
er hât ir noch viere:	Vier hat er noch in seiner Gewalt,
die verlius ich aber schiere.	aber ich werde sie bald verlieren,
4485 wan die selben vüeret er	denn diese wird er
vür die burc morgen her:	morgen vor die Burg führen.
die wil er vor mir tœten	Er will sie vor meinen Augen töten
und mich dâ mite nœten	und mich damit zwingen,
daz ich im ir swester gebe.	daß ich ihm ihre Schwester gebe.
4490 got welle niht daz ichz gelebe	Gott gebe, daß ich das nicht erleben muß
und sende mir hînaht den tôt.	und sende mir heute nacht den Tod.
er giht (daz ist mîn meistiu nôt),	Er sagt, und das bedrückt mich am meisten,
swenn er mirs an beherte	wenn er sie mit dieser Gemeinheit
mit selhem ungeverte,	in die Gewalt bekomme,
4495 sô weller ir ze wîbe haben rât,	hätte er keine Lust mehr, sie zur Frau zu nehmen,
und dem bœsten garzûn den er hât	sondern dem niedrigsten Knecht, den er hat,
deme welle er sî geben.	wolle er sie überlassen.
mac mir danne mîn leben	Soll mir da mein Leben
niht wol unmære sîn?	nicht zur Qual sein?
4500 der rise heizet Harpîn.	Der Riese heißt Harpin.
hân ich den lasterlîchen spot	Wenn ich diese schändliche Schmach
gedienet iender umbe got,	je um Gott verdient habe,
wold er daz rihten über mich	so wolle er das an mir strafen
unde lieze den gerich	und erlasse die Strafe
4505 über mîniu unschuldigen kint,	meinen unschuldigen Kindern,
diu biderbe unde guot sint!'	die brav und schuldlos sind.'
Dô der gast sîn ungemach	Als der Gast sein Unglück
beidiu gehôrte unde gesach,	hörte und sah,
daz begund im an sîn herze gân.	griff ihm das ans Herz.
4510 er sprach 'wie habt ir daz verlân	Er sagte: 'Warum habt Ihr es verabsäumt,
irn suochtet helfe unde rât	Hilfe und Beistand zu suchen,
dâ er iu ze suochen stât,	wo Ihr sie hättet suchen sollen:
in des künec Artûses lande?	im Lande des Königs Artus?
ir habt dise schande	Ihr habt diese Schmach
4515 âne nôt sô lange erliten.	unnötig so lange erduldet.
ir soldet dar sîn geriten:	Ihr hättet dorthin reiten sollen.
er hât gesellen, under den	Er hat Freunde, unter denen
ir hetet vunden etewen	Ihr jemanden gefunden hättet,
der iuch des risen belôste.'	der Euch von dem Riesen befreit hätte.'

Marginal line numbers (right column): 3855, 3863, 3867, 3872, 3857, 3907, H. fehlt für 3879—3898

4520 er sprach 'der mir ze trôste	Er sagte: 'Der mir dort am besten
dâ wære der beste	zum Trost getaugt hätte,
und kæme, oberz weste,	und der käme, wenn er es wüßte
und hete ich in dâ vunden,	und ich ihn dort angetroffen hätte,
dern ist ze disen stunden	der ist im Augenblick
4525 niht dâ ze lande.	nicht im Lande.
der künec treit ouch die schande	Der König leidet ebenfalls Schmach,
der er vil gerne enbære.	von der er wünschte, erlöst zu sein.
welt ir ein vremde mære	Wollt Ihr eine befremdliche Geschichte
hœren, daz wil ich iu sagen.	hören, so will ich sie Euch erzählen.
4530 ez kam in disen siben tagen	Vor sieben Tagen
ein rîter geriten dar	kam ein Ritter dorthin geritten
und nam des vil rehte war	und richtete es so ein,
daz er zen selben stunden	daß er gerade
die von der tavelrunden	die Ritter der Tafelrunde
4535 umbe den künec sitzen sach.	um den König geschart antraf.
er erbeizte vür in unde sprach	Er saß vor ihnen ab und sagte:
'ich bin ûf gnâde her komen.	'Ich bin gekommen, mir eine Gunst auszubitten.
herre, ich hân von iu vernomen	Herr, ich habe von Eurer
die milte und die vrümekheit,	Großzügigkeit und Güte sagen hören,
4540 ich gedinge mir sî unverseit	ich habe die Zuversicht, mir werde eine Gabe,
ein gâbe der ich von iu ger:	die ich von Euch begehre, nicht abgeschlagen:
nâch der bin ich komen her.'	Um derentwillen bin ich hergekommen.'
dô sprach der künec Artûs	Da sagte der König Artus:
'swaz ir gebietet hie ze hûs,	'Was Ihr hier am Hofe wünscht,
4545 des sît ir alles gewert,	das ist Euch alles gewährt,
ist daz ir betelîchen gert.'	wenn Ihr geziemend bittet.'
Er sprach 'daz sult ir an mich lân.	Er sagte: 'Das sollt Ihr mir überlassen.
als ich von iu vernomen hân,	So wie Euer Ruf ist,
sô müese iu daz missezemen,	sollte es nicht zu Euch passen,
4550 woldet ir iht ûz nemen.	Vorbehalte zu machen.
swaz ez nû sî des ich bite,	Was immer ich nun bitten möge,
dâ êret mich mite	ehrt mich damit,
und lât die bete her ze mir,	daß Ihr die Bitte mir ganz freistellt.
wand ich ir anders gar enbir.'	Denn sonst will ich lieber auf sie verzichten.'
4555 Daz widerredte der künec Artûs.	Das schlug ihm der König Artus ab.
sus schiet er ûz sînem hûs	So schied er in großem Zorn
vil harte zornlichen dan.	von seinem Hof.
er sprach 'ez ist vil manec man	Er sagte: 'Jedermann
an disem künige betrogen:	irrt sich in diesem König,
4560 diu werlt hât vil von im gelogen.	die Welt hat viele Lügen über ihn verbreitet.
man saget von sîner miltekheit,	Man sagt von seiner Großherzigkeit,
ezn wurde rîter nie verseit	keinem Ritter sei je abgeschlagen worden,
swes er in ie gebæte	was er ihn gebeten habe.
sîn êre sîn unstæte,	Dessen Auffassung von Ehre sei angezweifelt,
4565 dem er wol gevalle.'	dem er gefällt.'
diz bâgen hôrten alle	Dieses laute Schimpfen hörten alle
die von der tavelrunde.	Ritter von der Tafelrunde.
sî sprâchen mit einem munde	Sie sagten wie aus einem Munde:
'herre, ir habet missetân,	'Herr, Ihr habt unrecht gehandelt,
4570 welt ir den rîter alsus lân.	wenn Ihr den Ritter so ziehen lassen wollt.
wem habt ir ouch iht verseit?	Wem habt Ihr denn je etwas abgeschlagen?

fehlt für H.
4528—4726

lât ez an sîne hövescheit. | Stellt es seinem Anstandsgefühl anheim.
er gelîchet sich wol einem man | Er sieht wirklich aus wie ein Mann,
der betelîchen biten kan. | der geziemend zu bitten versteht.
4575 scheidet er von hinnen | Wenn er in solchem Zorne
mit selhen unminnen, | von hier scheidet,
ern gesprichet nimmer mêre | dann sagt er nie wieder
dehein iuwer êre.' | etwas Gutes über Euch.'
Der künec sich dô bedâhte | Der König besann sich
4580 und schuof daz man in brâhte, | und veranlaßte, daß man ihn herbeibrachte,
und gelobet im des stæte, | und gab ihm das bindende Versprechen,
ze leistenne swes er bæte. | zu erfüllen, was immer er bäte.
ouchn bedorfter mêre sicherheit: | Er bedurfte keiner weiteren Garantien,
wan sîn wort daz was ein eit. | denn des Königs Wort war so gut wie ein Eid.
4585 dô bat er als ein vrävel man | Da bat er, der Verwegene,
daz er müese vüeren dan | daß er Artus Frau,
sîn wîp die küneginne. | die Königin, fortführen dürfe.
daz hæte die sinne | Davon kam der König
dem künege vil nâch benomen. | fast von Sinnen.
4590 er sprach 'wie bin ich überkomen! | Er sagte: 'Wie bin ich hintergangen.
die disen rât tâten, | Die diesen Rat gegeben haben,
die hânt mich verrâten.' | haben mich schlecht beraten.'
Dô in der rîter zürnen sach, | Als der Ritter ihn so aufgebracht sah,
dô trôster in unde sprach | sprach er ihm gut zu und sagte:
4595 'herre, habent guote site, | 'Herr, beruhigt Euch.
wand ich ir anders niene bite | Denn ich erbitte sie nur
niuwan mit dem gedinge, | unter der Voraussetzung,
ob ich sî hinnen bringe; | daß es mir gelingt, sie von hier fortzubringen,
ir habet der besten ein her: | — obwohl Ihr ja ein ganzes Heer der vorzüglichsten
                     [Ritter habt —
4600 ob ich sî allen den erwer | und daß ich sie gegen alle verteidigen kann,
die mir durch sî rîtent nâch. | die mir ihretwegen nachreiten.
ouch ensol mir niht wesen gâch, | Auch will ich mich in keiner Weise
niuwan als alle mîne tage; | mehr als sonst beeilen.
und wizze wol swer mich jage | Und wer mir nachjagt, möge wissen,
4605 daz ich sîn wol erbîte | daß ich auf ihn warten will,
und niemer gerîte | und seinetwegen nicht
deste drâter umb ein hâr.' | um ein Haar schneller reiten werde.'
nû muose der künec lâzen wâr | Da mußte der König erfüllen,
daz er gelobete wider in: | was er ihm gelobt hatte
4610 er vuorte die küneginne hin. | und er führte die Königin fort.
unde dô sî schiet von dan, | Und als sie wegritt,
dô sach sî jæmerlîchen an | sah sie voller Jammer alle an,
alle die dâ wâren, | die anwesend waren
und begunde gebâren | und verhielt sich
4615 als ein wîp diu sêre | wie eine Frau,
sorget umb ir êre, | die ängstlich um ihre Ehre bangt,
unde mantes als sî kunde | und mahnte sie nach Kräften
mit gebærde und mit munde, | mit Gebärden und Worten,
daz man sî ledeget enzît. | man möge sie rechtzeitig befreien.
4620 der hof enwart vor des noch sît | Der Hof war weder zuvor noch seitdem
sô harte nie beswæret: | so schwer bedrückt gewesen,
doch wârens unerwæret | aber die sie fortführen sahen,

die sî dâ vüeren sâhen.　　　　waren unerschrocken.
dâ wart michel gâhen:　　　　In größter Eile brachen sie auf,
4625 ez rief dirre und rief der　　jeder rief:
'harnasch unde ors her:'　　　'Harnisch und Pferd her!'
und swer ie gereit wart,　　　und wer fertig war
der jagte nâch ûf die vart.　　jagte ihm nach.
sî sprâchen 'es wirt guot rât,　Sie sagten: 'Es wird gut gehen,
4630 sît erz uns sô geteilet hât:　da er uns diese Möglichkeit zugestanden hat.
er vüeret sî unverre,　　　　Er wird sie nicht weit bringen,
ezn sî daz unser herre　　　　es sei denn unser Herr
mit im wider uns sî.'　　　　hielte es mit ihm gegen uns.'
dô sprach der herre Keiî　　　Da sagte Herr Keie:
4635 'in beschirmt der tiuvel noch got,　'Wenn ihn nicht Gott oder der Teufel beschützen,
der uns disen grôzen spot　　　so muß es dem, der uns ungeheuerlichen
an mîner vrouwen hât getân,　Schimpf an meiner Herrin zugefügt hat,
ezn müez im an sîn êre gân.　übel ergehen.
ich bin truhsæze hie ze hûs,　Ich bin Truchseß hier am Hof,
4640 unde ez hât der künec Artûs　und der König Artus
verschuldet um mich harte wol　hat es um mich wohl verdient,
daz ich gerne ledegen sol　　daß ich mit Freuden
mîne vrouwen sîn wîp.　　　meine Herrin, seine Frau, befreie.
deiswâr ez gât im an den lîp:　Wahrlich, es wird ihm das Leben kosten.
4645 ern vüert sî sunder mînen danc　Er wird sie gegen meinen Willen
nimmer eines ackers lanc.　　nicht einen Acker weit führen.
weizgot, wester mich hie,　　Bei Gott, hätte er gewußt, daß ich hier bin,
ern wære her ze hove nie　　dann wäre er nicht an den Hof
ûf sus getâne rede komen:　　gekommen, um eine derartige Bitte zu äußern.
4650 ich sol sîm schiere hân benomen.　Ich werde sie ihm bald wieder abjagen.
iu solde versmâhen　　　　Es sollte euch verächtlich sein,
daz gemeine nâch gâhen.　　daß alle ihm nacheilen wollen.
waz sol dirr ungevüege schal,　Was soll diese unvernünftige Aufregung,
daz dirre hof über al　　　　daß der ganze Hof
4655 durch einen man wil rîten?　um eines einzigen willen reiten will.
ich getrûw im wol gestrîten:　Ich traue mir schon zu, gegen ihn zu kämpfen,
ich eine bin im ein her.　　und ich allein bin ihm über.
ern gesetzet sich nimmer ze wer,　Er wird sich gar nicht erst zur Wehr setzen,
swenn er siht daz ich ez bin:　wenn er sieht, daß ich es bin.
4660 unde waz hulfez in?　　　Was würde es ihm auch helfen?
ir muget wol alle hie bestân,　Ihr könnt alle hierbleiben,
sît ich michz an genomen hân:　da ich es auf mich genommen habe,
ich erlâze iuch aller arbeit.'　ich erspare euch die Mühe.'
hie mite was ouch er gereit　Damit war er auch fertig
4665 unde was der êrste an in:　und war der erste, der gegen ihn antrat.
ouch geriet der êrste ungewin　So ging denn auch gleich die erste Niederlage
ze sînen unêren,　　　　auf seine Kosten,
als er den gast bat kêren.　als er den Fremdling aufforderte, sein Pferd zu wenden.
daz was in einem walde.　　Das war in einem Walde.
4670 ouch kêrter alsô balde:　Er wendete auch gleich sein Pferd.
mit grôzen kreften stach er in　Mit großer Wucht stach er Keie
enbor ûz dem satel hin,　　in hohem Bogen aus dem Sattel,
daz im ein ast den helm gevienc　daß sein Helm sich an einem Ast verfing,
und bî der gurgeln gehienc.　und er am Hals aufgehängt war.

4675 und wan daz in sîn geverte	Und hätte ihn nicht sein Freund,
der übele tiuvel nerte,	der böse Teufel gerettet,
sô wær er dâ benamen tôt:	so wäre er mit Sicherheit umgekommen,
doch leit er hangende nôt.	so aber litt er dort hängend Qual:
er wart doch leider ledec sît:	Unglücklicherweise wurde er zwar nachher befreit,
4680 doch hienc er dâ unz an die zît	doch hing er dort so lange,
daz er vor in allen leit	daß er vor ihrer aller Augen
laster unde arbeit.	Schande und Pein litt.
der næhste was Kâlogrenant	Der nächste war Kalogrenant,
der in dâ hangende vant	der ihn dort hängend vorfand,
4685 niht anders wan als einen diep:	nicht anders als einen Dieb,
dern lôst in niht, ez was im liep.	der erlöste ihn nicht, denn er freute sich darüber.
der gâhte ouch an den gast:	Der sprengte auch auf den Fremdling zu,
vil lützel doch des gebrast	aber es fehlte nicht viel
daz im niht sam geschach,	und es wäre ihm genauso gegangen,
4690 wandern ouch dernider stach.	denn dieser stach ihn auch aus dem Sattel.
Die in sît hangen sâhen,	Die Keie sonst noch hängen sahen,
den benam daz gâhen,	wurden durch Eile,
der unwille, und sîn schalkheit,	Groll und seine Bosheit abgehalten,
daz dâ männeclich vür reit.	so daß jedermann vorbeiritt.
4695 in erreit ûf einem gevilde	Den Fremden holte auf freiem Feld
Dodines der wilde	der grimmige Dodines ein
unde brach ûf im sîn sper:	und verstach seine Lanze gegen ihn.
dâ mite wart ouch er	Damit wurde auch er
gesetzet ûf daz gras	auf das Gras geworfen
4700 als lanc sô daz sper was.	um Speereslänge.
Segremors erreit in dô:	Dann holte ihn Segremors ein,
dem geschach rehte alsô.	dem ging es nicht anders.
dar nâch erreit in Hênete,	Danach holte ihn Henete ein,
dem er alsam tete.	dem er alsam tete.
4705 Plîopleherîn und Millemargot	Pliopleherin und Millemargot
die wurden beide ir selber spot	wurden sich selbst zum Gespött
mit selhem ungevelle,	durch einen solchen Sturz,
und Îdêrs ir geselle.	und ebenso Iders, ihr Freund.
daz ich sî alle nenne	Daß ich sie alle nenne,
4710 die ich dâ erkenne,	von denen ich weiß,
daz ist alsô guot vermiten:	kann ruhig unterbleiben,
wan alle die im nâch riten	denn alle, die hinter ihm herritten,
die streuter nâch ein ander.	streute er nacheinander auf den Rasen.
nieman envander	Er traf auf niemanden,
4715 der die vrouwen lôste.	der die Dame hätte befreien können.
ir wære komen ze trôste	Ihr hätte Herr Gawein
mîn herre Gâwein,	zu Hilfe kommen können,
der ie in rîters êren schein:	der stets ritterliche Vollkommenheit bewies,
done was er leider niender dâ.	aber er war zum Unglück nicht da.
4720 er kam aber sâ	Aber dann kam er
morgen an dem næhsten tage,	am nächsten Tage morgens,
unde durch des küneges clage	und auf des Königs Klage hin
sô ist er nâch gestrichen	ist er ihm nachgeritten
und wil im nämelichen	und will ihm tatsächlich
4725 wider gewinnen sîn wîp	seine Frau zurückerobern
ode verliesen den lîp.	oder das Leben verlieren.

ich suocht in in den selben tagen,
als ich ez gote wil clagen,
daz ich sîn dâ niht envant.
4730 ez ist im sô um mich gewant
daz er mir müese gestân
ze mînem kumber den ich hân:
mîn wîp ist sîn swester.
ich kam alrêst gester:
4735 und sît ich sîn âne komen bin,
so ist aller mîn trôst dâ hin.
enmuoz ich niht wol sorgen?
wan nû verliüs ich morgen
alle mîn êre.'
4740 nû erbarmet diz sêre
den rîter der des lewen pflac.
er sprach 'ich sol um mitten tac
morgen komen an eine stat
dar mich ein vrouwe komen bat
4745 diu mir vil gedienet hât,
und der ez an den lîp gât,
enkum ich dar niht enzît.
ob ir des gewis sît
daz uns der rise kume sô vruo,
4750 swenn ich mîn reht getuo
daz ich im an gesige,
ob ich vor im niht tôt gelige,
daz ich umbe mitten tac
dannoch hin komen mac
4755 dar ich mich gelobet hân,
sô wil ich in durch iuch bestân
und durch iuwer edel wîp:
wan mir ist mîn selbes lîp
niht lieber danne ir bruoder ist.'
4760 nû kam gegangen an der vrist
des wirtes tohter und sîn wîp.
nu gesach er nie kindes lîp
schœner dan diu selbe maget,
enhete sî sich niht verclaget.
4765 nu enpfiengen sî in beide wol,
als man lieben gast sol.
    Dô sprach der wirt 'mich dunket
                    [guot
daz ir vil dienesthaften muot
traget iuwerm gaste.
4770 er hât sich alsô vaste
unser swære an genomen,
wir suln sî mit im überkomen,
geruochet sîn unser trehten.
er sprichet er welle vehten:
4775 dô ich im mîne clage tete,
dô gelobt er mir âne bete
er welle durch uns tôt geligen

Ich suchte ihn gerade zu der Zeit,
so daß ich ihn, Gott sei's geklagt,
nicht dort antraf.
Sein Verhältnis zu mir ist so,
daß er mir in
meiner Not beistehen müßte:
Meine Frau ist seine Schwester.   3917
Ich bin erst gestern zurückgekommen,
und da ich ohne ihn gekommen bin,
ist alle meine Hoffnung gänzlich vorbei.
Habe ich nicht Grund zum Kummer?
Denn jetzt werde ich morgen
meine Ehre ganz und gar verlieren.'
Das erbarmte
den Ritter mit dem Löwen zutiefst.
Er sagte: 'Ich muß mich morgen um die Mittagszeit   3950
an einem Ort einfinden,
wohin zu kommen mich eine Dame gebeten hat,
die mir großen Dienst erwiesen hat
und die ihr Leben verliert,
wenn ich nicht rechtzeitig hinkomme.
Wenn Ihr dessen sicher seid,
daß der Riese morgen früh genug zu uns kommt,
wenn ich meiner Pflicht
gemäß ihn besiege
und nicht vor ihm falle,
so daß ich zur Mittagszeit
noch dorthin kommen kann,
wohin zu kommen ich gelobt habe,
so will ich um Euret-
und Eurer edlen Frau willen gegen ihn kämpfen,
denn ich liebe ihren Bruder
wie mich selbst.'
Jetzt kamen
des Burgherren Tochter und seine Frau herbei.   3958
Er hatte nie ein junges Mädchen gesehen,
das schöner gewesen wäre als dieses,
wäre sie nicht durch Weinen entstellt gewesen.
Sie begrüßten ihn beide freundlich
wie man einen lieben Gast begrüßen soll.
Da sagte der Burgherr: 'Ich finde es recht,

daß ihr eurem Gaste
eure Aufwartung macht.
Er hat sich sogleich
unserer Bedrückung angenommen.
Wir werden durch ihn von ihr frei werden
so Gott will.
Er sagt, er wolle kämpfen: 3975
Als ich ihm mein Leid klagte,
gelobte er aus freien Stücken,
er wolle um unsertwillen sterben

93

ode dem risen an gesigen,	oder den Riesen besiegen,
dem ich sô vil vertragen muoz.	von dem ich mir soviel gefallen lassen muß.
4780 nû gnâdet im ûf sînen vuoz:	Dankt ihm auf den Knien,
daz ist mîn bete und mîn gebot.'	das ist mein Wunsch und Wille.'
her Îwein sprach 'nu enwelle got	Herr Iwein sagte: 'Gott verhüte,
daz mir diu unzuht geschehe	daß ich mir eine solche Ungezogenheit zuschulden
daz ich ze mînen vüezen sehe	vor mir knien zu lassen, [kommen lasse,
4785 diu mîns hern Gâweins swester ist.	die Herrn Gaweins Schwester ist.
jâ wære des, wizze Krist,	Das wäre selbst, weiß Gott,
dem künege Artûs ze vil.	für den König Artus zuviel.
ich sol unde wil	Ich muß und will
gedienen immer mêre	alles tun,
4790 daz sî der grôzen êre	daß sie mir unbedeutendem Mann
mich armen man erlâze:	diese außerordentliche Ehrung erspare.
mich gnüeget rehter mâze.	Das übliche Maß ist mir genug.
ich sag iu wie ich in bestê.	Ich will Euch sagen, unter welcher Bedingung ich gegen
als ich iu gelobete ê,	Wie ich Euch eben versprach: [ihn kämpfen will.
4795 kumt er uns vruo ze selher zît,	kommt er früh so zeitig,
swenne sich endet der strît,	daß ich, wenn der Kampf vorbei ist,
daz ich umbe mitten tac	am Mittag
ir ze helfe komen mac	der zu Hilfe kommen kann,
der ichz ê gelobet hân,	der ich es vorher versprochen habe,
4800 sô wil ich in durch iuch bestân,	so will ich gegen ihn kämpfen um euretwillen,
durch mîner vrouwen hulde,	der gnädigen Frau zuliebe
und durch iuwer unschulde.'	und Eurer Unschuld.'
Des trôstes wurden sî vrô	Über diesen Trost gerieten sie in große Freude
unde machten im dô	und bereiteten ihm
4805 beide vreude unde spil,	Fröhlichkeit und Kurzweil.
und sîne dûhte niht ze vil	Und keine Ehrung
deheiner der êren	schien ihnen zu groß,
die sî mohten kêren	die sie ihm als Huldigung
im ze sînen hulden:	darbringen konnten.
4810 sî dûhte ez wære von schulden.	Sie fanden, das seien sie ihm schuldig.
sî prîsten sêre sînen muot:	Sie priesen laut seine Gesinnung,
er dûhtes biderbe unde guot,	er schien ihnen edel und vortrefflich
in allen wîs ein hövesch man.	und in jeder Hinsicht ritterlich.
daz kuren sî dar an	Das merkten sie schon daraus,
4815 daz der lewe bî im lac	daß der Löwe bei ihm lagerte
und anders sites niene pflac	und sich nicht anders benahm
niuwan als ein ander schâf.	als ein Schaf.
guot spîse und dar nâch senfter slâf	Vortreffliche Speise und danach sanfte Nachtruhe
diu wâren im bereit hie,	fand er dort.
4820 und erwachte dô der tac ûf gie,	Er erwachte, als der Tag graute,
und hôrte eine messe vruo	und hörte früh eine Messe
und bereite sich darzuo	und bereitete sich darauf vor,
als er kempfen wolde	den zu bekämpfen,
den der dâ komen solde.	der erwartet wurde.
4825 Als er dô niemen komen sach,	Als er niemanden kommen sah,
daz was im leit, unde sprach	machte ihm das Sorgen und er sagte:
'herre, nu wær ich iu gereit:	'Herr, nun stünde ich Euch zur Verfügung
iu ist der lîp unverseit:	und will mich für Euch einsetzen,
wâ ist der dâ komen sol?	aber wo ist der, der kommen soll?

Right margin references:

3978

3993

fehlt für H.
4801—4803

4006

4012

H. fehlt für
4017—4030

4031

4035

4830 mîn tweln enkumt mir niht wol: *Mein Warten ist mir gar nicht recht.*
ich sûme mich vil sêre.   *Ich verspäte mich ungebührlich.*
ez gât an alle mîn êre   *Jeder Augenblick, den ich hier noch warte,*
swaz ich nû hie gebîte: *setzt meine ganze Ehre aufs Spiel.*
ez ist zît daz ich rîte.'   *Es ist Zeit, daß ich reite.'*

4835   Diu drô tete in wê,   *Diese Drohung setzte sie in Schrecken,*
und wurden trûrec als ê.   *und sie wurden so traurig wie zuvor.*
vil müelîch was in ein dinc: *Sehr betrüblich war ihnen eins:*
sîne westen welch gerinc   *Sie wußten nicht, welche Anstrengung*
in aller beste êrte,   *ihn am höchsten geehrt hätte*
4840 der im den muot bekêrte.   *um seinen Entschluß zu ändern.*
wan der wirt bôt im sîn guot: *Schließlich bot der Burgherr ihm seinen Besitz.*   4054
er sprach 'sône stât niht mîn muot   *Er sagte: 'Meine Absicht ist nicht,*
daz ich ûf guotes miete   *um des Besitzes willen*
den lîp iht veile biete,'   *mein Leben feilzubieten',*
4845 und widersaget imz dô gar.   *und lehnte es ab.*
des wurden harte riuwevar   *Da wurden vor Angst*
der wirt und daz gesinde,   *der Burgherr und sein Gesinde bleich*
diu vrouwe mit ir kinde.   *und die Dame mit ihrer Tochter.*
ez wart vil dicke von in zwein   *Von diesen beiden wurde häufig*
4850 sîn bester vriunt her Gâwein   *sein bester Freund, Herr Gawein,*
an der bete genant   *in die flehentliche Bitte eingeschlossen*   4068
unde er bî im gemant;   *und er bei seinem Namen angefleht,*
und manten in sô verre,   *und sie stellten ihm eindringlich vor,*
daz got unser herre   *daß Gott, unser Herr,*
4855 im sælde und êre bære   *dem Ehre und Seligkeit schenken werde,*
der erbarmherze wære: *der barmherzig sei.*
erbarmet er sich über sî,   *Wenn er sich ihrer erbarme,*
dâ stüende gotes lôn bî.   *so werde Gott es ihm lohnen.*
    Daz beweget im den muot: *Das bewegte ihm das Herz,*
4860 wan er was biderbe unde guot.   *denn er war edel und vortrefflich.*
man saget daz in betwunge   *Man sagt, ein so dringendes Flehen*
diu tiure manunge,   *habe ihn bezwungen,*
dô er ir dürfte rehte ervant   *als er ihre Bedürftigkeit recht einsah*
und im sô ofte wart genant   *und ihm Gott und Herr Gawein*   4085
4865 got und her Gâwein: *so eindringlich vorgestellt wurden,*
wan swederm er under den zwein   *denn selbst dem von beiden,*
græzern unwillen truoc,   *den er weniger lieb hatte,*
dem dienter gerne genuoc.   *diente er noch mit größten Freuden.*
    Des wart sîn muot zwîvelhaft.   *Er wurde in Zweifel gestürzt.*   4086
4870 er gedâhte 'ich bedarf wol meister-   *Er dachte: 'Ich bedarf wirklich großer Einsicht,*
        [schaft,
sol ich daz wægest ersehen.   *wenn ich erkennen soll, wo das Schwergewicht liegt.*   fehlt für H.
mir ist ze spilne geschehen   *Ich muß ein Spiel spielen,*   4870—4913
ein gâch geteiltez spil: *das unversehens zur Zwickmühle geworden ist.*
ezn giltet lützel noch vil,   *Es steht nicht weniger und nicht mehr auf dem Spiel*
4875 niuwan al mîn êre.   *als meine ganze Ehre.*
ich bedarf wol guoter lêre.   *Ich bedürfte wirklich guten Ratschlags,*
ich weiz wol, swederz ich kiuse,   *denn ich weiß: wie ich meine Wahl auch treffe,*
daz ich an dem verliuse,   *ich verliere damit,*
ich enmöht ir beider gepflegen,   *da es mir nicht freisteht, beide zu spielen*
4880 ode beidiu lâzen under wegen,   *oder beide im Stich zu lassen*

	ode doch daz eine:
	sô wær mîn angest cleine.
	sus enweiz ich mîn deheinen rât.
	ich bin, als ez mir nû stât,
4885	gunêret ob ich rîte
	und geschendet ob ich bîte.
	nune mag ichs beidiu niht bestân
	und getar doch ir dewederz lân.
	nû gebe mir got guoten rât,
4890	der mich unz her geleitet hât,
	daz ich mich beidenthalp bewar
	sô daz ich rehte gevar.
	ichn wil benamen die niht lân
	der ich mich ê geheizen hân
4895	und diu ir angest und ir leit
	niuwan von mînen schulden treit:
	wan liez ich die danne,
	wie zæme daz guotem manne?
	doch wære diu eine maget
4900	dâ wider schiere verclaget,
	wider dem schaden der hie geschiht,
	gieng ez mir an die triuwe niht.
	sô wære ouch dirre wirt wol wert,
	der ouch mîner helfe gert,
4905	und hern Gâweins swester und ir [kint,
	diu mir ze herzen gânde sint
	durch sî selben und durch in
	dem ich wol schuldec bin
	daz ich im niht des abe gê
4910	daz im ze dienste gestê.
	muoz ich sî under wegen lân,
	sô habent sî des immer wân
	daz ich des lîbes sî ein zage.'
	nû schiet den zwîvel und die clage
4915	der grôze rise des sî dâ biten:
	der kam dort zuo in geriten
	und vuorte sîne gevangen.
	an den het er begangen
	grôze unhövescheit.
4920	in wâren aller hande cleit
	ze den zîten vremde,
	niuwan diu bœsten hemde
	diu ie küchenkneht getruoc.
	sî treip ein getwerc, daz sî sluoc
4925	mit sîner geiselruoten
	daz sî über al bluoten.
	die herren riten ungeschuoch:
	ir hemde was ein sactuoch,
	gezerret, swarz, unde grôz:
4930	die edelen rîter wâren blôz
	an beinen unde an armen.

oder wenigstens das eine:	
dann nämlich wäre meine Sorge gering.	
So aber weiß ich mir keinen Rat.	
Ich bin, wie meine Lage jetzt ist,	
ehrlos, wenn ich reite,	
und in Schande gestürzt, wenn ich bleibe.	
Ich kann nicht beide Kämpfe ausfechten	
und wage doch keinen von beiden aufzugeben.	
Gott möge mir beistehen,	
der mich bis hierher geleitet hat,	
daß ich mich nach beiden Seiten hin so verhalte,	
daß ich das Richtige tue.	
Ich will wahrhaftig die nicht im Stich lassen,	
der ich eher mein Versprechen gegeben habe,	
und die ihre Angst und ihre Not	
nur durch meine Schuld erlitten.	
Denn verließe ich die,	
wie stünde das einem anständigen Manne an?	
Doch wäre das eine Mädchen	
wiederum zu verschmerzen	
gegen das Unglück, das hier geschieht,	
wenn ich nicht dadurch wortbrüchig würde.	
Aber ebenso wäre auch dieser Burgherr meiner Hilfe	
der sie ebenfalls begehrt, [würdig,	
und Herrn Gaweins Schwester und ihre Kinder,	
die mir das Herz bewegen,	
um ihrer selbst willen und um seinetwillen,	
dem ich doch schuldig bin,	
nichts vorzuenthalten,	
was ihm einen Gefallen tun kann.	
Muß ich sie im Stich lassen,	
so sind sie für immer der Meinung,	
ich fürchtete für mein Leben.'	
Da entschied den Zweifel und die Klage	
der gewaltige Riese, auf den sie warteten. 4090	
Der kam herbeigeritten	
und führte seine Gefangenen mit sich.	
Die hatte er in	
gemeinster Weise behandelt.	
Jegliche Kleidung	
fehlte ihnen zu der Zeit,	
abgesehen von den schlechtesten Hemden, 4097	
die je ein Küchenjunge getragen hat.	
Sie trieb ein Zwerg an, der sie mit (4103)	
seiner Peitsche schlug,	
so daß sie über und über bluteten.	
Die Ritter ritten barfuß.	
Ihr Hemd war ein Sacktuch,	
zerrissen, schwarz und grob.	
Der edlen Ritter	
Arme und Beine waren bloß.	

96

den gast begunde erbarmen	Den Gast erbarmte	
diu grôze nôt die sî liten.	die große Not, die sie litten.	
ir pfärit wâren, diu sî riten,	Ihre Pferde, auf denen sie ritten,	4100
4935 tôtmager und vil kranc:	waren zum Sterben ausgemergelt und schwach.	
ir ietwederz strûchte und hanc.	Jedes strauchelte und lahmte.	
die vüeze wâren in unden	Die Füße der Ritter waren unten	
zesamene gebunden	zusammengebunden	
und die hende vaste	und die Hände fest mit	
4940 ze rücke mit baste.	Bastseilen auf dem Rücken.	
den gurren die sî truogen hin,	Den Schindmähren, die sie trugen,	
den wâren die zagele under in	waren die Schwänze gegenseitig	4104
zesamene gevlohten,	zusammengeflochten,	
daz sî niene mohten	so daß sie nicht	
4945 ein ander entwîchen.	voneinander loskonnten.	
dô sî sô jæmerlîchen	Als sie ihr edler Vater	
ir edel vater rîten sach,	so jammervoll daherreiten sah, —	
daz im sîn herze niene brach	daß ihm da nicht	
von jâmer, des wundert mich:	vor Jammer das Herz brach, verwundert mich,	
4950 wandez was wol jæmerlich.	denn es war über die Maßen jammervoll.	
Sus vuorters vür daz bürgetor:	So führte er sie vor das Burgtor.	
dâ hôrten sî in ruofen vor,	Davor hörten sie ihn rufen,	4113
er hienges alle viere,	er wolle sie alle vier aufhängen,	
ob man sî niht vil schiere	wenn man sie nicht sofort	
4955 mit ir swester lôste.	mit ihrer Schwester auslöse.	H. fehlt für
dô sprach der sî dâ trôste,	Da sagte, der ihnen Trost spendete,	4116—4133
der rîter der des lewen pflac	der Ritter mit dem Löwen:	4134
'deiswâr, herre, ob ich mac,	'Wahrlich, Herr, wenn ich es vermag,	
ich ledige unser gesellen.	befreie ich unsere Freunde.	
4960 got sol disen vellen:	Gott wird diesen töten.	
er ist ein unbescheiden man.	Er ist ein roher Kerl.	
mich sterket vaste dar an	Mir gibt Kraft dazu	
iuwer reht und sîn hôchvart,	Euer Recht und sein Übermut,	
daz diu ie sô grôz wart.	der so unglaublich groß ist.	
4965 ern kan sich lasters niht schamen,	Er schämt sich der Schändlichkeit nicht,	
daz ers ir geburt unde ir namen	daß er ihrer Herkunft und ihrem Stand	
niht enkan geniezen lân,	nicht Rechnung trägt,	
swaz sî im joch hæten getân.	selbst wenn sie ihm etwas angetan hätten.	
ichn sol dehein rîter schelten:	Ich darf keinen Ritter beschimpfen,	
4970 iedoch muoz er engelten	doch soll er	
sîner ungewizzenheit.	seinen Mangel an Schicklichkeit büßen.	
deiswâr, mac ich, ez wirt im leit.'	Wahrlich, vermag ich es, so soll es ihm leid tun.'	
Er hete in kurzen stunden	Er hatte in kurzer Zeit	
den helm ûf gebunden	den Helm aufgesetzt	
4975 und was vil schiere gereit:	und war gleich kampfbereit,	(4161)
daz lêrt in diu gewonheit.	wie es ihn lange Übung gelehrt hatte.	
sîn ors sach er bî im stân,	Sein Pferd stand bei ihm.	
er hiez die brücke nider lân.	Er befahl, die Brücke herabzulassen.	
er sprach 'diz sol sich scheiden	Er sagte: 'Das wird	
4980 unser einem ode uns beiden	einem von uns oder beiden	
nâch schaden und nâch schanden.	zu Schaden und Schande ausgehen.	4149
ich getrûwes mînen handen	Ich traue es mir zu,	
daz ich sîn drô genidere.	daß ich seine Drohung zunichte mache.	

deiswâr er muoz iu widere
4985 iuwer süne gesunde geben,
ode er nimt ouch mir daz leben:
und swederz der sol geschehen,
daz hât man schiere gesehen.'
sus was im an den risen gâch:
4990 sîn lewe volget im allez nâch.

Dô in der rise komen sach,
daz was sîn spot, unde sprach
'ouwê, ir vil tumber man,
waz nemet ir iuch an
4995 daz ir sô ungerne lebet
und sus nâch tem tôde strebet?
daz ist ein unwîser rât:
und swer iu daz gerâten hât,
dem ist iuwer leben leit,
5000 und wil sich mit der wârheit
vil wol an iu gerochen hân
swaz ir im leides habt getân,
und hât sich ouch gerochen wol,
wand ich daz schiere schaffen sol
5005 daz ir im niemer mê getuot
deweder übel noch guot.'

Des antwurt im her Îwein sô
'rîter, waz touc disiu drô?
lât bœse rede und tuot diu werc:
5010 ode ich entsitze ein getwerc
harter dan iuwern grôzen lîp.
lât schelten ungezogeniu wîp:
dien mugen niht gevehten.
und wil sîn unser trehten
5015 nâch rehtem gerihte pflegen,
sô sît ir schiere gelegen.'

Nû hâte dem risen geseit
sîn sterke und sîn manheit
waz im gewæfen töhte
5020 und wer im geschaden möhte:
in dûhte er hete gewæfens gnuoc
an einer stange die er truoc.
nû vreute sich her Îwein
daz er als ungewâfent schein.
5025 under den arm sluoc er
mit guotem willen daz sper
und nam daz ors mitten sporn,
und het in ûf die brust erkorn
und stach im einen selhen stich
5030 daz daz îsensper sich
lôste von dem schafte
und in in dem lîbe hafte.
ouch sluoc im der rise einen slac,
daz ich daz wol sagen mac,
5035 enhet in daz ors niht vür getragen,

Wahrlich, er soll Euch
Eure Söhne unversehrt zurückgeben
oder auch mir das Leben nehmen.
Und was von beidem geschehen wird,
das wird sich gleich herausstellen.'
So stürmte er auf den Riesen zu.   *4167*
Sein Löwe folgte ihm auf dem Fuß.

Als ihn der Riese kommen sah,
höhnte er darüber und sagte:
'Ach, törichter Mann,
was mutet Ihr Euch zu,
daß Euch das Leben so verhaßt ist
und Ihr so den Tod sucht.
Das ist ein törichter Einfall,
und wer Euch dazu zugeredet hat,
der wünscht nicht, daß Ihr am Leben bleibt,
vielmehr will er, um die Wahrheit zu sagen,
gründlich an Euch rächen,   *4187*
was Ihr ihm Schlimmes zugefügt haben mögt.
Und er hat seine Rache auch schön ins Werk gesetzt,
denn ich werde gleich dafür sorgen,
daß Ihr ihm nie mehr
Böses oder Gutes tun werdet.'

Darauf antwortete ihm Iwein:
'Ritter, was soll diese Drohung.
Laßt die gemeinen Worte und handelt lieber,
oder ich entsetze mich vor einem Zwergen
mehr als vor Eurer Größe.
Überlaßt das Schimpfen ungebildeten Weibern,   *(4190)*
die können nicht kämpfen.
Und wenn unser Herr sich
nach Recht und Gerechtigkeit der Sache annimmt,
so werdet Ihr bald fallen.'

Nun hatten dem Riesen
seine Kraft und Stärke eingeflüstert
was er für Waffen brauche,
da ihm doch niemand etwas anhaben könne.
Ihm schien, er sei ausreichend bewaffnet   *4210*
mit einer Stange, die er trug.   *4092*
Da war Herr Iwein froh,
daß er nicht gewappnet war.
Er schlug
entschlossen die Lanze ein
und gab dem Pferde die Sporen.
Er zielte auf seine Brust
und versetzte ihm einen solchen Stich,
daß die Lanzenspitze sich
vom Schaft löste
und ihm im Leibe steckenblieb.
Der Riese führte einen Schlag nach ihm,   *4204*
daß ich versichern kann:
wäre das Pferd nicht mit ihm vorbeigesprengt,

daz er im hæte geslagen
noch einen slac als er dô sluoc,
es wær ze dem tôde genuoc:
dô truoc in daz ors dan
5040 unz daz er daz swert gewan.
sâ kêrter wider ûf in,
unde gestiurt in des sîn sin
sîn kraft und sîn manheit,
dô er wider ûf in reit,
5045 daz er im eine wunden sluoc.
dô in daz ors vür truoc,
dô sluoc im der rise einen slac,
daz er dâ gar gestrahter lac
vor ûf dem orse vür tôt.
5050 do ersach der lewe sîne nôt
und lief den ungevüegen man
vil unsitelîchen an
und zart im cleit unde brât
als lanc sô der rücke gât
5055 von den ahseln her abe,
unz daz der michel knabe
als ein ohse erluote,
und wante die ruote
die er dâ ze wer truoc.
5060 und dô er nâch dem lewen sluoc,
dô entweich im der lewe dan,
und entraf den lewen noch den man.
im wart zuo dem slage sô gâch
daz er sich neicte darnâch
5065 und ouch vil nâch dernider lac:
ê er erzüge den andern slac,
dô hete sich her Îwein
mit vil grôzen wunden zwein
an im vil wol gerochen
5070 und daz swert durch in gestochen
dâ vor dâ daz herze lît.
dô was verendet der strît,
und viel von der swære
als ez ein boum wære.
5075 Von des risen valle
vreuten sî sich alle,
den wol dar an was geschehen.
sî heten heiles gesehen
den rîter der des lewen pflac:
5080 wand sî lebeten vür den tac
âne angest unde ân nôt,
dô der rise gelac tôt:
des gnâdeten si im genuoc,
dem hern Îweine der in sluoc.
5085 ouch gerter urloubes sâ:
wander enhete sich dâ
niht ze sûmen mêre,

so daß der Riese ihm abermals einen Schlag hätte ver-
wie er ihn geführt hatte,   [setzen können,
so hätte es ausgereicht, ihn zu töten.
Da trug ihn aber das Pferd fort
bis er das Schwert ziehen konnte.
Gleich wendete er sich wieder gegen ihn.
Und sein Geschick
und seine Kraft und sein Mut verhalfen ihm dazu,
als er wieder gegen ihn anritt,
daß er ihm eine Wunde schlug.   (4215)
Als ihn das Pferd vorbeitrug,
versetzte der Riese ihm einen Schlag,
daß er auf dem Pferde
wie tot vornüberfiel.
Da sah der Löwe seine Gefahr
und sprang den ungeheuren Mann
ungestüm an   4226
und zerfetzte ihm Kleider und Fleisch
den ganzen Rücken lang
von den Schultern abwärts,
bis der große Kerl
wie ein Ochse brüllte   4228
und die Stange wandte,
die er als Waffe trug.
Als er nach dem Löwen schlug,
wich ihm dieser aus,
und er traf weder den Löwen noch den Mann.
Er schlug mit solcher Wucht,
daß er sich damit vornüberneigte
und fast hingestürzt wäre.
Ehe er zu neuem Schlag ausholen konnte,
hatte sich Herr Iwein
mit zwei schweren Wunden
an ihm gerächt
und ihn mit dem Schwerte durchbohrt
an der Stelle, hinter der das Herz sitzt.   (4241)
So hatte der Kampf ein Ende
und er stürzte seines Gewichtes halber
um als sei er ein Baum.
Über des Riesen Fall
waren allesamt von Herzen froh,
denen damit Gutes geschehen war.
Der Ritter mit dem Löwen
war ihnen zu ihrer Rettung erschienen.
Denn sie lebten von dem Tag an,
da der Riese getötet war,
ohne Angst und Not.
Dafür dankten sie von Herzen   H. fehlt für
dem Herrn Iwein, der ihn erschlagen hatte. 4250—4256
Dieser bat gleich, Abschied nehmen zu dürfen,
denn er durfte
nicht länger säumen,

7*

ob er sîne êre	wenn er seine Ehre	
an ir bestæten wolde	bei der nicht verlieren wollte,	
5090 der er dâ komen solde	der er am Mittag	
ze helfe umbe mitten tac,	zu Hilfe kommen mußte, —	
diu dâ durch in gevangen lac.	der, die seinetwegen gefangen lag.	
der wirt begund in starke biten	Der Burgherr bestürmte ihn mit Bitten,	*fehlt für H.*
(daz wær alsô guot vermiten)	was ebensogut hätte unterbleiben können,	*5097—5101*
5095 daz er dâ ruowen solde	er möge sich ausruhen,	
ern mohte noch ensolde.	aber er konnte und durfte nicht.	
dô antwurt er und sîn wîp	Da überantworteten er und seine Frau	
beidiu guot unde lîp	Besitz und Leben	
vil gar in sîne gewalt.	seiner Verfügung.	
5100 daz gnâden wart vil manecvalt,	Sie beide konnten nicht Worte genug finden,	
daz er dâ hôrte von in zwein.	ihm zu danken.	
dô sprach mîn her Îwein	Da sagte Herr Iwein:	*4273*
'welt ir mich des geniezen lân	'Wollt Ihr es mir vergelten,	
ob ich iu iht gedienet hân,	wenn ich Euch einen Gefallen getan habe,	
5105 sô tuot ein dinc des ich iuch bite:	so erfüllt mir eine Bitte,	
dâ ist mir wol gelônet mite.	und damit ist mir vollauf vergolten:	
mînen hern Gâwein minn ich:	Herr Gawein ist mir lieb.	
ich weiz wol, alsô tuot er mich:	Ich weiß, ebenso bin ich es ihm.	
ist unser minne âne kraft,	Wenn diese unsere Zuneigung bedeutungslos ist,	
5110 sone wart nie guot geselleschaft.	so hat es nie wahre Freundschaft gegeben.	
den ernest sol ich im niuwen	Die Aufrichtigkeit werde ich ihm von neuem beweisen	
swâ ich mac entriuwen.	wo immer ich kann.	
herre, zuo dem rîtent ir	Herr, reitet zu ihm	
unde grüezent in von mir,	und entbietet ihm meinen Gruß.	
5115 und vüerent mit iu iuweriu kint	Und nehmt Eure Söhne mit Euch,	*4274*
diu dâ hie erledeget sint,	die eben befreit worden sind,	
und daz ir swester mit in var,	und ihre Schwester soll mit ihnen ziehen,	
und vüeret ouch daz getwerc dar,	und nehmt auch den Zwerg dorthin mit,	
des herre dâ hie lît erslagen,	dessen Herr hier erschlagen liegt,	
5120 und sult im des genâde sagen	und Ihr sollt ihm für das danken,	
swes ich iu hie gedienet hân:	womit ich Euch Dienst erwiesen habe,	
wan daz hân ich durch in getân.	denn ich habe es um seinetwillen getan.	
vrâger iuch wiech sî genant,	Wenn er Euch fragt, wie ich heiße,	
sô tuot im daz erkant	so erzählt ihm,	*4291*
5125 daz ein lewe mit mir sî:	daß ein Löwe mich begleitet.	
dâ erkennet er mich bî.'	Daran wird er mich erkennen.'	
Daz gelobet der herre,	Das gelobte der Ritter	
und bat in des vil verre,	und bat ihn eindringlich,	
swenn er zuo dem brunnen gestrite,	daß, wenn er an der Quelle gekämpft habe,	
5130 daz er dar wider rite:	er wieder zurückreiten möge.	
er schüef im guoten gemach.	er wolle ihm alle Bequemlichkeiten schaffen.	*4265*
mîn her Îwein dô sprach	Da sagte Herr Iwein	
'mîn rîten daz ist mislich.	'Ob ich zurückreiten kann, ist ungewiß.	
ich kume iu gerne, lânt sî mich	Ich komme mit Freuden zu Euch, wenn sie mich lassen,	
5135 mit ten ich dâ strîten sol:	mit denen ich kämpfen muß.	
ich getrûwe abe in des wol,	Ich traue es ihnen aber sehr wohl zu,	
mugen sî mirz an erstrîten,	daß, wenn sie mich besiegen können,	
sine lânt mich niender rîten.'	sie mich nirgend mehr hinreiten lassen.'	*(4272)*
dô bat dâ man unde wîp	Da sprach jedermann die Fürbitte aus,	

5140 daz got sîn êre und sînen lîp	*Gott möge seine Ehre und sein Leben*
vriste und behuote:	*bewahren und beschützen.*
mit lîbe und mit guote	*Mit Person und Besitz*
stüenden sî im ze gebote.	*stünden sie zu seiner Verfügung*
alsus bevalch er sî gote.	*So befahl er sie in Gottes Schutz.*
5145　Im wârn die wege wol kunt,	*Er kannte die Wege genau*
und was ouch deste kurzer stunt	*und war deshalb besonders schnell*
zuo der kapellen komen.	*zur Kapelle gekommen.*
dô was diu juncvrouwe genomen	*Da war das Mädchen von dort,*
her ûz dâ sî gevangen lac	*wo sie gefangen gelegen hatte, herausgeholt worden,*
5150 (wand ez was wol um mitten tac),	*denn es war hoher Mittag,*
und wâren ir in den stunden	*und es waren ihr jetzt*
die hende gebunden,	*die Hände gebunden*
ir cleider von ir getân	*und ihre Kleider ausgezogen worden,*
und niuwan ir hemde an verlân,	*und man hatte ihr nur ihr Hemd gelassen.*
5155 und diu hurt was bereit,	*Der Scheiterhaufen war bereitet,*
und daz viur dar under geleit,	*und das Feuer darunter gelegt,*
unde stuont vrou Lûnete	*und Frau Lunete lag*
ûf ir knien an ir gebete	*auf den Knien im Gebet*
und bat got der sêle pflegen,	*und befahl Gott ihre Seele,*
5160 wan sî hete sich des lîbes bewegen.	*denn sie hatte mit dem Leben abgeschlossen.*
Dô sî sich missetrôste	*Als sie die Hoffnung aufgegeben hatte,*
daz sî nû nieman lôste,	*daß sie doch niemand befreite,*
dô kam ir helfære,	*da kam ihr Helfer,*
und was im vil swære	*und ihre Schmach und Pein,*
5165 ir laster unde ir arbeit,	*die sie durch seine Schuld erlitt,*
die sî von sînen schulden leit.	*bedrückten ihn sehr.*
ouch hete mîn her Îwein	*Herr Iwein hatte großes Vertrauen*
grôzen trôst zuo den zwein,	*in diese beiden Dinge:*
daz got und ir unschulde	*daß Gott und ihre Schuldlosigkeit*
5170 den gewalt niene dulde	*die Gewalttat nicht zulassen*
daz im iht missegienge,	*und ihm zum Siege verhelfen würden*
und daz in ouch vervienge	*und daß ihm auch*
der lewe sîn geverte	*der Löwe, sein Gefährte, nützen werde,*
daz er die maget ernerte.	*das Mädchen zu retten.*
5175　Nû gâhte er sêre mitten sporn:	*Er trieb sein Pferd scharf mit den Sporen an.*
wand sî wære verlorn,	*Denn sie wäre verloren gewesen,*
wær er iht langer gewesen.	*wäre er länger ausgeblieben.*
er rief und sprach 'lât genesen,	*Er rief von weitem: 'Laßt,*
übeliu diet, dise maget.	*schlechtes Volk, dieses Mädchen in Frieden.*
5180 swaz man über sî hie claget,	*Wessen man sie hier bezichtigt,*
des wil ich in ir schulden stân:	*dafür will ich einstehen.*
und sol sî dâ zuo kempfen hân,	*Und wenn sie dazu einen Kämpfer braucht,*
sô wil ich vehten vür sî.'	*so will ich für sie kämpfen.'*
dô daz gehôrten dise drî,	*Als das die drei hörten,*
5185 daz versmâhet in vaste:	*kam ihnen das äußerst verächtlich vor.*
doch entwichen sî dem gaste	*Doch machten sie dem Fremdling Platz*
und macheten im wec dar.	*und gaben ihm den Weg dahin frei.*
nû nam er umbe sich war,	*Er sah sich um*
und suochtes mitten ougen,	*und suchte sie mit dem Blick,*
5190 die sîn herze tougen	*die sein Herz heimlich*
zallen zîten an sach	*zu jeder Zeit ansah*

H. fehlt für
4305—4312

4317

4320

4389

4332

4338

4342

unde ir ouch ze vrouwen jach.

schiere sach er sî sitzen,

und was von sînen witzen

5195 vil nâch komen als ê:

wand sî sagent, ez tuo wê,

swer sînem herzenliebe sî

alsô gastlichen bî.

    Nu begunder umbe schouwen

5200 und sach vil juncvrouwen,

die ir gesindes wâren:

die hôrter gebâren

harte clägelîchen.

sî bâten got den rîchen,

5205 sî sprâchen 'got herre,

wir biten dich vil verre

daz dû uns rechest an deme

der uns unser gespilen neme.

wir heten ir vrume und êre:

5210 nune habe wir nieman mêre

der dâ ze kemenâten

umb uns getürre râten

daz uns mîn vrouwe iht guotes tuo,

als beide spâte unde vruo

5215 diu vil getriuwe Lûnete

unser liebiu gespile tete.'

    Diz machet im sînen muot

ze vehten starc unde guot,

und reit dar dâ er sî sach.

5220 er hiez sî ûf stân unde sprach

'vrouwe, zeiget mir die

die iuch dâ kumbernt, sint sî hie:

und heizet iuch drâte ledec lân,

ode sî müezen von mir hân

5225 den strît den ich geleisten mac.'

und sîn lewe, der sîn dâ pflac,

der gesach vil schiere sînen haz

und gestuont hin nâher baz.

    Nû was diu reine guote maget

5230 von vorhten alsô gar verzaget

daz sî vil kûme ûf gesach:

do gevienc sî kraft unde sprach

'herre, daz vergelt iu got:

der weiz wol daz ich disen spot

5235 und dise schande dulde

ân alle mîne schulde;

und bite des unsern herren

daz sî iu müezen werren

niuwan als ich schuldec sî,'

5240 und zeicte sî im alle drî.

    Dô sprach der truhsæze

'er ist gnuoc tumpræze

der her kumt sterben durch dich.

und als seine Herrin anerkannte.	
Gleich sah er sie da sitzen,	
und er wäre fast wie ehedem	*fehlt für H.*
um den Verstand gekommen,	*5194—5198*
denn man sagt, es schmerze,	
wenn man als Fremdling	
so nahe bei der Geliebten seines Herzens sei.	
Nun blickte er umher	
und sah viele Edelfräulein,	
die zu ihrem Gefolge gehörten.	
Die hörte er	
sich jammervoll gebärden.	
Sie baten Gott, den Allmächtigen,	
und sagten: 'Herr Gott,	*4361*
wir bitten dich inständig,	
du mögest uns an dem rächen,	
der uns unsere Freundin nimmt.	
Wir hatten alle Nutzen und Ansehen von ihr.	
Und nun haben wir niemanden mehr,	
der in der Kemenate	*4362*
sich getraute, für uns zu sprechen,	*H. fehlt für*
daß uns unsere Herrin Wohltaten erweise,	*4367—4384*
so wie es früh und spät	
die getreue Lunete	
unsere liebe Freundin tat.'	
Das machte ihn	
stark und entschlossen zum Kampf,	
und er ritt dahin, wo er Lunete sah.	
Er hieß sie aufstehen und sagte:	
'Herrin, zeigt mir	
Eure Peiniger, wenn sie hier sind,	
und sagt ihnen, sie sollen Euch sofort freilassen,	
oder ich will ihnen den Kampf ansagen,	
den ich mit allen meinen Kräften ausfechten will.'	
Und sein Löwe, der ihn begleitete,	
bemerkte gleich seinen Grimm	
und kam noch mehr in die Nähe.	
Das unschuldige edle Mädchen war	
vor Furcht so verzagt,	
daß es kaum aufzublicken wagte.	
Sie nahm sich zusammen und sagte:	
'Herr, das vergelte Euch Gott.	*(4402)*
Der weiß genau, daß ich diesen Hohn	
und diese Schmach	
ohne die geringste Schuld erdulde.	
Und ich bitte unsern Herrn darum,	
daß sie Euch nur soviel Widerstand leisten,	
wie ich Schuld habe.'	
Und sie zeigte ihm alle drei.	
Da sagte der Truchseß:	
'Der ist reichlich unüberlegt,	*4416*
der herkommt um deinetwillen zu sterben.	

nû ist ez gnuoc billich,	Es ist aber recht und billig,	
5245 swer selbe des tôdes ger,	daß einer, der selbst den Tod begehrt,	
daz mans ouch den gewer,	diesen auch gewährt bekomme,	
und der ouch danne vehte	und daß der dann auch kämpfen soll,	
sô gar wider dem rehte.	auch wenn er das Recht gegen sich hat.	
wan ez hât allez diz lant	Denn dieses ganze Land	
5250 ir untriuwe wol erkant,	hat ihre Hinterlist genau erkannt,	
wie sî ir vrouwen verriet	wie sie ihrer Herrin einen schlechten Rat erteilte,	
daz sî von ir êren schiet.	so daß diese in Schande fiel.	
deiswâr, herre, ich râte iu daz	Wahrhaftig, Herr, ich rate es Euch,	
daz ir iuch bedenket baz.	daß Ihr Euch eines besseren besinnt,	
5255 ich erban iu des vil sêre	ich würde es Euch gern ersparen,	
daz wir iu iuwer êre	daß wir Euch Ehre	
müezen nemen untten lîp	und Leben nehmen müssen	
umb ein sô ungetriuwez wîp.	einer so hinterhältigen Frau wegen.	
nû seht daz unser drî sint:	Seht, unser sind drei.	4420
5260 und wæret ir niht ein kint,	Wenn Ihr nicht ein unverständiges Kind seid,	
ir möhtet wol die rede lân	sollt Ihr eine Sache unterlassen,	
diu iu an den lîp muoz gân.'	die Euch das Leben kosten wird.'	
Dô sprach der rîter mittem leun	Da sagte der Ritter mit dem Löwen:	
'ir muget mir harte vil gedreun:	'Ihr könnt mir drohen, soviel Ihr wollt.	H. fehlt für
5265 ir müezet mich bestân	Ihr müßt gegen mich kämpfen	4424—4434
ode die juncvrouwen lân.	oder das Mädchen freilassen.	
mir hât diu unschuldige maget	Mir hat dieses unschuldige Mädchen	
bî dem eide gesaget	eidlich versichert,	4435
daz sî wider ir vrouwen sî	daß sie von	
5270 aller untriuwen vrî	allem Verrat gegen ihre Herrin frei sei	
und daz si ir nie getæte	und daß sie ihr nie	
deheine misseræte.	etwas Schlechtes geraten habe.	
waz von diu, sint iuwer drî?	Was tut es, wenn Eurer drei sind?	
wænet ir daz ich eine sî?	Glaubt Ihr, ich sei allein?	
5275 got gestuont der wârheit ie:	Gott und die Wahrheit standen noch stets auf der gleichen	4445
mit ten beiden bin ich hie.	Mit diesen beiden bin ich hier.	[Seite.
ich weiz wol, sî gestânt mir:	Ich weiß genau, daß sie mir zur Seite stehen,	
sus bin ich selbe dritte als ir.	auf diese Weise bin ich zu dritt wie Ihr,	
dar an lît, wæn ich, grœzer kraft	und das ist, glaube ich, wirksamere Hilfe	
5280 danne an iuwer geselleschaft.'	als Eure Genossen es sind.'	
Dô sprach der truhsæze	Da sagte der Truchseß:	
'swes ich mich vermæze	'Wollte ich mich gegen	fehlt für H.
wider unsern herren got,	unsern Herrgott vermessen,	5282—5286
des gevieng ich schaden unde spot.	so erntete ich nur Unglück und Hohn.	
5285 herre, zuo dem drôt ir mir:	Herr, Ihr droht mir mit dem Hinweis auf Gott.	
ich getrûw im helfe baz dan ir.	Ich vertraue darauf, daß er uns mehr hilft als Euch.	
ich sihe iuch ein geverten hân,	Aber ich sehe, daß Ihr einen Gefährten habt,	
den sult ir hôher heizen gân,	den sollt Ihr weiter weg gehen heißen,	
iuwern lewen der hie stât:	Euren Löwen nämlich, der hier steht.	
5290 der andern wirdet guot rât.	Wegen der andern Helfer hat es keine Schwierigkeit.	
hien vihtet niemen mit iu zwein.'	Aber niemand hier wird mit euch beiden kämpfen.'	
dô sprach mîn her Îwein	Da sagte Herr Iwein:	
'der lewe vert mit mir alle zît:	'Der Löwe ist immer bei mir.	
ichn vüere in durch deheinen strît,	Ich habe ihn nicht zum Kämpfen mit,	4454
5295 ich entrîb in ouch von mir niht:	aber ich treibe ihn auch nicht von mir.	

werent iuch, tuot er iu iht.'   *Wehrt Euch doch, wenn er Euch etwas tut.'*
dô riefens alle under in,   *Da riefen sie allesamt,*
ern tæte sînen lewen hin,   *wenn er seinen Löwen nicht fortschicke,*
mit im envæhte niemen dâ,   *werde niemand mit ihm kämpfen,*
5300 und zewâre er müese ouch sâ   *und er werde dann wahrlich*
die juncvrouwen brinnen sehen. *das Mädchen sogleich brennen sehen.*
er sprach 'desn sol niht geschehen.' *Er sagte: 'Das darf nicht geschehen.'*
sus muose der lewe hôher stân: *So mußte der Löwe weiter weg gehen,* *(4468)*
dochn mohter des niht verlân   *aber er konnte es nicht unterlassen,*
5305 ern sæhe über den rücke dan   *über den Rücken*
sînen herren wider an.   *zurück zu seinem Herrn zu blicken.*
  Sus sint diu wort hin geleit,   *Nun wird nicht länger geredet,* *4476*
und wurden ze strîte gereit.   *und sie rüsteten sich zum Kampf.*
sî wâren alle viere   *Sie waren alle vier*
5310 ze orse komen schiere   *schnell aufgesessen*
und liezen von ein ander gân,   *und ließen ihre Pferde auseinandergehen,*
dazs ir puneiz möhten hân,   *um Abstand für das Anrennen mit den Lanzen zu be-*
und triben alle drî dan   *und sprengten alle drei   [kommen,*
wider ûf ten einen man,   *zurück gegen den einen Mann,*
5315 swaz diu ors mohten gevarn.   *so schnell die Pferde nur laufen konnten.*
dar under muoser sich bewarn   *Dabei mußte er sich vorsehen*
dar nâch als ein wîser man   *als kluger Mann,*
der sîne rîterschaft wol kan   *der seine ritterliche Tüchtigkeit*
und sîne kraft mit listen   *und seine Kraft mit Klugheit* *4481*
5320 ze rehten staten vristen.   *für den rechten Augenblick aufheben kann.*
sî brâchen ûf im alle ir sper: *Sie zersplitterten alle ihre Lanzen auf ihm.*
daz sîn behielt aber er   *Er aber behielt die seine*
unde warf daz ors von in   *und wendete das Pferd*
unde leisierte hin   *und sprengte mit verhängten Zügeln*
5325 von in eines ackers lanc,   *eines Ackers Länge von ihnen weg* *4487*
und tete schiere den widerwanc   *und schwenkte schnell um*
unde lîmte vaste sîn sper   *und setzte die Lanze fest*
vor ûf sîne brust her,   *auf seine Brust*
als in diu gewonheit lêrte.   *wie er es gewohnt war.*
5330 und dô er zuo in kêrte,   *Und als er sich zu ihnen umwendete,*
dô muot im mittem swerte   *griff ihn der Truchseß mit dem Schwert an,*
der truhsæze, als er gerte   *indem er voller Kampfesbegier*
von sînen bruodern zwein.   *von seinen beiden Brüdern wegritt.*
dô nam ern underz kinnebein,   *Da traf er ihn unterm Kinn.* *(4493)*
5335 rehte vliegent stach er in   *Wie im Fluge stach er ihn*
enbor über den satel hin,   *in hohem Bogen aus dem Sattel,*
daz er ûf dem sande gelac   *daß er auf dem Sande lag*
unde alles des verpflac   *und es aufgab*
des im ze schaden mohte komen *Iwein weiter gefährlich zu sein.*
5340 der trôst was den zwein benomen: *Diese Hoffnung also wurde den beiden geraubt,*
wand er lac lange âne sin.   *denn er lag lange besinnungslos.*
nû riten wider ûf in   *Nun ritten die beiden,* *4497*
die zwêne die noch werten,   *die noch unversehrt waren, wieder gegen ihn an*
und pflâgens mitten swerten   *und bedienten sich ihrer Schwerter*
5345 als guote rîter solten.   *wie ein rechter Ritter soll.*
daz wart in wol vergolten,   *Das wurde ihnen reichlich heimgezahlt,*
wande ie sîn eines slac   *denn ein Schlag von ihm war gut soviel wert*

vaste wider ir zwein wac.　　　　　　　*wie zwei von ihnen.*
er bedorfte wol kraft unde wer:　　　　*Aber er mußte schon Kraft anwenden und hart kämpfen,*
5350 wan zwên sint iemer eines her.　　　*denn zwei sind einem über.*

　　　Die juncvrouwen bâten alle got　　*Die Hofdamen baten alle Gott,*　　　　*4512*
daz er sîn gnâde und sîn gebot　　　　*daß er mit Gnade und Gebot*
in ze helfe kêrte,　　　　　　　　　*ihnen beistünde und*
und ir kempfen êrte,　　　　　　　　*ihrem Kämpfer die Ehre zuteil werden ließe,*
5355 daz er in ze trôste　　　　　　　*daß er zum Troste*
ir gespiln erlôste.　　　　　　　　　*ihre Freundin befreie.*
nu ist got sô gnædec und sô guot　　　*Nun ist Gott so gnädig, barmherzig*　　*fehlt für II.*
und sô reine gemuot　　　　　　　　*und von großer Güte,*　　　　　　　*5357—5367*
daz er niemer enkunde　　　　　　　*daß er niemals*
5360 sô manegem süezen munde　　　　*so vielen lieblichen Mündern*
betelîchiu dinc versagen.　　　　　　*billige Wünsche abzuschlagen vermochte.*
ouch enwâren sî niht zagen　　　　　*Doch waren es keineswegs Feiglinge,*
die dâ mit im vâhten,　　　　　　　*die da mit ihm kämpften,*
wande sî in brâhten　　　　　　　　*denn sie brachten*
5365 in vil angestlîche nôt.　　　　　*ihn in gefährliche Bedrängnis.*
und zewâre âne den tôt　　　　　　　*Und wahrhaftig, obwohl er nicht den Tod fand,*
bekumberten sî in sêre:　　　　　　　*machten sie ihm sehr zu schaffen,*
dochn mohten si im dehein êre　　　　*doch konnten sie ihm*　　　　　　　*4504*
vürnames an gewinnen.　　　　　　　*in der Tat keine Ehre abgewinnen.*
5370 nû kam ze sînen sinnen　　　　　*Jetzt kam der Truchseß*
der truhsæze widere　　　　　　　　*zu Bewußtsein*
und enlac niht mê dâ nidere:　　　　*und lag nicht länger am Boden.*　　*4505*
er bürte schilt unde swert　　　　　　*Er hob Schild und Schwert auf*
und gienc ze den bruodern wert.　　　*und lief zu seinen Brüdern hin.*
5375 Dô dûhte den lewen er hete zît　　*Da schien es dem Löwen, es sei Zeit für ihn,*
sich ze hebenne an den strît,　　　　*in den Kampf einzugreifen,*
und lief ouch sâ den gânden man　　　*und er sprang auch gleich den Laufenden*　*4524*
vil unbarmeclîchen an　　　　　　　*unbarmherzig an*
und zarte im daz îsen.　　　　　　　*und zerriß dessen Rüstung.*
5380 man sach die ringe rîsen　　　　*Man sah die Panzerringe herausfallen,*
sam sî wæren von strô.　　　　　　　*als ob sie von Stroh wären.*
sus entworhter in dô,　　　　　　　*So überwältigte er ihn,*
wand er in gar zevuorte,　　　　　　*denn er zerriß ihn,*
swaz er sîn beruorte.　　　　　　　*wo er ihn packen konnte.*
5385 vor im gewan vrou Lûnete　　　　*Frau Lunete erlangte so*　　　　　*fehlt für II.*
vride von des lewen bete.　　　　　　*Frieden von ihm durch des Löwen Eingreifen.*　*5385—5388*
diu bete was niuwan der tôt:　　　　*Dieses Eingreifen bedeutete nichts anderes als den Tod.*
des vreut sî sich, des gie ir nôt.　　　*Darüber freute sie sich aus gutem Grund.*
　　　Hie lac der truhsæze:　　　　　*Hier lag der Truchseß.*
5390 nû wart der lewe ræze　　　　　*Jetzt stürzte sich der Löwe wild*
ze sînen kampfgenôzen,　　　　　　*auf dessen Kampfgenossen,*　　　　*4538*
die manegen slac grôzen　　　　　　*die manchen schweren Schlag*
heten enpfangen und gegeben.　　　　*ausgeteilt und empfangen hatten.*
werten sî nû wol daz leben,　　　　　*Wenn sie jetzt um ihr Leben kämpften,*
5395 daz was in guot vür den tôt:　　　*so schützte sie das vor dem Tode,*
wand sî bestuont nû michel nôt.　　　*denn sie gerieten in große Gefahr.*
nû wâren zwêne wider zwein:　　　　*Jetzt waren es zwei gegen zwei,*
wand ezn mohte her Îwein　　　　　*denn Herr Iwein*
den lewen niht vertrîben:　　　　　　*konnte den Löwen nicht verscheuchen,*　*4539*

5400 dô liez erz ouch belîben.	da ließ er es halt bleiben.
er hete sîner helfe wol enborn,	Er hätte seine Hilfe missen können,
und lie ez ouch ân grôzen zorn	aber er ließ es auch ohne großen Ärger zu,
daz er in sîne helfe spranc:	daß er ihm zu Hilfe sprang.
ern sagtes im danc noch undanc.	Er sagte ihm weder Dank noch Tadel dafür.
5405 sî vâhtens bêdenthalben an,	Sie kämpften gegen sie auf beiden Seiten,
hie der lewe, dórt der man.	hier der Löwe und dort der Mann.
ouch ensparten sî lîp noch den	Die Gegner ließen es an Einsatz nicht fehlen,
[muot:	
soldens dâ von sîn behuot,	hätte bloße Tapferkeit genügt,
sî wâren werhaft genuoc:	die ihre hätte ausgereicht.
5410 unde ir ietweder sluoc	Jeder von ihnen schlug
dem lewen eine wunden.	dem Löwen eine Wunde. 4548
dô er der hete enpfunden,	Als er die spürte,
dô wart er ræzer vil dan ê.	wurde er noch viel wilder als vorher.
ouch tete dem hern îwein wê	Auch schmerzte es Herrn Iwein,
5415 daz er den lewen wunden sach.	den Löwen verwundet zu sehen.
daz bescheinder wol: wander brach	Das zeigte er deutlich, denn er gab
sîne senfte gebærde,	seine Zurückhaltung auf:
von des lewen beswærde	Über des Löwen Not
gewan er zornes alsô vil	wurde er derart zornig,
5420 daz er sî brâhte ûf daz zil	daß er sie dahin brachte,
daz sî gar verlurn ir kraft	daß sie gänzlich ihre Kraft verloren
und gehabeten vor im zagehaft.	und verzagt vor ihm halten blieben. 4556
Sus wârens überwunden	So waren sie überwunden,
iedoch mit vier wunden	jedoch um den Preis von vier Wunden,
5425 die sî im heten geslagen.	die sie ihm geschlagen hatten.
dochn hôrt in dâ nieman clagen	Doch niemand hörte ihn ein
deheinen der im geschach,	Unglück beklagen
niuwan des lewen ungemach.	außer dem des Löwen. 4564
Nû was ez ze den zîten site	Nun war es zu jenen Zeiten Brauch, 4572
5430 daz der schuldegære lite	daß der Ankläger
den selben tôt den der man	denselben Tod erleiden mußte,
solde lîden den er an	den der Mann hätte erleiden sollen,
mit kampfe vor gerihte sprach,	den er vor Gericht zum Kampf herausgefordert hatte,
ob ez alsô geschach	wenn es so ausging,
5435 daz er mit kampfe unschuldec wart.	daß dieser durch den Kampf als unschuldig erwiesen
dazn wart ouch hie niht gespart:	Das wurde auch hier nicht verabsäumt. [wurde.
sî wurden ûf den rôst geleit.	Sie wurden auf den Scheiterhaufen gelegt. 4570
vroun Lûneten wâren gereit	Die Hoffräulein kümmerten sich
die juncvrouwen alle,	alle um Frau Lunete.
5440 mit manegem vuozvalle	Mit häufigem Fußfall
gnâdeten si im sêre	sagten sie ihm großen Dank
und buten im alle die êre	und erwiesen ihm soviel Ehrerbietung,
der er von in geruochte	wie er von ihnen erwarten konnte,
und vürbaz danne er suochte.	und noch mehr als er haben wollte.
5445 Vrou Lûnete was vil vrô	Frau Lunete war von Herzen froh.
wand ez gezôch ir alsô.	Denn so erging es ihr:
si gewan ir vrouwen hulde	Sie gewann die Gunst ihrer Herrin wieder,
und hete âne schulde	da sie schuldlos
erliten kumber unde nôt:	Kummer und Not gelitten hatte.
5450 des ergazte sîs unz an ir tôt.	Dafür entschädigte Laudine sie bis an ihr Lebensende.

Noch erkand in dâ wîp noch man,
und schiet ouch alsô lîhte dan;
niuwan eine vrou Lûnete,
diu daz durch sîn gebot tete
5455 daz sî in niemen ennande.
daz in diu niht erkande
diu doch sîn herze bî ir truoc,
daz was wunders genuoc.
doch bat sî in vil verre,
5460 sî sprach 'lieber herre,
durch got belîbet hie mit mir:
wand ich weiz wol daz ir
und iuwer lewe sît starke wunt:
lât mich iuch machen gesunt.'
5465 Sus sprach der namelôse dô
'ichn gewinne gemach nochn wirde
niemer mê unz ûf ten tac   [vrô
daz ich wider haben mac
mîner vrouwen hulde.'
5470 der mangel ich ân schulde.'
sî sprach 'wie selten ich daz wîp,
beide ir muot und ir lîp,
iemer geprîse
(wand sî enist niht wîse)
5475 diu einem alsô vrumen man
als iu noch hie schînet an
ir hulde iemer widerseit,
ob sî niht grôz herzeleit
ûf in ze sprechenne hât.'
5480 er sprach 'niemer werde mîn rât,
ir wille enwære ie mîn gebot:
und gebiete ir unser got
daz sî mich bedenke enzît.
der kumber der mir nâhen lît,
5485 den sag ich niemen, wizze Krist,
wan dem er doch gewizzen ist,
swie nâ er mînem herzen gê.'
sî sprach 'ist er dan iemen mê
gewizzen wan iu zwein?'
5490 'nein ez, vrouwe,' sprach her Îwein.
sî sprach 'wan nennet ir sî doch?'
er sprach 'vrouwe, nein ich noch:
ich muoz ir hulde ê haben baz.'
sî sprach 'nû saget mir doch daz,
5495 wie sît ir selbe genant?'
er sprach 'ich wil sîn erkant
bî mînem lewen der mit mir vert.
mirn werde ir gnâde baz beschert,
sô wil ich mich iemer schamen
5500 mîns lebens und mîns rehten namen:
ich wil mich niemer gevreun.
îch heize der rîter mittem leun:

Es erkannte ihn derzeit dort kein Mensch,
und so konnte er ohne Schwierigkeiten fortgehen.
Nur allein Frau Lunete kannte ihn ja,
die um seines Verbotes willen
ihn niemandem nannte.
Daß ihn diejenige nicht erkannte,   4584
die doch sein Herz in sich trug,
war überaus verwunderlich.
Doch bat sie ihn dringlich;
sie sagte: 'Lieber Herr,
bleibt um Gottes willen hier bei mir,
denn ich weiß doch, daß Ihr
und Euer Löwe schwer verwundet seid,
laßt mich Euch gesund pflegen.'
Da sagte der Namenlose:
'Ich finde keine Ruhe noch werde ich jemals glücklich 4588
bis zu dem Tag,
da ich die Gunst meiner Herrin
wiedererlange,
denn ich entbehre ihrer ohne Verschulden.'
Sie sagte: 'Diese Frau will ich,   4594
was Person und Gesinnung betrifft,
wahrlich nicht loben,
denn die ist nicht klug,
die einem so tapferen Mann,
als der Ihr Euch gezeigt habt,
ihre Gunst aufsagt,
wenn sie ihn nicht einer schweren Kränkung
bezichtigen kann.'
'Mir soll nicht geholfen werden,
wenn ihr Wunsch mir nicht stets Befehl war.
Und unser Herrgott möge ihr eingeben,
daß sie beizeiten die Gedanken wieder auf mich richte.
Den Kummer, der mich bedrückt,   4602
erzähle ich weiß Gott niemandem   geändert
als dem, der schon weiß,
wie nahe er meinem Herzen geht.'
Sie sagte: 'Weiß sonst niemand um ihn
außer Euch beiden?'
'Nein, Herrin', sagte Herr Iwein.
Sie sagte: 'So nennt doch ihren Namen.'
Er sagte: 'Herrin, nein, das tue ich auch nicht,   fehlt für H.
ich muß mich erst wieder besserer Gunst bei ihr erfreuen.' 5491—5493
Sie sagte: 'Nun sagt mir doch,   4606
wie Ihr selbst heißt?'
Er sagte: 'Ich will erkannt werden
an meinem Löwen, der mit mir zieht.
Gewährt sie mir ihre Huld nicht,
so will ich mich meines Daseins
und meines wahren Namens stets schämen.
Ich will dann nie mehr froh werden.
Ich heiße der Ritter mit dem Löwen.

und swer iu vür dise tage	Und wenn Euch von diesem Tage an einer
iht von einem rîter sage	etwas von einem Ritter erzählt, 4612
5505 des geverte ein lewe sî,	dessen Gefährte ein Löwe ist,
dâ erkennet mich bî.'	so erkennt mich daran.'
Diu vrouwe sprach 'wie mac daz	Die Dame sagte: 'Wie ist es möglich,
[komen	
daz ich von iu niht hân vernomen	daß ich noch nichts von Euch gehört habe
und daz ich iuch nie mê gesach?'	und daß ich Euch nicht schon öfters gesehen habe?'
5510 der rîter mittem lewen sprach	Der Ritter mit dem Löwen sagte:
'daz iu von mir niht ist geseit,	'Daß Euch von mir nichts erzählt worden ist,
daz machet mîn unwerdekheit.	das kommt, weil ich so unbedeutend bin. 4620
ich möhte mittem muote	Ich hätte mit Gesinnung, fehlt für H.
mit lîbe und mit guote	Leben und Gut 5513—5524
5515 gevrumet hân diu mære	meinen Ruf fördern sollen,
daz ich erkander wære.	damit man mich kennte.
wirt mîn gelücke alsô guot	Wird mein Glück ebenso trefflich
sô mîn herze unt der muot,	wie meine Absichten und meine Gesinnung,
ich weiz wol, sô gedien ich daz	so weiß ich genau, daß ich es noch dazu bringe,
5520 daz ir mich erkennet baz.'	daß Ihr mich besser kennt.'
sî sprach 'irn sît ein bœser man	Sie sagte: 'Wenn Ihr nicht ein unedlerer Mann seid
danne ich an iu gesehen han,	als ich an Euch zu erkennen vermochte,
sô sît ir aller êren wert:	so seid Ihr aller Ehren wert.
und des ich ê hân gegert,	Und was ich eben gewünscht habe,
5525 des bæt ich aber, hulfez iht.	bäte ich von neuem, wenn es nützte. 4623
mich dunkt, ichn überwinde niht	Ich glaube, ich werde fehlt für H.
daz laster unt tie schande,	die Schmach und Schande nicht ertragen, 5526—5529
swer iuch ûz mînem lande	wenn Euch einer verwundet
alsô wunden siht varn.'	aus meinem Lande ziehen sieht.'
5530 er sprach 'got müeze iuch bewarn	Er sagte: 'Gott möge Euch behüten
und gebe iu sælde und êre:	und Euch Gnade und Ansehen schenken.
ichn belîbe hie niht mêre.'	Meines Bleibens hier ist nicht länger.'
Diu vrouwe aber dô sprach	Die Dame erwiderte darauf:
'sît ir versprechet mîn gemach,	'Da Ihr ablehnt, Euch bei mir zu erholen,
5535 so ergib ich iuch in gotes segen:	so befehle ich Euch in Gottes Segen, 4627
der kan iuwer baz gepflegen	der kann besser für Euch sorgen,
und ruoche iu durch sîne güete	und es möge ihm in seiner Barmherzigkeit gefallen,
iuwer swærez ungemüete	Eure düstere Schwermut
vil schiere verkêren	bald in Freude und Glanz
5540 ze vreuden unde ze êren.'	zu verkehren.'
Von danne schiet er trûrec dô	Er nahm traurig Abschied
und sprach wider sich selben sô	und sagte zu sich selbst:
'vrouwe, wie lützel dû nû weist	'Herrin, wie wenig du weißt,
daz tû den slüzzel selbe treist!	daß du den Schlüssel selbst trägst. 4632
5545 dû bist daz sloz und daz schrîn	Du bist das Schloß und der Schrein,
dâ êre unt tiu vreude mîn	darin Glanz und Freude
inne beslozzen lît.'	verschlossen liegen.'
nû heter rîtennes zît:	Nun war es Zeit für ihn, zu reiten.
im envolgete von dan	Von dort folgte ihm
5550 weder wîp noch man,	kein Mensch
niuwan eine vrou Lûnete,	als nur Lunete,
diu im geselleschaft tete	die ihm ein gutes Stück Wegs
einen guoten wec hin.	Gesellschaft leistete. 4639

	dâ gelobet sî wider in	*Da gelobte sie ihm,*	
5555	daz sî sît allez wâr liez:	*was sie auch später wahr machte:*	
	mit ir triuwen si im gehiez	*Sie versprach ihm,*	
	daz sî sîn wol gedæhte	*seiner treulich zu gedenken*	
	und ez ze rede bræhte	*und seinen Kummer*	
	umbe sîne swære.	*zur Sprache bringen zu wollen,*	
5560	getriuwe und sô gewære	*so treu und zuverlässig*	
	was diu guote vrou Lûnete	*war die treffliche Lunete,*	
	daz sî daz willeclîchen tete.	*daß sie das bereitwillig tat.*	
	des gnâdet er ir tûsentstunt.	*Dafür dankte er ihr tausendmal.*	4651
	nû was der lewe sô starke wunt	*Der Löwe war so schwer verwundet,*	
5565	daz er michel arbeit	*daß er große Mühsal*	
	ûf dem wege mit im leit.	*auf dem Weg mit ihm erlitt.*	
	dô er niht mêre mohte gân,	*Als er nicht mehr gehen konnte,*	
	dô muoser von dem orse stân,	*mußte Iwein absitzen,*	
	und las zesamne mit der hant	*und er sammelte mit eigner Hand Moos*	4656
5570	mies und swaz er lindes vant:	*und was er sonst Weiches finden konnte.*	
	daz leiter allez under in	*Das legte er unter ihn*	
	in sînen schilt und huop in hin	*in seinen Schild und hob ihn*	
	ûf daz ors vür sich.	*vor sich auf das Pferd.*	
	daz leben was gnuoc kumberlich.	*Dieses Leben war wahrlich jämmerlich.*	
5575	sus leit er arbeit genuoc,	*So litt er übergroße Mühsal*	
	unz daz in der wec truoc	*bis der Weg ihn dorthin führte,*	
	dâ er eine burc sach.	*wo er eine Burg sah.*	
	dar kêrt er dô durch sîn gemach,	*Dorthin wendete er sich um sich auszuruhen*	
	und vant beslozzen daz tor,	*und fand das Tor verschlossen*	
5580	und einen knappen dâ vor.	*und einen Knappen davor.*	
	der erkande wol sîns herren muot:	*Der bezeugte die Gesinnung seines Herrn.*	fehlt für H. 5580—5590
	sîn herre was biderbe unde guot,	*Sein Herr war wacker und trefflich,*	
	daz wart wol an dem knappen schîn:	*das zeigte sich auch an dem Knappen.*	
	er hiez in willekomen sîn	*Er hieß ihn willkommen*	(4669)
5585	ze guoter handelunge.	*zu guter Aufnahme.*	
	ouch wæn ich in betwunge	*Auch scheint mir, ihn zwang*	
	diu vil wegemüede nôt	*die Erschöpfung der Reise dazu*	
	daz er nam daz man im bôt.	*zu nehmen, was man ihm bot:*	
	man mac den gast lîhte vil	*Einen Gast, der zu bleiben willens ist,*	
5590	geladen der belîben wil.	*hat man leicht einladen.*	
	im wart daz tor ûf getân:	*Das Tor wurde ihm geöffnet.*	
	dô sach er engegen im gân	*Da sah er, daß*	
	rîter unde knehte,	*Ritter und Knechte ihm entgegenkamen,*	4677
	die in nâch sînem rehte	*die ihn standesgemäß*	
5595	enpfiengen unde gruozten	*empfingen und begrüßten*	
	und im vil gerne buozten	*und ihm mit Freuden*	
	kumber unde sîne nôt,	*seine Bedrückung und Not erleichterten*	
	als in ir herre gebôt,	*wie es ihnen ihr Herr geboten hatte,*	
	der selbe engegen ime gienc	*der ihm selbst entgegenging*	
5600	und in vrœlîch enpfienc	*und ihn freudig empfing.*	
	und schuof im selhen gemach	*Der schaffte ihm solche Bequemlichkeit,*	
	daz er wol an den werken sach	*daß er daran deutlich sah,*	
	daz sîn wille und sîn muot	*daß seine Absicht und seine Gesinnung*	
	was reine unde guot.	*rein und vortrefflich waren.*	
5605	im wart vil harte drâte	*Ihm wurde eilig*	

ein heimlich kemenâte	eine abgesonderte Kemenate	*4692*
ze sîner sunder gereit,	eingerichtet, wo er allein sein konnte,	
sîn lewe dar in zuo im geleit.	und sein Löwe darin zu ihm gelegt.	
dar inne entwâfent man in,	Dort nahm man ihm die Rüstung ab,	
5610 unde sante der wirt hin	und der Burgherr schickte	
nâch zwein sînen kinden,	nach zweien seiner Töchter.	*4697*
daz nieman mohte vinden	Niemand hätte	
schœner juncvrouwen zwô:	zwei schönere Mädchen finden können.	
den bevalch er in dô,	Diesen empfahl er ihn an,	
5615 daz sî im sîne wunden	daß sie seine Wunden	
salbeten und bunden.	salben und verbinden sollten.	
ouch wonte in ir gemüete	Auch wohnte in ihrem Herzen	
ze schœner kunst diu güete	neben großem Geschick solche Fürsorglichkeit,	
daz sî in schier ernerten	daß sie ihn in kurzer Zeit heilten	
5620 unde sînen geverten.	wie auch seinen Gefährten.	
hie twelter vierzehen naht,	Da blieb er vierzehn Tage,	*4700* *geändert*
unz daz er sînes lîbes maht	bis er seine Körperkräfte	
wol widere gewan,	gänzlich wiedererlangt hatte	
ê daz er schiede von dan.	bevor er von dort schied.	
5625 Do begunde der tôt in den tagen	Da machte eben zu dieser Zeit	*4703*
einen grâven beclagen	der Tod sein Recht gegen einen Grafen geltend	
und mit gewalte twingen	und zwang ihn mit Gewalt	
ze nôtigen dingen,	in große Not, —	
den von dem Swarzen dorne.	den Grafen vom Schwarzen Dorn nämlich.	*4705*
5630 des was er der verlorne:	Das war sein Verderben,	
wand er muos im ze suone geben	denn er mußte ihm als Preis	
sînen gesunt und sîn leben,	Gesundheit und Leben dahingeben,	
der dannoch lebendige hie	und er hinterließ	
zwô schœne juncvrouwen lie.	zwei schöne Mädchen im Leben.	
5635 Nû wolde diu alte	Nun wollte die Ältere	
die jungen mit gewalte	die Jüngere mit Gewalt	
von dem erbe scheiden,	von dem Erbe verdrängen,	
daz dienen solt in beiden;	das ihnen beiden zur Verfügung stehen sollte.	
dâ zuo diu junger sprach	Dazu sagte die Jüngere:	
5640 'swester, disen ungemach	'Schwester, diese Feindseligkeit	*fehlt für H.* *5640—5658*
den sol dir got verbieten.	möge dir Gott verwehren.	
ich wânde mich genieten	Ich hoffte, mich eines	
grœzers liebes mit dir.	freundschaftlicheren Verhältnisses zu dir erfreuen zu	
swester, dû bist mir	Schwester, du bringst mir [können.	
5645 ze ungnædiges muotes,	eine zu unfreundliche Gesinnung entgegen.	
wil dû mich mînes guotes	Wenn du mich meines Besitzes	
und mîner êren behern.	und meiner ehrenvollen Stellung berauben willst,	
des wil ich mich mit kampfe wern.	so will ich mich kämpfend dagegen wehren.	
ichn vihte niht, ich bin ein wîp:	Ich selbst kann nicht kämpfen, denn ich bin eine Frau.	
5650 daz als unwerhaft ist mîn lîp,	Aber daraus, daß ich mich nicht wehren kann,	
dâne hâstû niht an:	sollst du keinen Vorteil ziehen:	
deiswâr ich vinde wol den man	Wahrlich, ich werde schon den Mann finden,	
der mir durch sîne hövescheit	der mir um seiner Höfischkeit willen	
die gnâde niemer widerseit	die Gunst nicht abschlägt,	
5655 ern beschirme mich vor dir.	mich vor dir zu schützen.	
swester, dû muost mir	Schwester, du mußt mir	
mînen erbeteil lân	mein Erbteil überlassen	

ode einen kempfen hân.	oder dir einen Kämpfer suchen.
ich suoche den künec Artûs	Ich werde den König Artus aufsuchen 4715
5660 und vinde ouch kempfen dâ ze hûs	und einen Kämpfer an seinem Hofe finden,
der mich vor dîner hôchvart	der mich vor deiner Hoffahrt
durch sîn selbes tugent bewart.'	durch seine Tapferkeit beschützt.'
Diz gemarhte diu unguote	Dies nahm sich die Böse zu Herzen,
und ahte in ir muote	und sie überlegte bei sich,
5665 waz sî dar umbe tæte:	was sie dagegen unternehmen könne.
und durch ir karge ræte	Und hinterlistig wie sie war,
sô sweic sî darzuo	schwieg sie dazu
und kam ze hove vor ir sô vruo	und war vor ihr so zeitig an den Hof gekommen,
daz ir mîn her Gâwein wart.	daß sie sich Herrn Gawein sicherte. 4730
5670 diu junger greif die nâchvart:	Die Jüngere kam hinterher.
daz machet ir kintheit,	Es kam von ihrer jugendlichen Unerfahrenheit,
dazs ir ir willen hete geseit.	daß sie ihr ihre Absicht erzählt hatte.
dô diu junger kam hin nâ,	Als die Jüngere hinkam,
dô vant sî die altern dâ.	fand sie die Ältere schon da.
5675 diu was ir kempfen harte vrô;	Diese freute sich sehr über ihren Kämpfer.
doch gelobet ez her Gâwein sô	Doch hatte es ihr Herr Gawein unter der Bedingung ver-
daz sîz niemen solde sagen.	daß sie es niemandem sagen sollte. [sprochen, 4734
nû was in den selben tagen	Nun war zu derselben Zeit
diu küneginne wider komen,	die Königin zurückgekommen,
5680 die Meljaganz hete genomen	die Meljaganz geraubt hatte
mit micheler manheit.	mit großer Kühnheit. H. fehlt für 4737—4749
ouch was in niuwelîchen geseit	Auch hatten sie kürzlich
von dem risen mære,	die Geschichte von dem Riesen gehört,
wie er erslagen wære,	wie ihn der Ritter mit dem Löwen 4750
5685 den der rîter mittem lewen sluoc.	erschlagen hatte.
des genâdet er im gnuoc	Dafür dankte ihm
mit worten und mit muote,	mit Worten und in Gedanken
her Gâwein der guote,	der treffliche Herr Gawein herzlich,
wand erz durch sînen willen tete.	weil er es um seinetwillen getan hatte.
5690 ouch was des rîters bete	Es war ja des Ritters Bitte gewesen,
daz manz in wizzen solde lân:	daß man es Gawein sollte wissen lassen.
daz hete sîn niftel getân:	Das hatte seine Nichte erfüllt:
und dô sî imz gesagete,	und als sie es ihm erzählt hatte,
wie tiure er dô clagete	wie heftig klagte er da darüber,
5695 daz er sîn niht erkande!	daß er nicht wußte, wer er war.
wand er sich niht ennande.	Denn er hatte sich nicht genannt.
er erkand in bî dem mære,	Er lernte ihn durch die Geschichte kennen (4757)
und enweste doch wer er wære.	und wußte doch nicht, wer er sei.
Dô ze hove kam diu maget,	Als das Mädchen an den Hof gekommen war
5700 als ich iu hân gesaget,	wie ich euch erzählt habe,
und einen kempfen suochte,	und einen Kämpfer suchte,
des niemen sî beruochte,	zu dem ihr doch keiner verhalf,
dô clagetes harte sêre	da beklagte sie heftig
ir guot und ir êre:	ihren Besitz und ihre ehrenvolle Stellung.
5705 wan an dem ir trôst lac,	Denn der, auf den sie ihr Vertrauen gesetzt hatte,
der sprach 'vrouwe, ich enmac	sagte: 'Herrin, ich kann 4768
iu ze staten niht gestân,	mich Euch nicht zur Verfügung stellen,
wand ich grôz unmuoze hân	denn ich bin vollauf besetzt
von anderen dingen:	mit anderen Angelegenheiten,

111

5710 diu muoz ich volbringen.	*die ich vollbringen muß.*
wæret ir mir ê komen	*Wäret Ihr eher zu mir gekommen,*
ê ich mich hete an genomen	*bevor ich eine andere*
ander hande arbeit,	*Aufgabe auf mich genommen hatte,*
iu wær mîn helfe gereit.'	*so hätte Euch meine Hilfe zur Verfügung gestanden.'*
5715 Dô sî dâ kempfen niene vant,	*Als sie dort keinen Kämpfer finden konnte,*
dô kam sî zehant	*kam sie alsbald*
vür den künec Artûs.	*vor den König Artus.*
sî sprach 'sît ich hie ze hûs	*Sie sagte: 'Wenn ich schon hier am Hofe*
niht kempfen mac gewinnen,	*keinen Kämpfer bekommen kann,*
5720 dochn wold ich niht von hinnen	*so wollte ich doch nicht fortziehen,*
ichn næme ê urloup von iu.	*ohne Abschied von Euch zu nehmen.* 4779
ouch ensol ich von diu	*Doch darf ich wegen der Tatsache,*
mîn rehtez erbe niemen lân,	*daß ich hier niemanden gefunden habe,*
daz ich hie niemen vunden hân.	*mein rechtmäßiges Erbe niemandem überlassen.*
5725 mir ist sô grôziu manheit	*Man hat mir so große Heldentaten* fehlt für H.
von dem rîter geseit	*von dem Ritter erzählt,* 5725—5728
der den lewen mit im hât:	*der den Löwen mit sich führt,*
vind ich den, sô wirt mîn rât.	*wenn ich den finde, so ist mir geholfen.*
tuot mîn swester wider mich	*Wenn meine Schwester* 4780
5730 gnâde, daz ist billich:	*sich mir freundlich erzeigt, so ist mir das recht.*
sô mac sî mit minnen	*Dann kann sie im Guten*
vil wol von mir gewinnen,	*alles von mir erlangen,*
swaz sî des mînen ruochet,	*was sie von dem meinen haben will,*
swâ sîz ze rehte suochet:	*wo immer sie es zu erlangen sucht, wie es sich gehört.*
5735 nimt sî mir dar über iht,	*Nimmt sie mir aber etwas darüber hinaus,*
dazn lâze ich âne clage niht.'	*so lasse ich das nicht hingehen, ohne Anklage zu er-*
Wan diu alter weste	*Da die Ältere wußte,* [heben.' 4790
daz sî der aller beste	*daß der Edelste*
von dem hove wolte wern,	*des Hofes für sie kämpfen wollte,*
5740 do begunde sî vil tiure swern,	*schwor sie hoch und heilig,*
sin geteilte ir niemer niht mite.	*sie wolle ihr niemals etwas abgeben.*
dô sprach der künec 'sô ist hie site,	*Da sagte der König: 'So ist hier der Brauch:*
swer ûf den anderen clage,	*wenn einer den andern verklagt,*
daz er im wol vierzec tage	*daß er ihm vierzig Tage Frist* 4803
5745 kampfes müeze bîten.'	*zum Kampf geben muß.'*
sî sprach, wold iemen strîten,	*Sie sagte, wenn jemand kämpfen wolle,*
daz er dâ zehant strite,	*so solle er gleich kämpfen,*
wand sîs niht langer enbite.	*denn sie habe nicht länger Lust, zu warten.*
dô daz den künec niht dûhte guot,	*Als das dem König aber nicht Recht schien,*
5750 dô bekêrte sî ir muot:	*wandelte sie ihren Entschluß,*
wand sî was des ân angest gar	*denn sie hatte keine Angst davor,*
daz sî iemen bræhte dar	*daß ihre Schwester jemanden herbeischaffen könne,*
der ir kempfen überstrite,	*der ihren Kämpfer zu besiegen imstande sei,*
ob sî ir noch ein jâr bite.	*und wenn sie gar ein Jahr wartete.*
5755 nû wart der kampf gesprochen	*So wurde der Kampf*
über sehs wochen:	*über sechs Wochen angesagt,*
daz geschuof der künec Artûs.	*das hatte der König Artus veranlaßt.*
nû nam sî urloup dâ ze hûs	*Nun nahm sie Abschied vom Hof*
und bat ir got ruochen	*und befahl sich in Gottes Schutz,*
5760 und vuor ir kempfen suochen.	*und ritt aus, ihren Kämpfer zu suchen.*
Sus reit sî verre durch diu lant,	*So ritt sie weit durch die Lande* 4822

daz sî der dewederz envant,
den man noch diu mære
wâ er ze vinden wære,
5765 und muote sî ir irrevart
daz sî dâ von siech wart.
sus kam sî nâch vrâge
zeinem ir mâge
und begund im ir geverte sagen,
5770 ir kumber und ir siecheit clagen.
dô er ir arbeit ersach,
er behabetes dâ durch ir gemach,
unde sante, als sî in bat,
sîn selbes tohter an ir stat,
5775 diu vür sî suochende reit
und gewannes michel arbeit.

 Sus reit sî allen einen tac,
daz sî geverten niene pflac,
unz daz ez an die naht gienc.
5780 einen wec sî dô gevienc:
der truoc sî in einen walt.
diu naht wart vinster unde kalt,
ez kam ein regen unde ein wint:
ich wil geswîgen umb ein kint
5785 daz ê nie kumber gewan:
ez wære ein wol gemuot man
erværet von der arbeit.
selhes kumbers den sî leit,
des was ir lîp sô ungewon
5790 daz sî verzagete dâ von.
der wec wart vinster unde tief,
daz sî got ane rief
daz er ir nôt bedæhte
und sî zen liuten bræhte.
5795 und dô sî wânde sîn verlorn,
dô gehôrte sî ein horn
blâsen von verre:
des gestiurtes unser herre,
daz sî des endes kêrte
5800 dar nâch als sî lêrte
von dem horne der schal.
hin wîste sî ein tal
des endes dâ diu burc lac.
der wahtære, der der were pflac,
5805 der ersach sî vil drâte.
ein gast der alsô spâte
und alsô müeder kumt geriten,
den mac man lîhte des erbiten,
ob er niht grôze unmuoze hât,
5810 daz er des nahtes dâ bestât.
sus beleip ouch sî mit kurzer bete.

 dô man ir ze gemache tete

und fand doch weder
den Mann selbst noch die Kunde,
wo er zu finden sei,
und ihre Irrfahrt griff sie so an,
daß sie krank davon wurde.
So kam sie, um Erkundigungen einzuziehen,
zu einem ihrer Verwandten
und erzählte ihm von ihrer Reise
und klagte ihm ihren Kummer und ihre Krankheit.
Als er ihre Not erkannte,
behielt er sie da um sie zu pflegen
und sandte, wie sie ihn bat,
seine eigene Tochter an ihrer Stelle,
die für sie auf die Suche ritt   4834
und große Mühe dadurch hatte.

Sie ritt einen ganzen Tag lang
und hatte keinen Reisegefährten,
bis die Nacht herbeikam.
Da schlug sie einen Weg ein,
der sie in einen Wald trug.
Die Nacht wurde finster und kalt,   4841
Regen und Sturm kamen,
Ganz zu schweigen von einem jungen Mädchen,
das vorher noch nie Not gelitten hatte:
selbst ein beherzter Mann
wäre ob solcher Gefahr in Furcht geraten.
Und solcher Not, die sie da erleiden mußte,
war sie so ungewohnt,
daß sie deshalb verzagte.
Der Weg wurde finster und grundlos,   4847
so daß sie Gott anrief,
er möge ihre Not ansehen
und sie zu Menschen bringen.
Und als sie schon glaubte, verloren zu sein,
gerade da hörte sie ein Horn   4862
von fern blasen.
Unser Herr lenkte sie so,
daß sie sich in die Richtung wandte,
die ihr der Schall des Hornes
angab.
Ein Tal führte sie in die Richtung,   *H. fehlt für*
wo die Burg lag.   *4872—4885*
Der Wächter, der auf der Brustwehr stand,   4886
sah sie gleich.
Einen Fremden, der so spät   *fehlt für H.*
und so müde geritten kommt,   *5806—5810*
kann man leicht dazu bringen,
daß er, wenn er nicht große Eile hat,
nachts dortbleibe.
So genügte auch eine kurze Einladung, sie zum Bleiben
                                [zu bewegen.

Als man ihr zur Bequemlichkeit bereitet hatte,   4897

swaz man guotes mohte,
daz ir ze nemenne tohte,
5815 und nâch ezzenne wart,
den wirt wundert umb ir vart,
und vrâgte sî mære
waz ir gewerp wære.
    Diu juncvrouwe dô sprach
5820 'ich suoche den ich nie gesach
und des ich niht erkenne.
ichn weiz wie ichn iu nenne:
wandern wart mir nie genant.
ern ist mir anders niht erkant
5825 wan daz er einen lewen hât.
nune hab ich sîn deheinen rât:
man saget von im die manheit,
und sol ich mîn arbeit
iemer überwinden,
5830 sô muoz ich in vinden.'
    Der wirt sprach 'ir sît unbetrogen:
ern hât iu niht von im gelogen
der iu tugent von im seit,
wande mich sîn manheit
5835 von grôzem kumber lôste.
got sant in mir ze trôste.
wie gerne ich dem stîge
iemer mêre nîge
der in her ze mir truoc!
5840 wand er mir einen risen sluoc.
der hete mir mîn lant
gar verwüestet und verbrant,
und sluoc mir zwei mîniu kint:
und vieriu, diu noch lebende sint,
5845 diu heter mir gevangen
und woldes hân erhangen.
ich was eht niuwan sîn spot.
dô sante mir in got,
daz er mich an im rach.
5850 er sluoc in, daz ichz ane sach,
hie vor mîn selbes bürgetor:
dâ lît noch sîn gebeine vor.
er schuof mir michel êre:
got pflege sîn swar er kêre.'
5855 Der mære vreute sich diu maget.
sî sprach 'lieber herre, saget,
dô er hie von iu ledec wart,
wizzet ir war dô sîn vart
wurde? des bewîset mich.'
5860 er sprach 'vrouwe, nein ich,
deiswâr, und ist mir daz nû leit.
aber ûf ten wec den er dâ reit,
dar wîs ich iuch morgen vruo.
nû waz ob iu got dâ zuo

was man nur Gutes tun konnte,
das geeignet für sie war,
und nachdem das Essen vorbei war,
wollte der Burgherr gern über ihre Reise Bescheid wissen
und bat sie um Auskunft,
welches ihr Vorhaben sei.
Das Mädchen sagte:
'Ich suche einen, den ich noch nie gesehen habe
und den ich nicht kenne.   4903
Ich kann Euch seinen Namen nicht sagen,
denn er ist mir selbst nie genannt worden.
Ich weiß von ihm nichts,
als daß er einen Löwen hat.
Er ist mir aber unentbehrlich.
Man erzählt solche Heldentaten von ihm,
daß, soll ich
meine Not überwinden,
ich ihn finden muß.'
Der Burgherr sagte: 'Da hat man Euch nicht getäuscht.   4907
Derjenige, der gesagt hat, er sei tapfer,
hat Euch keine Lügen über ihn erzählt,   4909
denn seine Heldenhaftigkeit
hat mich aus großer Not erlöst.
Gott hat ihn mir zum Trost gesandt.
Von Herzen will ich mich stets
dankend vor dem Pfad neigen,
der ihn zu mir führte.
Denn er erschlug für mich einen Riesen.
Der hatte mir mein Land   fehlt für H.
gänzlich verwüstet und verbrannt   5841—5847
und hatte mir zwei meiner Kinder getötet.
Und vier, die jetzt noch am Leben sind,
hatte er gefangen genommen
und wollte sie aufhängen.
Ich war ihm nur zum Hohn.
Da sandte ihn mir Gott,
daß er mich an ihm rächte.
Er erschlug ihn vor meinen Augen,
hier vor meinem eigenen Burgtor.
Sein Gebein liegt noch davor.   4916
Er hat mir zu großer Ehre verholfen,
Gott möge sich seiner annehmen, wohin er auch geht.'
Über diese Nachricht war das Mädchen froh.
Sie sagte: 'Lieber Herr, sagt,
als er hier von Euch wegging,
wißt Ihr, wohin er seinen Weg
nahm? So zeiget ihn mir.'
Er sagte: 'Herrin, nein, wahrhaftig nicht,
und ich bedaure das jetzt sehr.
Aber den Weg, den er ritt,   4924
werde ich Euch morgen früh zeigen.
Und vielleicht gibt Euch Gott

5865	selbe sînen rât gît?'	selbst Beistand dazu.'	
	nû was ouch slâfennes zît.	Nun war Schlafenszeit.	
	Morgen, dô ez was ertaget,	Morgens, als der Tag gekommen war,	
	dô bereite sich diu maget	machte sich das Mädchen	
	nâch im ûf die strâze,	ihm nach auf den Weg,	
5870	rehte nâch der mâze	genau dort,	
	dâ ir der wec gezeiget wart,	wo er ihr gezeigt worden war,	
	und was ouch ûf der rehten vart,	und sie war auch auf der richtigen Straße,	
	diu sî zuo dem brunnen truoc,	die sie zu der Quelle führte,	4938
	dâ er den truhsæzen sluoc	wo er den Truchseß geschlagen	
5875	und sîne bruoder überwant.	und seine Brüder überwunden hatte.	
	liute die sî dâ vant,	Leute, die sie dort traf,	
	die sageten ir daz	erzählten ihr das,	H. fehlt für
	und rieten ir vürbaz,	und rieten ihr, weiterzureiten,	4943—4955
	wolde si wizzen mære	wenn sie Auskunft haben wolle,	
5880	war er gekêret wære,	wohin er sich gewandt habe,	
	daz kund ir lîhte diu gesagen	so könne ihr das leicht die sagen,	4956
	durch die er sî het erslagen.	um derentwillen er jene erschlagen habe.	
	sî sprach 'nû saget mir wer diu sî.'	Sie sagte: 'So erzählt mir, wer das ist.'	
	sî sprâchen 'si ist hie nâhen bî,	Sie sagten: 'Sie ist in der Nähe,	
5885	ein juncvrouwe, heizt Lûnete:	ein Fräulein, das Lunete heißt,	
	diu stât an ir gebete	die verrichtet ihr Gebet	
	in der kapellen hie bî:	in der Kapelle hier.	(4962)
	dar rîtet unde vrâget sî.	Reitet dorthin und fragt sie.	
	swes iu diu niht gesagen kan,	Was die Euch nicht sagen kann,	
5890	des bewîset iuch hie nieman.'	darüber kann Euch hier niemand Auskunft geben.'	
	Dô sî sî vrâgende wart	Als sie Lunete fragte,	
	ob sî iht weste sîne vart,	ob sie wisse, wohin er geritten sei,	
	dô hiez ir vrou Lûnete,	da ließ diese,	
	diu gerne höveschlîchen tete,	die mit Freuden nach höfischer Sitte handelte,	
5895	ir pfärit gewinnen.	sich ihr Pferd herbeibringen.	4973
	sî sprach 'ich wil von hinnen	Sie sagte: 'Ich will mit Euch fort	
	mit iu rîten an die stat	zu der Stelle reiten,	
	dar er mich mit im rîten bat,	zu der er mich bat, ihn zu begleiten,	
	dô er hie vür mich gestreit	nachdem er hier für mich gekämpft hatte	
5900	unde ûz disem lande reit.'	und aus diesem Lande ritt.'	
	alsus bewîste sî sî dar	So führte sie sie dorthin	
	und sprach 'vrouwe, nu nemet war,	und sagte: 'Herrin, nun paßt auf,	
	an dirre stat dâ liez ich in:	an dieser Stelle verließ ich ihn.	
	war ab stüende sîn sin,	Wohin er aber zu reiten beabsichtigte,	
5905	des enwolder mir niht sagen.	das wollte er mir nicht sagen.	
	und ein dinc wil ich gote clagen:	Gott sei's geklagt:	
	er und sîn lewe wâren wunt	Er und sein Löwe waren so schwer verwundet,	(5000)
	sô sêre daz er zuo der stunt	daß er zu dieser Zeit	
	mohte gevarn unverre.	nicht weit gekommen sein wird.	
5910	daz in unser herre	Möge ihn unser Herr	
	vor dem tôde bewar!	vor dem Tode erretten.	
	ez ist an sînem lîbe gar	Er hat alle Eigenschaften,	
	swaz ein rîter haben sol.	die ein Ritter haben muß.	
	deiswâr ich gan iu beiden wol	Wahrlich, ich gönne Euch beiden von Herzen,	
5915	daz ir in gesunden vindet,	daß Ihr ihn gesund findet,	
	wand ir danne überwindet	denn dann werdet Ihr mit ihm	

mit im alle iuwer nôt.	alle Eure Not überwinden.
weizgot, vrouwe, ich wære tôt,	Bei Gott, Herrin, ich wäre tot, *(4986)*
wær er mir niht ze helfe komen:	wäre er mir nicht zu Hilfe gekommen.
5920 alsus werde iu benomen	Ebenso möge alle Eure Bedrückung
al iuwer swære.	von Euch genommen werden.
swaz ich guoter mære	Sollte ich eine gute Nachricht von Euch hören,
von iu vernime, des vreu ich mich.'	so werde ich mich darüber freuen.'
hie mite schieden sî sich	Damit trennten sie sich,
5925 und diu dâ suochte, der was gâch.	und die Suchende hatte es eilig.
der rehten strâze reit sî nâch,	Sie ritt der rechten Straße nach
unz sî die burc ane sach,	bis sie die Burg erblickte, *5011*
dâ im vil michel gemach	wo Iwein so gut
ûffe geschehen was,	gepflegt worden war,
5930 wan er dâ lac unz er genas.	denn er hatte da gelegen bis er geheilt war.
Nû reit sî gegen dem bürgetor.	Sie ritt auf das Burgtor zu.
dâ mohte sî wol vor	Davor konnte sie *5014*
von rîtern und von vrouwen	von Rittern und Damen
ein selch gesinde schouwen	ein solches Hofgefolge sehen,
5935 daz wol den wirt êrte;	daß es wahrlich dem Burgherrn Ehre machte.
zuo dem sî drâte kêrte,	An diese wandte sie sich schnell
und vrâgete sî mære	und bat sie um Auskunft
ob in iht kunt wære	ob sie um den wüßten,
umb in den sî dâ suochte.	den sie suchte.
5940 der wirt dô des geruochte	Der Burgherr war so freundlich,
daz er engegen ir gienc	ihr entgegen zu gehen *fehlt für II.*
und sî vrœlîch enpfienc,	und sie heiter zu empfangen, *5940—5943*
und bôt sî die herberge an.	und er bot ihr an, sie aufzunehmen.
sî sprach 'ich suoche einen man,	Sie sagte: 'Ich suche einen Mann,
5945 unz ich den niht vunden hân,	bis ich den nicht gefunden habe,
sô muoz ich gnâde und ruowe lân:	muß ich Gastfreundschaft und Bequemlichkeit aus- [schlagen,
nâch dem wart mir gezeiget her.'	um ihn zu finden, wurde ich hierher gewiesen.'
'wie ist des name?' sprach aber er.	'Wie ist sein Name?' erwiderte er. *(5020)*
sî sprach 'ich bin nâch im gesant,	Sie sagte: 'Ich bin nach ihm ausgesandt worden,
5950 und wart mir anders niht genant,	und er wurde mir nicht anders beschrieben,
wan daz ein lewe mit im ist.'	als daß ein Löwe ihn begleite.'
er sprach 'der hât an dirre vrist	Er sagte: 'Der hat soeben
von uns hie urloup genomen,	Abschied von uns genommen.
ichn kunde in des niht überkomen	Ich konnte ihn nicht dazu überreden,
5955 daz er hie langer wolde wesen.	länger hierzubleiben.
er und sîn lewe sint wol genesen.	Er und sein Löwe sind vollständig geheilt.
sî lâgen hie beide sêre wunt:	Vorher lagen sie beide schwer verwundet,
nû varent sî vrô und wol gesunt.	jetzt ziehen sie heiter und in guter Gesundheit.
welt ir in schiere errîten,	Wenn Ihr ihn bald einholen wollt,
5960 sone sult ir ouch niht bîten.	so solltet Ihr nicht länger warten.
setzet iuch rehte ûf sîne slâ,	Heftet Euch an seine Hufspuren, *5025*
und gerâtet ir im rehte nâ,	und wenn Ihr ihm den richtigen Weg nachreitet,
sô habt ir in vil schier erriten.'	so werdet Ihr ihn bald eingeholt haben.'
done wart niht langer dâ gebiten:	Da wartete sie nicht länger.
5965 sine mohte zeltens niht gehaben,	Sie behielt nicht den Paßgang bei,
si begunde schiuften unde draben,	sondern galoppierte und trabte, *5034*
unz daz sî in ane sach.	bis sie ihn erblickte.

sô liebe als ir dar an geschach,
als liebe müeze uns noch geschehen,
5970 daz wir uns alse liebe gesehen.
　　Si gedâhte in ir muote
'rîcher got der guote,
wie sol ez mir nû ergân,
sît ich den man vunden hân?
5975 nû hân ich michel arbeit
an diz suochen geleit:
ich gedâhte ê niuwan dar an,
ob ich vunde disen man,
wie sælec ich danne wære,
5980 und daz ich mîne swære
gar hete überwunden.
nû hân ich in vunden:
alrêst gât mir angest zuo,
wie er wider mich getuo.
5985 ob er mir helfe widerseit,
waz touc dan mîn arbeit?'
disen segen tete sî vür sich
'herre got, nû lêre mich
die rede der ich genieze,
5990 daz in mîn iht verdrieze
und daz er mich niht entwer.
ob mir verliuset des ich ger
mîn ungelücke ode sîn zorn,
sô hân ich mîn vinden verlorn.
5995 got gebe mir sælde unde sin.'
zehant reit sî eneben in.
sî sprach 'got grüeze iuch, herre.
ich hân iuch harte verre
ûf gnâde gesuochet:
6000 got gebe daz irs geruochet.'
er sprach 'ichn habe gnâden niht:
swem mîns dienstes nôt geschiht
und swer guoter des gert,
dern wirt es niemer entwert.'
6005 wand er ir daz wol an sach
daz sî nâch im ungemach
ûf der verte hete erliten,
do begunde ouch er ir heiles biten.
er sprach 'vrouwe, mir ist leit
6010 al iuwer arbeit:
und swâ ich die erwenden kan,
dâne wirret iu niht an.'
　　Dô neic sî im unde gote
und bôt sich ime ze gebote
6015 und gnâdet im vil verre.
sî sprach 'lieber herre,
diu bete enist niht umbe mich:
si ist verre werder danne ich
diu mich nâch iu gesendet hât.

Solche Beglückung, wie sie davon empfand,
möge auch uns zuteil werden,
damit wir uns mit ebensolcher Freude begegnen.
　　Sie dachte bei sich: 　　　　　　　　　　5042
'Allmächtiger, gnädiger Gott,
wie soll es mir nun ergehen,
nachdem ich den Mann gefunden habe?
Nun habe ich große Mühe
auf diese Suche verwendet,
und habe vorher nur daran gedacht,
wie glücklich ich wäre,
wenn ich diesen Mann fände,
und daß ich meiner Sorge
dann ganz ledig wäre.
Jetzt habe ich ihn gefunden: 　　　　　　　5044
und jetzt erst gerate ich in Furcht,
wie er sich gegen mich verhalten wird.
Wenn er mir die Hilfe verweigert,
wozu war dann meine Mühe gut?'
Folgenden Segensspruch sprach sie für sich selbst:
'Herr Gott, lehre mich
die Worte, die mir Heil bringen,
daß er mich nicht lästig findet
und daß er es mir nicht abschlägt.
Wenn mich mein Unglück oder sein Zorn
dessen verlustig gehen lassen, was ich begehre,
so ist es umsonst, daß ich ihn gefunden habe.
Gott gebe mir Glück und Klugheit.'
Alsbald ritt sie auf gleiche Höhe mit ihm. 　　5052
Sie sagte: 'Gott zum Gruß, Herr.
Ich habe Euch weithin
gesucht, um eine Gunst zu erbitten.
Gebe Gott, daß Ihr Euch dazu herbeilaßt.'
Er sagte: 'Von Gunst kann keine Rede sein. 　*fehlt für H.*
Wem immer meine Hilfe nötig ist, 　　　　　*6001—6015*
und jedem guten Menschen, der sie sucht,
dem wird sie niemals verweigert.'
Und weil er ihr genau ansah,
daß sie, um ihn zu finden, Beschwerlichkeit
auf der Reise erlitten hatte,
wünschte er auch ihr Gutes:
er sagte: 'Herrin, mich bekümmert
all Eure Mühsal
und wo immer ich die erleichtern kann,
da fürchtet kein Hindernis.'
Da neigte sie sich dankend vor ihm und Gott
und empfahl sich ihm 　　　　　　　　　*H. fehlt für*
und dankte ihm von Herzen. 　　　　　　*5059—5070*
Sie sagte: 'Lieber Herr,
die Bitte betrifft nicht mich: 　　　　　　　5071
Die, welche mich nach Euch ausgesandt hat,
ist bei weitem edler als ich.

117

6020 ich sag iu wie ez umb sî stât.	Ich will Euch sagen, welche Bewandtnis es mit ihr hat.
sî lîdet von gewalte nôt.	Ihr geschieht durch Gewalt Unrecht.
ir vater ist niuwelîchen tôt,	Ihr Vater ist vor kurzem gestorben, (5072—
und wil si ir swester enterben	und ihre Schwester will sie enterben 5086)
und dâ von verderben	und aus dem Grunde ins Elend bringen,
6025 daz sî ein lützel alter ist.	daß sie ein bißchen älter ist.
des hât sî kûme gewunnen vrist:	Davon hat sie nur mit Mühe Aufschub erlangt:
über sehstehalbe wochen	Über sechseinhalb Wochen
sô ist ein kampf gesprochen	ist ein Zweikampf
zwischen in beiden:	zwischen ihnen beiden festgesetzt.
6030 sô wil sî sî scheiden	Ihre Schwester will sie
von ir erbeteile,	ihres Erbteils berauben,
ezn stê dan an ir heile	wenn ihr nicht das Glück widerfährt,
daz sî den kempfen bringe dar	daß sie den Kämpfer dorthin bringen kann,
der sî gewaltes bewar.	der sie vor Gewalt schützt.
6035 nû hât sî des bewîset	Nun hat sie die öffentliche Meinung, die Euch rühmt,
diu werlt, diu iuch prîset,	auf den Gedanken gebracht,
daz si iuch ze trôste hât erkorn;	Euch zu ihrer Rettung auszusehen.
unde enhât daz niht verborn	Und es liegt nicht an
durch hôchvart noch durch trâkheit	Hochmut oder Faulheit,
6040 daz sî niht selbe nâch iu reit:	daß sie nicht selbst auf die Suche nach Euch ausritt.
sî was ûf ten wec komen:	Sie hatte sich schon auf den Weg gemacht, 5087
êhaftiu nôt hât irz benomen,	Aber höhere Gewalt hat sie gehindert,
wan sî leider ûf der vart	denn zum Unglück wurde sie unterwegs
von der reise siech wart,	von den Anstrengungen der Reise krank
6045 unde ist alsô under wegen	und ist auf diese Weise auf dem Wege
zuo mînem vater belegen.	bei meinem Vater liegengeblieben.
der sante mich her an ir stat:	Der schickte mich an ihrer Stelle her.
nû bit ich iuch als sî mich bat.	Jetzt bitte ich Euch, wie sie mich gebeten hat. fehlt für H.
sî hiez mich iuch, herre,	Sie hieß mich Euch, Herr, 6049—6070
6050 manen harte verre,	dringlich anflehen.
sît daz iuch got sô gêret hât	Da Euch Gott so geehrt hat,
daz alsô gar ze prîse stât	daß Ihr mehr
vür manegen rîter iuwer lîp,	als so mancher Ritter berühmt seid,
sô êret got und diu wîp:	so ehrt nun auch Gott und die Frauen,
6055 sô sît ir hövesch unde wîs.	dann seid Ihr höfisch und klug.
nû geruochet iuwern prîs	Nun laßt Euch herbei,
an iu beiden mêren,	Euern Ruhm an Euch beiden zu erhöhen:
den iuwern an den êren	den Euren dadurch, daß Ihr Ehre,
und den ir an dem guote.	den ihren dadurch, daß Ihr den Besitz erringt.
6060 swes iu nû sî ze muote	Welchen Entschluß Ihr gefaßt habt,
des bewîset mich bî gote.'	laßt mich in Gottes Namen wissen.'
er sprach 'dâne hât sich der bote	Er sagte: 'Da hat der Bote
niht versûmet umb ein hâr.	seinen Auftrag auf das Genaueste erfüllt.
der alte spruch der ist wâr:	Der alte Spruch bewahrheitet sich:
6065 swer guoten boten sendet,	Wer guten Boten schickt
sînen vrumen er endet.	erreicht sein Ziel.
ich kiuse bî dem boten wol	Ich erkenne schon an dem Boten,
wie man die vrouwen weren sol.	wie man die Dame verteidigen muß.
ich tuon vil gerne swes sî gert,	Ich tue mit Freude, was sie begehrt,
6070 sô verre mich der lîp gewert.	soweit es in meinen Kräften steht.
nû rîtet vür und wîset mich:	Nun reitet voraus und weist mir den Weg. 5098

swar ir mich wîset, dar var ich.'	*Wohin Ihr mich weist, dahin will ich reiten.'*
Sus wart der bote enpfangen,	*So war die Botin empfangen worden,*
und was vil gar zergangen	*und ihre Zweifel und Sorgen*
6075 ir zwîvellîchiu swære.	*hatten sich völlig aufgelöst.*
vil manec wehselmære	*Sie erzählten sich gegenseitig* (5108)
sagetens ûf ter heide:	*auf der Heide viele Geschichten,*
sus vertriben sî beide	*so vertrieben sie sich beide*
mit niuwen mæren den tac.	*mit Neuigkeiten die Zeit.*
6080 nû sâhen sî wâ vor in lac	*Nun sahen sie vor sich*
ein burc ûf ter strâze,	*eine Burg an der Straße liegen,*
den liuten wol ze mâze	*sehr geeignet für Leute,*
die herbergen solden,	*die Unterkunft suchen,*
als ouch sî gerne wolden.	*wie es auch bei ihnen der Fall war.*
6085 Diu burc stuont besunder,	*Die Burg lag abgesondert*
und ein market darunder:	*und ein Marktflecken lag an ihrem Fuß.*
dâ kâmen sî in geriten.	*Dort ritten sie hinein.*
do enpfiengen sî mit unsiten	*Da empfingen sie mit Ungezogenheit*
alle die in den strâzen	*alle, die sich auf der Straße*
6090 stuonden unde sâzen.	*aufhielten.*
sî möhten wol erschricken	*Sie hätten wahrlich vor ihren*
von ir twerhen blicken	*scheelen Blicken erschrecken können.*
sî kêrten in den rücke zuo,	*Sie kehrten ihnen den Rücken zu.*
sî sprâchen 'ir kumt her ze vruo:	*Sie sagten: ' Ihr kommt zur Unzeit her.* 5115
6095 man hete iuwer hie wol rât.	*Man kann Euch gut entbehren,*
und westet ir wiez hie stât,	*und wüßtet Ihr, was hier los ist,*
ir wæret vür gekêret.	*Ihr wäret weiter geritten.*
ir werdet hie lützel gêret.	*Man wird Euch hier wenig Ehrerbietung zeigen.*
wem sît ir hie willekomen,	*Wem seid Ihr hier willkommen,*
6100 od waz hât ir iuch an genomen	*oder was habt Ihr Euch*
mit iuwer reise dâ her?	*bei Eurer Reise hierher vorgestellt?*
nû wer ist hie der iuwer ger?	*Wer ist denn hier, der Euch haben will?*
ir wæret anderswâ baz.	*Ihr wäret besser anderswo.*
iuch hât rehte gotes haz	*Euch beide hat Gottes Zorn*
6105 dâ her gesendet beide	*hergeschickt*
zallem iuwerm leide.	*zu eurem Unglück.*
ir sît uns unwillekomen.'	*Ihr seid uns nicht willkommen.'*
dô sî diz heten vernomen,	*Als sie das gehört hatten,*
dô sprach der rîter mittem leun	*sagte der Ritter mit dem Löwen:*
6110 'waz touc diz schelten unde dreun,	*'Was soll dieses Schelten und Drohen* (5120)
ode war an verschult ich daz?	*oder womit habe ich das verschuldet?*
verdient ich ie iuwern haz,	*Habe ich je euer Mißfallen erregt,*
daz ist unwizzende geschehen.	*so geschah das ohne Absicht.*
unde wil iu des bejehen	*Und ich will euch sagen,*
6115 bî der rehten wârheit:	*wie es sich in Wahrheit verhält:*
ichn kam nie her durch iuwer leit:	*Ich bin keineswegs hergekommen, um euch Böses [zuzufügen.*
mac ich, ich scheide von hinnen	*Wenn ich kann, will ich von hier wieder fortziehen*
mit iuwer aller minnen.	*im Einvernehmen mit euch allen.*
aller liute beste,	*Liebste Leute,*
6120 enpfâhet ir iuwer geste	*wenn ihr eure Gäste*
alle sament alse mich,	*allesamt so wie mich empfangt,*
daz ist untrœstlich	*so ist das nicht gerade erheiternd*

fehlt für H.
6080—6093

fehlt für H.
6099—6109

einem her komen man   *für einen Landfremden,*
der iuwer niht gerâten kan.'   *der auf euch angewiesen ist.'*

6125   Nu gehôrte ein vrouwe disen zorn: *Nun hörte eine Dame diese zornige Rede,*
diu was ûz der stat geborn,   *die stammte aus der Stadt,*   *H. fehlt für 5136—5141*
vür die sîn strâze rehte gienc,   *und an der kam er gerade vorbei,*
als er den burcwec gevienc.   *als er den Burgweg einschlug.*
diu wincte im von verre.   *Die winkte ihm von weitem.*

6130   sî sprach 'lieber herre,   *Sie sagte: ' Lieber Herr,*
die rede die man hie tuot,   *was man hier redet,*   *5142*
die tuot man niuwan durch guot.   *tut man nur in der besten Absicht.*
niene zürnet sô sêre.   *Zürnt nicht so heftig.*
sî riuwet iuwer êre   *Es ist ihnen leid um Eure Ehre*

6135   und diz rîterlîche wîp.   *und diese schöne Frau.*
ir müezet verliesen den lîp   *Ihr werdet das Leben verlieren,*
(daz enkunnt ir niemer bewarn),   *das könnt Ihr nicht verhindern,*
welt ir ûf die burc varn.   *wenn Ihr auf die Burg reiten wollt.*
jane redent siz durch deheinen haz,   *Sie sagen es ja nicht aus Unfreundlichkeit,*

6140   wan dazs iu des gunden baz   *sondern weil sie es Euch gönnten,*
daz ir dise burc mitet   *daß Ihr diese Burg vermiedet*   *5154*
unde noch vürbaz rittet.   *und noch weiter rittet.*
wand uns ist ein gebot gegeben   *Denn uns ist ein Befehl gegeben*
über guot und über leben,   *bei Strafe des Eigentums oder Lebens,*

6145   daz sich hie vor wîp noch man   *daß hier vor der Burg kein Mensch*
neme deheinen gast an   *einen Gast aufnehme*
ûzerhalp dem bürgetor: *außerhalb des Burgtors:*
hien herberget nieman vor.   *davor beherbergt niemand.*
got sol iuch darvor bewarn: *Gott möge Euch behüten:*

6150   ich weiz wol, sult ir volvarn,   *ich weiß genau, wenn Ihr den Weg fortsetzt,*
daz ez iu an den lîp gât.   *so setzt Ihr das Leben aufs Spiel.*
erwindet noch, daz ist mîn rât,   *Kehrt rechtzeitig um, so rate ich Euch*
unde rîtet vürbaz.'   *und reitet weiter.'*
er sprach 'mich hulfe lîhte daz,   *Er sagte: 'Vielleicht hülfe es mir,*   *5163*

6155   volget ich iuwerm râte: *wenn ich Eurem Rate folgte,*
nû ist ez aber ze spâte.   *aber es ist zu spät.*
war möht ich nû gerîten?   *Wohin sollte ich jetzt noch reiten.*
ich muoz des tages hie bîten.'   *Ich muß hier den Tag abwarten.'*
Sî sprach 'mües ich iuch danne   *Sie sagte: 'Könnte ich Euch,*
[sehen,

6160   leider des niht mac geschehen,   *was unglücklicherweise ganz unmöglich ist,*
her wider ûz kêren   *wieder herauskommen sehen*
nâch iuwern êren,   *als Sieger, —*   *H. fehlt für 5175—5178*
sô helf mir got, des vreut ich mich.'   *bei Gott, darüber wäre ich herzlich froh.'*
alsus reit er vür sich,   *So ritt er weiter,*

6165   unz in der torwarte ersach.   *bis ihn der Torwächter sah.*
der winct im dar unde sprach   *Der winkte ihn heran und sagte:*
'wol her, rîter, wol her!   *'Nur herbei, Ritter, nur herbei,*   *5180*
wand ich iuch des zewâre gewer,   *denn dafür stehe ich Euch ein,*
daz man iuch hie vil gerne siht: *daß man Euch hier mit großem Vergnügen sehen wird,*

6170   ezn hilfet iuch aber niht.'   *und so leicht kommt Ihr nicht wieder heraus.'*
Nâch disem antfange   *Nach dieser Begrüßung*
sûmdern unlange,   *ließ er ihn nicht lange warten*
ern tæt im ûf die porte.   *und tat ihm das Tor auf.*

	mit manegem drôworte	Mit vielen Drohungen	5187
6175	enpfie'n der portenære:	empfing ihn der Torwächter,	*fehlt für H.*
	daz was im unmære.	was ihm mißfiel.	6176—6186
	er sach in schalclichen an	Er sah ihn boshaft an,	
	als ein ungetriuwer man:	da er hinterlistig war.	
	er sprach 'ich hân daz wol bedâht	Er sagte: 'Ich habe es fein angestellt,	
6180	daz ich iuch hân her in brâht:	Euch hier hereinzubringen,	
	ahtet selbe umb die ûzvart.'	seht selbst zu, wie Ihr wieder hinauskommt.'	
	nâch im wart daz tor bespart.	Hinter ihm wurde das Tor zugesperrt.	
	Ern ruochte waz er im sprach,	Iwein kümmerte sich nicht um das, was er ihm sagte,	
	dô er deheine vreise sach	als er nichts Furchterregendes sah,	
6185	weder in der burc noch darvor.	weder in der Burg noch davor.	
	nû sach er innerhalp dem tor	Nun sah er innerhalb der Mauer	
	ein wîtez wercgadem stân:	ein geräumiges Arbeitshaus,	5190
	daz was gestalt und getân	das hatte das Aussehen	
	als armer liute gemach;	einer Behausung armer Leute.	5191—5193 *geändert*
6190	dar in er durch ein venster sach	Drinnen sah er durch ein Fenster	
	würken wol driu hundert wîp.	an dreihundert Frauen arbeiten.	5194
	den wâren cleider untter lîp	Ihre Kleider und ihre Gestalt	
	vil armeclichen gestalt:	waren von äußerst armseligem Aussehen,	
	irn was iedoch deheiniu alt.	doch war keine von ihnen alt.	
6195	die armen heten ouch den sin	Die Armen waren damit beschäftigt,	
	daz gnuoge worhten under in	daß viele von ihnen webten,	
	swaz iemen würken solde	was man nur	
	von sîden und von golde.	aus Gold und Seide weben kann.	5196
	genuoge worhten an der rame:	Viele arbeiteten am Stickrahmen,	
6200	der werc was aber âne schame.	deren Arbeit war immerhin nicht schimpflich.	
	und die des niene kunden,	Und die sich nicht darauf verstanden,	
	die lâsen, dise wunden,	sortierten die Fäden, jene wickelten auf,	
	disiu blou, disiu dahs,	jene schlug den Flachs, und jene brach ihn,	*fehlt für H.*
	disiu hachelte vlahs,	und jene hechelte ihn,	6199—6211
6205	dise spunnen, dise nâten;	diese spannen, jene nähten,	
	und wâren doch unberâten:	und sie litten dennoch Mangel:	
	in galt ir arbeit niht mê	Ihre Arbeit brachte ihnen nicht mehr ein,	
	wan daz in zallen zîten wê	als daß sie jederzeit Pein	
	von hunger und von durste was	von Hunger und Durst litten,	
6210	und daz in kûme genas	und daß sie gerade noch das Leben fristeten,	
	der lîp der in doch nâch gesweich.	das ihnen doch beinahe entwich.	
	sî wâren mager unde bleich,	Sie waren abgemagert und bleich,	(5204)
	sî liten grôzen unrât	sie litten große Entbehrungen	
	an dem lîbe und an der wât.	an Körper und Kleidung.	
6215	ez wâren bî ir viure	Auf ihrem Herd waren	*fehlt für H.*
	under wîlen tiure	im allgemeinen	6215—6232
	daz vleisch zuo den vischen.	Fleisch und Fische eine Rarität.	
	sî muose verwischen	Unterhalt und standesgemäße Versorgung	
	wirtschaft und êre:	gingen ihnen ab.	
6220	sî rungen mit sêre.	Sie kämpften mit bitterer Not.	
	Ouch wurden sî sîn gewar.	Sie bemerkten ihn ebenfalls.	
	wârens ê riuwevar,	Waren sie schon vorher bleich vor Kummer,	
	ir leides wart nû michels mê.	so steigerte sich ihr Leid nun noch mehr.	
	in tete diu schame alsô wê	Die Schande schmerzte sie so,	
6225	daz in die arme enpfielen,	daß ihnen die Arme herabsanken,	5208

121

wan in die trähene wielen	denn die Tränen fielen
von den ougen ûf die wât.	ihnen von den Augen auf das Gewand.
daz ir grôzen unrât	Daß ihre große Dürftigkeit
iemen vremder hete gesehen,	ein Fremder gesehen hatte,
6230 dâ was in leide an geschehen.	erfüllte sie mit Kummer.
in viel daz houbet zetal,	Sie ließen die Köpfe hängen,
und sî vergâzen über al	und sie vergaßen allenthalben
des werkes in den henden.	die Arbeit in ihrer Hand.
von den ellenden	Über diese Landfremden
6235 wolt er den portenære	wollte er den Torwächter
gerne vrâgen mære,	dringlich um weitere Auskunft bitten,
wand er dâ niemen andern sach:	denn er sah dort sonst niemanden.
der schalc dô schalclichen sprach.	Der Boshafte aber redete boshaft:
dô er engegen dem tor gienc	Als er auf das Tor zuging,
6240 der schalc in schalclichen enpfienc:	empfing ihn der Boshafte boshaft.
er sprach ûz schalkes munde	Er sprach mit der Zunge des Boshaften
so er schalclîchest kunde.	so boshaft er vermochte:
'her gast, ir woldet vür daz tor?	'Werter Gast, Ihr wollt wohl vor das Tor?
niht: dâ ist ein nagel vor.	Nicht so, es ist mit einem Bolzen verriegelt.
6245 ez ist iu anders undersehen:	Für Euch ist etwas anderes vorgesehen.
iu sol hie iuwer reht geschehen,	Es wird Euch hier erst geschehen, was Euch zukommt,
ê iu diu porte werde enspart.	bevor Euch dieses Tor wieder aufgeriegelt wird.
man muoz iuch ziuwer ûzvart	Auf Euern Auszug
anders beleiten:	sollt Ihr anders geleitet werden.
6250 man sol iuch ê bereiten	Man wird Euch erst
maneger unêren:	mancherlei Schande kennenlernen lassen.
man sol iuch hie lêren	Man wird Euch hier
dise hovezuht baz.	genauer beibringen, was an diesem Hofe Sitte ist.
wie gar iuwer got vergaz,	Ihr wart doch ganz von Gott verlassen,
6255 daz ich iuch brâhte dâ her in!	daß ich Euch hereinlocken konnte.
ir scheidet mit unêren hin.'	Ihr werdet schandebedeckt davonziehen.'
Dô sprach der rîter mittem leun	Da sagte der Ritter mit dem Löwen:
'ir muget mir harte vil gedreun:	'Ihr könnt mir drohen soviel Ihr wollt.
michn bestê ein grœzer nôt,	Wenn es nicht schlimmer kommt,
6260 deiswâr so gelige ich niemer tôt.	dann werde ich wahrhaftig nicht das Leben verlieren.
wan besliuzestû vaste dîn tôr?	Wozu schließt du dein Tor so fest zu?
zewâre, und wære ich dâ vor,	Wahrhaftig, selbst wenn ich davor wäre,
ich wolde doch her wider in.	wollte ich doch wieder zurück und hinein.
daz ich zuo dir gegangen bin,	Daß ich zu dir gegangen bin,
6265 daz ist durch **vrâgen** getân.	geschah, um zu fragen.
vriunt, dû solt mich wizzen lân,	Freund, du sollst mich wissen lassen,
wie stâtz um disiu armen wîp?	was hat es mit diesen armen Frauen auf sich?
in sint die site und der lîp	Ihr Benehmen und Äußeres
gestalt vil wol diu gelîch,	sind dergestalt,
6270 wæren sî vrô und rîch,	daß, wären sie glücklich und reich,
sî wæren harte wol getân.'	sie sehr schön wären.'
der vrâge hiez er sich erlân,	Diese Frage war er nicht bereit zu beantworten.
er sprach 'ich sag iu ein bast.	Er sagte: 'Von mir hört Ihr kein Wort.
wænet ir niht, her gast,	Glaubt Ihr, werter Gast,
6275 daz mich iht betrâge	daß mir Eure unnütze Fragerei
iuwer müezegen vrâge?	nicht lästig ist?
ir verlieset michel arbeit.'	Eure ganze Mühe ist umsonst.'

fehlt für H.
6238—6242

5216

fehlt für H.
6257—6265

(5226)

fehlt für H.
6275—6282

der rîter sprach 'daz ist mir leit'
und gie lachende dan,
6280 als der sich mittem bœsen man
mit worten niht beheften wil:
er hete sîn rede vür ein spil.
  Er ersuochte want und want,
unz er die hûstüre vant,
6285 unde gienc zuo in dar in.
swie gar von armuot ir sin
  wære beswæret,
doch wârens unerværet,
im enwürde al umb genigen,
6290 unde liezen ir werc ligen
die wîle daz er bî in saz:
ir zuht von art gebôt in daz.
ouch nam er war daz lützel hie
überiger rede ergie,
6295 der doch gerne vil geschiht
dâ man vil wîbe ensament siht:
wan dâ wonte in armuot
bescheiden wille unde guot.
sî wurden dicke schamerôt,
6300 dô er in sînen dienest bôt,
diu ougen trüebe unde naz,
die wîler under in saz.
ouch muot in sêre ir arbeit.
er sprach 'enwærez iu niht leit,
6305 sô het ich gerne vrâge
iuwer ahte und der mâge.
ist iuch disiu armuot an geborn,
sô hân ich mînen wân verlorn.
ich sihe wol daz iu wê tuot
6310 diu schame der selben armuot,
und versihe michs dâ von:
swer ir von kinde ist gewon,
dern schamt sich ir sô sêre niht
als man hie an iu gesiht.
6315 nune saget mir minre noch mê
wan rehte wiez dar umbe stê.
weder hât iu diz leben
geburt od unheil gegeben?'
  Diz was der einer antwurt
6320 'unser leben und unser geburt
diu suln wir iu vil gerne sagen,
gote und guoten liuten clagen
wie uns grôz êre ist benomen
und sîn in disen kumber komen.
6325 herre, ez ist unser lant
der Juncvrouwen wert genant
und lît von hinnen verre.
des selben landes herre
gewan den muot daz er reit

Der Ritter sagte: 'Das tut mir leid,'
und ging lachend davon
wie einer, der sich mit einem unedlen Menschen
mit Worten nicht gemein machen will.
Er nahm seine Worte nicht ernst.
Er suchte alle Wände ab,
bis er die Haustüre fand   (5240)
und ging zu ihnen hinein.
Wie sehr ihr Gemüt auch von Armut   *fehlt für H.*
tief bedrückt war,   6286—6299
gerieten sie doch nicht in Verlegenheit,
sondern neigten sich vor ihm von allen Seiten
und ließen ihre Arbeit ruhen,
solange er bei ihnen saß.
Ihre angestammte Gesittung hieß sie so tun.
Auch bemerkte er, daß hier
keine überflüssigen Worte laut wurden,
wie es doch sehr häufig geschieht,
wo viele Frauen beieinander sind,
denn dort verband sich mit Armut
Klugheit und treffliche Gesinnung.
Sie wurden tiefrot vor Scham,
als er ihnen seine Aufwartung machte,
und die Augen wurden ihnen trübe und feucht
während der Zeit, da er bei ihnen saß.
Ihre unglückliche Lage tat ihm herzlich leid.
Er sagte: 'Wenn es euch nichts ausmachte,   (5247)
so wollte ich mir die Frage
nach eurem Stande und nach eurer Herkunft erlauben.
Ist euch diese Armut angestammt,   *fehlt für H.*
so müßte ich mich sehr irren,   6307—6319
denn ich sehe genau, daß euch
die Scham über diese Armut Schmerz bereitet.
Nun schließe ich daraus folgendes:
Wer von klein auf daran gewöhnt ist,
schämt sich ihrer nicht so bitterlich
wie man es hier bei euch bemerkt.
Nun sagt mir nicht weniger und nicht mehr
als genau, wie es sich damit verhält.
Seid ihr in diese Verhältnisse
durch Geburt oder durch Unglück geraten?'
So lautete die Antwort der einen von ihnen:
'Von unseren Verhältnissen und unserer Abkunft
können wir Euch herzlich gern erzählen,
und Gott und gutwilligen Menschen klagen,
wie wir, des Ansehens beraubt,
in dieses Elend geraten sind.
Herr, unser Land
heißt Jungfraueninsel   5257
und liegt weit von hier.
Dem Herrn eben dieses Landes
kam es in den Sinn, auszureiten,

123

6330	niuwan von sîner kintheit	nur seines jugendlichen Leichtsinns wegen,
	suochen âventiure:	um Abenteuer zu suchen,
	und von des weges stiure	und der Weg führte ihn
	leider uns sô kam er	zu unserm Unglück hierher,	5262
	rehte alsam ouch ir dâ her,	genau wie Euch auch,
6335	und geschach im als ouch iu ge-[schiht.	und es ist ihm gegangen wie es Euch ergehen wird.
	wan dâne ist widerrede niht	Denn da hilft keine Weigerung,
	irn müezet morgen vehten	Ihr müßt morgen
	mit zwein des tiuvels knehten.	mit zwei Teufelsrittern kämpfen.	(5271)
	die sint alsô manhaft,	Diese sind derart stark:	H. fehlt für
6340	und hetet ir sehs manne kraft,	Hättet Ihr Sechsmännerkraft,	5272—5273
	daz wære ein wint wider in.	so wäre das gleich Null ihnen gegenüber.	fehlt für H.
	got eine mac iu helfen hin,	Gott allein kann Euch von hier forthelfen,	6340—6345
	ob er imz enblanden wil:	wenn er so gnädig ist,
	wand im ist nihtes ze vil:	denn er vermag alles,
6345	ezn kan ouch âne in niht geschehen.	aber ohne ihn ist es unmöglich.
	wir müezen morgen an iu sehen	Morgen werden wir Euch
	den jâmer unz an dise vrist	in der Not erblicken, in die bis heute
	an manegem hie geschehen ist.	viele hier geraten sind.
	Sus kam mîn herre her geriten	So zum Beispiel kam mein Herr hergeritten
6350	und solde mit in hân gestriten.	und sollte mit ihnen kämpfen.
	sîn wille unde sîn muot	Sein Herz und Sinn
	was gereit unde guot:	waren kampfbereit und unverzagt.
	done was sîn alter vür wâr	Doch sein Alter betrug damals tatsächlich
	niuwan ahtzehen jâr,	nur 18 Jahre,	5276
6355	und was des lîbes alsô kranc	und er war so schwach,
	daz er des siges âne danc	daß er nicht umhin konnte,
	und ungestriten muose jehen,	ihnen den Sieg kampflos zuzugestehen,
	und wær dâ tôter gesehen,	und er hätte dort den Tod gefunden,
	wan daz er sich von disen	hätte er sich nicht von diesen
6360	unsæligen risen	von Gott verdammten Riesen
	lôste als ich iu wil sagen.	losgekauft, wie ich Euch berichten will:	5280
	sî heten in anders erslagen,	andernfalls hätten sie ihn erschlagen,
	wan daz er in über den eit	hätte er ihnen nicht zusätzlich zum Eid
	gap gîsel unde sicherheit	Geisel und Unterpfand gegeben,
6365	daz er in zinsete sîn leben.	damit er ihnen sein Leben abkaufte.
	er muoz in älliu jâr geben	Er muß ihnen jedes Jahr
	drîzec mägede dâ her	dreißig Jungfrauen hierher abliefern	5283
	die wîle sî lebent und er.	solange sie leben und er.
	und gesigete abe dehein man	Wenn aber irgendein Mensch
6370	iemer disen beiden an,	jemals diese beiden besiegte,
	sô wæren wir aber erlôst.	so wären wir wieder befreit.
	diu rede ist leider âne trôst:	Das ist zum Unglück eine hoffnungslose Angelegenheit,
	wan zuo aller ir kraft	denn zu aller ihrer Stärke
	sô sint sî alze manhaft	sind sie auch zu heldenhaft,
6375	daz in iemer dehein man	als daß ein Mensch
	den sige müge behaben an.	je den Sieg über sie erringen könnte.
	Wir sîn die selben zinsgeben	Wir sind nun der Kaufpreis
	und hân ein kumberlîchez leben.	und haben ein jammervolles Dasein,
	wir leiten riuweclîche jugent:	wir verleben eine Jugend voller Leid,
6380	wan sî sint ân alle tugent	denn die, denen wir untergeben sind,

den wir dâ sîn undertân:
sine kunnen uns niht geniezen lân
aller unser arbeit.
swaz uns vür wirt geleit,
6385 daz müeze wir allez lîden.
von golde und von sîden
würken wir die besten wât
die iemen in der werlte hât:
nû waz hilfet uns daz?
6390 wirne leben niht deste baz.
wir müezenz starke enblanden
den armen unde den handen,
ê wir sô vil erwerben
daz wir niht hungers sterben.
6395 man lônet uns als ich iu sage:
nû sprechet wer von dem bejage
rîche wesen kunde.
man gît uns von dem pfunde
niuwan vier pfenninge.
6400 der lôn ist alze ringe
vür spîse und vür cleider:
des sîn wir ouch der beider
vil rehte dürftiginne.
von unserme gewinne
6405 sô sint sî worden rîche,
und leben wir jæmerlîche.'
        Nu erbarmet in ir ungemach:
er siufte sêre unde sprach
'nû sî got der süeze
6410 der iu vrouwen büeze
iuwer unwerdez leben,
und ruoche iu sælde und êre geben.
mir ist iuwer kumber leit:
und wizzet mit der wârheit,
6415 sô sêre erbarmet ir mich,
ich benæmen iu gerne, möht ich.
ich wil gân unz ich vinde
des hûses ingesinde,
wie daz gebâre wider mich.
6420 diu rede ist nie sô angestlich,
und wil mir got genædec wesen,
sô trûwe ich harte wol genesen.'
alsus bat er ir got pflegen:
ouch gâben si im vil manegen segen.
6425   Sus begunder suochende gân
und sach ein schœne palas stân:
dar ûf gienc er schouwen
mit sîner juncvrouwen,
und envant dar ûffe wîp noch man.
6430 nû volget er einem wanke dan,
der in einen wec leite
über des palas breite:

sind bar jeden Anstands,
sie mögen uns keinen Vorteil
aus aller unserer Mühsal ziehen lassen.   5318
Was uns zugemutet wird,
müssen wir über uns ergehen lassen.
Aus Gold und Seide
verfertigen wir die prächtigste Kleidung,
die man sich denken kann.
Aber was hilft uns das?
Wir leben deshalb nicht etwa besser.
Wir müssen es Armen und Händen
sauer werden lassen,
bevor wir nur soviel verdienen,
daß wir nicht Hungers sterben.   5301
Man entlohnt uns, wie ich Euch berichten will:
sagt selbst, wer vermöchte
von diesem Verdienst reich zu werden:
Man gibt uns bloß vier Pfennige   5308
vom Pfund.
Der Lohn ist viel zu kärglich
für Nahrung und Kleidung.
Daher sind wir auch mit beidem
überaus kümmerlich versehen.
Von unserem Verdienst
sind sie reich geworden,
und wir leben aufs dürftigste.'
Da erbarmte ihn ihr Unglück.
Er seufzte tief und sagte:
'Der heilige Gott   5338
möge euch euer unwürdiges Dasein
in ein besseres verkehren
und schenke euch Gnade und Glück.
Mich schmerzt euer Kummer,
und ich versichere euch,
ihr erbarmt mich so sehr,
daß ich euch herzlich gern von ihm befreite, wenn ich
Ich will gehen, bis ich   [könnte.
die Einwohnerschaft der Burg finde,   5343
wie sie sich wohl mir gegenüber verhält.
Eine Angelegenheit ist niemals so gefährlich,
daß ich mir, mit Gottes Hilfe,
nicht zutraute, zu einem guten Ende zu kommen.'
So befahl er sie in Gottes Schutz,
und auch sie gaben ihm viele Segenswünsche mit.
So begab er sich auf die Suche
und sah einen prächtigen Palas,
da hinauf ging er
mit seinem Fräulein, um sich umzusehen,
und fand dort oben keinen Menschen.   (5348)
Er folgte einem Seitenweg,
der ihn einen Pfad   fehlt für H.
quer am Palas vorbei führte,   6430—6435

125

wan dô het erz ersuochet gar.	denn er hatte ihn ganz abgesucht.	
nû nam er einer stiege war:	Nun bemerkte er eine Treppe.	
6435 diu selbe stiege wîst in	Diese Treppe führte ihn	
in einen boumgarten hin:	in einen Park,	5351
der was sô breit und sô wît	der so ausgedehnt war,	
daz er vordes noch sît	daß er niemals	
deheinen schœnern nie gesach.	einen prächtigeren gesehen hatte.	
6440 dar in hete sich durch gemach	Da hinein hatte sich, um der Ruhe zu pflegen,	
ein altherre geleit:	ein betagter Ritter gelegt,	
dem was ein bette gereit,	dem war ein Bett hergerichtet,	fehlt für H.
des wære gewesen vrô	über das die Göttin Juno	6442—6449
diu gotinne Jûnô,	hocherfreut gewesen wäre,	
6445 do si in ir besten werde was.	als sie noch in höchstem Ansehen stand.	
diu schœne bluot, daz reine gras,	Die prächtigen Blumen und der frische Rasen	
die bâren im vil süezen smac.	verbreiteten süßen Duft um ihn.	
der herre hêrlichen lac.	Der Ritter hatte eine überaus prachtvolle Lagerstatt.	
er hete ein schœnen alten lîp:	Er war von würdigem Alter,	
6450 und wæne wol, sî was sîn wîp,	und ich nehme an, es war seine Frau,	
ein vrouwe diu dâ vor im saz.	jene Dame, die dort vor ihm saß.	(5369)
sine mohten beidiu niht baz	Sie beide konnten	
nâch sô alten jâren	in so hohem Alter	
getân sîn noch gebâren.	nicht vortrefflicher aussehen noch sich verhalten.	
6455 und vor in beiden saz ein maget,	Und vor ihnen beiden saß ein Mädchen,	5365
diu vil wol, ist mir gesaget,	das sehr gut, wie ich gehört habe,	
wälhisch lesen kunde:	französisch lesen konnte:	
diu kurzte in die stunde.	Die vertrieb ihnen die Zeit.	
ouch mohte sî ein lachen	Sie brachte sie	
6460 vil lîhte an in gemachen:	zum Lächeln.	
ez dûhte sî guot swaz sî las,	Es schien ihnen köstlich, was sie vorlas,	5371
wand sî ir beider tohter was.	denn es war ihrer beider Tochter.	
ez ist reht daz man sî krœne,	Es ist richtig, daß man der den Ehrenkranz gibt,	
diu zuht unde schœne,	die gute Erziehung und Schönheit,	(5375)
6465 hôhe geburt unde jugent,	hohe Abkunft und Jugend,	H. fehlt für
rîcheit unde kiusche tugent,	Reichtum und Züchtigkeit,	5380—5396
güete und wîse rede hât.	Freundlichkeit und Verständigkeit besitzt.	
diz was an ir, und gar der rât	Dieses hatte sie, und überhaupt war sie mit allem aus-[gestattet,	
des der wunsch an wîbe gert.	was man sich bei einer Frau wünschen kann,	
6470 ir lesen was eht dâ vil wert.	und so war ihr Vorlesen ein hohes Vergnügen.	
Dô sî den gast ersâhen,	Als sie den Fremden bemerkten,	
dô begundens gâhen,	eilten sie beide,	5400
diu vrouwe unde der herre,	die Dame und der Ritter,	
engegen im gnuoc verre	ihm schon von weitem entgegen	
6475 unde enpfiengen in alsô wol	und empfingen ihn so freundlich,	
als ein wirt den gast sol,	wie ein Hausherr einen Gast empfangen soll,	
der im willekomen ist.	der ihm willkommen ist.	
dar nâch het in in kurzer vrist	Danach hatte ihm in kurzer Zeit	
entwâfent diu junge.	das junge Mädchen die Rüstung abgenommen.	5414
6480 sô guoter handelunge	Mehr an freundlichem Entgegenkommen	
was gnuoc einem ellenden man.	konnte man für einen Fremdling nicht verlangen.	
dar nâch gap sî im an	Danach bekleidete sie ihn	
wîze lînwât reine,	mit weißer,	

fehlt für H.
6488—6543

geridiert harte cleine,	fein gefältelter Leinwand
6485 und ein samîtes mantellîn:	und mit einem samtenen Schulterumhang,
dar under was härmîn,	der mit Hermelin gefüttert war,
als ez ob hemde wol stât.	wie es auf einem Umhang gut aussieht.
des rockes heter wol rât,	Den Überrock konnte er gut entbehren,
wand ez ein warmer âbent was.	denn es war ein warmer Abend.
6490 an ein daz schœneste gras	Zu dem schönsten Rasen,
daz sî in dem boumgarten vant,	den sie im Park finden konnte,
dar vuorte sî in bî der hant,	führte sie ihn an der Hand,
und sâzen zuo ein ander.	und sie setzten sich zueinander.
alrêrst dô bevander	Jetzt erst bemerkte er,
6495 daz bî ir wünneclîcher jugent	daß sich zu ihrer anmutigen Jugend
wonte güete und michel tugent.	Freundlichkeit und ein feines Wesen gesellten.
er jach daz man an kinde	Ihm schien, man könnte bei einem jungen Mädchen
niemer mêre vinde	nirgend sonst
süezer wort noch rehter site:	wohllautendere Rede oder besseres Benehmen finden.
6500 sî mohte nâch betwingen mite	Sie hätte damit fast
eines engels gedanc,	eines Engels Gedanken so fesseln können,
daz er vil lîhte einen wanc	daß er vielleicht
durch sî von himele tæte;	um ihretwillen dem Himmel abtrünnig geworden wäre,
wand sî sîn selbes stæte	denn sie erschütterte auch Iweins Standhaftigkeit
6505 einen selhen minnen slac sluoc,	so sehr durch die Gewalt der Minne:
die er in sînem herzen truoc,	könnte die,
möht die ûz sînem gemüete	deren Bild er in seinem Herzen trug,
deheines wîbes güete	überhaupt je durch den Reiz einer Frau
iemer benomen hân,	aus seinem Sinn vertrieben werden,
6510 daz hete ouch sî benamen getân.	so hätte sie es gewiß getan.
und het er sî nie gesehen,	Und hätte er sie nie erblickt,
sô wær im verre baz geschehen:	so wäre es für ihn besser gewesen,
wand im tete daz scheiden wê.	denn der Abschied bereitete ihm Schmerz.
ern erkunte sît noch ê	Weder früher noch später lernte er,
6515 âne sîn selbes wîp	mit Ausnahme seiner eigenen Frau,
nie süezer rede noch schœnern lîp.	anmutigere Rede oder größere Schönheit kennen.
Dô sich die viere	Als sich die vier
gesunderten sô schiere,	so bald voneinander trennten,
dô mohtens under in beiden	da trennten sie
6520 gelîche sîn gescheiden	sich nach
des muotes sam der jâre.	Gedanken und Alter.
ich versihe mich wol zewâre,	Ich bin sicher
ir herze wâren mislich.	ihre Wünsche und Gedanken waren ganz verschieden.
diu zwei jungen senten sich	Die beiden Jungen wünschten
6525 vil tougen in ir sinne	heimlich im Herzen
nâch redelîcher minne,	geziemende Minne
unde vreuten sich ir jugent,	und freuten sich ihrer Jugend
und redten von des sumers tugent	und sprachen von der Schönheit des Sommers
und wie sî beidiu wolden,	und wie sie beide
6530 ob sî leben solden,	das Leben, wenn es ihnen vergönnt sei,
guoter vreude walten.	in rechtem Frohsinn verbringen wollten.
dô redten aber die alten,	Die Alten hingegen sprachen davon,
sî wæren beidiu samet alt	daß sie alle beide alt seien
und der winter wurde lîhte kalt:	und daß der Winter wahrscheinlich kalt werde,
6535 sô soldens sich behüeten	so sei es ratsam,

mit rûhen vuhshüeten	sich mit Hüten aus Fuchspelz	
vor dem houbetvroste.	vor dem Frieren am Kopf zu schützen.	
sus schuofen sî ir koste	So bestimmten sie die Ausgaben	
ze gevüere und ze gemache:	zu ihrem Bedarf und ihrer Bequemlichkeit.	
6540 sî ahten ir sache	Sie überlegten ihre Geschäfte,	
nâch dem hûsrâte.	die die Haushaltung betrafen.	
nû was ez ouch alsô spâte	Nun war es so spät geworden,	
daz in ein bote seite	daß ihnen ein Bote sagte,	
daz ezzen wære gereite.	die Mahlzeit sei angerichtet.	
6545 Nû giengen sî ouch ezzen,	So gingen sie dann zum Essen,	5438
und enwart des niht vergezzen,	und man unterließ nicht,	
sî enbuten dem gaste	dem Gaste	
vbolleclîchen vaste	in reichem Maße	
alsô grôze êre	so große Ehrerbietung zu erweisen,	
6550 daz ez nie wirt mêre	daß nie ein Gastgeber sonst	
sînem gaste baz erbôt.	seinem Gaste größere erwies.	
des was er wert und was im nôt.	Das hatte er verdient und war ihm angemessen.	
dâ was mit vollclîcher kraft	Aufmerksamkeit und Bewirtung	(5439)
wirde unde wirtschaft.	wurden ihm in vollem Maße zuteil.	
6555 Dar under gedâhter iedoch	Aber während dessen dachte er:	fehlt für H.
'ez vert allez wol noch:	'Noch geht alles gut,	6555—6568
nû vürht ich aber vil sêre	doch ich habe schlimme Bedenken,	
daz ich dise grôze êre	daß ich diese große Ehrerbietung	
vil tiure gelten müeze	sehr teuer bezahlen muß, —	
6560 (der antfanc ist ze süeze),	der Empfang ist gar zu freundlich —	
als mir der arge schalc gehiez	wie mir der böse Knecht prophezeite,	
der mich in die burc liez,	der mich in die Burg einließ,	
des wirtes portenære,	der Torwächter des Burgherrn,	
unde ouch nâch dem mære	und auch nach der Geschichte zu schließen,	
6565 als mir die vrouwen hânt gesaget.	die mir die Damen erzählt haben.	
gehabe dich wol, wis unverzaget:	Laß dich's nicht anfechten und laß den Mut nicht sinken.	
dir geschiht daz dir geschehen sol,	Dir wird geschehen, was dir zu geschehen bestimmt ist,	
und anders niht, daz weiz ich wol.'	und nichts anderes, das weiß ich gewiß.'	
Dô sî vol gâzen	Als sie gegessen hatten	
6570 unde unlange gesâzen,	und nicht lange sitzenblieben,	
dô bette man in,	bereitete man den	
den gesellen allen drin,	drei Weggefährten ihre Betten	
durch ir gemach besunder.	um ihrer Bequemlichkeit willen in einem besonderen	5443
swer daz nû vür ein wunder	Wer sich nun darüber	[Zimmer. fehlt für H.
6575 ime selbem saget	verwundert,	6574—6586
daz im ein unsippiu maget	daß ein ihm nicht verwandtes Mädchen	
nahtes alsô nâhen lac,	nachts so nahe bei ihm lag	
mit der er anders niht enpflac,	und er sie nicht berührte,	
dern weiz niht daz ein biderbe man	der weiß nicht, daß ein anständiger Mann	
6580 sich alles des enthalten kan	sich alles dessen enthalten kann,	
des er sich enthalten wil.	dessen er sich enthalten will.	
weizgot dern ist aber niht vil.	Doch gibt es, weiß Gott, deren nur sehr wenige.	
diu naht gienc mit senften hin.	Die Nacht verging in guter Ruhe.	
got der müeze vüegen in	Möge Gott ihnen	
6585 des morgens bezzer mære	am Morgen glücklichere Kunde bescheren	
danne er getrœstet wære.	als die, auf die ihm Aussicht gemacht war.	
Morgen, dô ez tac wart	Am Morgen als es Tag wurde,	

unde er sîne êrste vart
dem heiligen geiste
6590 mit einer messe leiste,
dô wolder urloup hân genomen.
dô sprach der wirt 'die her sint
unde rîter wâren als ir,   [komen
die habent alle sament mir
6595 geleistet mîn gewonheit;
daz in nâch grôzer arbeit
aller oftest ergie.
zwêne risen die sint hie:
desn ist dehein mîn gast erlân
6600 erne müese sî bestân;
daz sî noch nieman überwant!
und ist iedoch alsô gewant:
wære dehein sô sælec man
der in beiden gesigete an,
6605 dem müese ich mîne tohter geben.
und solde mich der überleben,
der gewünne michel êre
(ichn hân niht kindes mêre)
und wurd im allez diz lant.
6610 ouch ist ez leider sô gewant:
unz sî unüberwunden sint,
sône mac ich mîn kint
deheinem manne gegeben.
wâget, rîter, daz leben.
6615 nû ist iu lîhte guotes nôt:
werdet rîche, od liget tôt.
waz ob iu sol gevallen
der prîs vor in allen?
ja gelinget einem ofte an zwein.'
6620 des antwurte im her Îwein
diu gelîche als er wær verzaget
'iuwer tohter ist ein schœniu maget
unde ist edel unde rîch:
sone bin ich niender dem gelîch
6625 daz ich ir möhte gezemen.
ein vrouwe sol einen herren nemen:
ouch vind ich ein wîp wol,
swenn ich wîp nemen sol,
dâ mir mîn mâze an geschiht.
6630 ichn ger iuwer tohter niht.
ouch enwil ich niemer mînen lîp
gewâgen umbe dehein wîp
sô gar ûz der mâze
daz ich mich slahen lâze
6635 sô lasterlîchen âne wer:
wan zwêne sint iemer eines her.
sold ich joch einen bestân,
dâ müese ich angest zuo hân.'
Dô sprach der wirt 'ir sît verzaget.

und er seine ersten Schritte
für den Heiligen Geist   5456
mit einer Messe getan hatte,
wollte er Abschied nehmen.
Da sagte der Burgherr: 'Die bislang hierher gekommen
und Ritter waren wie Ihr,   [sind
die haben mir allesamt
abgestattet, was hier üblich ist,   (5469)
so daß sie dabei
in schlimmste Gefahr kamen:
Hier gibt es zwei Riesen.
Keinem meiner Gäste wird es erlassen,
daß er gegen sie kämpfen muß.
Daß sie doch noch niemand hat besiegen können!
Es steht jedoch so:
Gäbe es einen so glücklichen Mann,
daß er sie beide besiegte,   5476
so müßte ich ihm meine Tochter zur Frau geben,
und wenn mich dieser überlebte,
so gewönne er hohen Rang,
denn ich habe sonst keine Kinder
und dieses ganze Land würde sein eigen.
Doch steht es unglücklicherweise so:
Solange sie unbesiegt sind,
kann ich meine Tochter
keinem Mann geben.
Setzt, Ritter, Euer Leben daran.
Vielleicht bedürft Ihr dringend des Besitzes.
Werdet reich oder sterbt.
Wie, wenn Euch der Sieg
vor allen andern zufiele?
Oft siegt doch einer über zwei.'
Darauf erwiderte ihm Herr Îwein   fehlt für H.
als habe er den Mut verloren: 6620—6621
'Eure Tochter ist ein schönes Mädchen
und ist edel und reich.   (5479—
Ich bin keineswegs dergestalt,   5484)
daß ich zu ihr paßte.
Eine Dame muß einen hochgeborenen Herrn heiraten.
Ich finde doch sicher eine Frau,
wenn ich einmal heiraten will,
die zu meinen Verhältnissen paßt.
Ich begehre Eure Tochter nicht,
und ich will niemals mein Leben
um einer Frau willen
so unvernünftig aufs Spiel setzen,
daß ich mich schändlich,
ohne Möglichkeit zur Gegenwehr erschlagen lasse,
denn zwei sind einem über.
Selbst wenn ich bloß gegen einen kämpfen sollte,
hätte ich schon schreckliche Angst davor.'
Da sagte der Burgherr: 'Ihr seid ein Feigling.   5485

6640 daz ir mir iuwer krankheit saget,
ich weiz wol wâ von daz geschiht,
irn wert iuch mîner tohter niht,
niuwan durch iuwern zagen muot.
nû vehtent: daz ist alsô guot:
6645 wanz ensî daz diu wer iuch ner,
sî slahent iuch âne wer.'
        Dô sprach der gast 'daz ist ein
herre, daz man iuwer brôt   [nôt,
mit dem lîbe zinsen sol.
6650 nû kumt mir daz alsô wol
daz ich enzît strîte
sô daz ich iemer bîte,
sît mir ze strîtenne geschiht.'
nûne sûmder sich niht
6655 erne wâfente sich zehant,
und nâch dem orse wart gesant.
daz was die naht sô wol bewart
daz ez nie bî im enwart
gekunrieret alsô schône
6660 daz ims doch got niht lône
der daz sô vlîzeclîchen tete!
wand ez was ân des gastes bete.
der dinge verkêret sich vil,
daz einer dem andern schaden wil
6665 und daz er im vil gar gevrumt:
swelch dienest sô ze staten kumt
daz er im liep unde guot
sô wider sînen willen tuot,
des lôn wirt von rehte kranc.
6670 ern darf im niemer gesagen danc
umb sînes orses gemach,
wand ez im ûf den wân geschach
daz ez in dâ solde bestân:
und ist daz sî betrouc ir wân,
6675 deiswâr, dazn wirt mir niemer leit.
nû was der gast wol bereit:
ouch kâmen die risen mit wer,
sî mohten ervürhten wol ein her.
sî wâren gewâfent sêre
6680 sô daz an in niht mêre
blôzes wan daz houbet schein,
und die arme unt diu bein.
die kolben die sî truogen,
swelhes endes sî die sluogen,
6685 dane mohte niht vor bestân,
und heten ouch grôzen mort getân.
und als sî den grôzen leun
mit sînen wîten keun
bî sînem herren sâhen stân
6690 und mit sînen langen clân
die erde kratzen vaste,

Daß Ihr mir von Eurer Schwächlichkeit sagt, —
ich weiß gut, aus welchem Grunde Ihr das tut:
Ihr schlagt meine Tochter nur
wegen Eures feigen Herzens aus.
Kämpft jetzt, es läuft auf eins hinaus:
denn wenn Euch nicht Gegenwehr rettet,
so erschlagen sie Euch kampflos.'
Da sagte der Gast: 'Es ist ein mißlich Ding,
Herr, daß man Eure Bewirtung
mit dem Leben bezahlen muß.
So kommt es für mich auf eins heraus: 5505
ob ich gleich kämpfe
oder ob ich länger warte,
da ich nun einmal nicht vermeiden kann, zu kämpfen.'
Er zögerte nicht länger
und legte gleich die Rüstung an
und man schickte nach dem Pferde.
Das war in der Nacht so gut untergebracht worden,   5358
wie es nicht einmal bei ihm selbst
versorgt worden war.
Möge Gott es aber dem nicht lohnen,
der das so sorgfältig getan hatte,   *fehlt für H.*
denn es war nicht aus Gefälligkeit gegen den Gast ge- *6660—6671*
Aber so ist oft der Lauf der Welt,   [schehen.
daß einer dem andern Schaden zufügen will
und ihm dabei großen Nutzen erweist.
Wenn jemandes Guttat so zustande kommt,
daß er einem Freundlichkeit und Güte
so ganz wider Willen erweist,
so wird dessen Lohn mit Recht gering sein.
So ist Iwein nicht verpflichtet, jemandem Dank
für die Pflege seines Pferdes abzustatten,
denn es geschah nur in der Annahme,   5355
daß es bei ihnen bleiben werde.
Und wenn sie sich darin sehr getäuscht haben,
so macht mir das fürwahr keinen Kummer.
Nun war der Gast gerüstet.
Die Riesen kamen mit Waffen,   5512
sie hätten leicht ein ganzes Heer in Schrecken setzen
Sie waren schwer gepanzert,   [können.
so daß man an ihnen keine
bloße Stelle entdecken konnte außer dem Kopf,
den Armen und den Beinen.   5520
Wohin sie die Keulen schlugen,   (5515)
die sie mit sich trugen,   *H. fehlt für*
da blieb nichts heil,   *5516—5525*
und sie hatten schon manches Leben vernichtet.
Als sie jedoch den gewaltigen Löwen   5526
mit seinem weiten Rachen
bei seinem Herrn stehen sahen
und mit seinen langen Krallen
die Erde aufwühlen,

dô sprâchen sî zem gaste
'herre, waz wil dirre leu?
uns dunket daz er uns dreu
6695 mit sînem zornigen site.
jane vihtet iu hie niemen mite,
der lewe enwerde in getân.
sold er uns mit iu bestân,
sô wæren zwêne wider zwein.'
6700 dô sprach mîn her îwein
'mîn lewe vert mit mir durch daz
ich enheize in vür wâr   [jâr:
niemer von mir gân
und sihe in gerne bî mir stân.
6705 ichn vüer in durch deheinen strît:
sît ab ir mir erbolgen sît,
von swem iu leide mac geschehen,
daz wil ich harte gerne sehen,
von manne ode von tiere.'
6710 do bewâgen sî sich schiere,
sin gevæhten niemer wider in,
ern tæte sînen lewen hin.
dô muoser sînen lewen lân:
der wart dâ in ein gadem getân,
6715 dâ er wol durch die want sach
den strît der in dem hove geschach.
    Die zwêne ungevüegen man
die huoben in den strît an.
got müeze des gastes pflegen:
6720 wan der strît was ungewegen:
ern bestuont nie sô grôze nôt.
den schilt den er vür bôt,
der wart schiere zeslagen.
ern mohte niht an getragen
6725 daz im wol geschirmen möhte
und vür die kolben töhte.
man sach den helm rîsen
und ander sîn îsen
als ez von strô wære geworht.
6730 den edeln rîter unervorht
vriste sîn manheit und sîn sin
daz er sô lange vor in
unerslagen werte:
ouch galt er mittem swerte
6735 under wîlen einen slac
der vil wol ze staten lac.
    Dô dise slege herte
der lewe sîn geverte
beide gehôrte unde gesach,
6740 dô muot in sîn ungemach.
dône vant er loch noch tür
dâ er kæme hin vür,
und suochte al umbe unz er vant

da sagten sie zu dem Fremdling:
'Ritter, was will der Löwe?
Uns scheint, daß er uns bedroht
mit seinem wütenden Gebaren.
Wir wollen nicht mit Euch kämpfen,
wenn der Löwe nicht eingesperrt wird.   5541
Wolltet Ihr zusammen mit ihm gegen uns kämpfen,
so wären das ja zwei gegen zwei!'   5560
Da sagte Herr Iwein:
'Mein Löwe ist allezeit bei mir.
Ich befehle ihm keinesfalls
von mir wegzugehen,
und habe Freude daran, ihn bei mir zu haben.
Ich führe ihn nicht des Kampfes halber mit mir.
Da aber ihr mir feindlich gesinnt seid,
so sehe ich mit Vergnügen,
wenn einer euch Schaden zufügt,   5550
wer immer, — Mensch oder Tier.'
Sie blieben dabei,
sie wollten nicht gegen ihn kämpfen,
wenn er seinen Löwen nicht wegbrächte.
Da mußte er sich von seinem Löwen trennen.
Er wurde in einen Verschlag gesperrt,   5569
wo er genau durch einen Spalt in der Wand den Kampf
konnte, der im Hof vor sich ging.   [mit ansehen
Die beiden ungeheuren Männer
fingen an, mit ihm zu kämpfen.
Möge Gott den Gast beschützen,
denn der Kampf war ungleich.
Nie zuvor hatte er so schwere Bedrängnis aushalten
Der Schild, den er schützend vor sich hielt,   [müssen. 5583
wurde gleich zerschlagen.
Er hatte nichts mehr bei sich,
das ihm genügend Schutz bieten konnte
und gegen die Keulen geholfen hätte.
Man sah den Helm zerbrechen
und seine übrige Eisenrüstung
als seien sie aus Stroh gefertigt.
Der edle unverzagte Ritter
verdankte es seiner Tapferkeit und Geschicklichkeit,
daß er sich so lange vor ihnen halten konnte,
ohne erschlagen zu werden.
Auch gab er mit dem Schwerte
immer wieder einen Streich zurück,   5591
der sicher traf.
Als diese harten Schläge
sein Gefährte, der Löwe,
hörte und sah,
ängstigte ihn seine gefährliche Lage.
Er fand aber weder Loch noch Tür,
daraus er hätte entweichen können,
und er suchte überall,

bî der erde an der want	bis er am Boden an der Wand
6745 eine vûle swelle.	einen verfaulten Balken fand. 5611
der getriuwe hergeselle	Der treue Kampfgefährte
der kratzet unde beiz dan	zerkratzte und zerbiß
holz und erde unz er gewan	Holz und Erde, bis er
ein gerûme ûzvart,	einen genügend großen Ausschlupf geschaffen hatte, H. fehlt für 5614—5627
6750 diu vil harte drâte wart	der sogleich
ir einem ze leide.	dem einen von ihnen zum Verhängnis wurde.
got velle sî beide!	Gott möge ihnen beiden den Tod senden.
sînes herren arbeit,	Die Gefahr, die sein Herr
die er ie durch in geleit,	einst für ihn bestanden hatte,
6755 der lônet er im dâ.	vergalt er ihm jetzt.
er begunde sîne scharfen clâ	Er schlug seine scharfen Krallen
in sînen rücke heften	in des Riesen Rücken
und warf in mit kreften	und warf ihn mit Gewalt 5634
rückelingen under sich.	rücklings unter sich.
6760 über den gienc der gerich,	Nun brach die Strafe über ihn herein,
wand er in beiz unde brach	denn er biß und zerriß ihn,
swâ er in blôzen sach,	wo er ungepanzert war,
unz er nâch helfe schrê.	bis er um Hilfe schrie.
done twelte sîn geselle niht mê,	Da wartete sein Kampfgenosse nicht länger.
6765 wan er geloupte sich des man	Er ließ von dem Menschen ab
und lief den lewen drâte an,	und stürmte auf den Löwen zu
und wolt in gerne hân erslagen,	in der Absicht, ihn zu erschlagen,
hetz im sîn herre vertragen:	wenn sein Herr das zugelassen hätte.
sît er in ê erlôste,	Da der Löwe ihn befreit hatte,
6770 kam er im nû ze trôste:	kam er ihm jetzt zu Hilfe,
deiswâr, des heter michel reht.	und das war nur recht und billig.
als schiere so im des tiuvels kneht	Sobald ihm der Teufelsritter
sînen rücke kêrte,	seinen Rücken zuwandte, 5650
daz in got sô gêrte,	schlug er ihm, — Gott gab seinen Segen dazu, —
6775 dô sluoc er in kurzen stunden	in kurzer Zeit
im vil manege wunden	viele Wunden.
in die arme und in diu bein	In Arme und Beine
und swâ er ungewâfent schein,	und überall, wo er nicht von der Rüstung bedeckt war,
dâ gap er im vil manegen slac.	gab er ihm zahlreiche Streiche.
6780 wan jener der dâ nider lac,	Denn der, der am Boden lag,
dern moht im niht ze staten komen:	konnte ihm nicht helfen,
wand im hete der lewe benomen	denn der Löwe hatte ihm
sô gar die kraft untten sin	so die Kräfte und das Bewußtsein geraubt,
daz er vür tôt lac vor in.	daß er wie tot vor ihnen lag.
6785 dô vâhten sî in dô an,	Da kämpften
beide der lewe untter man,	Löwe und Mensch gegen ihn
und heten in vil schier erslagen,	und töteten ihn bald, (5656)
und doch unglîch einem zagen,	obwohl er keineswegs feige war,
wander gap in manegen herten [streich,	denn er schlug viele wuchtige Schläge
6790 sît daz im diu helfe entweich.	auch nachdem er keine Hilfe mehr hatte.
der ander lebete dannoch:	Der andere lebte noch. 5662—5693
der muose sich im iedoch	Er mußte sich ihm jedoch
gar in sîn genâde geben:	auf Gnade und Ungnade ergeben.
dô liez er in durch got leben.	Er ließ ihn um Gottes willen leben. fehlt für H. 6794—6798

6795 daz sich des portenæres drô	Daß sich die Drohung des Torwächters
unde sîn spot alsô	und sein Hohn so
ze vreuden hât gekêret,	in Glück verkehrt hatten,
des sî got iemer gêret.	dafür sei Gott immer Lob und Dank.
Dô er den sige dâ gewan,	Als er den Sieg errungen hatte,
6800 dô bôt in der wirt an	bot ihm der Burgherr
sîne tohter und sîn lant.	Tochter und Land.
er sprach 'wære iu daz erkant	Er sagte: 'Wüßtet Ihr,
wie gar mîne sinne	wie völlig mein Herz
eins andern wîbes minne	die Liebe einer andern Frau
6805 in ir gewalt gewunnen hât,	gefangen genommen hat,
sô hetent ir des gerne rât	so würdet Ihr mit Freuden darauf verzichten,
daz ich iemer wurde ir man,	daß ich ihr Gemahl würde,
wand ich niemer werden kan	weil ich keiner
stæte deheinem wîbe	andern Frau ständig angehören kann
6810 wan ir einer lîbe	als der einen allein,
durch die mîn herze vreude enbirt.'	um derentwillen mein Herz trauert.'
'ir müezt sî nemen,' sprach ter wirt,	'Ihr müßt sie heiraten' sagte der Burgherr,
'ode ir sît gevangen;	'oder ich lasse Euch gefangensetzen.
und wære iu wol ergangen	Es sollte Euch eine Freude sein,
6815 daz ich ir iu sô willec bin.	daß ich sie Euch so aus freien Stücken anbiete.
hetet ir sælde unde sin,	Hättet Ihr soviel Verstand, einzusehen, was Euer Glück
	[ist,
sô bætet ir mich des ich iuch bite.'	so bätet Ihr mich um das, worum ich Euch jetzt bitte.'
er sprach 'jâ wæret ir dâ mite	Er sagte: 'Ihr wäret wahrhaftig
beswichen, daz wil ich iu sagen,	damit betrogen, das will ich Euch erklären:
6820 wand ich nû in disen tagen	Ich muß in Kürze
einen kampf muoz bestân,	einen Kampf ausfechten,
den ich alsô genomen hân	der so mit mir vereinbart ist,
daz in der künec Artûs muoz sehen:	daß er vor dem König Artus ausgetragen werden soll;
er sol in sînem hove geschehen.	er soll an seinem Hofe stattfinden.
6825 wurde sî danne mîn wîp	Würde sie nun meine Frau,
und verlür ich dâ den lîp,	und ich verlöre dort das Leben,
sô wære sî gunêret.'	so geriete sie in Schande.'
der wirt sprach 'swar ir kêret,	Der Burgherr sagte: 'Wohin Ihr zieht
daz ist mir gar unmære,	ist mir vollkommen gleichgültig.
6830 und muoz mir wesen swære	Aber es tut mir sehr leid,
daz ichs iuch ie an gebôt,	daß ich sie Euch je angeboten habe,
wan ich ir iuch unz an mînen tôt	denn nun will ich Euch bis an mein Ende
harte gar erlâzen sol.'	herzlich gern mit ihr verschonen.'
der gast vertruoc den zorn wol.	Der Gast nahm die zornige Rede gelassen hin.
6835 Er sprach 'lieber herre,	Er sagte: 'Werter Herr,
nû man ich iuch vil verre,	jetzt mahne ich Euch eindringlich,
bedenket iuwer hêrschaft,	Eure Ritterehre zu bedenken,
daz iuwer gelübede habe kraft.	daß Euer Ehrenwort gilt.
sît ich hie gesiget hân,	Da ich hier gesiegt habe,
6840 sô sult ir iuwer gevangen lân	seid Ihr verpflichtet Eure Gefangenen
alle ledec durch mich.'	um meinetwillen alle freizulassen.'
der wirt sprach 'daz ist billich'	Der Burgherr sagte: 'Das ist recht und billig!'
und liez sî ûz den banden sâ,	und entließ sie gleich aus der Gefangenschaft
und behabte den gast bî im dâ	und behielt den Gast
6845 unz an den sibenden tac,	sieben Tage lang bei sich,

Margin notes:
5701
fehlt für H. 6802—6812
5741
5720—5770 geändert
fehlt für H. 6835—6854

133

daz man ir dô vil schône pflac   damit man aufs beste für sie sorgen konnte
und sî vil rîche cleite   und sie prächtig einkleidete
unde pfärit bereite,   und Pferde für sie bereitstellte,
diu sî wol mohten rîten.   damit sie bequem reiten konnten.

6850 in den sô kurzen zîten   *In dieser kurzen Zeit*
gewunnen sî wider den lîp   *erholten sie sich wieder*
unde wurden diu schœnsten wîp   *und wurden die schönsten Frauen,*
diu er ie mê gesach.   *die er im Leben sah.*
daz schuof in daz kurze gemach.   *Das wurde schon durch die so kurze Erholung erreicht.*

6855 Dô reit er mit in von dan   *Dann ritt er mit ihnen davon*   5771
und brâhtes als ein hövesch man   *und brachte sie als höflicher Mann*   H. fehlt für
vil rehte an ir gewarheit.   *dorthin, wo sie sicher waren.*   5780—5796
und dô er wider von in reit,   *Und als er wieder von ihnen fort ritt,*
vil tiure sî got bâten,   *da baten sie Gott inständig*   5800
6860 als sî von rehte tâten,   *— und daran taten sie recht —*
umbe ir herrn und umbe ir trôst,   *für ihren Herrn und Helfer,*
der sî dâ hâte erlôst   *der sie aus großem Elend*
von michelme sêre,   *erlöst hatte,*
daz er im sælde und êre   *er möge ihm aus Gnade und Ansehen,*
6865 und rehtes alters ein leben   *ein langes Leben*
und sîn rîche müese geben.   *und schließlich einen Platz im Himmelreich geben.*
     Nû wer mohte im gedreun,   *Wer hätte ihm wohl gefährlich werden können,*
dô er gesunden sînen leun   *da er seinen Löwen heil*
von dem strîte brâhte?   *aus dem Kampfe mitbrachte?*
6870 dar er dâ vor gedâhte,   *Nun wandte er sich alsbald dahin,*
dar kêrter nû zehant,   *wohin zu gehen eigentlich seine Absicht gewesen war:*   5810
dâ er die juncvrouwen vant,   *dorthin wo er das Mädchen fand,*
die ir niftel siech liez,   *die ihre Cousine krank zurückgelassen hatte,*
der er den kampf vür sî gehiez: *welcher er den Kampf für diese versprochen hatte.*
6875 diu wîste in die vil rehten wege,   *Die zeigte ihm genau den richtigen Weg,*   5815
und vundens in ir vater pflege.   *und sie fanden sie in der Obhut ihres Vaters.*
nu entwelten sî niht langer dâ: *Jetzt hielten sie sich nicht länger dort auf,*   H. fehlt für
wan in was diu kampfzît alsô nâ   *denn der Termin des Kampfes war so nahe gekommen,*   5816—5839
daz in der tage zuo ir vart   *daß sie*
6880 deweder gebrast noch über wart,   *weder zu wenige noch zu viele Tage für ihre Reise hatten,*
und kâmen ze rehten zîten.   *und sie kamen genau zur rechten Zeit an.*
ir swester, ir widerstrîten,   *Ihre Schwester, ihren Widerpart,*   5845
vundens an der kampfstat.   *trafen sie auf der Kampfstätte an.*
her Gâwein, der sich helen bat,   *Herr Gawein, der gebeten hatte, ihn nicht zu entdecken,*   H. fehlt für
6885 der hete sich selben sô verholn   *hatte sich selbst verborgen*   5861—5872
und hete sich vor enwec gestoln,   *und hatte sich vorher fortgestohlen,*   5874
und hôrten in des alle jehen,   *und alle hatten ihn sagen hören,*
ern möhte den kampf niht gesehen   *er könne dem Kampfe nicht beiwohnen*
von ander unmüezekheit.   *wegen anderer Beschäftigungen.*
6890 alsô heter sich entseit,   *Auf diese Weise hatte er sich verleugnet*
und hete sich wider gestolen dar   *und war heimlich dorthin zurückgekommen*
mit vremden wâfen alsô var   *mit fremden Waffen und Farben,*
daz in dâ niemen ân die maget   *so daß ihn niemand erkannte*
erkande: der het erz gesaget.   *außer dem Fräulein, dem er es erzählt hatte.*
6895 Nû saz dâ der künec Artûs   *Der König Artus hatte sich dort niedergelassen*   H. fehlt für
unde von sînem hûs   *und das ganze Gefolge*   5873—5919
sîn massenîe gar,   *seines Hofes,*

die gerne wolden nemen war
wie dâ wurde gestriten.
6900 nû kam ouch dort zuo geriten
diu juncvrouwe und her Îwein.
der lewe envuor niht mit in zwein
(den heter under wegen lân:
ern wolt in niht zem kampfe hân),
6905 und enwas ouch niemen dâ erkant
wie der rîter wære genant.
nû riten si beide in einen rinc.
ez dûht si alle sament ein dinc.
vil harte clagebære,
6910 ob es niht rât wære
ir einer enwurde dâ erslagen:
den müese man wol iemer clagen;
wand sî nie gesâhen,
des sî alle jâhen,
6915 zwêne rîter gestalt
sô gar in Wunsches gewalt
an dem lîbe und an den siten;
und begunden den künec biten
daz er die altern bæte
6920 daz sîz durch got tæte
und der jungern teilte mite.
des verzêch sî im mit selhem site
daz er die bete muose lân.
sî wolde daz gewis hân,
6925 ir kempfe wurde sigehaft,
wande sî wol sîne kraft
erkande und sich des trôste
daz er sî gar erlôste.
      Dô der künec Artûs ersach
6930 daz ez niemen an die suone sprach,
dô hiez er rûmen den rinc.
nû was ez doch ein starkez dinc
ze sehenne ein vehten
von zwein sô guoten knehten:
6935 wanz entuot dem biderben man
                    [niht wol,
der des andern tôt sehen sol,
daz doch dem einem wæge was,
ob joch der ander genas.
      Machte ich diz vehten
6940 von disen guoten knehten
mit worten nû vil spæhe,
waz töhte diu wæhe?
wand iu ist ê sô vil geseit
von ietweders manheit
6945 daz ich iu lîhte mac gesagen
daz sî niender zwein zagen
des tages gelîch gebârten
und daz als ê bewârten

das darauf brannte, mit anzusehen,
wie dort gekämpft wurde.
Nun kamen auch
das Fräulein und Herr Iwein herbeigeritten.
Der Löwe kam nicht mit ihnen beiden,
er hatte ihn unterwegs zurückgelassen,   5923
denn er wollte ihn nicht beim Kampfe dabeihaben.
Es wußte dort aber niemand,
wie der Ritter hieße.
Jetzt ritten sie beide in die Kampfbahn.   H. 6906—
Es schien ihnen allen eine äußerst   6939 ent-
betrübliche Angelegenheit,   spricht
wenn es unvermeidlich sei,   5930—5990
daß einer von ihnen erschlagen werde,
den allezeit zu beklagen man Grund hätte,
denn sie hatten noch nie,
wie sie alle sagten,
zwei Ritter gesehen,
die in jeder Hinsicht, in Äußerem und Haltung
so wenig zu wünschen übrig ließen,
und sie baten den König,
er möge die Ältere bitten,
um Gottes willen
der Jüngeren ihren Anteil zu geben.
Da schlug sie es ihm in solchem Tone ab,
daß er die Bitte aufgeben mußte.
Sie hielt es für vollkommen sicher,
daß ihr Kämpfer siegen werde,
denn sie war sich seiner Stärke wohl bewußt,
und sie setzte ihr Vertrauen darauf,
daß er ihr den Sieg erkämpfen werde.
Als der König Artus sah,
daß niemand zur Aussöhnung bereit war,
ließ er die Kampfbahn freimachen.
Es war wirklich eine harte Sache,
einen Kampf
von zwei so hervorragenden Rittern zu sehen,
denn dem anständigen Manne macht es kein Vergnügen,

wenn der den Tod des anderen sehen muß,
der ja doch dem einen bestimmt war,
wenn der andere davonkommen sollte.
Malte ich diesen Kampf   fehlt für H.
dieser hervorragenden Ritter   6939—6983
mit Worten kunstvoll aus,
was sollte die Ausschmückung?
Denn ihr habt schon vorher so viel
von der Tapferkeit eines jeden erfahren,
daß ich euch leicht versichern kann,
daß sie sich an diesem Tage
nicht gerade wie zwei Feiglinge verhielten,
sondern wie früher bewahrheiteten,

135

daz diu werlt nie gewan
6950 zwêne strîtiger man
nâch werltlîchem lône.
des truogens ouch die krône
rîterlîcher êren,
die ietweder wolde mêren
6955 mit dem andern an dem tage
daz ich ez gote tiure clage
daz die besten gesellen
ein ander kempfen wellen
die iender lebeten bî der zît.
6960 sweder nû tôt gelît
von des anderen hant,
und im dâ nâch wirt erkant
wen er hât erslagen,
daz wirt sîn êwigez clagen.
6965 möhten sî nû beide gesigen
od beide sigelôs geligen
ode abe unverwâzen
den strît beide lâzen,
so si sich erkennent beide,
6970 daz waer in vür die leide
daz liebest und daz beste.
jane wâren sî niht geste
des willen, sam der ougen.
ir ietwederm was tougen
6975 daz in kempfen solde ein man
der liebest den er ie gewan.
    Sît daz der kampf wesen sol,
sô zimt in daz beiden wol
daz sî enzît strîten.
6980 wes mugen si iemer bîten?
dâ ist diu state unde der muot.
ouch wâren diu ors alsô guot
daz sî daz niht ensûmde.
ir ietweder rûmde
6985 dem andern sînen puneiz
von im vaste unz an den kreiz:
der was wol rosseloufes wît.
ze orse huop sich der strît.
    Sî mohten wol strîten,
6990 wand sîs ze den zîten
niht êrste begunden.
wie wol sî strîten kunden
ze orse und ze vuoze!
ez was ir unmuoze
6995 von kinde gewesen ie:
daz erzeicten sî wol hie.
ouch sî iu daz vür wâr geseit:
ez lêret diu gewonheit
einen zagehaften man
7000 daz er getar unde kan

daß es niemals
zwei Männer in der Welt gegeben hat,
die tüchtiger um irdischen Kampfpreis hätten kämpfen [können.
Daher trugen sie auch den Ehrenkranz
ritterlichen Ruhmes,
den jeder von beiden
auf Kosten des andern an diesem Tage erhöhen wollte.
Gott sei's geklagt,
daß die engsten Freunde,
die damals lebten,
miteinander kämpfen wollen.
Wenn einer von beiden
nun von des andern Hand fällt,
und dieser danach erkennt,
wen er mit eigner Hand erschlagen hat,
dann wird er das in alle Ewigkeit beklagen müssen.
Könnten sie doch siegen
oder beide ohne Sieg bleiben,
oder ohne Schaden genommen zu haben
den Kampf beide abbrechen,
wenn sie sich gegenseitig erkennen,
das wäre für sie statt der Feindseligkeit
das Erfreulichste und das Schönste.
Denn sie waren sich ja
im Herzen nicht fremd, nur in den Augen.
Jedem von beiden war verborgen,
daß gegen ihn ein Mann kämpfen sollte,
der sein bester Freund war.
Da nun der Kampf unvermeidlich ist,
ist es für beide gut,
bald mit dem Kämpfen anzufangen.
Worauf sollen sie noch warten?
Da ist Gelegenheit und Bereitschaft.
Die Pferde waren in so guter Verfassung,
daß sie das nicht aufhielt.
Jeder wich von dem andern,   6106
um ihm Raum für das Anrennen zu geben,
weit bis an die Markierung der Kampfbahn zurück,
die einen Roßlauf groß war.
Der Kampf begann zu Pferde.
Sie verstanden sich auf das Kämpfen ausgezeichnet,   fehlt für H.
weil sie zu dieser Zeit   6989—7011
nicht erst damit anfingen.
Wie hervorragend vermochten
sie zu Fuß und zu Pferde zu kämpfen!
Es war ihre Beschäftigung
von Jugend auf gewesen,
das machten sie hier augenscheinlich.
Auch sei Euch dieses versichert:
die Gewohnheit lehrt
selbst den Feigling,
daß er wagt und vermag,

baz vehten danne ein küener degen	besser zu kämpfen als ein kühner Held,
der es ê niht hât gepflegen.	der es nicht geübt hat.
dô was hie kunst unde kraft:	Hier zeigten sich Geschicklichkeit und Stärke:
sî mohten von rîterschaft	Sie konnten in ritterlicher Übung
7005 schuole gehabet hân.	geradezu Schule halten.
zewâre man muose in lân	Wahrhaftig, man mußte ihnen
von rîterschefte den strît,	an Kampfeskunst den Vorrang
swaz rîter lebete bî der zît.	vor allen Rittern, die damals lebten, einräumen.
nune sûmden sîz niht mêre:	Jetzt warteten sie nicht länger.
7010 diu ors wurden sêre	Die Pferde wurden scharf
mit den sporn genomen.	mit den Sporen angestachelt.
man sach sî dort zesamne komen	So sah man dort die zusammenstoßen 6108
und vîentlîchen gebâren,	und sich feindlich verhalten,
die doch gesellen wâren.	die doch Freunde waren.
7015 Ez dunket die andern unde mich	Es scheint mir und andern 6021
vil lîhte unmügelich	ziemlich unmöglich,
daz iemer minne unde haz	daß Liebe und Haß
alsô besitzen ein vaz	so im gleichen Gefäß wohnen,
daz minne bî hazze	daß Liebe und Haß
7020 belîbe in einem vazze.	in einem einzigen Gefäß zusammenbleiben.
ob minne unde haz	Aber wenn Liebe und Haß
nie mê besâzen ein vaz,	auch sonst nie in einem einzigen Gefäß blieben,
doch wonte in disem vazze	so blieb doch in diesem Gefäß
minne bî hazze	Liebe bei Haß,
7025 alsô daz minne noch haz	so daß weder Liebe noch Haß
gerûmden gâhes daz vaz.	schnell aus dem Gefäß entwichen.
'Ich wæne, vriunt Hartman,	'Mir scheint, lieber Hartmann, fehlt für H.
dû missedenkest dar an.	du irrst dich in diesem Falle, 7027—7032
war umbe sprichestû daz	warum behauptest du,
7030 daz beide minne unde haz	daß Liebe und Haß
ensament bûwen ein vaz?	zusammen in einem Gefäß hausen?
wan bedenkestû dich baz?	Willst du dich nicht eines besseren besinnen?
ez ist minne und hazze	Für Liebe und Haß 6027
zenge in einem vazze.	ist in einem einzigen Gefäß nicht genug Raum.
7035 wan swâ der haz wirt innen	Denn wo immer der Haß
ernestlîcher minnen,	ernsthafte Liebe bemerkt,
dâ rûmet der haz	da räumt der Haß 6031
vroun Minnen daz vaz:	der Liebe das Gefäß. H. fehlt für
swâ abe gehûset der haz,	Wo aber der Haß seine Stätte hat, 6032—6044
7040 dâ wirt diu minne laz.'	da wird die Liebe matt.'
Nû wil ich iu bescheiden daz,	Nun will ich euch erklären,
wie herzeminne und bitter haz	wie es möglich war, daß herzliche Liebe und bitterer Haß
ein vil engez vaz besaz.	zusammen in einem engen Gefäß wohnten.
ir herze ist ein gnuoc engez vaz:	Ihr Herz ist ein äußerst enges Gefäß.
7045 dâ wonte ensament inne	Darin wohnen gemeinsam
haz unde minne.	Haß und Liebe.
sî hât aber underslagen	Es hat sie aber
ein want, als ich iu wil sagen,	eine Scheidewand getrennt, wie ich Euch erzählen will: (6033)
daz haz der minne niene weiz.	so daß der Haß keine Kenntnis von der Liebe hat.
7050 sî tæte im anders alsô heiz	Andernfalls würde sie es ihm so heiß machen,
daz nâch schanden der haz	daß der Haß auf schimpfliche Weise
müese rûmen daz vaz;	das Gefäß würde räumen müssen,

und rûmetz doch vroun Minnen,
wirt er ir bî im innen.
7055 Diu unkünde was diu want
diu ir herze underbant,
daz sî gevriunt von herzen sint,
und machets mit sehenden ougen
sî wil daz cin geselle   [blint.
7060 den anderen velle:
und swennern überwindet
und dâ nâch bevindet
wen er hât überwunden,
sone mac er von den stunden
7065 niemer mêre werden vrô.
der Wunsch vluochet im alsô:
im gebrist des leides niht,
swenn im daz liebest geschiht.
wan sweder ir den sige kôs,
7070 der wart mit sige sigelôs.
in hât unsælec getân
aller sîner sælden wân:
er hazzet daz er minnet,
und verliuset sô er gewinnet.
7075 Ir ors diu liefen drâte.
ze vruo noch ze spâte
sô neicten sî diu sper
und sluogens ûf die brust her,
daz sî niene wancten.
7080 sine bürten noch ensancten
deweder ze nider noch ze hô,
niuwan ze rehter mâze also
als ez wesen solde
und ir ietweder wolde
7085 sînen kampfgesellen
ûf den sâmen vellen,
daz ietweders stich geriet
dâ schilt unde helm schiet:
wan dâ râmet er des man
7090 der den man vellen kan.
daz wart dâ wol erzeiget:
wandez was geneiget
ir ietweder alsô sêre
daz er dâ vor nie mêre
7095 sô nâhen kam dem valle,
ern viele ouch mit alle.
daz ir ietweder gesaz,
daz enmeinde niht wan daz
daz diu sper niht ganz beliben:
7100 wand sî kâmen dar getriben
mit alsô manlîcher kraft
daz ir ietweders schaft
wol ze hundert stücken brach,
und daz männeclîch dâ jach

und er wird es auch der Liebe räumen,
wenn er sie bei sich bemerkt.
Die Scheidewand, die ihr Herz in
zwei Hälften teilte, war die Unkenntnis,
daß sie von Herzen Freunde sind,   6059
und diese machte sie mit sehenden Augen blind.
Die Unkenntnis will es, daß ein Freund
den andern töte.
Und wenn er ihn besiegt
und hinterher erkennt,
wen er besiegt hat,
so wird er von Stund an
nicht mehr glücklich werden können.   fehlt für H.
Sein Erfolg wird ihm zum Fluche: 7066—7074
Unglück wird ihm widerfahren,
wenn geschieht, was er herbeiwünscht.
Denn wer von beiden auch gewönne,
er verlöre mit dem Siege.
Die Hoffnung auf sein Glück
hat ihn unglücklich gemacht,
er haßt was er liebt
und verliert, wenn er gewinnt.
Ihre Pferde galoppierten an.
Genau im rechten Augenblick   H. 7074—
senkten sie die Lanzen   7146 ent-
und schlugen sie ein,   spricht
daß sie festen Halt hatten.   6108—6148
Sie hielten sie
weder zu hoch noch zu niedrig,
sondern genau richtig
wie es sein soll,
und jeder war darauf aus,
seinen Gegner im Kampf
auf den Boden herabzustechen.
So traf eines jeden Stoß dorthin,
wo ein Zwischenraum zwischen Schild und Helm war,
denn dorthin zielt derjenige auf den Gegner,
der es versteht, den Gegner aus dem Sattel zu stechen.
Das wurde dort deutlich demonstriert.
denn jeder wurde
so heftig hintenübergestoßen,
daß er niemals zuvor
dem Sturze so nahe war,
aber er konnte gerade noch den Sturz vermeiden.
Daß jeder im Sattel blieb,
lag nur daran, daß
die Lanzen nicht heil blieben,
denn sie waren
mit so heldenhafter Stärke angeritten gekommen,
daß die Lanze von jedem
in tausend Stücke zersplitterte
und jedermann sagte,

7105 ern gesæhe schœner tjost nie.	er hätte im Leben noch nicht einen so wundervollen	
ez liefen kreiierende hie	Es liefen mit lautem Geschrei [Zweikampf gesehen.	
behender garzûne gnuoc,	viele flinke Knappen umher.	
der ietweder truoc	Jeder von ihnen trug	
driu sper ode zwei.	zwei oder drei Lanzen.	
7110 man hôrte niht wan ein geschrei	Man hörte nichts als lautes Geschrei:	
'wâ nû sper? wâ nû sper?	'Lanzen! Lanzen!	
diz ist hin, ein anderz her.'	Diese ist hin, eine andere her!'	
dâ wart vil gestochen	Da gab es ein ausgiebiges Stechen,	
und gar diu sper zebrochen	und sämtliche Lanzen wurden zerbrochen,	
7115 diu sî dâ haben mohten.	die sie dort kriegen konnten.	
heten si dô gevohten	Hätten sie zu Pferde	6118
ze orse mitten swerten,	mit den Schwertern gekämpft,	geändert
des sî niene gerten,	was sie aber nicht wollten,	
daz wære der armen orse tôt:	so wäre es der armen Pferde Tod gewesen.	
7120 von diu was in beiden nôt	Aus diesem Grunde waren sie gezwungen,	
daz sî die dörperheit vermiten	solche Roheit zu vermeiden	
und daz sî ze vuoze striten.	und zu Fuß zu kämpfen.	
in heten diu ors niht getân:	Die Pferde hatten ihnen nichts getan,	
sî liezenz an den lîp gân.	sie hatten es auf ihr eigenes Leben abgesehen.	
7125 Ich sage iu waz sî tâten,	Ich erzähle euch, was sie taten,	
dô sî zesamne trâten,	als sie sich gegenüberstellten,	
die zwêne kampfwîsen.	die beiden Kampferfahrenen.	
sî sparten daz îsen	Sie verschonten die Rüstung,	
dâ mit ir lîp was bewart:	mit der sie geschützt waren,	
7130 diu swert enwurden niht gespart.	die Schwerter aber wurden nicht geschont.	
sî wâren der schilte	Sie gingen mit ihren Schilden	
ein ander harte milte:	nicht eben sanft um,	
den schilten wâren sî gehaz.	denn auf die Schilde hatten sie es abgesehen.	
ir ietweder bedâhte daz	Jeder dachte bei sich:	
7135 'waz touc mir mîn arbeit?	'Was nützt mir meine Mühe,	
unz er den schilt vor im treit,	solange er den Schild vor sich hält,	
sô ist er ein sicher man.'	ist er in Sicherheit.'	
die schilte hiuwen sî dan.	Sie zerschlugen sich die Schilde.	
sîne geruochten des nie	Sie gingen nie soweit,	
7140 daz sî niderhalp der knie	etwa mit ihren Schlägen	
deheiner slege tæten war,	unterhalb der Knie zu zielen,	
dâ si der schilte wâren bar.	wo sie nicht von den Schilden gedeckt waren.	
si entlihen kreftiger slege	Sie teilten mehr mächtige Streiche aus,	
mê dan ich gesagen mege,	als ich erzählen kann,	
7145 âne bürgen und âne pfant,	ohne Bürgen und Pfand,	
und wart vergolten dâ zehant.	und es wurde gleich zurückgezahlt.	
Swer gerne giltet, daz ist guot:	Wenn einer willig zurückgibt, ist das zu loben.	fehlt für H.
wan hât er borgennes muot,	Denn wenn es ihm in den Sinn kommt zu borgen,	7147—7227
sô mac er wol borgen.	dann kann er das ruhig.	
7150 daz muosen sî besorgen,	Davor mußten sie Sorge haben,	
swer borget und niht gulte,	daß, wenn einer borgt und nicht zurückzahlt,	
daz er des lîhte engulte.	es ihm womöglich schlecht ergeht.	
borgetens âne gelten,	Hätten sie geborgt, ohne zurückzuzahlen,	
des vorhten sî engelten;	fürchteten sie, dafür büßen zu müssen.	
7155 wand ers ofte engiltet	Denn der muß häufig dafür büßen,	
swer borc niene giltet.	der Geborgtes nicht zurückzahlt.	

	sî hetens dâ engolten,	Sie hätten es büßen müssen,
	dane wurde borc vergolten;	wenn sie das Geborgte nicht zurückgezahlt hätten.
	dâ von ir ietweder galt	Jeder von ihnen zahlte deshalb so zurück,
7160	daz ers an lobe niht engalt.	daß er nichts an Ruhm einbüßte.
	sî muosen vaste gelten	Sie mußten fleißig zurückzahlen,
	vür des tôdes schelten	um der Drohung des Todes zu entgehen,
	und vür die scheltære	und der öffentlichen Anprangerung
	bœser geltære.	als säumige Schuldner.
7165	si entlihen bêde ûz voller hant,	Sie teilten beide mit vollen Händen aus,
	und wart nâch gelte niht gesant:	und man brauchte doch nicht nach Geld zu schicken,
	wand sî heten ûf daz velt	denn sie hatten auf den Kampfplatz
	beide brâht ir übergelt	Kapital und Zinsen mitgebracht
	und vergulten an der stat	und zahlten auf der Stelle
7170	mê und ê dan man sî bat.	reichlicher und schneller zurück
	verlegeniu müezekheit	als man es haben wollte.
	ist gote und der werlte leit:	Müßiggängerische Faulheit
	dâne lât sich ouch nieman an	ist Gott und der Welt unerfreulich,
	niuwan ein verlegen man.	und niemand gibt sich ihr hin
7175	Wer gerne lebe nâch êren,	als ein Mann, der sich 'verlegen' hat.
	der sol vil starke kêren	Wer aber sein Leben auf Ehre ausrichtet,
	alle sine sinne	der soll alle
	nâch etelîchem gewinne,	seine Gedanken auf Erfolg konzentrieren,
	dâ mit er sich wol bejage	damit er etwas erreicht
7180	und ouch vertrîbe die tage.	und ihm die Zeit angenehm hingeht.
	alsô heten sî getân:	Das hatten sie getan,
	ir leben was niht verlân	ihr Leben war nicht
	an deheine müezekheit.	dem Müßiggang ergeben.
	in was beiden vil leit	Sie beide bekümmerte es sehr,
7185	swenne ir tage giengen hin	wenn ihnen die Zeit verging,
	daz sî deheinen gewin	ohne daß sie Gewinn
	an ir koufe envunden,	mit ihrem Handel erzielten,
	des sî sich underwunden.	den sie unternommen hatten.
	sî wâren zwêne mære	Sie waren zwei notorisch
7190	karge wehselære	kluge Wucherer
	und entlihen ûz ir varende guot	und liehen ihr bewegliches Gut
	ûf einen seltsænen muot.	auf eine seltsame Methode aus: (6258)
	sî nâmen wuocher dar an	Sie erzielten Gewinn damit
	sam zwêne werbende man:	wie zwei Händler,
7195	sî pflâgen zir gewinne	aber sie machten ihren Profit
	harte vremder sinne.	auf äußerst befremdliche Weise.
	dehein koufman hete ir site,	Hätte ein Kaufmann ihre Methode gehabt,
	ern verdurbe dâ mite:	so hätte er damit bankrott gemacht,
	dâ wurden sî rîche abe.	sie aber wurden damit reich.
7200	si entlihen nieman ir habe,	Niemandem teilten sie ihren Besitz aus,
	in enwære leit, galt er in.	von dem es sie nicht bekümmert hätte, wenn er es wieder
	nû schent ir wie selch gewin	[zurückzahlte.
		Jetzt merkt auf, wie eine solche Art des Verdienens
	ieman gerîchen mege.	jemanden reich machen kann:
	da entlihen sî stiche und slege	Sie teilten Stiche und Schläge
7205	beide mit swerten und mit spern:	mit Schwertern und Lanzen aus,
	desn moht sî nieman gewern	von denen ihnen niemand
	vol unz an daz halbe teil:	auch nur den halben Wert zurückzahlen konnte,

140

des wuohs ir êre und ir heil.
ouch was ir wehsel sô gereit
7210 daz er nie wart verseit
manne noch wîbe,
sine wehselten mit dem lîbe
arbeit umb êre.
sine heten nie mêre
7215 in alsô kurzen stunden
sô vollen gelt vunden:
si entlihen nie einen slac
wan dâ der gelt selb ander lac.
die schilte wurden dar gegeben
7220 ze nôtpfande vür daz leben:
die hiuwens drâte von der hant.
done heten sî dehein ander pfant
niuwan daz îsen alsô bar:
daz verpfanten sî dar.
7225 ouch enwart der lîp des niht erlân
ern müese dâ ze pfande stân:
den verzinseten sî sâ.
die helme wurden etewâ
vil sêre verschrôten,
7230 daz die meilen rôten
von bluote begunden,
wande sî vil wunden
in kurzer stunt enpfiengen
die niht ze verhe engiengen.
7235   Sich huop wider morgen
mit manlîchen sorgen
dirre angestlîcher strît,
und werte harte lange zît,
unz vol nâch mittem tage,
7240 daz dô von ir deweders slage
dehein schade mohte komen.
in hete diu müede benomen
sô gar den lîp und die kraft
daz sî des dûhte ir rîterschaft
7245 diu wære gar ân êre,
und envâhten dô niht mêre.
ez wart dâ von in beiden
ein vil gemüetlich scheiden,
und sazten sich ze ruowe hie
7250 unz sî diu müede verlie.
   Diu ruowe wart vil unlanc
unz ietweder ûf spranc
und liefen aber ein ander an.
si wâren zwêne vrische man
7255 beide des willen untter kraft.
ezn wac ir erriu rîterschaft
engegen dirre niht ein strô,
der sî begunden aber dô.
ir slege wâren kreftec ê,

dadurch mehrten sich ihnen Ruhm und Ehre.
Auch waren sie stets zum Handel bereit,
so daß er keinem Menschen
je abgeschlagen wurde,
um durch ihren Einsatz
Mühe gegen Ehre einzuhandeln.
Sie hatten noch nie
in derart kurzer Zeit
so vollauf zurückgezahlt bekommen,
sie teilten keinmal einen Schlag aus,
der nicht gleich von der Rückzahlung begleitet war.
Die Schilde wurden darangegeben
als Notpfand für das Leben.
Die hieben sie sich schnell von den Händen.
Nun hatten sie nur noch
die bloße Eisenrüstung zum Pfand.
Die verpfändeten sie.
Auch dem Leib wurde es nicht erspart,
als Pfand versetzt zu werden,
sie gaben ihn bald in Zahlung.
Die Helme wurden an vielen Stellen   6119 u. 6150
schlimm zerhauen,
so daß die Panzerringe rot
von Blut wurden,
denn sie empfingen zahlreiche Wunden
in kurzer Zeit,
die jedoch nicht tödlich waren.
Gegen Morgen hatte
dieser schreckliche
und heldenhafte Zweikampf angefangen,
und er dauerte eine lange Zeit
bis weit nach Mittag,
bis sie mit ihrer beider Streichen
keinen Schaden mehr anrichten konnten.
Die Erschöpfung hatte ihnen so
die Körperkräfte geraubt,
daß sie fanden, ihr Kampf
sei nur noch eine Farce,
und sie hörten auf zu kämpfen.   6154
Die Trennung war
ihnen beiden sehr willkommen,
und sie ließen sich zum Ausruhen nieder,
bis sie die Erschöpfung verließ.
Diese Ruhepause dauerte nicht lange
bis jeder aufsprang
und sie wieder gegeneinander anrannten.
Sie waren beide wieder frisch
sowohl an Energie wie an Kräften.
Ihr vorausgehender Kampf war
gegen diesen, den sie jetzt wieder aufnahmen,   6159
noch gar nichts.
Waren ihre Streiche schon vorher gewaltig gewesen,

7260 nû kreftiger, und wart ir mê.	*so waren sie jetzt noch gewaltiger und dazu zahlreicher.*
ouch sach disen kampf an	*Bei diesem Kampf*
manec kampfwîse man:	*war mancher kampferfahrene Mann Zuschauer,*
ir deheines ouge was vür wâr	*aber keiner hatte ein so*
weder sô wîse noch sô clâr,	*erfahrenes oder scharfes Auge,*
7265 heter genomen ûf sinen eit	*daß er hätte beschwören können,* 6197
ze sagenne die wârheit	*mit Sicherheit zu entscheiden,*
weder irz des tages ie	*welcher von beiden zu einer Zeit des Tages*
gewunnen hete bezzer hie	*einen Vorteil*
alsô groz als umb ein hâr,	*auch nur im geringsten gewonnen hatte.*
7270 desne möhter vür wâr	*Den konnte man auch wahrlich*
ir dewedern nie gejehen:	*keinem von ihnen zuerkennen,*
ezn wart nie glîcher kampf gesehen.	*denn ein ausgewogenerer Kampf war noch nie gesehen* 6160
Nû sorget man unde wîp	*Nun machte sich jedermann Sorge* [*worden.* 6168
umb ir êre und umb ir lîp:	*um ihr Ansehen und um ihr Leben,*
7275 und möhten sîz in beiden	*und könnten sie sie beide*
nâch êren hân gescheiden,	*mit Anstand auseinanderbringen,*
daz heten sî gerne getân,	*so täten sie das liebend gern,*
und begunden rede drumbe hân,	*und sie besprachen das.*
wand wer möhte daz verclagen	*Denn wer könnte es verschmerzen,* 6186
7280 sweder ir dâ wurde erslagen	*wenn einer von ihnen dort erschlagen*
od gekrenket an den êren?	*oder an Ansehn gemindert würde?*
der künec begunde kêren	*Der König verwandte* *fehlt für H.*
bete unde sinne,	*Bitten und Vernunftgründe,* 7282—7322
ob er deheine minne	*um eine Spur von Versöhnlichkeit*
7285 vunde an der altern maget,	*bei dem älteren Mädchen zu finden,*
diu sô gar hete versaget	*die der Jüngeren ihr Erbe*
der jungern ir erbe.	*so gänzlich verweigert hatte.*
diu bete was unbederbe:	*Die Bitte war unnütz.*
si versaget im mit unsiten	*Sie schlug es ihm brüsk ab,*
7290 daz er sîs niht mêre wolde biten.	*daß er keine Lust mehr hatte, sie zu bitten.*
Dô aber diu junger ersach	*Als aber die Jüngere*
der guoten rîter ungemach,	*der hervorragenden Ritter gefährliche Lage sah,*
daz truobte si in ir sinnen:	*bekümmerte sie das im Herzen,*
und dô sî mit minnen	*und da sie gütlich*
7295 nieman gescheiden mohte,	*niemand auseinanderbringen konnte,*
dô tete sî als ir tohte.	*tat sie, was ihr gemäß war:*
diu edele und diu schœne,	*Die Edle und Schöne,*
diu gewizzen, diu unhœne,	*die Einsichtige und Rücksichtsvolle,*
diu süeze, diu guote,	*die Liebreizende und Vortreffliche,*
7300 diu suoze gemuote,	*die Sanftmütige,*
diu niuwan süezes kunde,	*die nur Freundliches im Sinn hatte,*
mit rôtsüezem munde	*lächelte mit rotem, liebreizendem Munde*
lachte sî die swester an.	*ihre Schwester an.*
sî sprach 'ê ein sus gêret man	*Sie sagte: 'Ehe ein Mann von solchen Verdiensten*
7305 den tôt in mînem namen kür	*um meinetwillen den Tod erleidet*
ode sîn êre verlür,	*oder sein Ansehen einbüßt,*
mîn lîp und unser beider lant	*wären ich selbst und unser beider Land*
wæren bezzer verbrant.	*besser in Flammen aufgegangen.*
ziuch dich mit guotem heile	*Nimm mit den besten Wünschen*
7310 ze mînem erbeteile.	*mein Erbteil in Besitz.*
dir sî verlâzen âne nît	*Dir seien ohne weitere Mißgunst*

beide lant unde strit.	*Land und Sieg überlassen.*
deiswâr sît ichs niht haben sol,	*Und wahrlich, wenn ich es schon nicht besitzen soll,*
ichn gan es niemen alsô wol.	*gönne ich es keinem andern eher als dir.*
7315 heiz den kampf lâzen sîn:	*Laß den Kampf einstellen,*
ir leben ist nützer danne daz mîn.	*ihr Leben ist mehr wert als meins,*
ich bin noch baz ein armez wîp	*lieber will ich doch eine arme Frau sein,*
danne ir deweder den lîp	*als daß einer von beiden das Leben*
durch mich hie sül verliesen.	*um meinetwillen hier verlieren sollte.*
7320 ich wil ûf dich verkiesen.'	*Ich will zu deinen Gunsten verzichten.'*
Ir willen dâ nieman ensach	*Niemand sah ihre Absicht,*
wan der ir guotes drumbe jach.	*der sie nicht dafür gelobt hätte.*
den künec sî alle bâten	*Sie flehten alle den König an* C 180
und begunden râten	*und rieten ihm,*
7325 daz erz durch got tæte	*um Gottes willen*
und die altern bæte	*die Ältere zu bitten,*
daz sî der jungeren doch	*sie möge der Jüngeren doch*
daz dritte teil od minre noch	*wenigstens ein Drittel oder sogar noch weniger* C 183
ir erbeteiles wolde geben:	*ihres Erbteils geben,*
7330 ez gienge den rîtern an daz leben,	*der Ritter Leben stehe auf dem Spiel,*
ir einem ode in beiden,	*das des einen oder das beider,*
sine wurden gescheiden.	*wenn sie nicht auseinandergebracht würden.*
daz hete sî lîhte dô getân,	*Vielleicht hätte sie es getan,*
wold es der künec verhenget hân.	*wenn der König es zugelassen hätte.*
7335 done wold ers niht volgen:	*Aber er wollte nicht darauf eingehen.* 6189
er was sô sêre erbolgen	*Er zürnte*
der altern durch ir herten muot:	*der Älteren gar heftig um ihres harten Herzens willen.*
in dûht diu junger alsô guot	*Er fand die Jüngere so vortrefflich,*
daz er sî nôte verstiez,	*daß er ihr nur der Not gehorchend die Bitte abschlug,*
7340 wand sî sich vil gar verliez	*weil sie ihre Sache*
ze sînem hoverehte.	*vor das Hofgericht gebracht hatte.*
dise guoten knehte	*Die vorzüglichen Ritter*
die hâten dem langen tage	*hatten den langen Tag*
mit manegem rîterlîchen slage	*mit zahlreichen ritterlichen Streichen*
7345 nâch êren ende gegeben,	*ehrenvoll zu Ende gebracht,*
und stuont noch ûf der wâge ir leben,	*und noch war über Leben und Tod nicht entschieden,*
unz daz diu naht ane gienc	*bis die Nacht hereinbrach* 6207
und ez diu vinster undervienc.	*und die Dunkelheit den Kampf beendete.*
Sus schiet sî beide diu naht,	*So trennte sie beide die Nacht,*
7350 und daz ir ietweders maht	*und eines jeden Kampfvermögen*
wol dem andern was kunt,	*hatte der andere genau kennengelernt,*
daz sî beide dâ zestunt	*so daß beide in diesem Augenblick*
an ein ander genuocte.	*voneinander genug hatten.*
und sîtz sich wol gevuocte	*Und da es sich so gut traf,*
7355 daz sîz mit êren mohten lân,	*daß sie ohne Einbuße an Ehre aufhören konnten,* H. fehlt für 6208—6228
sô liezen sîz wol understân	*schoben sie den Kampf auf*
unz an den anderen tac.	*bis zum andern Tag.*
sî tâten als er ie pflac	*Sie taten, wie jeder zu tun pflegt,* fehlt für H. 7358—7375
der ie rehten muot gewan:	*der die richtige Einstellung hat:*
7360 swie leide dem biderben man	*Wie sehr auch ein anständiger Mann*
von dem anderen geschiht,	*von einem andern in Gefahr gebracht worden ist*
enkumtz von muotwillen niht,	*und vorausgesetzt, es kommt nicht aus verbrecherischer*
ob er im den willen trüege	*daß er darauf aus ist,* [Absicht,

daz er in gerne slüege,	*ihn zu erschlagen,*
7365 sone ist er im doch niht gehaz,	*so haßt er ihn doch nicht*
unde behaget im baz	*und fühlt sich wohler mit ihm*
dan dâ bî ein bœser man	*als vergleichsweise mit einem Unedlen,*
des er nie schaden gewan.	*der ihm nie ein Leid zugefügt hat.*
Daz wart wol schîn an in zwein.	*Das konnte man an den beiden sehen.*
7370 sich verkunte mîn her Îwein	*Herr Iwein vertraute sich*
wider sînen kampfgenôz,	*seinem Gegner an,*
wand erz vür eine gâbe grôz,	*denn es hielt jeder*
îr ietweder haben wolde,	*für ein unschätzbares Geschenk,*
ober wizzen solde	*zu erfahren,*
7375 wer der ander wære.	*wer der andere sei.*
sîniu wehselmære	*Er fing an,*
begunder wider in dô hân.	*sich mit ihm zu unterhalten.*
er sprach 'wir haben eht verlân	*Er sagte: 'Nun haben wir*
unser hæzlîchez spil:	*mit unserm feindseligen Wettkampf aufgehört.*
7380 ich mac nû sprechen swaz ich wil.	*Jetzt kann ich aussprechen, wonach mich verlangt.*
Ich minnet ie von mîner maht	*Ich liebte stets als guter Kämpfer*
den liehten tac vür die naht:	*den hellen Tag und nicht die Nacht.*
dâ lac vil mîner vreuden an,	*Er bedeutete meine größte Freude,*
und vreut noch wîp unde man.	*und noch jetzt macht er alle Welt froh.*
7385 der tac ist vrœlich unde clâr,	*Der Tag ist freundlich und hell,*
diu naht trüebe unde swâr,	*die Nacht dunkel und sorgenvoll,*
wand sî diu herze trüebet.	*denn sie macht die Herzen traurig.*
sô der tac üebet	*Ist der Tag*
manheit unde wâfen,	*mannhafter Waffenübung günstig,*
7390 sô wil diu naht slâfen.	*so ist es die Nacht dem Schlaf.*
ich minnet unz an dise vrist	*Ich liebte bis heute*
den tac vür allez dazder ist:	*den Tag vor allem, was es gibt.*
deiswâr, edel rîter guot,	*Wahrhaftig, edler vortrefflicher Ritter,*
nû habet ir den selben muot	*jetzt habt Ihr diese Anschauung*
7395 vil gar an mir verkêret.	*in mir gänzlich geändert.*
der tac sî gunêret:	*Der Tag sei geschmäht:*
ich hazz in iemer mêre,	*Ich werde ihn fortan hassen,*
wand er mir alle mîn êre	*weil er mir beinahe*
vil nâch hæte benomen.	*all mein Ansehen geraubt hätte.*
7400 diu naht sî gote willekomen:	*Für die Nacht sei Gott gepriesen.*
sol ich mit êren alten,	*Wenn ich in Ehren alt werde,*
daz hât sî mir behalten.	*so verdanke ich es ihr.*
nû seht ob ich von dem tage	*Bedenkt, ob ich diesen Tag nicht*
niht grôzen kumber unde clage	*aus gutem Grund*
7405 wol von schulden haben mege.	*bedauern und beklagen soll.*
und wærer langer drîer slege,	*Und hätte er nur drei Schläge länger gedauert,*
die heten iu den sige gegeben	*so hätten diese Euch den Sieg verliehen*
unde mir benomen daz leben:	*und mir das Leben geraubt.*
des erlât mich disiu liebiu naht.	*Davor hat mich diese willkommene Nacht gerettet.*
7410 diu ruowe gît mir niuwe maht	*Die Ruhe gibt mir neue Kräfte,*
(dâ nâch gât ein swære tac)	*daß ich am kommenden schweren Tag*
daz ich danne aber vehten mac.	*wieder werde kämpfen können.*
nû muoz ich aber sorgen	*Aber ich muß sorgenvoll*
ûf den tac morgen.	*dem morgigen Tag entgegensehen.*
7415 got enwelle michs erlân,	*Wenn Gott mich nicht davon erlöst,*

Marginal notes:
- 6229 (at line 7376)
- *fehlt für H.* 7381—7402 (at lines 7381—7382)
- (6240) (at line 7403)
- 6343 (at line 7406)
- *fehlt für H.* 7411—7423 (at lines 7411—7412)

sô muoz ich aber bestân
den aller tiuresten man
des ich ie künde gewan.
dâ hœret weizgot sorge zuo:
7420 got sî der sîne gnâde tuo.
den ich dâ meine, daz sît ir.
got der bewar mir
mînen lîp und mîn êre:
ichn gevorhte ir nie sô sêre.
7425 und wizzet daz ich nie gewan
ze tuonne mit deheinem man
den ich sô gerne erkande.
ir möhtent âne schande
mir wol sagen iuwern namen.'
7430 'ichn wil mich wider iuch niht scha-
sprach mîn her Gâwein,   [men,'
'wir gehellen beide in ein.
herre, ir habent mich des verdigen:
unde hetent ir geswigen,
7435 die rede die ir habent getân
die wold ich gesprochen hân.
daz ir dâ minnet, daz minn ich:
des ir dâ sorget, des sorg ich.
ez ist hiute hin ein tac
7440 den ich wol immer hazzen mac:
wand er hât mir die nôt getân
der ich ie was erlân.
mir benam deiswâr nie mêre
ein man alsô sêre
7445 mîne werlîche maht:
und möhtet ir vor der naht
ze zwein slegen hân gesehen,
sô müese ich iu des siges jehen.
ich hân der naht vil kûme erbiten.
7450 swaz ich noch hân gestriten,
so gewan ich nie sô grôze nôt.
ich vürhte laster ode den tôt
von iu gewinnen morgen.
wir sîn in glîchen sorgen.
7455 und sî iu daz vür wâr geseit
daz ich durch iuwer vrümekheit
iu aller der êren wol gan
der ich niht sêre engelten kan.
    Mîn herze ist leides überladen,
7460 daz ich ûf iuweren schaden
immer sol gedenken.
swa ez mich niht süle krenken,
da geschehe iu allez des ir gert.
des sît ir weizgot wol wert.
7465 ich wolde daz ez wære alsô
daz dise juncvrouwen zwô
heten swaz sî dûhte guot,

muß ich wieder antreten
gegen den hervorragendsten Mann,
den ich je kennengelernt habe.
Das ist bei Gott Grund zur Sorge.
Gott möge seine Gnade wirken lassen.
Ich spreche von Euch.
Gott erhalte mir
Leben und Ehre,
ich habe noch nie so darum gebangt.   *(6241)*
Und wißt, daß ich noch nie   6244
mit einem Menschen zu tun gehabt habe,
von dem ich so dringend zu wissen gewünscht hätte, wer
Ihr könntet, ohne Euch etwas zu vergeben,   [er ist.
mir Euren Namen sagen.'
' Ich vergebe mir Euch gegenüber nichts,'
sagte Herr Gawein,
'wir sind beide einer Meinung.   *(6254)*
Herr, Ihr seid mir darin zuvorgekommen,
und hättet Ihr geschwiegen,
so wollte ich die Worte, die Ihr gesprochen habt,
selbst gesagt haben.
Was Ihr liebt, liebe ich auch,
was Ihr fürchtet, fürchte ich auch.
Heute ist ein Tag vergangen,
den ich stets in schlechter Erinnerung behalten werde,
denn er hat mich in solche Gefahr gebracht,
wie sie mir bisher erspart geblieben ist.
Wahrlich, noch nie hat mich
ein Mann derart
des Kampfvermögens beraubt,
und hättet Ihr Euch vor Einbruch der Nacht
noch zu zwei Schlägen aufraffen können,
so hätte ich Euch den Sieg zugestehen müssen.
Ich habe die Dunkelheit kaum erwarten können.
Soviel ich schon gekämpft habe,
noch nie bin ich in so große Gefahr gekommen.
Ich befürchte, Schande oder Tod   *fehlt für H.*
morgen durch Euch zu erleiden.   *7452—7469*
Wir haben die gleichen Befürchtungen,
und das sei Euch versichert,
daß ich um Eurer Tapferkeit willen
alle Ehre Euch herzlich gönne,
die nicht zu sehr auf meine Kosten geht.
Mein Herz ist voll Leides,
daß ich mein Trachten
auf Euren Untergang richten muß.
Wo es nicht mein Schaden ist,
sollt Ihr alles haben, was Ihr wünscht,
dessen seid Ihr bei Gott würdig.
Ich wollte, es wäre so,
daß diese beiden jungen Damen
hätten, was ihnen erstrebenswert scheint,

und daz wir dienesthaften muot	*und daß wir einander*
under ein ander müesen tragen.	*freundliches Entgegenkommen zeigen könnten.*
7470 ich wil iu mînen namen sagen.	*Ich will Euch meinen Namen nennen,*
ich bin genant Gâwein.'	*ich heiße Gawein.'*
'Gâwein?' 'jâ.' 'wie wol daz schein	*'Gawein?' 'Ja.' 'Wie deutlich hat sich das*
disen unsenften tac!	*an diesem harten Tage gezeigt.*
manegen vîentlîchen slac	*So manchen feindlichen Hieb*
7475 hân ich von iu enpfangen.	*habe ich von Euch erhalten.*
iuwer haz ist ergangen	*Eure Feindschaft hat*
über iuwern gewissen dienestman.	*Euren ergebenen Diener getroffen,*
und ichn zwîvel niht dar an,	*und ich zweifele nicht daran,*
swaz ir mir leides hânt getân,	*daß mir, was Ihr mir zu Leid getan habt,*
7480 desn wær ich alles erlân,	*erspart geblieben wäre,*
het ich mich enzît genant.	*hätte ich beizeiten meinen Namen gesagt.*
wir wâren wîlen baz erkant.	*Es gab eine Zeit, da wir einander näher standen.*
herre, ich bin ez Îwein.'	*Herr, ich bin Iwein.'*
dô wonte under in zwein	*Da gesellte sich bei ihnen*
7485 liebe bî leide.	*höchste Freude zum tiefen Kummer.*
sî vreuten sich beide	*Sie waren beide von Herzen glücklich,*
daz sî zesamne wâren komen:	*daß sie zueinandergefunden hatten.*
daz ir ietweder hete genomen	*Daß einer dem andern*
des andern dehein arbeit,	*solche Not verursacht hatte,*
7490 daz was ir beider herzeleit.	*darüber waren sie tief traurig.*
beide trûren unde haz	*Aber sowohl Traurigkeit wie Feindschaft*
rûmden gâhes daz vaz,	*räumten eilig das Gefäß ihres Herzens,*
und rîchseten dar inne	*und es herrschten*
vreude unde minne.	*Glück und Liebe darin.*
7495 daz erzeicten sî wol under in:	*Das zeigten sie einander deutlich:*
diu swert wurfen sî hin	*Sie warfen die Schwerter weg*
unde liefen ein ander an.	*und liefen aufeinander zu.*
ezn gelebete nie dehein man	*Kein Mensch*
deheinen lieberen tac,	*hat je einen glücklicheren Tag erlebt,*
7500 und enweiz joch niht ob iemen mac	*und ich weiß auch nicht, ob überhaupt jemand*
alsô lieben geleben	*einen so glücklichen erleben kann*
als in dâ got hete gegeben.	*wie Gott ihnen geschenkt hatte.*
sî underkusten tûsentstunt	*Sie küßten sich gegenseitig tausendmal*
ougen wangen unde munt.	*Augen, Wangen und Mund.*
7505 Dô der künec die minne	*Als der König und die Königin*
und diu küneginne	*die Freundschaftsbezeugungen*
von in zwein gesâhen,	*der beiden sahen*
und vriundes umbevâhen,	*und die freundschaftlichen Umarmungen,*
des wundert sî sêre,	*verwunderten sie sich außerordentlich darüber,*
7510 und entwelten niht mêre,	*und sie zögerten nicht länger*
si begunden dar gâhen,	*und liefen eilig dorthin,*
wand sî sî gerne sâhen	*denn sie sahen sie voller Freude*
sô vriuntlichen gebâren.	*sich so freundschaftlich verhalten.*
und wer sî beide wâren,	*Wer sie beide seien*
7515 dazn was dâ nieman erkant,	*hatte niemand dort gewußt,*
wan als man ez sît bevant.	*aber später erfuhr man es.*
ouch heten die helme unt tiu naht	*Es hatten nämlich die Helme und die Dunkelheit*
ir gesiune bedaht	*ihr Gesicht bedeckt,*
unttes kampfes grimme	*und die Wut des Kampfes*

Marginal references (right column):

6267

H. fehlt für
6268—6274

(6276)

6284

fehlt für H.
7484—7495

(6271)

(6310)

6315

6234

7520 verwandelt ir stimme,	ihre Stimme entstellt,
daz sî dâ wâren unerkant,	daß sie unerkannt geblieben wären,
enheten sî sich niht genant.	wenn sie ihren Namen nicht gesagt hätten.
'Ei', sprach mîn her îwein,	'Ach,' sagte Herr Iwein,
'der tac der dâ hiute schein,	'der heutige Tag,
7525 daz swert daz den slac truoc	das Schwert, das den Hieb ausführte,
den ich hiute ûf iuch gesluoc,	den ich heute gegen Euch schlug,
diu müezen gunêret sîn.	sollen verflucht sein.
her Gâwein, lieber herre mîn,	Herr Gawein, lieber Herr,
waz mac ich sprechen mêre	was soll ich noch mehr sagen,
7530 wan daz ich iuch êre	als daß ich mich vor Euch beuge
als iuwer rîter und iuwer kneht?	als Euer Ritter und Euer Gefolgsmann.
daz ist mîn wille und mîn reht.	Denn das ist mein Verlangen, und so kommt es mir zu.
ir hânt mich ofte gêret	Ihr habt mir oft Ehre erwiesen
und ze guote gekêret	und meine Angelegenheiten
7535 mîn dinc sô volleclîchen	so sehr zum Guten geführt,
daz man mir in den rîchen	daß man mir in allen Landen
mêre guotes hât gejehen	viel mehr Ruhm gezollt hat
danne ez âne iuch wære geschehen.	als es ohne Euch möglich gewesen wäre.
ob ich dâ wider möhte	Könnte ich Euch als Gegenleistung
7540 iuch gêren als ez töhte,	Ehre erweisen, wie es sich gehört,
des wold ich iemer wesen vrô.	so wollte ich darüber stets glücklich sein.
nune mac ich anders wan alsô	Ich kann nicht anders,
daz ich iuwer îwein	als daß ich stets Euer Iwein
iemer schîne, unde ie schein,	sein will wie immer,
7545 niuwan hiute disen tac,	mit Ausnahme dieses heutigen Tages,
den ich wol iemer heizen mac	den ich mit Recht
die gallen in dem jâre:	den bittersten Tag im Jahre nennen kann.
wan ezn wart zewâre	Denn wahrhaftig,
weder mîn hant noch mîn swert	weder meine Hand noch mein Schwert
7550 nie der unmâzen wert	sollten sich solche Maßlosigkeit zuschulden kommen
daz sî iu ie geslüegen slac.	daß sie Euch je einen Hieb versetzt hätten. [lassen,
ich verwâze swert untten tac:	Ich verwünsche Schwert und Tag.
sô sol mîn ungewizzen hant	Meine unwissende Hand aber
ir geltes selbe sîn ein pfant,	soll für ihre eigene Wiedergutmachung einstehen,
7555 daz sî iu daz ze wandel gebe	daß sie Euch damit Ersatz leiste,
daz sî iu diene unz ich lebe.	daß sie Euch dient, solange ich lebe.
her Gâwein, doch enmöhtent ir	Herr Gawein, eine bessere Genugtuung
niht baz gerochen sîn an mir:	könntet Ihr von mir nicht haben,
wand sî hât mich gunêret	denn sie hat mich in Schande gebracht
7560 und iuwern prîs gemêret.	und Euer Ansehen gesteigert.
sî hât sich selben sô erwert	Sie hat sich dergestalt verteidigt,
daz iu der sige ist beschert.	daß Euch der Sieg zugefallen ist.
ich sicher in iuwer gebot:	Ich unterwerfe mich und stelle mich Eurem Befehl
wan daz weiz unser herre got	denn unser Herrgott weiß, [anheim,
7565 daz ich sigelôs bin.	daß ich verloren habe.
ich scheide iuwer gevangen hin.'	Ich gehe fort als Euer Gefangener.'
'Herre und lieber geselle, nein,'	'Nein, Herr und lieber Freund,'
sprach mîn her Gâwein	sagte Herr Gawein.
'daz sich dehein mîn êre	'Mein Ansehen soll sich nicht
7570 mit iuwerm laster mêre!	auf Kosten Eurer Ehre steigern.
des prîses hân ich gerne rât,	Auf solchen Ruhm verzichte ich freudig,

Margin notes:
fehlt für H. 7524—7532
6288
(6290)
fehlt für H. 7540—7556
(6290)
6291

des mîn vriunt laster hât.
waz töhte ob ich mich selben trüge?
swaz êren ich mich ane züge,
7575 sô hânt sî alle wol gesehen
waz under uns ist geschehen.
ich sicher unde ergibe mich:
der sigelôse der bin ich.'
      Her îwein antwurt aber dô
7580 'ir wænet lîhte daz alsô
disiu sicherheit geschehe
daz ich ir iu ze liebe jehe.
wæret ir mir der vremdest man
der ie ze Riuzen hûs gewan,
7585 ê ir mich sô bestüendent mê,
zewâre ich sicherte iu ê.
von rehte sicher ich von diu.'
'nein, herre geselle, ich sicher iu,'
sprach mîn her Gâwein.
7590 sus werte under in zwein
âne lôsen lange zît
dirre vriuntlîcher strît,
unz daz der künec unt tiu diet
beide vrâgte unde riet
7595 waz under disen liuten
diu minne möhte diuten
dem hazze alsô nâhen
den sî ê dâ sâhen;
des man im schiere verjach.
7600 sîn neve her Gâwein der sprach
'herre, wir sulnz iu gerne sagen,
daz ir uns iht habent vür zagen,
od daz des iemen wân habe
daz wir mit dirre vuoge iht abe
7605 des strîtes komen wellen.
wir wâren ê gesellen:
daz was uns leider unkunt
hiute unz an dise stunt:
nune wont niht hazzes bî uns zwein.
7610 ich iuwer neve Gâwein
hân gestriten wider in
dem ich dienesthafter bin
danne in der werlte ieman,
unz er mich vrâgen began
7615 wie ich wære genant.
dô im mîn name wart erkant,
dô nande er sich sâ,
und rûmde vîentschaft dâ,
und gehellen iemer mêre in ein:
7620 ez ist mîn geselle Îwein.
und geloubet mir daz ich iu sage:
het erz gehabet an dem tage,
mich hete brâht in arbeit

von dem mein Freund Schande erntet.
Wozu soll ich mich selbst täuschen?
Welche Ehre ich mir auch anmaßte,
es haben doch alle genau gesehen,
was zwischen uns vorgegangen ist.
Ich unterwerfe und ergebe mich.
Ich bin der Verlierer.'   6300
Da erwiderte Herr Iwein:
'Vielleicht denkt Ihr,
diese Unterwerfung erfolge nur,
weil ich sie Euch zu Liebe anbiete.
Wäret Ihr mir aber der fremdeste Mensch,
der im fernsten Rußland lebte,
ich wollte mich lieber unterwerfen
als weiter im Kampf gegen Euch antreten.
Deswegen unterwerfe ich mich mit Recht.'
'Nein, Herr und Freund, ich unterwerfe mich Euch,'
sagte Herr Gawein.
So dauerte zwischen ihnen beiden
ohne Heuchelei lange Zeit
dieser freundschaftliche Streit,
bis der König und das Gefolge   6315
fragten und rätselten,
was die Freundschaft
zwischen den Männern bedeuten könne,
die so unmittelbar auf die Feindseligkeit folgte,
die sie eben gesehen hatten.
Man erklärte es ihm gleich.
Sein Neffe, Herr Gawein, sagte:
'Herr, wir sagen es Euch mit Freuden,   6326
damit Ihr uns nicht für Feiglinge haltet,
oder damit niemand sich einbilde,
daß wir mit dieser Bewerkstelligung
uns vor dem Kampfe drücken wollen.
Wir waren früher Freunde.
Zum Unglück wußten wir das
heute bis zur Stunde nicht.
Nun gibt es keine Feindschaft mehr zwischen uns beiden.
Ich, Euer Neffe Gawein,
habe gegen einen gekämpft,
dem ich mehr verpflichtet bin
als sonst jemandem in der Welt,
bis er mich fragte,   6337
wie ich hieße.
Als er meinen Namen erfuhr,
nannte er seinen auch gleich,
und die Feindseligkeit hatte ein Ende,
und wir sind uns ganz einig.
Es ist mein Freund Iwein.   6335
Und glaubt mir, was ich Euch sage:
Wäre der Tag lang genug gewesen,
so hätten mich mein Unrecht und seine Tapferkeit   6346

mîn unreht und sîn vrümekheit.

7625 Diu juncvrouwe hât rehtes niht
vür die man mich hie vehten siht:
ir swester ist mit rehte hie.
sô half ouch got dem rehten ie:
des wær ich tôt von sîner hant,
7630 het ez diu naht niht erwant.
sît mir geviel daz unheil,
sô ist mir lieber ein teil
nâch grôzem ungevelle
daz mich min geselle
7635 habe überwunden danne erslagen.'
die rede begunde her Îwein clagen
und wart von leide schamerôt,
daz er im der êren bôt
ein lützel mêre danne gnuoc.
7640 daz êren er im niht vertruoc:
wan redte er wol, sô redte er baz.

hie was zorn âne haz.
Der rede vil dâ geschach,
daz man ir ietwedern sach
7645 des andern prîs mêren
mit sîn selbes êren.
des vreute der künec sich.
er sprach 'ir müezent an mich
den strît lâzen beide,
7650 durch daz ich iu bescheide
daz iuch des wol genüeget
und sich ouch mir wol vüeget.'
Diu rede wart im bevolhen gar.
die juncvrouwen lâter dar.
7655 er sprach 'wâ ist nû diu maget
diu ir swester hât versaget
niuwan durch ir übermuot
ir erbeteil unt taz guot
daz in ir vater beiden lie?'
7660 dô sprach sî gâhes 'ich bin hie.'
dô sî sich alsus versprach
und unrehtes selbe jach,
des wart Artûs der künec vrô:
ze geziuge zôch ers alle dô.
7665 er sprach 'vrouwe, ir hânt verjehen.
daz ist vor sô vil diet geschehen
daz irs niht wider muget komen:
und daz ir ir habet genomen,
daz müezet ir ir wider geben,
7670 welt ir nâch gerihte leben.'
'Nein, herre,' sprach sî, 'durch got.
ez stât ûf iuwer gebot
beide guot unde lîp.
jâ gesprichet lîhte ein wîp

in Not gebracht.

fehlt für H.
7625—7630

Das Fräulein hat das Recht nicht auf ihrer Seite,
für die man mich hier kämpfen sieht.
Ihre Schwester ist im Recht.
Gott hat noch stets dem Gerechten geholfen,
darum wäre ich von seiner Hand gefallen,
hätte es die Nacht nicht abgewendet.
Da mir einmal das unglückliche Los zugefallen ist,
ist es mir weit lieber
in meinem Mißgeschick,

6348

daß mein Freund
mich überwunden und nicht erschlagen hat.'
Über diese Worte beschwerte sich Herr Iwein
und wurde vor Bedauern schamrot,
daß er ihm so im Übermaß
Ehre erwies.
Er ließ sich die Ehrerbietung nicht gefallen,
denn wenn jener die Worte gut zu setzen wußte, dann
[verstand er es noch besser.
Er ereiferte sich ohne Feindseligkeit.

6352—6366

Es gab viele Worte,
so daß man sie beide
den Ruhm des andern erhöhen hörte
auf Kosten der eigenen Ehre.

6367

Darüber freute sich der König.
Er sagte: 'Ihr müßt

6375

die Entscheidung dieses Streites mir überlassen,
dann erteile ich euch einen Bescheid,
der euch Genüge tut
und auch mir Ehre macht.'
Die weitere Verhandlung wurde ihm überlassen.
Er lud die Edelfräulein herbei.
Er sagte: 'Wo ist das Mädchen,

6384

das seiner Schwester
nur aus Stolz
ihr Erbteil verweigert hat und den Besitz,
den ihr Vater beiden hinterließ?'
Da sagte sie schnell: 'Hier bin ich.'
Als sie sich so verplappert hatte
und sich selbst des Unrechts bezichtigte,
freute sich der König Artus.
Er rief sie alle zu Zeugen an.
Er sagte: 'Herrin, Ihr habt es selbst eingestanden.
Das ist vor so vielen Leuten geschehen,
daß Ihr Euch nicht wieder herauswinden könnt,
und was Ihr ihr genommen habt,
müßt Ihr ihr zurückgeben,

6395

wenn Ihr Euch nach dem Rechtsspruch richten wollt.'
'Nein, Herr,' sagte sie. 'Bei Gott nicht.
Gut und Leben
stehen zu Eurem Gebot.
Aber eine Frau sagt doch leicht etwas,

fehlt für H.
7674—7784

7675 des sî niht sprechen solde.	*was sie nicht sagen sollte.*
swer daz rechen wolde	*Wer alles bestrafen wollte,*
daz wir wîp gesprechen,	*was wir Frauen sagen,*
der müese vil gerechen.	*der hätte viel zu bestrafen.*
wir wîp bedurfen alle tage	*Wir Frauen bedürfen doch täglich*
7680 daz man uns tumbe rede vertrage;	*der Nachsicht wegen törichter Reden.*
wand sî under wîlen ist	*Denn meistens sind sie doch*
herte und doch ân argen list,	*streng, aber ohne böse Schliche,*
geværlich und doch âne haz:	*verfänglich, aber ohne Haß,*
wan wirne kunnen leider baz.	*denn wir verstehen es unglücklicherweise nicht besser.*
7685 swie ich mit worten habe gevarn,	*Wenn ich mich in den Worten vergriffen habe,* 6396
sô sult ir iuwer reht bewarn,	*sollt Ihr deswegen doch nicht vom Recht abweichen*
daz ir mir iht gewalt tuot.'	*und mir etwas aufzwingen.'*
er sprach 'ich lâze iu iuwer guot,	*Er sagte: 'Ich lasse Euch Euren Besitz,*
und iuwer swester habe daz ir.	*und Eure Schwester möge den ihren haben.*
7690 der strît ist lâzen her ze mir:	*Die Entscheidung des Streites liegt bei mir:*
ouch hât sich diu guote	*Zudem hat sich die Vortreffliche*
mit einvaltem muote	*mit klarem Vertrauen*
sô gar her ze mir verlân:	*ganz auf mich verlassen,*
diu muoz ir teil ze rehte hân.	*sie muß von Rechts wegen ihren Anteil bekommen.*
7695 gehellen wir zwêne in ein	*Wenn wir beide übereinstimmen,*
(ez giht mîn neve Gâwein	*da nämlich mein Neffe Gawein sagt,*
daz er den sige verloren habe),	*er habe verloren,* (6410)
sô kumt ir des strîtes abe	*so kommt Ihr aus dem Kampf*
mit schanden unde ân êre.	*sogar schandebedeckt und ehrlos heraus.* 6418
7700 sus ist ez iemer mêre	*So gereicht es immerhin*
iuwer prîs und iuwer heil,	*Euch zum Ruhm und Vorteil,*
lât ir ir mit minnen ir teil.'	*wenn Ihr ihr gütlich ihren Anteil überlaßt.'* (6414)
Diz redte er, wander weste	*Dieses sagte er, weil er wußte,*
ir herze alsô veste	*ihr Herz sei*
7705 an hertem gemüete,	*so in Härte verstockt,*
durch reht noch durch güete	*daß sie es niemals um des Rechtes oder der Güte willen*
enhete sîz nimmer getân.	*getan hätte.*
sî muose gewalt od vorhte hân:	*Bei ihr mußte man Gewalt oder Einschüchterung an-* 6428
nu gewan sî vorhte von der drô.	*Nun wurde ihr Angst wegen der Drohung.* [wenden.
7710 'nû tuot dermite,' sprach sî dô,	*'Tut damit,' sagte sie,*
'weder minre noch mê	*'soviel oder sowenig*
niuwan daz iu rehte stê.	*wie Euch Recht dünkt.*
beide ich wil und muoz sî wern,	*Ich will und muß es ihr zugestehen,*
sît daz irs niht welt enbern.	*da Ihr darauf besteht.*
7715 ich teile ir liute unde lant:	*Ich teile Land und Leute mit ihr.*
des sît ir bürge unde pfant.'	*Leistet mir dafür Bürgschaft.'* 6434
Dô sprach der künec 'daz sî getân.'	*Da sagte der König: 'So sei es.'*
wandez an in was verlân,	*Da es ihm anvertraut war,*
sô wart ez wol verendet,	*wurde es zu einem guten Ende geführt*
7720 verbürget unde verpfendet,	*und durch Bürgschaft und Pfand besiegelt,*
daz sî ir erbeteil enpfienc.	*daß sie ihr Erbteil erhielt.*
der künec sprach, dô diz ergienc,	*Der König sagte, als dieses entschieden war:*
'neve Gâwein, entwâfen dich:	*'Neffe Gawein, leg die Rüstung ab,* 6449
so entwâfen ouch her Îwein sich:	*Herr Iwein möge ebenfalls die Rüstung ablegen:*
7725 wan iu ist beiden ruowe nôt.'	*denn ihr bedürft beide dringend der Ruhe.'*
dô tâten sî daz er gebôt.	*Sie taten was er befahl.*

	Nû was der lewe ûz komen,	Nun war aber der Löwe dort,	
	als ir ê habent vernomen,	wo er, wie ihr vorhin gehört habt,	
	dâ er dâ in versperret wart,	eingesperrt war, ausgebrochen,	
7730	und jaget ûf sînes herren vart,	und er rannte der Fährte seines Herrn nach,	
	unz si in zuo in sâhen	bis sie ihn auf sich zu	
	dort über velt gâhen.	über das Gefilde rennen sahen.	
	do bestuont dâ nieman mêre:	Da blieb keiner stehen,	6460
	sî vorhten in sô sêre.	denn sie fürchteten sich schrecklich vor ihm.	
7735	dâ vlôch man unde wîp	Jedermann nahm Reißaus,	
	durch behalten den lîp,	um das Leben zu retten,	
	unz daz her Îwein sprach	bis Herr Iwein sagte:	
	'ern tuot iu dehein ungemach:	'Er tut euch nichts,	
	er ist mîn vriunt und suochet mich.'	er ist mein Freund und will zu mir.'	
7740	dô verstuondens alrêrst sich	Da begriffen sie erst,	
	daz ez der degen mære	daß er der berühmte Held	6469
	mittem lewen wære,	mit dem Löwen sei,	
	von dem sî wunder hôrten sagen	von dem sie Unglaubliches gehört hatten	
	und der den risen het erslagen.	und der den Riesen erschlagen hatte.	
7745	'Geselle,' sprach her Gâwein dô,	'Freund,' sagte Herr Gawein da.	
	'ich mac wol iemer sîn unvrô,	'Ich habe für mein Lebtag Grund zur Trauer,	(6476)
	daz ich iu sus gedanket hân	daß ich Euch so vergolten habe,	
	des ir mir guotes hânt getân.	was Ihr mir Gutes getan habt.	
	den risen sluogent ir durch mich:	Den Riesen habt Ihr um meinetwillen erschlagen,	
7750	des ruomde mîn niftel sich:	dessen rühmte sich meine Nichte,	
	wand ir enbutet mirz bî ir.	denn Ihr habt es mir durch sie ausgerichtet.	
	ez hete durch mich, seit sî mir,	Um meinetwillen, sagte sie mir,	
	der rîter mittem lewen getân:	habe es der Ritter mit dem Löwen getan.	
	irn woldet sî niht wizzen lân	Ihr wolltet sie nicht wissen lassen,	
7755	wie ir wærent genant.	wie Ihr hießet.	
	dô neic ich umbe in älliu lant,	Da neigte ich mich dankbar in alle Himmelsgegenden,	
	ichn weste war ode weme,	ich wußte nicht, wohin oder vor wem,	
	wan ich meintez hin ze deme	denn ich meinte das für den,	
	der durch mich bestuont die nôt,	der um meinetwillen die Gefahr auf sich genommen	
7760	unde esn letze mich der tôt,	wenn mich nicht der Tod daran hindert, [hatte:	
	ich gedienez iemer als ich sol.	so will ich es vergelten nach Gebühr.	
	ich erkenne iuch bî dem lewen wol.'	Der Löwe ist mir ein Zeichen, daß Ihr es seid.'	
	sus lief ter lewe zuo im her:	So lief der Löwe zu ihm hin.	
	sînem herren erzeicte er	Seinem Herrn zeigte er	
7765	vreude unde vriuntschaft	Freude und Zuneigung	
	mit aller der kraft	mit allen Mitteln,	
	als ein stumbez tier dem man	mit denen ein stummes Tier dem Menschen	6497
	vriuntschaft erzeigen kan.	Zuneigung zeigen kann.	
	Zehant wart in beiden	Gleich wurde ihnen beiden	
7770	ein ruowe bescheiden,	eine Ruhestatt geschaffen,	
	dâ in gnâde und gemach	wo man ihren Wunden	
	zuo ir wunden geschach.	Versorgung und Linderung angedeihen ließ.	
	arzte gewan her Gâwein,	Herr Gawein ließ Ärzte kommen	
	im selben unde in zwein,	für sich selbst und sie beide,	
7775	ze heilenne ir wunden.	um ihre Wunden zu heilen,	
	ouch pflac ir zallen stunden	zudem bemühten sich die ganze Zeit	*fehlt für II.*
	diu künegîn untter künec Artûs.	die Königin und der König Artus um sie.	*7776—7777*
	des biuten sî daz siechhûs	So mußten sie nur kurze Zeit	

	vil unlange stunt	im Hospital liegen,	
7780	unz daz sî wâren gesunt.	bis sie wieder hergestellt waren.	
	Dô hern îwein wart gegeben	Als Herr Iwein	
	kraft und gesundez leben,	Stärke und Gesundheit zurückerlangt hatte,	
	noch wâren im die sinne	war doch sein Herz	
	von sîner vrouwen minne	durch die Liebe zu seiner Herrin	
7785	sô manegen wîs ze verhe wunt,	vielfach tödlich verwundet.	
	in dûhte, ob in ze kurzer stunt	Ihm schien, wenn seine Herrin ihn nicht bald	
	sîn vrouwe niht enlôste	durch den Trost, der nur von ihr kommen konnte,	
	mit ir selber trôste,	erlöse,	
	sô müesez schiere sîn sîn tôt.	daß er dann in Kürze sterben werde.	6514
7790	in twanc diu minnende nôt	Die Not der Liebe brachte ihn	
	ûf disen gæhen gedanc.	auf folgenden plötzlichen Gedanken:	
	'ich trîbez kurz ode lanc,	'Ich mag es anfangen wie ich will,	
	sone weiz ich wiech ir minne	ich weiß doch nicht, wie ich ihre Liebe	
	iemer gewinne,	jemals wiedergewinnen soll,	
7795	wan daz ich zuo dem brunnen var	außer ich ziehe zu der Quelle	
	und gieze dar und aber dar.	und begieße sie immer wieder.	
	gewinne ich kumber dâ von,	Erwächst mir daraus Leid,	fehlt für H.
	sô bin ich kumbers wol gewon	so bin ich an Leid ja gewöhnt	7797—7801
	und lîd in gerner kurzer tage	und will es lieber kurze Zeit erdulden,	
7800	danne ich iemer kumber trage.	als beständig Leid zu tragen.	
	doch lîd ich kumber iemer mê,	Doch werde ich für alle Zeit Leid tragen,	
	irn getuo der kumber ouch sô wê,	und nur wenn das Leid sie ebenso bedrückt,	
	daz ich noch ir minne	kann ich ihre Liebe	
	mit gewalt gewinne.'	— nämlich unter Anwendung von Gewalt, — gewinnen.'	
7805	Mit sînem lewen stal er sich dar,	Er stahl sich mit seinem Löwen davon,	6530
	daz es nieman wart gewar	so daß ihn niemand bemerkte,	
	dâ ze hove noch anderswâ,	weder dort am Hof noch sonstwo,	
	und machte kumbers weter dâ.	und machte ein verheerendes Unwetter,	
	daz wart als ungehiure	das war so gewaltig,	
7810	daz in dem gemiure	daß in der Burg	
	nieman triute genesen.	niemand glaubte, mit dem Leben davonzukommen.	
	'vervluochet müezer iemer wesen,'	'Verdammt möge der sein,'	6549
	sprach dâ wîp unde man,	sagte jedermann,	
	'der ie von êrste began	'der als erster	
7815	bûwen hie ze lande.	sich hierzulande angesiedelt hat.	
	diz leit und dise schande	Dieses Leid und diese Schmach	
	tuot uns ein man, swenner wil.	kann uns ein Mensch zufügen, wann immer er will.	
	bœser stete der ist vil:	Schlimme Orte gibt es viele,	
	iedoch ist diz diu bœste stat	doch ist dies der schlimmste,	
7820	dar ûf ie hûs wart gesat.'	auf dem je ein Haus gebaut wurde.'	
	Daz waltgevelle wart sô grôz,	Der Wald brach so gewaltig nieder	
	untter sûs untter dôz	und Sturm und Toben	
	werte mittem schalle,	hielten so lange mit Getöse an,	
	daz er die liute alle	daß es alle Leute	
7825	gar verzwîvelen tete.	fast zur Verzweiflung brachte.	
	dô sprach vrou Lûnete	Da sagte Frau Lunete:	
	'vrouwe, kumt vil drâte	'Herrin, kommt so schnell wie möglich	6556
	der dinge ze râte,	zu einem Entschluß,	
	wâ ir den man vindet	wo Ihr den Mann finden könnt,	
7830	mit tem ir überwindet	mit dem Ihr diesem Unglück	

disen schaden und diz leit.
der ist iu weizgot ungereit,
man ensuoch in danne verre.
irn möhtet schande merre
7835 niemer gewinnen,
swenn er nû scheidet hinnen
alles strîtes erlân,
der iu diz laster hât getân.
diz geschiht iu aber morgen:
7840 irn wellet besorgen
dise selben sache,
man enlât iuch mit gemache
niemer mêre geleben.'
'mahtû mir nû rât gegeben?'
7845 sprach diu vrouwe zuo der maget,
'nû sî dir mîn nôt geclaget,
wan dû mînes dinges weist
alsô vil sô iemen meist.'
Sî sprach 'vrouwe, ir habt den rât
7850 der iu wol baz ze staten stât.
ich bin ein wîp: næm ich mich an
ze râtenne als ein wîser man,
sô wær ich tumber danne ein kint.
ich lîde, mit andern die hie sint,
7855 daz mir ze lîdenne geschiht,
unz man noch dirre tage gesiht
wer iu rât vinde
von iuwerm ingesinde,
der dise bürde an sich neme
7860 und der uns ze schirme zeme.
ez mac wol sîn daz ez geschiht:
iedoch verwæn ich mich es niht.'
Sî sprach 'dû solt die rede lân:
îchn hân gedingen noch wân
7865 daz ich in iemer vinde
in mînem gesinde:
und rât dar nâch daz beste.'
sî sprach 'der danne weste
den rîter der den risen sluoc
7870 und der mich lasters übertruoc,
daz er mich von dem rôste
hie vor iu erlôste,
der iu den selben suochte,
ob er ze komenne ruochte,
7875 sone wærez nieder baz bewant.
doch ist mir ein dinc wol erkant:
ezn hulfe niemannes list,
unz im sîn vrouwe ungnædec ist,
daz er vüere durch in
7880 weder her ode hin,
ern tæte im danne sicherheit
daz er nâch rehter arbeit

und Kummer steuern könnt.
Ihr werdet ihn bei Gott nicht zur Verfügung haben,
wenn man ihn nicht weithin sucht.
Eine größere Schmach
könnte Euch gar nicht passieren,
als wenn der völlig
kampflos fortreiten kann,   6572
der Euch diese Schande zugefügt hat.
Das kann morgen wieder geschehen.
Wenn Ihr nicht
für diese Angelegenheit sorgt,
wird man Euch nicht mehr
in Frieden leben lassen.'
'Kannst du mir einen Rat geben?'   6578
sagte die Herrin zu dem Mädchen.
'Ich will dir mein Unglück klagen,
denn du weißt soviel von meinen Angelegenheiten
wie sonst niemand.'
Sie sagte: 'Herrin, Ihr habt sicher einen Einfall,
der Euch mehr nützt.
Ich bin nur eine Frau. Maßte ich mir an
Rat zu erteilen wie ein weiser Mann,
so wäre ich törichter als ein Kind.
Ich erdulde so wie die andern Einwohner,
was zu erdulden mir auferlegt wird,   6585
bis sich eines Tages herausstellt,
wer von Eurem Gesinde
Euch Abhilfe schafft,
indem er diese Last auf sich nimmt
und uns als Schutz dient.
Es kann ja sein, daß das möglich ist,
aber ich habe keine Hoffnung darauf.'
Sie sagte: 'So sollst du nicht reden.   6993
Ich habe nicht die Hoffnung oder Illusion,
einen solchen jemals
unter meinem Gesinde zu finden.
Was rätst du als bestes demgemäß?'
Sie sagte: 'Wer wohl wüßte,   6602
wo der Ritter ist, der den Riesen erschlug
und der mich aus der Not rettete,
indem er mich vom Scheiterhaufen
hier vor Euren Augen befreite,
wenn einer für Euch diesen aufsuchte,
ob er zu kommen sich bereiterklärte,
so könnte es nicht besser sein.
Doch weiß ich eins genau:
niemandes Überredungskunst würde ihn dazu bringen,
solange ihm seine Herrin ihre Huld versagt,
daß er um seinetwillen
irgendwohin zöge,
es sei denn, er verspräche ihm,
daß er mit redlicher Bemühung

	mit allen sînen dingen	und allem, was ihm zu Gebote steht,	6611
	dâ nâch hulfe ringen,	ihm danach streben hülfe,	
7885	ob er durch iu iht tæte,	wenn er um euretwillen etwas vollbringen soll,	
	daz er wider hæte	daß er die Liebe seiner	
	sîner vrouwen minne.'	Herrin zurückerlangt.'	
	diu vrouwe sprach 'die sinne	Die Dame sagte: 'Die Geisteskräfte,	
	der mir unser herre gan,	die mir unser Herrgott verliehen hat,	
7890	die kêr ich alle dar an,	will ich alle daran wenden,	
	beide lîp unde guot,	so wie auch Leben und Besitz,	
	daz ich im ir zornmuot	daß ich ihm ihre Ungnade vertreibe,	
	vertrîbe, ob ich iemer mac.	wenn ich es irgend vermag.	6621
	des enpfâch mînen hantslac.'	Darauf gebe ich dir die Hand.'	
7895	Dô sprach aber vrou Lûnete	Da erwiderte Frau Lunete:	
	'ir sît süeze und iuwer bete.	'Ihr wie Eure Bitten sind liebreizend,	
	welch guot wîp wære von den siten,	welche edle Frau, die Ihr inständig bittet,	
	die ir ze vlîze woldet biten,	wäre wohl so geartet,	
	diu iht versagen kunde	daß sie	
7900	einem alsô süezen munde?	einem so reizenden Munde etwas abschlagen könnte.	
	ob es iu âne valschen list	Wenn es Euch ohne Hintergedanken	
	ernest wirt ode ist,	ernst wird oder ist,	
	sô muoz er wol ir hulde hân.	so wird er sicher ihre Zuneigung wiedererlangen.	
	ichn mac iuch des niht erlân	Ich kann es Euch nicht ersparen,	
7905	irn geheizet imz mit eide	daß Ihr es ihm eidlich versprecht,	6626
	ê daz ich von iu scheide.'	bevor ich von Euch fortgehe.'	
	des eides was sî vil gereit.	Zum Eide war sie gleich bereit.	
	vrou Lûnete gap den eit,	Frau Lunete sprach den Eid vor	
	und wart vil gar ûz genomen	und vieles wurde ausdrücklich formuliert,	
7910	daz im ze staten mohte komen	was dem vorteilhaft sein konnte,	
	nâch dem sî dâ solde varn	den zu suchen sie ausreiten wollte.	6636
	sî sprach 'vrouwe, ich muoz bewarn	Sie sagte: 'Herrin, ich muß	
	mit selhen witzen den eit	den Eid so klug ausdenken,	
	daz mich deheiner valscheit	daß mich nicht irgend jemand	
7915	iemen zîhe dar an.	der Verräterei bezichtige.	
	er ist ein harte stæter man	Der, nach dem ich ausreiten soll,	
	nâch dem ich dâ rîten sol,	ist ein Mann von großer Beharrlichkeit,	
	und bedarf dâ stæter rede wol.	und eindeutige Worte sind für ihn nötig.	
	welt ir nâch im senden,	Wenn Ihr nach ihm senden wollt	
7920	diu wort mit werken enden	und die Worte mit Werken krönen,	
	der ich zem eide niht enbir,	was eidlich versichert werden muß,	
	sô sprechet, vrouwe, nâch mir.'	so sprecht, Herrin, mir nach.'	
	die vinger wurden ûf geleit:	Sie legte die Finger auf den Reliquienschrein,	(6650)
	alsus gap sî den eit.	und folgendermaßen sprach sie den Eid:	
7925	'Ob der rîter her kumt	'Wenn der Ritter herkommt,	
	und mir ze mîner nôt gevrumt,	mit dem der Löwe zieht,	
	mit tem der lewe varend ist,	und mir aus meiner Not hilft,	
	daz ich ân allen argen list	so will ich ohne Hintergedanken	6646
	mîne maht und mînen sin	meine Kräfte und meinen Verstand	
7930	dar an kêrende bin	darauf richten,	
	daz ich im wider gewinne	daß ich ihm	
	sîner vrouwen minne.	die Liebe seiner Herrin zurückgewinne.	
	ich bite mir got helfen sô	So wahr mir Gott helfe	6653
	daz ich iemer werde vrô,	zur ewigen Seligkeit	

7935 und dise guote heiligen.'	samt diesen gnädigen Heiligen.'
dône was dâ niht verswigen	Da wurde nichts ausgelassen,
des er bedurfen solde	was für den nötig war,
den sî bringen wolde.	den sie herbeischaffen wollte.
Sich underwant vrou Lûnete	Frau Lunete unternahm
7940 der reise die sî gerne tete.	die Reise, die sie freudig antrat.
hin reit diu guote	Die Vortreffliche ritt davon,
mit vrœlîchem muote;	fröhlichen Herzens, *6664*
und was ir doch zuo der stunt	obwohl sie zu dieser Zeit,
lützel dar umbe kunt,	als sie die Reise antrat,
7945 dô sî der vart begunde,	keine Ahnung hatte,
wâ sî in vunde;	wo sie ihn finden könne,
und wart ir kurzlichen kunt	aber nach kurzer Zeit machte sie
ir vil sæliger vunt,	ihren glücklichen Fund,
wan sî in bî dem brunnen vant.	da sie ihn bei der Quelle fand. *6666*
7950 er was ir bî dem lewen erkant:	Sie erkannte ihn an dem Löwen:
ouch erkande sî ir herre,	ebenfalls erkannte sie ihr Herr,
dô er sî sach von verre.	als er sie von ferne san.
mit guotem willen gruozter sî.	Er grüßte sie freundlich.
sî sprach 'daz ich iuch alsô bî	Sie sagte: 'Daß ich Euch so in der Nähe *6678*
7955 vunden hân, des lob ich got.'	gefunden habe, dafür preise ich Gott.'
'vrouwe, daz ist iuwer spot:	'Herrin, Ihr redet nicht im Ernst,
od hât ir mich gesuochet?'	oder habt Ihr mich gesucht?'
'jâ, herre, ob irs geruochet.'	'Ja Herr, wenn's Euch gefällig ist.'
'waz ist daz ir gebietet?'	'Was wünscht Ihr?'
7960 'dâ habt ir iuch genietet,	'Nun habt Ihr eine lange Mühsal
ein teil von iuwern schulden,	ganz durch eigne Schuld,
und von ir unhulden	aber auch durch die Ungnade derer,
von der iu dienete diz lant	durch die dieses Land Euch untertan war
und diu mich ûz hât gesant,	und die mich ausgesandt hat,
7965 einer langen arbeit:	ausgestanden. *6685*
sine welle brechen danne ir eit,	Wenn sie nicht den Eid brechen will,
diu mich dâ ûz gesendet,	die mich aussendet,
sô hân ich iu verendet	so habe ich die Sache
die rede alsô verre	soweit zu einem guten Ende für Euch gebracht,
7970 daz ir aber mîn herre	daß Ihr in kurzer Zeit
werden sult in kurzer vrist,	wieder mein Herr werden sollt,
alse sî mîn vrouwe ist.'	so wie sie meine Herrin ist.'
Hie was grôz vreude von in zwein.	Da freuten sich beide ungemein. *6689*
done wart mîn her Îwein	Herr Iwein
7975 vordes nie alsô vrô.	war so froh wie nie zuvor.
von grôzen vreuden kuster dô	Aus großer Freude küßte er
sîner juncvrouwen munt,	dem Fräulein Mund,
hende und ougen tûsentstunt.	Hände und Augen tausendmal.
er sprach 'ir habt bescheinet	Er sagte: 'Ihr habt aufs beste bewiesen,
7980 vil wol wie ir mich meinet.	wie Ihr mir zugetan seid.
ich vürhte sêre, und ist mîn clage,	Ich fürchte stark und bedaure es,
daz mir des guotes ode der tage	daß mir Besitz oder Lebenszeit *6699*
ode beider zerinne	oder beides zerrinnt,
ê ich die grôzen minne	bevor ich die große Zuneigung
7985 ze rehte umb iuch verschulden müge	Euch richtig vergelten kann,
als ez dem dieneste tüge	wie es dem Dienst angemessen ist,

den ir mir nû habt getân.'
sî sprach 'die angest muget ir lân:
ir gewinnet tage und daz guot,
7990 het ich gedienet den muot,
daz mir gnâde wurde schîn
und sweme ir gnædec woldet sîn.
ichn hân niht baz wider iuch getân,
irn welletz danne baz enpfân,
7995 dan der des andern guot entnimt,
und swenne ez ze geltenne gezimt,
daz er im geltes ist gereit.
ir entlihet mir michel arbeit,
dô ich wære verbrant,
8000 ob irz niht hætet erwant.
vür mînen lîp was iuwer leben
ûf die wâge gegeben:
dô gâbet ir mir disen lîp.
ez verdienten niemer tûsent wîp
8005 die gnâde dier mir habt getân.'
er sprach 'die rede sult ir lân.
ir habt vaste überzalt:
mir ist vergolten tûsentvalt
swaz ich ie durch iuch getete.
8010 nû saget mir, liebe vrou Lûnete,
weiz sî doch daz ich ez bin?'
sî sprach 'daz wære der ungewin.
sine weiz von iu, geloubet mirz,
zer werlte mêre wan daz irz
8015 der rîter mittem lewen sît.
si bevindetz noch ze guoter zît.'
 Dô riten sî ze hûse dan,
und in bekam dâ wîp noch man.
daz envuocte ouch anders niht
8020 niuwan ein wunderlich geschiht,
daz sî dâ nieman rîten sach
unz sî ergriffen ir gemach.
dô gienc vrou Lûnete
dâ sî an ir gebete
8025 ir vrouwen alters eine vant,
unde saget ir zehant,
daz er komen wære.
done hete sî dehein mære
alsô gerne vernomen.
8030 sî sprach 'nû sî er willekomen.
ich wil in harte gerne sehen,
swie daz mit vuoge mac geschehen.
genc hin zuo im unde ervar,
wil er her, od sol ich dar?
8035 daz sî: wan ich bedarf sîn.
er gienge nâch mir, bedorfter mîn.'
 Vil schiere brâht in vrou Lûnete.
er vuor swie sî in varen tete,

den Ihr mir jetzt erwiesen habt.'
Sie sagte: 'Darum macht Euch keine Sorge,
Ihr werdet genügend Lebenszeit und Besitz haben,
daß, wenn ich eine solche Gesinnung verdiente,
Ihr mir Huld erweisen könnt
und wem immer Ihr sonst geneigt seid.   6704
Ich habe nicht besser gegen Euch gehandelt,
— es sei denn, Ihr nehmt es besser auf —,
als einer, der vom andern geborgt hat,   6706
und wenn die Zeit zur Rückzahlung kommt,
bereit ist, seine Schuld zu erstatten.
Ihr habt mir große Anstrengung ausgeliehen,
als ich verbrannt worden wäre,
hättet Ihr es nicht abgewendet.
Für mich wurde Euer Leben
aufs Spiel gesetzt,
so habt Ihr mir dieses Leben wiedergeschenkt.
Tausend Frauen könnten die Gunst nicht vergelten,
die Ihr mir erwiesen habt.'
Er sagte: 'Sprecht nicht so.
Ihr habt viel zu viel zurückgezahlt,
mir ist tausendfach vergolten worden,   (6711)
was ich je für Euch getan habe.
Sagt mir, liebe Frau Lunete,
weiß sie denn, daß ich es bin?'   6714
Sie sagte: 'Das wäre ein großer Nachteil.
Sie weiß von Euch, glaubt es mir,
nicht ein bißchen, als nur, daß Ihr
der Ritter mit dem Löwen seid.
Sie wird es noch früh genug herausfinden.'
So ritten sie zu der Burg,
und sie trafen keinen Menschen.   6721
Das geschah nicht anders
als durch seltsame Fügung,
daß sie niemand reiten sah
bis sie im Innern der Burg waren.
Da ging Frau Lunete dorthin,   (6722)
wo sie ihre Herrin im Gebet
allein fand,
und sagte ihr gleich,
daß er gekommen sei.
Noch nie hatte sie eine Nachricht
mit solcher Freude gehört.   6723
Sie sagte: 'Er sei willkommen,
ich brenne darauf, ihn zu sehen,
wenn sich das mit Anstand einrichten läßt.
Geh zu ihm hin und erfrage,
ob er herkommen will oder ob ich hingehen soll.
Das kann ich tun, denn ich bedarf seiner.
Er müßte zu mir kommen, bedürfte er meiner.'
Frau Lunete brachte ihn gleich herbei.
Er kam, wie sie ihn hieß,

    fehlt für H.
    8030—8038

gewâfent daz im nihts gebrast.	*in voller Rüstung, daß ihm nichts fehlte.*
8040 si enpfie den wirt vür einen gast.	*Sie empfing den Burgherrn als Fremdling.*
und bî dem êrsten gruoze	*Bei dem ersten Gruße*
viel er ir ze vuoze	*fiel er ihr zu Füßen* *6730*
und enhete doch deheine bete.	*und hatte doch gar nichts zu erflehen.*
dô sprach vrou Lûnete	*Da sagte Frau Lunete:*
8045 'vrouwe, heizet in ûf stân:	*'Herrin, heißt ihn aufstehen,*
und als ich im geheizen hân,	*und wie ich ihm versprochen habe,*
sô sult ir lœsen den eit.	*sollt Ihr den Eid einlösen.*
ich sag iu mitter wârheit	*Ich versichere Euch,*
daz diu helfe untter rât	*daß Hilfe und Erlösung*
8050 niuwan an iu einer stât.'	*bei niemandem als bei Euch liegen.'*
Sî sprach 'nû bewîse mich:	*Sie sagte: 'Sag mir, was ich tun soll.*
durch sînen willen tuon ich	*Um seinetwillen will ich tun,*
swaz ich mac unde sol.'	*was ich kann und muß.'* *6741*
sî sprach 'vrouwe, ir redent wol.	*Sie sagte: 'Herrin, wohl gesprochen!*
8055 nûne hulfe im nieman baz.	*Niemand könnte ihm besser helfen.*
sîn vrouwe, diu im ist gehaz,	*Seine Herrin ist ihm ungnädig.*
gebietent ir, diu lât ir zorn:	*Gebietet Ihr, so läßt sie ihren Zorn fahren,*
gebietent ir, er ist verlorn,	*gebietet Ihr, so ist er verloren,*
und möht iu daz wol wesen leit.	*und das könnte Euch noch großen Kummer bereiten.*
8060 irn habt mitter wârheit	*Ihr habt wahrlich*
deheinen bezzern vriunt dan er ist.	*keinen besseren Freund als ihn.* *6749*
ez wolde unser herre Krist,	*Unser Herr Christus hat es gewollt*
und wîste mich ûf die vart,	*und mich auf den rechten Weg gewiesen,*
daz er sô gâhes vunden wart,	*daß er so schnell gefunden wurde,*
8065 daz diu vremde von iu zwein	*damit Euer beider Entfremdung*
wurde gesamenet in ein.	*sich wieder in Einigkeit wandle.* *(6751)*
sone sol iuch dan dehein ander nôt	*Keine andre Not soll*
gescheiden nimmer âne den tôt.	*Euch fortan scheiden als der Tod.*
nû behaltet iuwer gewarheit	*Haltet Euer Versprechen*
8070 unde lœsent den eit.	*und löst den Eid ein.*
vergebent im sîne missetât,	*Vergebt ihm seine Verfehlung,*
wand er dehein ander vrouwen hât	*denn er gehört weder jetzt*
noch gewinnet noch nie gewan.	*noch in Zukunft noch in der Vergangenheit einer andern*
diz ist her Îwein iuwer man.'	*Dies ist Herr Iwein, Euer Gemahl.'* *[Herrin an:* *6753*
8075 Diu rede dûhte si wunderlich,	*Über diese Worte war sie bestürzt,*
und trat vil gâhes hinder sich.	*und sie trat schnell einen Schritt zurück.*
sî sprach 'hâstû mir wâr geseit,	*Sie sagte: 'Hast du mir die Wahrheit gesagt,*
sô hât mich dîn karkheit	*so hat mich deine List*
wunderlîchen hin gegeben.	*schlimm hintergangen.* *(6761)*
8080 sol ich dem vürdermâle leben	*Soll ich fernerhin mit dem leben,*
der ûf mich dehein ahte enhât?	*der sich nicht um mich kümmert?*
deiswâr des het ich gerne rât.	*Wahrhaftig, ich würde das mit Freuden entbehren.*
mirn getete daz weter nie sô wê	*Das Unwetter hat mich nie derart verheert,* *6767*
ichn woldez iemer lîden ê	*daß ich es nicht lieber erduldete,*
8085 danne ich ze langer stunde	*als für immer*
mînes lîbes gunde	*einem Manne solchen Sinnes*
deheinem sô gemuoten man	*anzugehören,*
der nie dehein ahte ûf mich gewan:	*der sich nicht um mich gekümmert hat,*
und sage dir mitter wârheit,	*und ich versichere dir:*
8090 entwunge michs niht der eit,	*bände mich nicht der Eid,*

sô wærez unergangen.	so sollte es unterbleiben.
der eit hât mich gevangen:	Der Eid hat mich gefangen,
der zorn ist mînhalp dâ hin.	und so will ich von mir aus den Zorn fahren lassen.
gedienen müez ich noch umb in	Möge ich es doch noch um ihn verdienen,
8095 daz er mich lieber welle hân	daß er mich lieber habe
danner mich noch habe getân.'	als früher.'
Der herre îwein vrœlichen sprach,	Herr Iwein sagte voller Freude,
dô er gehôrte unde sach	als er hörte und sah,
daz im sîn rede ze heile sluoc,	daß die Sache zu seinem Glück ausschlug
8100 und der kumber den er truoc,	und daß das Leid, das er trug,
daz der ein ende solde hân	ein Ende haben sollte:
'vrouwe, ich hân missetân:	'Herrin, ich habe eine Verfehlung begangen.
zewâre daz riuwet mich.	Wahrlich, ich bereue es.
ouch ist daz gewonlich	Es ist Sitte,
8105 daz man dem sündigen man,	daß man dem Sünder,
swie swære schulde er ie gewan,	so schwer er sich auch verfehlt hat,
nâch riuwen sünde vergebe,	nach seiner Reue die Sünde vergebe,
und daz er in der buoze lebe	und daß er sein Leben dergestalt bessert,
daz erz niemer mê getuo.	daß er es nie wieder tut.
8110 nune hœret anders niht dâ zuo:	Anderes braucht es nicht,
wan kum ich nû ze hulden,	denn erringe ich wieder Eure Zuneigung,
sine wirt von mînen schulden	so will ich sie durch meine Schuld
niemer mêre verlorn.'	nie wieder einbüßen.'
sî sprach 'ich hân es gesworn:	Sie sagte: 'Ich habe es geschworen.
8115 ez wære mir liep ode leit,	Ob ich will oder nicht,
daz ich mîner gewarheit	ich kann von meinem Versprechen
iht wider komen kunde.'	nicht zurücktreten.'
er sprach 'diz ist diu stunde	Er sagte: 'Das ist die Stunde,
die ich wol iemer heizen mac	die ich stets
8120 mîner vreuden ôstertac.'	meines Glückes Auferstehung nennen will.'
Dô sprach diu künegîn	Da sagte die Königin:
'her îwein, lieber herre mîn,	'Herr Iwein, lieber Herr,
tuot genædiclîchen an mir,	nun vergebt auch mir.
grôzen kumber habet ir	Ihr habt durch mich
8125 von mînen schulden erliten:	schweres Leid erlitten.
des wil ich iuch durch got biten	Nun bitte ich Euch um Gottes willen,
daz ir ruochet mir vergeben,	Ihr möget mir vergeben,
wand er mich, unz ich hân daz leben,	denn Euer Leid wird mir bis an mein Lebensende
von herzen iemer riuwen muoz.'	von Herzen leid tun.'
8130 dâ mite viel sî an sînen vuoz	Sie fiel ihm zu Füßen
und bat in harte verre.	und flehte ihn inständig an.
'stât ûf,' sprach der herre,	'Steht auf,' sagte Herr Iwein.
'irn habt deheine schulde:	'Ihr habt keine Schuld,
wan ich het iuwer hulde	denn ich hatte Eure Huld
8135 niuwan durch mînen muot verlorn.'	nur wegen meiner Gesinnung verloren.'
sus wart versüenet der zorn.	So wurde die Feindschaft ausgesöhnt.
Hie gesach vrou Lûnete	Frau Lunete erlebte da
die suone diu ir sanfte tete.	eine Versöhnung, die ihrem Herzen wohltat.
swâ man unde wîp,	Wo Mann und Frau sich
8140 habent guot unde lîp,	Besitzes und Lebens erfreuen,
schœne sinne unde jugent,	Schönheit, Verstand und Jugend
âne ander untugent,	ohne nachteilige Eigenschaften haben,

Marginal references: 6777 · 8102—8113 geändert · (6791) · fehlt für H. 8120—8136 · (6809) · fehlt für H. 8139—8148

158

werdent diu gesellen
diu kunnen unde wellen
8145 ein andér behalten,
lât diu got alten,
diu gewinnent manege süeze zît.
daz was hie allez wænlich sît.
hie was vrou Lûnete mite
8150 nâch ir dienesthaften site.
diu hete mit ir sinne
ir beider unminne
brâht zallem guote,
als sî in ir muote
8155 lange hâte gegert.
ir dienest was wol lônes wert:
ouch wæn ich sîs alsô genôz
daz sî des kumbers niht verdrôz.
ez was guot leben wænlich hie:
8160 ichn weiz ab waz ode wie
in sît geschæhe beiden.
ezn wart mir niht bescheiden
von dem ich die rede habe:
durch daz enkan ouch ich dar abe
8165 iu niht gesagen mêre,
wan got gebe uns sælde und êre.

und wenn diese sich verbinden
in der Absicht
einander treu anzuhangen,
und wenn Gott sie alt werden läßt,
so erleben sie eine lange glückliche Zeit.
Das war hier alles zu erhoffen.
Dazu hatte Frau Lunete   (6808)
mit ihrer Dienstwilligkeit beigetragen.
Sie hatte mit ihrer Klugheit
ihrer beider Feindschaft
zu einem guten Ende gebracht,
wie sie es im Herzen
seit langem gewünscht hatte.
Ihr Dienst war wahrlich des Lohnes wert.
Ich glaube, es wurde ihr so vergolten,
daß ihr das, was sie durchgemacht hatte, nicht leid tat. (6810)
Ein glückliches Leben begann.
Ich weiß aber nicht, was oder wie
den beiden seither geschah.
Der, von dem ich die Geschichte habe,   6816
hat es mir nicht erzählt.
Deswegen kann auch ich euch
darüber nichts weiter sagen als: fehlt für H.
Gott schenke uns Gnade und Ansehen in der Welt.   8166

Vorbemerkung

1. Bearbeitungen des Stoffes

Wenige literarische Stoffe erfreuen sich im Mittelalter solcher Beliebtheit wie die Geschichte von Iwein und Laudine. Wie der Weg des Stoffes von den uns nur durch sekundäre Zeugnisse bekannten Geschichten, die den keltischen Königssohn Owein und dessen Vater Urien besingen, bis zur Dichtung des Chrestien de Troyes ausgesehen hat, wie Chrestiens Werk sich zu der kymrischen Prosaerzählung, dem Mabinogi von Owein und Luned verhält, kann nur durch Vermutungen und Hypothesen zu klären versucht werden. An solchen hat es die Forschung nicht fehlen lassen. Sie hier wiederzugeben ist nicht Raum. Als sicher gilt es, daß die sechs übrigen Fassungen des Iweinstoffes in fünf Sprachen alle direkt oder indirekt auf Chrestien beruhen: die englische, nordische, schwedische, dänische und die beiden deutschen: Hartmanns *Iwein* und Ulrich Füetrers *Iban* im *Buch der Abenteuer* (um 1475. Beruht auf Hartmann und Nebenquellen, — so Zenker, Ivainstudien; beruht ausschließlich auf Hartmann, — so Alice Carlsson, Ulrich Füetrer und sein Iban, Riga 1927).

2. Hartmanns Quelle

Hartmann hält sich im *Iwein* enger als im *Erec* an seine französische Vorlage, die er in einer der Chrestien-Hs. G nahestehenden Version benutzte (vgl. Anm. zu v. 260). Darum kommt der Frage nach möglichen Nebenquellen beim *Iwein* keine besondere Bedeutung zu. Lediglich die Episode von der Entführung der Königin Ginover kann Hartmann nicht von Chrestien haben: im *Yvain* steht sie nicht, und die Fassung der Episode in Chrestiens Karrenritterroman weicht von Hartmanns Version ab. An einigen Stellen der Gewitterquellen-Episode scheint Hartmann mit dem Mabinogi gegen Chrestien übereinzustimmen (vgl. Anm. zu v. 526).

Die enge Abhängigkeit des *Iwein* vom *Yvain* hat immer wieder zum Vergleich beider Dichtungen gereizt, und in der Tat lassen sich auf diesem Wege wichtige Erkenntnisse über Hartmanns Arbeitsweise und Absicht gewinnen. Aber auch dort, wo sich die Vergleiche nationalliterarischer Pauschalwertungen enthielten, blieben sie für das Verständnis des *Iwein* im ganzen seltsam unergiebig, offenbar weil ein solches Verfahren punktuell bleiben muß und keine Thesen ergibt, die mehr als ganz allgemeine und ebensowohl auch ohne minuziösen Vergleich zu formulierende Aussagen sind: Hartmann ist sentenziöser, lehrhafter, er glättet und harmonisiert, streicht drastische Komik und realistisches Detail, nimmt damit vielen Stellen ihre Lebendigkeit, betont das Musterhafte und allgemein Verbindliche.*

3. Datierung

Für die Datierung des *Iwein* gibt eine Anspielung Wolframs im 5. Buch des *Parzival* einen Anhaltspunkt. *Parzival* 253, 10 äußert Wolfram sich tadelnd über *froun Luneten rât*. Vorausgesetzt, daß die

Datierung dieser Stelle auf das Jahr 1205 stimmt (vgl. zu dem ganzen Komplex Wapnewski p. 21 f.), ergibt sich, daß der *Iwein* vor 1205 abgeschlossen und um 1205 so bekannt und verbreitet gewesen sein muß, daß Wolframs Anspielung seinem Publikum verständlich war. Mehr läßt sich nicht sagen.

Schon Benecke hatte den *Iwein* als Hartmanns letztes Werk angesehen, und diese Auffassung wird noch heute im allgemeinen akzeptiert, dies freilich nicht ohne Einschränkungen, Zweifel und Fragen. Zwierzinas Untersuchungen, die im übrigen die Endstellung des *Iwein* bestätigen, hatten ergeben, daß die ersten tausend Verse der Dichtung sich durch geringere Virtuosität und Vollkommenheit in der Handhabung der poetischen und sprachlichen Mittel vom Rest des Werkes unterscheiden (vgl. Anm. zu v. 1000). Schirokauer (ZfdA 83, 1951/52 p. 59—78) und Werner Schröder (DVjS 31, 1957 p. 264—302) haben daraus die Folgerung gezogen, der *Iwein* sei in zwei verschiedenen Phasen entstanden. Schröder rückt die ersten tausend *Iwein*-Verse in die Nähe des *Erec*, nimmt dann die Pause an, in der *Gregorius* und *Armer Heinrich* entstehen und setzt den zweiten Teil des *Iwein* an das Ende von Hartmanns Werk wie bisher. Schwer zu vereinbaren mit dieser Reihung ist die Tatsache, daß nach Zwierzina die letzten fünfhundert Verse des *Iwein* sich in ähnlicher Weise von der Hauptmasse unterscheiden wie die ersten tausend. — Das Problem löst sich nicht, wenn man mit Friedrich Neumann (Einleitung zur *Gregorius*-Ausgabe, 1958, u. ö.) den *Armen Heinrich* als letztes Werk Hartmanns ansieht. (Vgl. Wapnewski p. 16—19.)

4. Überlieferung

Der Iwein ist das mit 15 ganz oder annähernd vollständigen und 13 fragmentarischen Handschriften am weitaus besten überlieferte Werk Hartmanns. Die älteste Hs. B stammt aus dem ersten Jahrzehnt des 13. Jhs., kann also nur wenige Jahre nach der Abfassung des Originals entstanden sein. Die jüngsten Hss. sind im 16. Jh. geschrieben. Dem Gebrauche Lachmanns folgend werden die Pergament-Hss. mit Majuskeln, die Papier-Hss. mit Minuskeln bezeichnet. Lediglich d, die Ambraser Hs., und e, die ganz bzw. teilweise aus Pergament sind, hat Lachmann ihrer Jugend wegen mit kleinen Buchstaben versehen. Grundlage der Ausgaben sind die Hss. A und B.

A stammt aus dem 13. Jh., enthält 90 Blätter mit 25—27 Zeilen pro Seite, die Verse sind nicht abgesetzt. Lachmann hielt diese Hs. für die älteste. Sie lag ihm in der Abschrift Beneckes vor („Beneckens abschrift ist schöner als das original, und weit brauchbarer als ein facsimile". Lachmann p. 360). Die Fehler dieser Abschrift stellt Henrici ZfdA 28 p. 250 zusammen. Die jeweils erste und letzte Seite jeder Lage ist stark abgerieben und zum Teil unlesbar. Das Ergebnis des Entzifferungsversuchs der ersten Seite von Bartsch und Zangemeister ist abgedruckt Germ. 31 p. 122 f. Einige Blätter sind falsch eingebunden.

B ist die älteste Hs. Sie stammt aus dem 1. Jahrzehnt des 13. Jhs. (sh. Henrici ZfdA 29, p. 362). Sie enthielt ursprünglich 159 Blätter mit 26 Versen pro Seite. Es fehlen die Blätter 90—92 und 132 (v. 4633—4790 und 6767—6818). Die Hs. B ist im Faksimile herausgegeben von: H. M. Heinrichs, Iwein Hs. B (Fotomechanischer Nachdruck), Köln-Graz 1964 (Deutsche Texte in Hss. Bd. 2).

Für die Beschreibung der übrigen Hss. siehe die Verzeichnisse bei Henrici p. XIII—XVI und Ludwig Wolff, Lachmann Ausg. p. XII—XVII, und vor allem die ausführliche Beschreibung im Vorwort zu Wolffs Neubearbeitung.

Da Lachmann A für die älteste Hs. hielt, die zudem unabhängig von allen andern war, ergab sich daraus das textkritische Verfahren, „ihr, da sie der ersten quelle der überlieferung am nächsten ist, zu folgen, wo sie nicht allein steht". Lachmann p. 362.

Hermann Paul, Beitr. 1 p. 336 hatte für den zweiten Teil (etwa v. 3000—Schluß) folgendes Stemma aufgestellt (die griechischen Buchstaben bedeuten erschlossene Stufen):

$$
\begin{array}{c}
\alpha \\
\overline{\hspace{1.5cm}} \\
\beta \qquad \gamma \\
\end{array}
$$

```
                          α
              _____
             β                γ
      _____      _____
     ε      δ        c   f   D            ζ
   _____  _____                        _____
   A   d  E   a                        B     b
```

und für den ersten Teil

```
                   ε
            _____
           ϑ           η
         _____     _____
         A     a     B     d
```

O. Böhme, Germ. 35 p. 270 nimmt an, Wirnt von Gravenberg habe für seinen *Wigalois*, in dem etwa 370 von Hartmann entlehnte Verse nachzuweisen sind, das Original des *Iwein* benutzt. Aus dem Verhältnis der *Iwein*-Hss. zum *Wigalois* entwickelt er folgendes Stemma (x = Original):

```
                       x
            _____
           α              β
         _____   _____
         B     b   Ad + Ea + D + J + cf + r
```

Das heißt: sobald eine Hs. der β-Gruppe mit Bb übereinstimmt, hat Bb den authentischen Text.

Henrici, p. XVIII—XXXII, hält es für unmöglich, die erhaltenen Hss. einem Stemma einzuordnen. Er bestreitet die Monopolstellung von A und erwägt die Möglichkeit, daß es mehrere ‚echte‘ Iwein-Redaktionen gab.

Sh. jetzt die Darstellung von Ludwig Wolff, Die Iwein-Hss. in ihrem Verhältnis zueinander, Festschrift für H. de Boor, Tübingen 1966 und Luwdig Wolff, Vorwort zu seiner Bearbeitung des Textes. Wolff weist nach, daß die Fixierung der überaus komplizierten und nicht völlig durchschaubaren Überlieferung in einem eindeutigen Stemma nicht möglich ist. *

5. Nachwirkung

Wie allein schon die reiche Überlieferung bezeugt, erfreute Hartmanns *Iwein* sich bei der Mit- und Nachwelt größter Beliebtheit und Wirkung. Der *Iwein* wird direkt erwähnt bei Wolfram von Eschenbach, Heinrich von dem Türlin, Rudolf von Ems, dem Pleier, Hugo von Trimberg, Heinrich von Freiberg, Püterich von Reichertshausen. (Vgl. die Nachweise bei Henrici p. VII.) Zahllos sind die Entlehnungen aus dieser als Norm und Vorbild empfundenen Dichtung.

6. Zu dieser Ausgabe

Soviel Kluges über Reiz und Schwierigkeit, Berechtigung und Fragwürdigkeit des Übersetzens aus dem Mittelhochdeutschen ist gesagt worden, daß hier nichts davon wiederholt werden soll. Die hier gebotene Übersetzung von Hartmanns *Iwein* will nichts weiter sein als Brücke zum mittelhochdeutschen Text, der auf diese Weise dem Germanistik-Studenten, möglicherweise auch dem germanistischen Laien, der mit mittelhochdeutschen Texten nicht vertraut ist, zugänglich gemacht werden soll. Das Gebot möglichster Textnähe und Zeilentreue stand deshalb über dem stilistischer Eleganz. Die Übersetzung hält sich streng an den Text, wie er in Ludwig Wolffs Neubearbeitung des *Iwein* geboten wird, auch dann, wenn ich an der einen oder anderen Stelle eine andere Lesart vorgezogen hätte. An manchen Stellen sind Text- und Übersetzungsvarianten im Anmerkungsteil angeführt. Am Rande der Übersetzung stehen die entsprechenden Verszahlen von Chrestiens *Yvain*.

Dieser Anmerkungsteil ist das Ergebnis zahlreicher Kompromisse. Für ihn wurde die gesamte Literatur zu Hartmanns *Iwein* und der größte Teil der Literatur zu Chrestiens *Yvain* berücksichtigt. Nun ging es freilich nicht an, viele tausend Seiten wissenschaftlicher Literatur gleichsam in verzettelter Form in den Anmerkungen wiederzugeben oder auch nur auf sie hinzuweisen. Es mußte also eine Auswahl getroffen werden, die natürlich mehr oder minder Frage des subjektiven Ermessens ist. Dies trifft besonders zu für größere Interpretationen, die zu Anmerkungen zu zerstückeln unmöglich war. Ebenso konnte, schon aus Raumgründen, nur in einzelnen ausgewählten Fällen auf textkritische Probleme hingewiesen werden. Diese Beschränkung schien um so mehr gerechtfertigt, als der Ausgabe kein Variantenapparat beigegeben ist. Wer ernsthaft textkritisch arbeitet, wird ohnehin den Apparat der Wolffschen Neubearbeitung heranziehen müssen. Es schien mir Aufgabe des Anmerkungsteils zu sein, Forschungsmeinungen lediglich wiederzugeben, nicht, sie zu diskutieren und mit beurteilenden Kommentaren zu versehen. Die Anmerkungen sind für den Leser bestimmt, für den auch die Übersetzung gedacht ist, bei dem also nicht allzu viele Spezialkenntnisse der mittelalterlichen Literatur vorausgesetzt werden können. Sie mögen darüberhinaus auch dem Fachwissenschaftler gelegentlich erste Orientierung und Hinweis sein. In fast allen Fällen steht die Anmerkung zu dem Vers, in dem das entsprechende Lemma zuerst vorkommt. Das Register soll die Benutzbarkeit des Anmerkungsteils verbessern. Literatur, die nur für einen bestimmten Vers relevant ist, wird in der entsprechenden Anmerkung mit vollem Titel zitiert und ist nicht ins Literaturverzeichnis aufgenommen. Mehrfach angeführte Titel sind dagegen in den Anmerkungen verkürzt, im Literaturverzeichnis vollständig wiedergegeben. Die Namen der Verfasser dieser letzteren Literaturgruppe sind, um die Übersichtlichkeit zu erhalten, nicht ins Register aufgenommen. Grundsätzlich sei verwiesen auf die beiden Hartmann-Monographien von Hendricus Sparnaay und Peter Wapnewski.

Thomas Cramer

Literaturverzeichnis

1. Ausgaben

Iwain, ein Heldengedicht vom Ritter Hartmann, der nächst um die Zeiten K. Friedrichs des Rotbarts lebte, zur Seite nach heutiger Mundart erkläret, mit Vorberichten, Anmerkungen und einem Glossarium versehen von Karl Michaeler, k. k. Kustos auf der Wienerischen Universitätsbibliothek. Wien, gedruckt in der k. k. Taubstummeninstitutsbuchdruckerei 1786.

Iwein, der riter mit dem lewen getihtet von dem hern Hartman, dienstman ze Ouwe. Herausgegeben von G. F. Benecke und K. Lachmann, Berlin 1827.

6. Ausgabe, unveränderter Nachdruck der fünften, von Ludwig Wolff durchgesehenen Ausgabe, Berlin 1962.

Hartmann von Aue, herausgegeben von Fedor Bech. Dritter Theil, Iwein, oder der Ritter mit dem Löwen, 1. Aufl. Leipzig 1869, 3. Aufl. 1888.

Hartmann von Aue, Iwein, der Ritter mit dem Löwen, hrsg. von Emil Henrici, 1. Teil Text, 2. Teil Anmerkungen, Halle 1891/93 (Germanistische Handbibliothek VIII).

Iwein, hrsg. von Hans Steinger (Deutsche Literatur in Entwicklungsreihen, Höfische Epik, Bd. 3), Leipzig 1933.

Iwein, Eine Erzählung von Hartmann von Aue, hrsg. v. G. F. Benecke und Karl Lachmann, neu bearbeitet von Ludwig Wolff, Berlin 1968.

Die Chrestienstellen sind zitiert nach: Der Löwenritter (Yvain) von Christian von Troyes, hrsg. von W. Foerster, 4. vermehrte und verbesserte Aufl., Halle 1912.

Die Galfred-Stellen sind zitiert nach: Galfred von Monmouth Historia Regum Britanniae, in: E. Faral, La Légende arthurienne, première partie t. III, Paris 1929.

Die Stellen aus den Mabinogion sind zitiert nach der heute am leichtesten zugänglichen Übersetzung: The Mabinogion, Translated with an Introduction by Gwyn and Thomas Jones, London/New York 1949 u. ö.

Vgl. weiter: Les Mabinogion, trad. par. J. Loth, Paris 1913.

2. Wörterbücher

Benecke, Georg Friedr., Wörterbuch zu Hartmanns „Iwein" 1833, 3. Aufl. besorgt von Conrad Borchling, 1901.

Bürck, Emma, Sprachgebrauch und Reim in Hartmanns Iwein, mit einem Reimwörterbuch zum Iwein, 1922.

3. Sekundärliteratur

Ahlström, Axel, Sur l'origine du Chevalier au Lion, in: Mélanges de philologie romane, dédiés à Carl Wahlung, Macon 1896.

Babilas, Wolfgang, Chrétien de Troyes Yvain, Verse 1—6, Archiv 196, 1959.

Baier, Adalbert, Zur Erklärung von Hartmanns Iwein 1557—1592, Germ. 21, 1876.

Baist, G., Die Quellen des Yvain, ZfrPh. 21, 1901.

Batts, Michael S., Hartmann's humanitas. A new look at Iwein. Germanic studies in honor of E. H. Sehrt, 1968.

—, Das Ritterideal in Hartmanns Iwein. Doitsu Bungaku 37, 1966.

Bayer, Hans, H. v. A., Die theologischen und historischen Grundlagen seiner Dichtungen sowie sein Verhältnis zu Gunther von Pairis. Mittellat. Jahrbuch, Beiheft 15, 1978.

Bechstein, R., Drei Conjecturen zu Hartmanns Iwein 3372f., 3373f., 3254f., Germ. 26, 1881.

Becker, Peter Jörg, Hss. und Frühdrucke mhd. Epen. Tristant, Tristan, Erec, Iwein, Parzival, Willehalm, Jüngerer Titurel, Nibelungenlied und ihre Reproduktion und Rezeption im späteren Mittelalter und in der frühen Neuzeit. Wiesbaden 1977.

Bender, Annebert, Ausdruck und Auffassung staufisch-christlicher Kultur in H.s. Iwein. Diss. Louisiana State Univ. 1972.

Berger, Joachim, Der Aufbau von H.s. Iwein. Amsterdamer Beitr. zur älteren Germanistik 8,1975.

Bernheimer, Richard, Wild Men in the Middle Ages, Cambridge (Mass.), 1952.

Beutin, W., Zum Lebensweg des „Helden" in der mhd. Dichtung (Erec, Iwein, Tristan, Parzival). Lili 7, 1977.

Blumstein, Andrée, Misogyny and idealization in the mhg. romance. Erec, Iwein, Parzival, and Tristan. Diss. Yale Univ. 1973.

Böhme, Oskar, Zu Iwein 3225, Beitr. 15, 1891.

Brodeur, Arthur G., The grateful Lion, PMLA 39, 1924.

Brown, A. C. L., Iwain, a Study in the origin of Arthurian Romance (Studies and Notes in Phil. and Lit. VIII) Boston, 1903.

—, The Knight of the Lion, PMLA 20, 1905.

—, Chrestiens Yvain, Mod. Phil. 9, 1912.

Bruce, J. Douglas, The Evolution of Arthurian Romance from the Beginnings down to the Year 1300 (Hesperia, Erg. Reihe 8/9) 2 Bde., Göttingen 1923/24, 2. Aufl. 1928, Nachdruck New York 1958.

Brugger, Ernst, Yvain and his Lion, Mod. Phil. 38, 1941.

Burger, Harald, Vorausdeutung und Erzählstruktur in mittelalterlichen Texten, Typologia Litterarum, Festschrift für Max Wehrli, 1969.

Butler, Clarence Elliot, H. v. A. als Übersetzer und Pädagoge. Eine Untersuchung zur Erhellung pädagogischer Absichten in den höfischen Epen. Diss. Washington Univ. 1973.

Carne, Eva-Maria, Die Frauengestalten bei Hartmann von Aue. Ihre Bedeutung im Aufbau und Gehalt der Epen (Diss. Univ. of Colorado 1968), Marburg, 1970.

Clifton-Everest, J. M., Christian allegory in H.s Iwein. Germ. Rev. 48, 1973.

Drube, H., Hartmann und Chrétien, Münster 1930.

Ehrismann, Gustav, Märchen im höfischen Epos, Beitr. 30, 1903.

—, Duzen und Ihrzen im Mittelalter, ZfdWortforschg. 5, 1903/04.

Endres, Rolf, Der Prolog von Hartmanns Iwein. DVJS 40, 1966.

—, Die Bedeutung von „güete" und die Diesseitigkeit der Artusromane Hartmanns. DVJS 44, 1970.

Erben, Johannes, Zu Hartmanns Iwein. ZfdPh. 87, 1968.

Eroms, Hans-Werner, ‚Vreude' bei Hartmann von Aue, München 1970.

Ertzdorff, Xenja von, Spiel der Interpretation. Der Erzähler in Hartmanns Iwein, Festgabe für Friedrich Maurer, Düsseldorf 1968.

Faral, Edmond, Recherches sur les sources latines des contes et romans courtois au moyen-âge, Paris 1913.

Faust, A., Dichotomische Responsion bei Hartmann von Aue, ZfdA 24, 1880.

Fehr, Hans, Das Recht im Iwein, Festschrift für Ernst Mayer, Weimar, 1932.

Fourquet, J., H. d'A. et l'adaptation courtoise. Histoire d'une invention en détail. Etudes Germ. 27, 1972.

—, Les adaptations allemandes des romans chevalresques français. Changement de fonction sociale et changement de vision. Etudes Germ. 32, 1977.

Frappier, Jean, Le Roman Breton, (3) Chrétien des Troyes, Yvain ou le Chevalier au Lion, Paris 1952.

Gaster, B., Vergleich des Hartmannschen Iwein mit dem Löwenritter Chrestiens, Greifswald 1896.

Gellinek, Christian, Zu H.s v. A. Herztausch. Iwein vv. 2956—3028. Amsterdamer Beitr. zur älteren Germanistik 6, 1974.

—, Iwein's duel and Laudines marriage. In: The epic in medieval society, hrsg. v. Harald Scholler, Tübingen 1977.

Gerhardt, Christoph, Iwein-Schlüsse. Lit.wiss. Jb. 13, 1972.

Gilbert, Leon J., Symmetrical composition in Hartmann's „froun Luneten rat". MLN 83, 1968.

—, Problems of 'triuwe' in the works of H. v. A. Diss. Univ. of Colorado 1971.

Goheen, Jutta, "Bistuz Iwein, ode wer?" H.s letztes Epos als Spätwerk. Amsterdamer Beitr. zur älteren Germanistik 7, 1974.

Grimm, Jacob, Deutsche Rechtalterthümer, 2 Bde. Nachdruck der 4. Aufl. von 1899, Berlin 1956.

Grimme, F., Zu Iwein 553ff., Germ. 33, 1888.

Grosse, Siegfried, Beginn und Ende der erzählenden Dichtungen Hartmanns von Aue, Beitr. (Tübingen) 83, 1961.

—, Die Wirkung des Kontrastes in den Dichtungen Hartmanns von Aue, Wirk. Wort. 15, 1965.

Gürttler, Karin-Renate, König Artus und sein Kreis in der höfischen Epik. Eine vergleichende Studie der dt. Artusromane des 12. und 13. Jhs. unter besonderer Berücksichtigung von Chrétien de Troyes. Diss. McGill Univ. 1972.

—, Künec Artus der guote. Das Artusbild der höfischen Epik des 12. und 13. Jhs., Bonn 1976.

Guyer, Foster, The Influence of Ovid on Chrestien des Troyes, Rom. Rev. 12, 1921.

—, Some of the Latin sources of Ivain, Rom. Rev. 14, 1923.

—, Romance in the Making, New York 1954.

Hagenguth, Edith, Hartmanns Iwein. Rechtsargumentation und Bildsprache, Diss. Heidelberg 1969.

Halbach, K. H., Franzosentum und Deutschtum in den höfischen Dichtungen des Stauferzeitalters. Hartmann von Aue und Chrestien de Troyes; Iwein-Yvain, 1939.

Hamilton, George L., Storm-making Springs. Studies on the Sources of the Yvain, Rom. Rev. 2, 1911; 5, 1914.

Harris, Julian, The role of the Lion in Chrétien de Troyes' Yvain, PMLA 64, 1949.

Hart, Thomas Elwood, The new text of the Iwein, Mod. Phil. 69, 1971/72.

Hart, Thomas Elwood, Zu den Abschnitten in den Hartmann-Hss. ZfdPh 91, 1972.

—, The structure of Iwein and tectonic research: what evidence, which methods? Colloquia Germanica 10, 1976/77.

Hatto, A. T., ‚Der Aventiure Meine' in Hartmanns Iwein. In: Festschrift für Frederick Norman, London 1965.

Heinze, Norbert, Zur Gliederungstechnik H's v. A. Stilistische Untersuchungen als Beitrag zu einer strukturkritischen Methode. Diss. Köln, Göppingen 1973.

Henrici, Emil, Schiltebürger als Name des Todes, Zu Iwein 7162, ZfdA 25, 1881.

Heyne, Moriz, Fünf Bücher deutscher Hausaltertümer, Leipzig 1899.

Hofer, Stefan, Chrétien de Troyes, Köln 1954.

—, Zum Yvain, ZfSL 60, 1936.

Huby, Michel, L'adaptation des Romans courtois en Allemagne au 12e et au 13e siècle, Paris 1968.

—, L'interprétation des romans courtois de H. v. A. In: Cahiers de civilisation médiévale 22, 1979.

—, La »faute« d'Iwein. In: Etudes Germ. 34, 1979.

Johnston, O. M., The episode of Yvain, the Lion and the Serpent in Chrétien de Troies, ZfSL 31, 1907.

de Jong, Jan C. W. L., Hartmann von Aue als Moralist in seinen Artusepen. Amsterdam 1964.

Kaiser, Gert, Textauslegung und gesellschaftliche Selbstdeutung. Aspekte einer sozialgeschichtlichen Interpretation von Hartmanns Artusepen. Frankfurt 1973. 2. Aufl. 1978.

—, ‚Iwein' oder ‚Laudine'. ZfdPh 99, 1980.

Kern, Peter, Interpretation der Erzählung durch Erzählung. Zur Bedeutung von Wiederholung' Variation und Umkehrung in H.s Iwein. ZfdPh 92, 1973.

—, Der Roman und seine Rezeption als Gegenstand des Romans. Beobachtungen zum Eingangsteil von H.s Iwein. Wirkendes Wort 23, 1973.

Kishitani, Shoko, „got" und „geschehen". Die Vermeidung des menschlichen Subjekts in der ritter-
lichen Sprache Hartmanns von Aue, Düsseldorf 1965.

Knapp, F. P., Hartmann von Aue und die Tradition der platonischen Anthropologie im Mittelalter,
DVJS 46, 1972.

Koliwer, Manfred, Untersuchungen zu den epischen Werken Hartmanns von Aue, Diss. Rostock,
1968.

Kramer, Hans-Peter, Erzählerbemerkungen und Erzählerkommentare in Chrestiens und Hartmanns
Erec und Iwein, Göppingen 1971.

Kuttner, Ursula, Das Erzählen des Erzählten. Eine Studie zum Stil in H.s „Erec" und „Iwein". Bonn
1978.

Lenschen, Walter, H. v. A. et les ducs de Zähringen. Etudes de lettres 10, 1977.

Lewis, Charles B., The function of the Gong in the source of Chrestien de Troyes' Yvain, ZfrPh. 47,
1927.

—, Classical Mythology and Arthurian Romance, Oxford 1932.

Lewis, Gertrud Jaron, „daz häzliche spil" in Iwein. Ein Beispiel der Erzählkunst H's. v. A. Seminar 9,
1973.

—, Das Tier und seine dichterische Funktion in Erec, Iwein, Parzival und Tristan. Bern 1974.

Lewis, Robert E., Symbolism in H.s Iwein. Göppingen 1975.

Liebmann, Judith K., The narrative function of direct discourse in the epics of Hartmann von Aue,
Yale Univ. 1969 Diss. Diss. abstracts 31, 1970/71, 1282 A.

Linke, Hansjürgen, Epische Strukturen in der Dichtung Hartmanns von Aue, München 1968.

Loomis, Roger Sh., Arthurian Tradition and Chrestien de Troyes, 2. Aufl. New York 1952.

—, Calogrenanz and Chrestien's originality, MLN 43, 1928.

—, (Hrsg.) Arthurian Literatur in the Middle Ages, Oxford 1959.

Lot, Ferdinand, Le Chevalier au Lion, Romania 21, 1892.

Margetts, John, Gefühlsumschwung in Iwein. minne unde haz, luf and envy. In: Großbritannien und
Deutschland, Festschrift für John W. P. Bourke, hrsg. v. Ortwin Kuhn. München 1974.

Markey, T. L., The ex lege rite of passage in H.s Iwein. Colloquia Germanica 11. 1978.

Matthias, Anna-Susanna, Yvains Rechtsbrüche. In: Beitr. zum romanischen Mittelalter, hrsg. v.
Kurt Baldinger, Tübingen 1977 (ZfrPh Sonderband).

Mayer, Hartwig, Topoi des Verschweigens und der Kürzung im höfischen Roman, Festschrift Mohr,
Göppingen 1972.

Meng, Armin, Vom Sinn des ritterlichen Abenteuers bei Hartmann von Aue, Zürich 1967.

Mertens, Volker, Laudine. Soziale Problematik im Iwein H.s v. A., Berlin 1978.

—, Imitatio Arthuri. Zum Prolog von H.s Iwein. ZfdA 106, 1977.

Milnes, Humphrey, The play of opposites in Iwein, Germ. Life and Letters 14, 1960/61.

Mohr, Wolfgang, Iweins Wahnsinn, Die Aventiure und ihr „Sinn". ZfdA 100, 1971.

Mowatt, D. G., Tristan's mothers and Iwein's daughters, GLL 23, 1969/70.

—, Irony in H.s Iwein. In: Deutung und Bedeutung. Studies in German and comparative literature
presented to Karl-Werner Maurer, hrsg. v. Brigitte Schludermann u. a., Paris 1973.

Nagel, Bert, Hartmann „zitiert" Reinmar. Iwein 1—30 und MF 150/10—18, Euph. 63, 1969, S. 6—39.

v. Nayhausen-Cormons-Holub, H. C., Die Bedeutung und Funktion der Kampfszenen für den Aben-
teuerweg des Helden im Erec und Iwein Hartmanns von Aue, Diss. Freiburg 1967.

Nerger, K., Zu Hartmanns Iwein v. 3473/74, Germ. 27, 1882.

Nitze, W. A., A new Source of the Yvain, Mod. Phil. 3, 1906.

—, The Fountain Defended, Mod. Phil. 7, 1910.

—, Yvain and the Myth of the Fountain, Speculum 30, 1955.

Nolan, Edward P., Medieval versification. Style and meaning in Hartmann von Aue's Iwein and the
Middle English Ywain and Gawein. Indiana Univ. 1966, Diss., Diss. Abstracts 28, 1960, 2217/18 A.

Nölle, Marie-Theres, Formen der Darstellung in H.s „Iwein", Bern 1974.

Oh, Erika, Aufbau und Einzelszenen in Hartmanns von Aue höfischen Epen ‚Erec' und ‚Iwein',
Hamburg (Diss.) 1972.

167

Ohly, Walter, Die heilsgeschichtliche Struktur der Epen Hartmanns von Aue, Diss. Berlin 1958.

Okken, Lambertus, Ein Beitrag zur Entwirrung einer kontaminierten Manuskripttradition. Studien zur Überlieferung von H's v. A. Iwein. Utrecht 1970.

—, Iwein, ausgewählte Abbildungen und Materialien zur handschriftlichen Überlieferung. Göppingen 1974.

Pascher, Erh., Grödening, Hans, „er sprach so erkennet och mich ich binz iban der arme." Ein neues Iweinfragment aus der Stiftsbibliothek St. Paul in Kärnten. In: Festschr. f. Adalbert Schmidt, 1976.

Paton, Lucy A., Studies in the Fairy Mythology of Arthurian Romance, New York 1960.

Paul, Hermann, Über das gegenseitige Verhältnis der Handschriften von Hartmanns Iwein, Beitr. 1, 1874.

Pearce, L., Relationship in Hartmann's Iwein, Seminar 6, 1970.

Peil, Dietmar, Die Gebärde bei Chrétien, H. und Wolfram. Erec, Iwein, Parzival. Diss. Münster; München 1975.

Pickering, P. F., Notes on Fate and Fortune (For Germanisten). In Festschrift für Frederick Norman, London 1965.

Piquet, F., Étude sur Hartmann d'Aue, Paris 1898, 2. Aufl. 1928.

Priesack, Theodor, Laudines Dilemma. In: Sagen mit sinne, Festschr. f. Marie-Luise Dittrich, hrsg. v. Helmut Rücker und Kurt O. Seidel, Göppingen 1976.

Pütz, Horst-Peter, Artuskritik in H.'s Iwein. GRM 22, 1972.

Ragotzky, Hedda und Weinmeyer, Barbara, Höfischer Roman und soziale Identitätsbildung. Zur soziologischen Deutung des Doppelwegs im ‚Iwein' H's v. A. In: Deutsche Literatur im Mittelalter, Kontakte und Perspektiven. Hugo Kuhn zum Gedenken. Hrsg. von Christoph Cormeau, Stuttgart 1980.

Ranawake, Silvia, Mehrschichtigkeit des Erzählerkommentars bei H. v. A. In: Akten des 5. Intern. Germanisten-Kongr. 1976.

v. Reusner, Ernst, Iwein, DVJS 46, 1972.

Richey, M. F., „Die edelen armen", A Study of Hartmann von Aue. M. F. R. Essays on mediaeval german poetry, ²1969.

Roos, Renate, Begrüßung, Abschied, Mahlzeit. Studien zur Darstellung höfischer Lebensweise in Werken der Zeit von 1150—1350. Diss. Bonn 1975.

Rosenau, Udo, Wehrverfassung und Kriegsrecht in der mhd. Epik. Diss. Bonn 1959.

Rosenhagen, G., Die Episode vom Raube der Königin in Hartmanns Iwein. In: Phil. Studien, Festgabe für E. Sievers, Halle 1896.

Ruh, Kurt, Zur Interpretation von Hartmanns Iwein, In: Festschrift für Walter Henzen, Bern 1965.

—, Höfische Epik des deutschen Mittelalters I; Berlin 1967.

Sacker, Hugh, An Interpretation of Hartmanns Iwein, Germ. Rev. 36, 1961.

Salmon, Paul, Ignorance and awareness of identity in Hartmann and Wolfram: an element of dramatic irony, Beitr. (Tübingen) 82, 1960.

—, „Ane zuht", H.s v. A. criticism of Iwein, MLR 69, 1974.

Schanze, Heinz, Zu H. Linkes Methode der Formkritik in ihrer Anwendung auf das epische Werk H.s v. A. In: Probleme mhd. Erzählformen, 1972.

Scharmann, Th., Studien über die Saelde in der ritterlichen Dichtung des 12. und 13. Jahrhundert, Würzburg 1935.

Schmidt, Klaus M., Das Herrscherbild im Artusroman der Stauferzeit. In: Stauferzeit, Geschichte, Literatur, Kunst. Hrsg. v. Rüdiger Krohn, Stuttgart 1979.

Schneider, Hermann, Rez. von Zenker, Ivainstudien, AfdA 42, 1921.

—, Die Geschichte und die Sage von Wolfdietrich, München 1913.

Scholler, Harald, Wâ sint diu werc? di rede hoere ich wol: Ein Beitrag zur Interpretation von H.s Iwein. In: Husbanding the golden grain. Studies in honor of Henry W. Nordmeyer. Hrsg. v. Luanne T. Frank and Emery E. George. Ann Arbor, 1973.

Schönbach, Anton Erich, Über Hartmann von Aue, 3 Bücher, Untersuchungen, Graz 1894.

Schröder, Joachim, Zur Darstellung und Funktion der Schauplätze in den Artusromanen Hartmanns von Aue. Göppingen 1972.

Schultz, Alwin, Das höfische Leben zur Zeit der Minnesänger, 2. Bde., 2. Aufl. 1889, Nachdruck 1965.

Schultz, James A. The shape of the round table: structure and genre in mhg. Arthurian romance. Diss. Princeton 1977.

Schupp, Volker, Kritische Anmerkungen zur Rezeption des dt. Artusromans anhand von H.s Iwein. In: Frühmittelalterliche Studien 9, 1975.

Schusky, Renate, Lunete — eine „Kupplerische Dienerin"? Euphorion 71, 1977.

Schweikle, Günther, Zum Iwein Hartmanns von Aue. Strukturale Korrespondenzen und Opposition. Probleme des Erzählens in der Weltliteratur, Festschrift für Käthe Hamburger, Stuttgart 1971.

Selbmann. Rolf, Strukturschema und Operatoren in H.s Iwein, DVJ 50, 1976.

Settegast, Franz, Antike Elemente im altfranzösischen Merowingerzyklus, Leipzig 1907.

—, Byzantinisch-Geschichtliches im Cligés und Yvain, ZfrPh. 32, 1908.

Shaw, Frank, Die Ginoverentführung in H.s Iwein, ZfdA 104. 1975.

Siefken, Hinrich, Der *saelden strâze*. Zum Motiv der zwei Wege bei Hartmann von Aue. Euphorion 61, 1967.

Sparnaay, Hendricus, Hartmann von Aue, Studien zu einer Biographie, 2 Bde., Halle 1933/38.

—, Hartmanns Iwein. In: Zur Sprache und Literatur des Mittelalters, 1961.

—, Zu Iwein-Owein, ibid. und ZfdPh. 46.

—, Noch immer Iwein-Owein, ibid. und ZfSL 52.

—, Über die Laudinefigur, Neoph. 4, 1918.

—, Laudine bei Chrestien und Hartmann, Neoph. 4, 1919.

—, Die Doppelformen in den Reimen des Iwein und des Armen Heinrich. In: Zur Sprache und Literatur des Mittelalters, 1961 und Neoph. 15.

—, Hartmann von Aue and his successors. In: R. S. Loomis (Hrsg.) Arthurian Literature in the Middle Ages. Oxford 1959.

—, Brauchen wir ein neues Hartmannbild? DVJS 39, 1965.

Spielmann, Edda, Chrétien's and Hartmann's treatment of the conquest of Laudine. Comp. Lit. 18, 1966.

van Stockum, Th. C., Hartman von Ouwes „Iwein". Sein Problem und seine Probleme. Mededelingen der koninklijke Nederlandse Akad. van Wetenschappen. Afd. Letterkunde, N. R. 26 Nr. 3, Amsterdam 1963.

Thum, Bernd, Politische Probleme der Stauferzeit im Werk H.s v. A.: Landesherrschaft im „Iwein" und „Erec". Mit einem Anhang: Hartmann von Aue, Augia minor und die Altdorfer Welfen. In: Stauferzeit. Geschichte, Literatur, Kunst. Hrsg. v. Rüdiger Krohn, Stuttgart 1979.

Tilvis, Pentti, Über die unmittelbaren Vorlagen von Hartmann's Erec und Iwein, Ulrichs Lanzelet und Wolframs Parzival, Neuphil. Mitt. 60, 1959.

Uhle, Barbara, Das Todesproblem im dichterischen Werk Hartmanns von Aue (Diss.) Frankfurt 1967.

Wackernagel, Wilhelm, Zum Iwein, Germ. 17, 1872.

Wapnewski, Peter, Hartmann von Aue, 5. durchgesehene Aufl., Stuttgart 1972.

Weise, Wilhelm, Die Sentenz bei Hartmann von Aue, Marburg 1910.

Wehrli, Max, Iweins Erwachen. M. W. Formen mittelalterlicher Erzählung, Zürich 1969.

Welz, Dieter, Glück und Gesellschaft in den Artusromanen H's v. A. und im Tristan Gottfrieds v. Straßburg. Acta Germanica 6, 1971.

Werbow, Stanley Newman, Queen Guinevere as a pedagogue. Pronominal reference and literary composition in Hartmann's Iwein (837—854). MLN 80, 1965.

Wiegand, Herbert Ernst, Studien zur Minne und Ehe in Wolframs Parzival und Hartmanns Artusepik, Berlin 1972.

Wiehl, Peter, die Redeszene als episches Strukturelement in den Erec- und Iwein-Dichtungen H.s v. A. und Chrestiens de Troyes. 1974.

Wiesinger, Peter, Ein Fragment von H.s Iwein aus Kremsmünster, ZfdA 107, 1978.

Wilkinson, Edwin M., Complementation in the mhg. Iwein. Diss. Princeton, 1973.

Willson, H. B., Love and charity in Hartmann's Iwein. MLR 57, 1962.

—, The role of the Keii in Hartmann's Iwein, Medium aevum 30, 1961.

—, Kalogreant's curiosity in Hartmann's Iwein. GLL 21, 1967/68.

—, Inordinatio in the marriage of the hero in Hartmann's Iwein. Mod. Phil. 68, 1970/71.

Windisch, E., Das keltische Britannien bis zu Kaiser Arthur, Abh. d. königlich Sächs. Ges. d. Wiss. Phil.-hist. Kl. XXIX Nr. 6, Leipzig 1912.

Witte, Arthur, Hartmann von Aue und Kristian von Troyes, Beitr. 53, 1929.

Wolf, Alois, Erzählkunst und verborgener Schriftsinn zur Diskussion um Chrestiens ,Yvain' und Hartmanns ,Iwein'. Sprachkunst 2, 1971.

Zacher, J., Ein Fehler Lachmanns in seiner Kritik und Erklärung von Hartmanns Iwein 59—76, ZfdPh. 7, 1876.

Zenker, R., Forschungen zur Artusepik I, Ivainstudien, Halle 1921.

—, Ivain im Torverließ, ZfdA 62, 1925 (Dazu Schneider ZfdA 62).

Zwierzina, Konrad, Allerhand Iweinkritik, ZfdA 40, 1896.

—, Iwein 3473 und Armer Heinrich 1046. C. v. Kraus zum 60. Geburtstag, Graz 1928.

—, Beobachtungen zum Reimgebrauch Hartmanns und Wolframs, Festgabe für R. Heinzel, Halle 1898.

Anmerkungen

* **v. 1:** Der Prolog gliedert sich in den eigentlichen Prolog (mit Exordium) (v. 1—20) und den Titulus (v. 21—30). Wie die in den Zeilen 1—3 genannten Begriffe zu verstehen sind, ist nicht eindeutig. Übersetzung ist hier — und nicht nur hier — zugleich Interpretation. Benecke (Anm. zu v. 1 p. 257) übersetzt: „Wer mit ganzer kraft der seele nach dem trachtet, was wahrhaftig gut ist, dem folgt glück und ehre."; Henrici (Anm. zu v. 1—20, p. 389): „wer irgend auf wirkliche tüchtigkeit seine sinne lenkt, dem wenden sich glück und ehre zu."; Fink: „Wer seinen Sinn auf rechte Ritterart richtet, dem folgen Heil und Ehre." (Hartman von Aue, Epische Dichtungen, übertragen von Reinhard Fink, Jena 1939, p. 229); Wapnewski (p. 70f.): „Wer mit aller Kraft des Herzens nach dem trachtet, was wahrhaft gut ist, der wird Gnade finden vor Gott und die Liebe der Menschen."Vgl. Anm. zu v. 3.

W. Ohly (Die heilsgeschichtliche Struktur der Epen Hartmanns von Aue p. 96f.) faßt den Prolog als kritische Distanzierung gegenüber der Artuswelt auf, die nichts mehr ist als erbauliche Erinnerung in einer Gegenwart, die dringlichere Aufgaben stellt. Diese Auffassung stützt sich namentlich auf die Vv. 56ff.

Zum Vergleich des Prologs mit u. m Chrestiens, wie überhaupt zum Verhältnis Hartmanns zu Chrestien sh. das Literaturverzeichnis. Eine Beurteilung der wichtigsten Arbeiten zu diesem Thema findet sich bei Sparnaay II p. 46f.

Zum Bau des Prologs sh. Siegfried Grosse, Beginn und Ende der erzählenden Dichtungen Hartmanns von Aue, Beitr. (Tübingen) 83, 1961/62, p. 49f.

Zu *güete* sh. Maria Bindschedler, guot und güete bei Hartmann von Aue, in: Festschrift Maurer, 1963.

Weitere Lit.: Wolfgang Babilas, Chrétien de Troyes, Yvain, Verse 1—6, Archiv 196, 1959.

* **v. 3:** Weder ist die Bedeutung der Begriffe *saelde und êre* sicher, noch ist man sich einig darüber, ob das Begriffspaar, von Hartmann an Beginn und Ende des *Iwein* gestellt, programmatische Bedeutung für die Dichtung hat. Benecke: „*saelde und êre* leuchtet als unwandelbarer Leitstern in den ersten zeilen des gedichtes, *saelde und êre* in der letzten." (Benecke zu v. 1, p. 257). Henrici: „*saelde und êre* ist nicht unwandelbarer leitstern des gedichts, sondern nur äußerlich dem anfang und ende zugefügt . . . einen grundgedanken hat diese dichtung sowenig wie andere gleicher art." (Henrici zu v. 1—20, p. 389). Ein Versuch, die Bedeutung von *saelde und ere* für Tektonik und Gehalt des *Iwein* darzustellen, wird gemacht: Euph. 60, 1966, p. 30—47.

Zur Wortbedeutung der beiden Begriffe sh.

Th. Scharmann, Studien über die Saelde, besonders p. 52—64;

Regine Strümpell, Über Gebrauch und Bedeutung von saelde, saelic und Verwandtem bei mittelhochdeutschen Dichtern, Leipzig 1917;

Heinrich Götz, Leitwörter des Minnesangs, Abh. d. Sächs. Akad. d. W. Phil.-Hist. Klasse 49, 1, Leipzig 1957; [Rez.: Gerd Bauer, Euph. 52, 1958].

ders.: Minnesang und Althochdeutsch, Beitr. (Halle) 80, 1958, p. 321—333;

F. P. Pickering, Notes on Fate and Fortune, Festschrift für Frederick Norman, London 1965;

Hildegard Emmel, Das Verhältnis von êre und triuwe im Nibelungenlied und bei Hartmann und Wolfram, Frankf. (M), 1936;

George F. Jones, Honor in German Literature, (Univ. of North Carolina, Studies in the Germ. Lang. and Lit. No. 25) Chapel Hill 1959.

* **v. 5:** Zur historischen Artusgestalt sh. K. H. Jackson, The Arthur of History, in: R. S. Loomis (ed.), Arthurian Literature in the Middle Ages, Oxford 1959, p. 1—11.

Zur Entwicklung der Artussage und für weitere Literatur sh. o. c. und Karl Otto Brogsitter: Artusepik, Stuttgart 1965.

Zusammenfassungen bei
Hendricus Sparnaay, Reallexikon der deutschen Literaturgeschichte, 2. Aufl. Berlin 1958, Artikel: Artusroman, und Th. C. van Stockum, Hartman von Ouwes Iwein, p. 4f.

Über Quellen und Entstehung der Artusromane hat es in der Forschung eine kaum noch zu übersehende Diskussion gegeben, die bis heute nicht abgeschlossen ist. Es sind dabei zwei Fragenkomplexe auseinanderzuhalten, die in der wissenschaftlichen Erörterung nicht immer säuberlich geschieden worden sind: Die eine Frage ist die nach Chrestiens unmittelbarer Vorlage. Die ältere, besonders durch Foerster vertretene Forschung sah in Chrestien den eigentlichen Schöpfer des Artusromans, dessen einzige Quellen Waces *Brut* und die *Historia Regum Britanniae* des Galfred von Monmouth waren. Die im Roten Buch von Hergest und zum Teil auch im Weißen Buch von Rhydderch überlieferten kymrischen Prosaerzählungen (Mabinogion) von Geraint (Erec), Owein (Iwein) und Peredur (Parzival) seien spätere, auf Chrestien beruhende Bearbeitungen. Dagegen behaupteten die Priorität der Mabinogion vor Chrestien San Marte, Hersart de la Villemarqué und Arthur C. L. Brown. Heute hat sich weitgehend folgende Auffassung durchgesetzt: Die Mabinogion stammen grundsätzlich nicht aus einheimisch kymrischen Quellen, sondern gehen im Prinzip auf französische bzw. anglo-normannische Erzählungen zurück, die auch Chrestiens Quelle waren. Die Entstehung der Mabinogion wird nach Chrestien angesetzt (etwa Anfang 13. Jh.) („dans ma première traduction j'avais conclu de certaines fautes du scribe du Livre Rouge qu'il copiait un manuscrit plus ancien, vraissemblablement de la fin du XIIe ou du commencement du XIIIe siècle", J. Loth, Les Mabinogion, 2. Aufl. I p. 19), mithin können die Mabinogion nicht Chrestiens unmittelbare Quelle gewesen sein.

Die zweite Frage ist die nach der Tradition der einzelnen Motive und Stoffe in Chrestiens Romanen, in diesem Fall des *Yvain*. Es stehen Verfechter antiker und keltischer Traditionen einander gegenüber.

Foerster hatte angenommen (großer Ivain, 1887 p. XXII), der eigentliche Kern der Iwein-Erzählung sei die Geschichte der Witwe von Ephesus. Daran hat er trotz vielen Widerspruchs festgehalten, aber in der 2. Auflage des kleinen Ivain, 1902, eingeräumt, es handele sich dabei um das internationale Märchenmotiv der Befreiung einer Jungfrau aus der Gewalt eines Riesen.

Eine Herleitung des Iwein-Stoffes aus antiker Mythologie und Kultpraxis haben Charles B. Lewis, A. Nitze und F. Settegast versucht. A. Nitze will das Quellenabenteuer ableiten aus dem Kult der Diana von Aricia, dessen Einfluß auf die Artusdichtung vorher schon von L. Paton, Studies in the Fairy Mythology, Exkurs IV, behauptet worden war. Der *Iwein* ist nach Nitze entstanden aus einem Quellenmythos, auf dem ein Quellenkult beruht. (Zusammenfassung der Thesen bei Zenker, Ivainstudien, p. 95—111.)

Settegast will wesentliche Elemente der dem *Iwein* zugrunde liegenden Sage aus dem Mysterium von Kybele (= Laudine) und Attis (= Iwein) ableiten. (Zusammenfassung bei Zenker, Ivainstudien, p. 112—128.)

Die schärfste Gegenposition bezog Arthur C. L. Brown. Nach seinen Thesen muß Chrestiens *Yvain* zurückgehen auf eine ältere irische Feen- und Jenseitsgeschichte vom Typus des *Serglige Conculaind* (Krankenlager des Cuchulainn), die aber in mehreren Zügen übereinstimmte mit der irischen Erzählung *Tochmarc Emere*. (Zusammenfassung der Thesen Browns bei Zenker, Ivainstudien, p. 10—41.)

Eine Art Vermittlungsposition zwischen keltischer und klassischer Richtung nimmt Zenker ein: „Eine erhebliche Wahrscheinlichkeit scheint mir dafür zu sprechen, daß letzte Quelle der Ivainsage darstellt der antike Mythos von Kybele und Attis, mit dem Motive der römischen Tradition der aricischen Diana verschmolzen wurden, und daß eine Zwischenstufe zwischen jenen Überlieferungen und der Ivain-Dichtung ... gebildet wurde von einer nicht erhaltenen irischen Erzählung von der Fahrt Cuchulinns ... in eine andere Welt, einer Erzählung, in der jene antiken Elemente in das Gewand keltischer Feensage gekleidet worden waren." Zenker, Ivainstudien, p. 169.

1949 hat R. S. Loomis den nicht ohne Kritik aufgenommenen Versuch gemacht, für jede Einzelheit der Chrestienschen Romane die keltischen Vorbilder nachzuweisen. Er stellt sich das Wachsen des Iweinstoffes vor:

Der Iwein ist eine Kombination zweier verschiedener Geschichten, genannt A und B. A ist zusammengefügt aus mehreren irischen Erzählungen, deren Gegenstand die Erprobung der Ulster-

172

Krieger durch den Sturmgott Curoi ist, der von Cuchulainn ermordet wird. Teil B beginnt mit Lunetes Erscheinen. Dieser Teil ist ebenfalls kombiniert aus den irischen Erzählungen von Cuchulainn, Liban und Fand und der ‚Lothian'-Erzählung von Owein und der Quellenfee. Aus diesen Teilen ist die Quelle (Y) Chrestiens und des Mabinogi von Owein und Luned zusammengesetzt. (R. S. Loomis, Arthurian Tradition and Chrestien de Troyes.)

Hendricus Sparnaay glaubt, man habe eher „in Anbetracht der vielen Unmöglichkeiten gerade in den Verbindungszügen und der episodischen Geschichten, die zufälligerweise auf uns kamen, an ein allmähliches Anwachsen um einen festen Kern herum, an episodenhaften Aufbau — keine Liedertheorie! — zu denken". (Sparnaay, Zur Sprache und Literatur des Mittelalters [ZfSL 51, 1929] p. 203), so daß teils Chrestien, teils das Mabinogi das Ursprüngliche bieten.

Eine Zusammenfassung der gesamten älteren Quellenforschung zum *Iwein* findet sich bei R. Zenker, Ivainstudien p. 1—128, eine Darstellung der Erforschung namentlich der möglichen antiken Quellen auch bei Ch. B. Lewis, Classical Mythology, p. 1—18.

James D. Bruce, Evolution of the Arthurian Romance II p. 59—74 bringt eine Bibliographie und eine Darstellung der Mabinogion-Kontroverse bis 1923.

Eine zusammenfassende Bibliographie der Quellenforschungen zum *Iwein* gibt auch Guyer, RomRev 12, p. 127f.

Einen Vergleich des Mabinogi von Owein und Luned mit Chrestiens *Yvain* stellt van Stockum, Hartmanns Iwein, p. 36ff., an.

Zeugnisse für Artustradition vor Chrestien sind zusammengestellt bei R. S. Loomis, Arthurian Tradition, p. 12—24, vgl. weiter: Walter F. Schirmer: Die frühen Darstellungen des Artusstoffes, Köln 1958.

Für einzelne Probleme der Quellenforschung vgl. besonders die Anmm. zu den Vv. 73, 88, 242, 295, 425, 553, 1135, 3869.

guot ist in den Quellen ein spezifisches Epitheton für Artus. Chrestien nennt ihn *li boens* (v. 1), Galfred von Monmouth, Hist. Reg. Brit. Buch IX Kap. 1: „*In quo tantam gratiam innatu bonitas praestiterat.*" Wace, *Brut* v. 8735: „*le bon rei.*" — Vgl. W. Babilas, Archiv 196, p. 304. Weitere Nachweise bei Holland, Chrestien, p. 166f.

* **v. 6:** Zur Aussprache von *riter* sh. Henrici, Anm. zu v. 6, p. 389f. und Lachmann zu v. 42, p. 368.
Lit.: Joachim Bumke, Studien zum Ritterbegriff im 12. und 13. Jh., Heidelberg 1964.

v. 7: Benecke übersetzt offenbar: der . . . „auf lobes werthe weise kämpfen konnte". Benecke, zu v. 7, p. 257.

v. 14: Nach den Quellen ist Artus nicht gestorben, sondern entrückt worden auf die Insel Avalon, von wo er einst zurückkehren wird. Diese Sage ist zum erstenmal erwähnt bei Herman de Laon in *De Miraculis Sanctae Mariae Laudunensis* im Jahre 1113. Chrestien deutet die Sage auf das Fortleben des Namens um: *Si m'acort de tant as Bretons | Que toz jorz mes vivra ses nons*; (Chrest. v. 37—38, und darin stimme ich den Bretonen zu, daß sein Name allezeit fortleben wird).

Lit.: R. S. Loomis, The Legend of Arthur's Survival, in: Arthurian Literature in the Middle Ages, p. 64—71. Die Lebendigkeit dieses Volksglaubens bezeugt Alanus ab Insulis in seinem Galfred-Kommentar (nach der Übersetzung bei E. K. Chambers, Arthur of Britain, London 1927, p. 109f.): "Go to the realm of Armorica, which is lesser Britain, and preach about the market places and villages that Arthur the Briton is dead as other men are dead, and facts themselves will show you, how true is Merlin's prophecy, which says that the ending of Arthur shall be doubtful. Hardly will you escape unscathed, without being whelmed by curses or crushed by stones of your hearers."

v. 16: Holland verweist auf eine Stelle im Artusroman *Durmart li Gallois*: „*Li bons rois Artus est fenis, mais encore dure ses pris.*" Holland, Germania 2, p. 163.

v. 21: Beginn des Titulus. Diese Passage spielt eine große Rolle in der Diskussion, ob der *Arme Heinrich*, dessen Prolog fast gleichlautet, vor oder nach dem *Iwein* anzusetzen sei.

Lit.: E. Naumann, ZfdA 22, p. 42, H. Paul, Beitr. 1, p. 352 und 360 (zugleich prinzipielle Kritik an der Lachmannschen Edition), A. Baier, Germ. 21, p. 407, M. Haupt, Ausgabe des *Armen Heinrich*, p. XVIII, Henrici, p. 390. Weitere Lit. sh. Wapnewski, p. 19. Zur Textkritik der Zeile sh. Lachmann zu v. 21, p. 367, Henrici zu v. 21, p. 390;

„geleret hieß, wer lesen konnte", Benecke zu v. 21, p. 257; Wackernagel (Altdeutsches Lesebuch, zum *Armen Heinrich* v. 1) glaubt jedoch schon die heute geläufige Bedeutung nachweisen zu können.

Lit.: Wilhelm Wühr, Das abendländische Bildungswesen im Mittelalter, München 1950.

Neueste Sammelpublikation zum mittelalterlichen Bildungswesen: Artes Liberales, ed. Josef Koch, Leiden—Köln 1959.

v. 22: „gegen Lachmanns meinung, der dichter habe durch den plural *buochen* bezeichnet, dass er die erzählung vom raube der königin einer anderen quelle als Christian entnahm, spricht der ähnliche gedanke und gleiche ausdruck im *armen Heinrich*. es sollte nur die belesenheit geschildert werden." Henrici zu v. 21—30, p. 391.

v. 25: Zur Form *tihtennes* sh. Henrici Anm. zu 25, p. 391.

v. 28: Hartmann nennt seinen Namen im *Iwein* noch in den Vv. 2974, 2982, 7027. Zu Hartmanns Namen, Herkunft und Stand sh. Sparnaay und Wapnewski.

* **v. 32:** Nach Chrestien v. 7 liegt *Carduel* (= Hartmanns *Karidôl*) in *Gales* = Wales. Schon Foerster (großer Ivain, 1887, p. 274) identifiziert den Ort mit dem heutigen Carlisle, der Hauptstadt von Cumberland. Die Annahme ist nicht ernsthaft bestritten worden.

v. 33: Pfingsten ist ein beliebter Festtermin, besonders für Artusfeste. „*Artus der meienbaere man, swaz man ie von dem gesprach, zeinem phingesten daz geschah,*" Parz. 281, 16—18; weitere Belege für Feste zu Pfingsten: *Erec* v. 1901, *Partonop.* (ed. Bartsch) v. 12282, *Lanzelet* (ed. Hahn) v. 5582, *Crône* (ed. Scholl) v. 12601, *Lohengrin* (ed. Cramer) v. 3801f. Frappier weist auf die Übereinstimmung der Festschilderung mit der Schilderung von Artus Krönung bei Galfred von Monmouth hin. Dasselbe hatte schon San Marte in seiner Galfred-Ausgabe p. 393f. festgestellt. Vgl. Anm. zu v. 65.

v. 45: Wolff liest mit Db c *hof* ohne Artikel (so auch Paul, Beitr. 1, p. 349). „Immer wieder fügen verschiedene Hss. beim ersten Nomen den Artikel oder ein Possessivpronomen ein." Wolff zu v. 45.

v. 56f.: Diese schwer verständlichen Zeilen halte ich für ein Mißverständnis Hartmanns von Chrestien v. 29—34:

> *Mes por parler de çaus qui furent*
> *Leissons çaus, qui an vie durent!*
> *Qu'ancor vaut miauz, ce m'est avis,*
> *uns cortois morz qu'uns vilain vis.*
> *Por ce me plest a reconter*
> *Chose, qui face a escouter.*

(Aber um von denen zu reden, die einst waren, lassen wir die, die noch am Leben sind. Immer noch besser ist, meine ich, ein höfischer Ritter, der tot ist, als ein gemeiner Mensch lebendig. Deshalb beabsichtige ich, eine Begebenheit zu erzählen, die hörenswert ist.)

* **v. 59:** Der Name der Königin wird im *Iwein* nicht genannt. Chrestien nennt ihren Namen, *Guenievre*, nur einmal, v. 6176. Vermutlich kommt der Name vom kymrischen *Gwenhwyvar* = ‚weiße Erscheinung'.

Zur Geschichte der Gestalt sh. R. S. Loomis, Arthurian Tradition, p. 196—198.

v. 62: Die historische Schilderung eines höfischen Festmahles findet sich bei Bartholomaeus de Glanvilla, *De proprietate rerum* 1. VI, 23 u. 24. Kap., zitiert bei Alwin Schultz, Höfisches Leben, 1. Aufl. I, p. 312f.

Lit.: Waas, der Mensch im deutschen Mittelalter, p. 136ff. Heinz Bodensohn, Die Festschilderungen in der mittelhochdeutschen Literatur, Münster 1936 (besonders p. 15ff.).

v. 63: Lachmann liest mit Aapz *mänlich*. Sh. dazu Henrici zu v. 63, p. 393 und Bech zu v. 63, p. 6.

v. 65ff.: Die literarische Quelle der Schilderung der Festvergnügen ist anscheinend die Darstellung von Arturs Krönungsfest bei Galfred und Wace, das zu Pfingsten in Caerleon abgehalten wurde. Galfred 157, 45ff. *Refecti tandem epulis, diversi diversos ludos composituri campos extra civitatem adeunt ... Alii cum celtibus, alii cum hasta, alii ponderosorum lapidum jactu, alii cum scaccis, alii cum aleis ceterorumque jocorum diversitate contendentes.* Und Wace, *Brut* (ed. J. Arnold) v. 10521:

174

Quant li reis leva del mangier,
alez sunt tuit esbanier
. . .
li un alerent bohorder,
e lur isnels chevals mustrer,
li altre alerent escremir.
ou pierre geter ou saillir.

(Als sich der König vom Mahl erhoben hatte, gingen alle den Vergnügungen nach . . . Die einen gingen zu den Mannschaftskämpfen und zeigten ihre flinken Pferde, die andern gingen zum Zweikampf oder zum Steinwerfen oder Springen.)

Bei Chrestien entsprechen der Hartmannschen Schilderung eigenartigerweise nur die Vv. 11—12:

Li un recontoient noveles
Li autre parloient d'amors.

(Die einen erzählten Neuigkeiten, die andern sprachen von Liebe.)

    v. 67: Über die Art der höfischen Tänze ist wenig bekannt. Vgl. Alwin Schultz, Höfisches Leben I, p. 545f. Das Singen ist Bestandteil des Tanzes (Tanzlieder).

    v. 68: Sportliche Wettkämpfe gehörten zu den üblichen Festvergnügungen. Nach den übrigen Belegen versteht man unter *schiezen* wohl allgemein Speerwerfen. Belege für sportliche Wettkämpfe in der mittelalterlichen Literatur bei Alwin Schultz, Höfisches Leben II, p. 2.

    v. 69—71: Lachmann stellt in der 2. Aufl. mit bc die Vv. 69 und 70 um und tilgt v. 71 *redten* mit A, das er für einen den Vers störenden Zusatz hält, der notwendig wurde, „nachdem [in BDad] 69. 70 [= Wolff 70, 69] die von mir hergestellte natürliche anordnung der verschiedenen beschäftigungen zerstört war und hier also nicht mehr *hôrten* konnte verstanden werden". (Lachmann zu v. 69, p. 370). Zacher, ZfdPh 7, p. 175ff., verteidigt die Tilgung von *redten*, stimmt aber Lachmanns Umstellung nicht zu. Paul antwortet Beitr. 3, p. 186, dagegen Faust ZfdA 24, p. 3. „obgleich . . . die auffassung Zacher-Faust einen genügenden sinn gibt, reichen die gründe doch nicht hin, um *retten* zu tilgen. denn dies haben ausser A alle hss., auch bc, welche (Paul) bei der stellung 70. 69 gar keinen grund hatten, es einzuschieben." Henrici zu Vv. 69—72, p. 395.

    v. 70: Eine Darstellung der mittelalterlichen Saiteninstrumente gibt Alwin Schultz, Höfisches Leben I, p. 552.

    v. 71—72: Also wohl Minnesang und epische Dichtung. Zu den verschiedenen Möglichkeiten des Vortrags sh. Alwin Schultz, Höfisches Leben I, p. 563.

    Lit.: Gertrud Schwarz: *arebeit* bei mittelhochdeutschen Dichtern, Bonner Beitr. z. dt. Phil., Würzburg 1938. *grôzer* in v. 72 ist nur in Aa überliefert.

    v. 73: Gawein. Die ältere Forschung nahm an (so E. Windisch, Das keltische Brittannien, p. 172), der kymrische Prototyp Gaweins sei Gwalchmei, Sohn des Gwyar, gewesen, der im Mabinogi von *Kulhwch* und *Olwen* als Neffe Arturs, Sohn seiner Schwester und seines Vetters, beschrieben wird. Die neuere Forschung nimmt umgekehrt an, Gawein sei in späterer kymrischer Dichtung durch Gwalchmei substituiert worden. Loomis sieht als keltischen Prototyp Gwrvan Gwallt-avwyn (‚Gwrvan mit den Haarflechten') an. Vgl. R. S. Loomis, Arthurian Tradition, p. 149—154. Gawein bzw. sein Prototyp werden durch Züge keltischer Sonnenmythologie bestimmt. Bestandteile dieser mythologischen Herkunft haben sich bis in einige französische Artusromane erhalten, wo Gaweins Stärke bis zum Mittag zu, dann wieder abnimmt (vgl. Frappier, Yvain, p. 57 und R. S. Loomis, Arthurian Tradition, p. 294). Eine Reminiszenz an diese Herkunft findet sich auch bei Chrestien im *Yvain*, wo er Gawein und Lunete mit Sonne und Mond vergleicht (v. 2406—2409).

    Nach Galfred von Monmouth (9. Buch, 9. Kap.) ist Gawein der Sohn des Königs Loth, Neffe von Urien, dem Vater Iweins. Demnach wären Gawein und Iwein Vettern. Hartmann und Chrestien scheinen davon nichts zu wissen. V. 2700 sagt Hartmann vielmehr ausdrücklich, die beiden seien nicht verwandt.

    Zur Entwicklung der Namensform aus Walven (*De gestis Regum Angliae* des William von Malmesbury um 1125) in die romanisierte Form Gauvenus (Urkunde Tours 1138) sowie für urkundliche Belege des Namens sh. Pentti Tilvis, Neuphil. Mitt. 60, 1959, p. 49ff.

v. 74: Keiî (Chrest. Keu, Kes) ist in den Artusromanen der Seneschal des Königs Artus. Der Name stammt aus dem keltischen Cai, Kei. Bei Galfred von Monmouth, 9. Buch, 12. Kap., ist Kay, der Seneschal, Herzog von Anjou. Im 10. Buch, 9. Kap., wird er im Kampf gegen den römischen Kaiser Lucius tödlich verwundet und bei Chinon begraben.

"We note the ambivalence of Keie: his essential humanity is higher than that of his quarry ... but in *Iwein* Keie is not only the preceptor we have seen, but also the complement, Keie the bad example, the embodiment of his own warnings ... The gap between words and deeds is widened to the point of burlesque caricature." Humphrey Milnes, Germ. Life and Letters 14, p. 244f.

Die positive Seite der Keie-Gestalt zeigt auch W. Ohly, Die heilsgeschichtliche Struktur, p. 101. Vgl. dagegen Anm. zu *v. 2638ff.

Zur Namensform Keiî sh. Lachmann zu v. 74, p. 370. — Das Essen ist wohl als Abendessen zu denken, das ohnehin die Hauptmahlzeit war, da man allgemein anscheinend überhaupt nur zwei Mahlzeiten kannte: Frühstück und Abendessen, das entsprechend früh liegen konnte (3 Uhr nachmittags). Daher ist auch das Schlafengehen nach dem Essen zu verstehen. Vgl. Alwin Schultz, Höfisches Leben I, p. 360ff. und die Belege daselbst.

v. 75: Daß bei großen Festlichkeiten mit vielen Gästen im Festsaal geschlafen wurde, war üblich (vgl. *Wigalois* [ed. Kapteyn] v. 4295; Heinrich von Freiberg, *Tristan* [ed. Bechstein] v. 2895). Beschreibung eines solchen Saales bei Waas, Der Mensch im deutschen Mittelalter, p. 134.

v. 81: Die Kemenate ist das heizbare Wohn-Schlafgemach. Das Hauptmöbel ist ein großes Bett. Zur Einrichtung der Kemenate, sh. Alwin Schultz, Höfisches Leben I, p. 101ff.

v. 83: Bech übersetzt: „mehr aus geselliger, gegenseitiger Rücksicht." Bech zu v. 83, p. 7; Henrici übersetzt: „mehr, um sich gesellschaftlich zu leisten." Henrici zu v. 83, p. 395. Beide Übersetzungen beschönigen. *geselleschaft* hat eindeutig erotischen Sinn. Hartmann hat taktvoll im Nebensatz abgetan, was bei Chrestien vier Verse (v. 49—52) einnimmt.

v. 84: Zur Textkritik der Zeile sh. Henrici zu v. 84, p. 395.

v. 86: Die Anordnung der Ritter hat die Philologie sehr beschäftigt: vgl. Benecke zu v. 86, p. 259, Wackernagel Germ. 17, p. 121 und Henrici zu v. 106, p. 396f.

v. 87: Dodines (Chrest.: Dodiniaus): der Name ist französisches Diminutiv und bedeutet „kleiner Dümmling". Wie der Ritter zu diesem Namen kommt, ist unbekannt. Vgl. R. S. Loomis, Arthurian Tradition, p. 339f.

v. 88: Segremors (Chrest.: Sagremors), ein Ritter der Tafelrunde. "The name seems to represent a form of the common noun sicamor, but why Sagremor should be named after a tree ... is unknown" R. S. Loomis, Arthurian tradition, p. 490. Ebensowenig weiß man, warum der Ritter in Chrestiens *Erec* den Beinamen ‚le desrée' — der Unordentliche oder der Verwirrte — hat.

Iwein. Hier wird der Held der Geschichte zum erstenmal erwähnt. Der Name geht zurück auf den historischen Owein, Sohn des Urien, König von Rheged, im nördlichen England, der im 6. Jahrhundert lebte. Der Romanheld hat zur historischen Gestalt keine Beziehung, obwohl Loomis glaubt, etwa mit der Sage von seines Vaters Liebe zu einer Wasserfee Reflexe alter Owein-Geschichten im *Iwein* wiederfinden zu können. Urien kämpfte erfolgreich gegen die Söhne von Ida, Könige von Berenicia und fiel im Kampf gegen den nordumbrischen König Deodric, der 582—589 regierte (mitgeteilt bei Nennius, Mon.germ. hist. Auct. ant. XIII, 206: *Deodric contra illum Urbgen cum filiis dimicabat fortiter*). Sein Sohn Owein setzte den Kampf fort. Vater und Sohn sind in keltischen Heldengedichten verewigt (Nachweise bei Sparnaay II, p. 17f. und R. S. Loomis, Arthurian Tradition, p. 269).

In der Vita des heiligen Kentigern, des Schutzheiligen von Glasgow, geschrieben zwischen 1147 und 1164, wird erzählt, der Vater von Kentigern werde in den Erzählungen der *histriones* Ewen, Sohn des Ulien, genannt (Lives of St. Ninian and St. Kentigern, ed. A. P. Forbes, Edinburgh 1874. — vgl. auch R. S. Loomis, Arthurian Tradition, p. 17). Dieser Ewen vergewaltigte die Stieftochter von Leudonus, König von Leudonia (vgl. den Namen Laudine!) an einem Bach und zeugte mit ihr St. Kentigern. Zenker und Brugger nehmen an, daß hier eine Verwechslung zweier Ewen stattgefunden hat: Ewen, Sohn des Erwegenden und Vater von St. Kentigern und Ewen, Sohn des Urien. Brugger (Mod. Phil. 38, p. 267) kann nicht weniger als 17 verschiedene Iwein-Gestalten in der Artusdichtung nachweisen. Hartmann selbst nennt im *Erec* v. 1641—1643 deren drei. Daher ist auch die Frage ‚*welhen Iwein meinet ir*‘ v. 4179 zu verstehen.

Dem Kreis um Artus wird *Iwenus filius Uriani* durch Galfred von Monmouth zugeordnet. In den mittelhochdeutschen literarischen Quellen erscheint der Name nicht vor Hartmann und Ulrich von Zatzikhoven.

Goossens, Über Sage, Quelle und Komposition des Chevalier au Lion des Chrétien de Troyes, Diss. Münster 1883, glaubt den Namen vom lat. Eugenius herleiten zu können.

Für Belege und urkundliche Bezeugungen des Namens sh. Friedrich Panzer, Personennamen aus dem höfischen Epos in Baiern, in: Festgabe für Sievers, 1896, p. 208 ff. und Pentii Tilvis, Neuphil. Mitt. 60, 1959, p. 61 ff. und p. 137 ff. Zur Namensform sh. auch R. S. Loomis, Arthurian Tradition, p. 273.

Weitere Lit.: K. W. Osterwald, Iwein, ein keltischer Frühlingsgott, Halle 1853.

Vgl. Anm. zu v. 1200.

v. 92: Nur A hat die Form Kalogranant, alle andern Hss. haben Schreibungen von Kalogreant (Chrest.: Calogrenant). Der Name ist vermutlich zusammengesetzt aus dem Namen Keie und dem Beinamen *le grenant: Cai lo grenant* = Keie, der Polterer. Chrestien ist sich über die Identität von Keu und Calogrenant offenbar nicht mehr im klaren. Aus der Herkunft von der Keie-Gestalt läßt sich aber vielleicht die untypische Zeichnung des Ritters erklären. Schon seine Niederlage verstößt gegen die Regel, daß der Epenheld zu gewinnen hat. Auffällig und selten ist dazu die Selbstironie, mit der das berichtet wird.

Lit.: Roger S. Loomis: Calogrenanz and Chrestien's originality. MLN 43, 1928.

v. 95: Lachmann konjiziert *kleiner* gegen alle Hss. Nur f, die Lachmann noch nicht kannte, hat *chlainer*. Henrici und Bech lesen *deheiner*. Vgl. Henrici zu v. 95, p. 395.

v. 98: Zur Geschichte des Motivs von der lauschenden Königin in der Kammer (Vergleich mit dem *Lai de l'Espine*) sh. R. S. Loomis, Arthurian Tradition, p. 277 f.

v. 105: Lachmann liest *ein*, Henrici mit B *eine*, da unflektiertes *ein* gegen Hartmanns Sprachgebrauch sei. Sh. Henrici zu v. 105, p. 396 und Lachmann zu v. 105, p. 371.

v. 106: Aufstehen und Entgegengehen ist die übliche Empfangszeremonie (vgl. Alwin Schultz, Höfisches Leben I, p. 521). Dadurch, daß die Ritter sitzenbleiben, verstoßen sie schwer gegen die gute Sitte.

v. 108 ff.: Den Widerspruch zwischen der Herabsetzung des Urteils Keies und der später Iwein beherrschende Furcht vor seinem Spott (v. 1065), zeigt H. Sacker, Germ. Rev. 36, p. 6 f.

v. 137 ff.: In dieser Rede duzt die Königin Keie, in v. 838 ff. ihrzt sie ihn.

Lit.: Gustav Ehrismann: Duzen und Ihrzen im Mittelalter, Zfd Wortforschung 5, 1903/04, p. 140.

Zur Form *daz ist* und sich daran knüpfende Erörterungen über die Betonung von Namen sh. Lachmann zu v. 137, p. 372.

v. 143: Paul und Bech lesen *gesinde*, Lachmann, Henrici und Steiger mit A *ingesinde*. Henrici zu v. 143, p. 397: „*ingesinde* ... bezeichnet wie Parz. 297, 17 den gegensatz zu den *gesten*, vg. 6418. soll der gegensatz nicht ausgedrückt werden, so heissen die zum haushalt gehörenden personen *gesinde*.“

v. 146: Lachmann setzt hinter *troeste* Komma, hinter *vertreit* Punkt.

v. 153: Benecke übersetzt: „wenn du jetzt deinem gifte nicht luft gemacht hättest, so wärest du würklich geborsten, ungeachtet wir recht wohl wissen, dass du eine große menge gift in dir lassen kannst (?), in dem deine gedanken zu deiner schande umhertreiben.“ Benecke zu v. 155, p. 261. „die dabei in 155 angenommene bedeutung von *und* ‚ungeachtet‘ wird trotz der beigebrachten beispiele von Lachmann bestritten, welcher *wand* dafür setzt und es kausal faßt.“ Henrici zu 153, p. 398.

v. 155: Ein Bibelzitat: Act. 8, 23 *In felle enim amaritudinis, et obligatione iniquitatis video te esse.* (Henrici zu v. 153, p. 398.)

Lachmann und Henrici lesen mit A: *wand wir daz wizzen vil wol, daz* ...

v. 160: Bei Chrestien äußert Keu recht grobe Beschimpfungen gegen die Königin (Chrest. v. 92 ff.), die Hartmann erheblich abmildert.

v. 162: Lachmann und Henrici lesen mit Aa *ein teil nider geleit* (Reim auf *geseit*). Vgl. die Ablehnung Pauls Beitr. I, p. 343 und die Zustimmung Zwierzinas AfdA. 22, p. 182.

v. 191: Lachmann konjiziert *dazz iu*. Henrici liest mit Bad *daz iu daz*. Sh. Lachmann zu v. 191, p. 374 und Henrici zu v. 191, p. 398.

v. 194: Henrici liest *niemens*. „der vereinzelte reim *nieman: dan* 1268 genügt nicht, um gegen B die abwechslung zu begründen, welche Lachmann hier und zu 191 auch für 4219 verteidigt." Henrici zu v. 194, p. 399.

v. 195: Wohl eine Anspielung auf Luc. 6, 45: *malus homo de malo thesauro profert malum. Ex abundantia enim cordis os loquitur.*

v. 206: Hartmann übersetzt die Stelle wörtlich aus dem Französischen:

> *Toz jorz doit puïr li fumiers*
> *et taons poindre et maloz bruire*
> (Chrest. 116—117)

(Der Mist muß stets stinken, die Bremse stechen und die Hummel summen.) Es handelt sich dabei offenbar um ein Sprichwort: vgl. Rosenroman (ed. Langlois) v. 9661: *li femiers qui de puir est costumiers*. Hartmann verwechselt Hummel und Hornisse.

v. 208: Paul versucht die Lesart von bc *immer smecke* durch die französische Quelle zu stützen.

v. 212: Bech, Graf-Dieter, Deutsche Rechtssprichwörter, p. 455, verweist auf dem Umweg über Gregorius, v. 3188 ff.

> *daz meinde daz eines mannes munt*
> *niht enmac erziugen wol*
> *swaz grôze kraft haben sol,*

auf Matth. 18, 16: *si autem te non audierit, adhibe tecum adhuc unum, vel duos, ut in ore duorum vel trium testium stet omne verbum*. „doch hat der dichter schwerlich auf den rechtsgrundsatz angespielt, dass zur erhärtung einer aussage mehr als ein zeuge nötig sei." Henrici zu v. 212, p. 399.

v. 213: Benecke zu v. 213, p. 262 übersetzt: „auch glaube ich nicht dass es mir schaden wird." Eine dem Sinne nach gleiche Übersetzung gibt Henrici.

v. 219: Zur Form *sagennes* sh. Anm. zu v. 25 und Lachmann zu v. 219, p. 375.

v. 242 ff.: Beginn der Erzählung Kalogreants. Es scheint sich bei dieser die Haupthandlung vorwegnehmenden Vorgeschichte um eine vorgegebene Schablone des Erzählens zu handeln, wie sie auch im französischen Prosaroman *Perlesvaus* und in Pseudo-Wauchiers Fortsetzung des *Conte del Graal* vorkommt (oder sollten die Episoden dieser beiden Romane des 13. Jhdts. von Chrestiens *Yvain* herstammen?). Das Schema hat folgende Bestandteile: 1. Der König schläft in seiner Kammer. 2. Ein Ritter, gewöhnlich Keie (darum Ca-lo-grenant! vgl. Anm. zu v. 92), kehrt geschlagen von einem Abenteuer zurück. 3. Er erzählt seine Geschichte vor Artus und der Königin. 4. Artus oder einer seiner Ritter unternimmt das Abenteuer mit Erfolg.

Ehrismann sieht die sagengeschichtliche Entsprechung zur Kalogreant-Erzählung in einer Episode der irischen Erzählung von Cuchulainns Krankheit: Der Wagenlenker Loeg folgt zuerst statt seines mißtrauischen Herren der Einladung der Fee und stattet nach seiner Rückkehr Bericht über das Wunderland ab. Vgl. Gustav Ehrismann, Märchen im höfischen Epos, Beitr. 30, 1905, p. 40 ff.

R. S. Loomis findet ebenfalls Elemente aus der Gruppe der Cuchulainn-Curoi-Erzählungen in der Kalogreant-Erzählung wieder: "1. The successive testing of two or more warriors who set out from a royal court. 2. The host who directs the warriors to the abode of the testing giant. 3. the woman in the host's fortress who entertains the warriors during the host's absence. 4. The storm which precedes the approach of the giant. 5. The giant's complaint of the damage done to his lands. 6. The humiliating defeat of the first warrior and the victory of the hero. 7. The giant's revolving fortress [vgl. Anm. zu v. 1114]. 8. The death of the giant and the precipitate uniting of his widow with his slayer." R. S. Loomis, Arthurian Tradition, p. 278 f.

Die Kalogreant-Erzählung mit dem entsprechenden Bericht Kynons im Mabinogi von Owein und Luned vergleicht Zenker, Ivainstudien p. 225—229, mit dem Ergebnis, das Mabinogi, wo der König im Kreise der Ritter einschläft, — was der höfische Chrestien nicht bringen konnte —, bewahre die ursprüngliche Fassung. Zenkers Auffassung wird bestritten von Sparnaay, ZfrPh 46 bzw. Zur Sprache und Literatur des Mittelalters, p. 147 ff. Dort findet man auch einen Vergleich mit der Episode in Ulrich Füetrers *Iban*.

Die poetische Funktion der Kalogreant-Erzählung für Chrestien und Hartmann dürfte darin bestehen, daß durch sie Iwein erfährt, was ihm bevorsteht, daß er mithin keine wahre *aventiuren*-Fahrt unternimmt, zu der die Ungewißheit des Zieles gehört, und daß er sich zudem über die Unrechtmäßigkeit seines Vorhabens im klaren sein muß (vgl. Anm. zu v. 712 und zu v. 3124).

Eine Interpretation der Kalogreant-Erzählung (bei Chrestien) im Hinblick auf die Charakteristika des höfischen Epos gibt Erich Auerbach, Mimesis, 2. Aufl. Bern 1959, p. 120—138 (6. Kapitel: Der Auszug des höfischen Ritters).

Zur Funktion von Kalogreants Erzählung vgl. weiter Humphrey Milnes, Germ. Life and Letters 14, p. 243.

Weitere Lit.: R. S. Loomis, Calogrenanz and Chrestiens originality MLN 43, 1928 (Stoffgeschichte).

Alfred Gerz, Rolle und Funktion der epischen Vorausdeutung im mittelhochdeutschen Epos, Berlin 1930.

v. 243: Hartmanns Kalogreant ist in seiner Zustimmung wieder weit höflicher als Chrestiens Calogrenant, der ziemlich grob seinen Widerwillen ausdrückt (Chrest. v. 142 ff.).

v. 251 ff.: Wohl eine Anspielung auf Matth. 13, 15: *Incrassatum est enim cor populi huius et auribus graviter audierunt . . ., ne quando videant oculis et auribus audiant et corde intellegant, et convertatur, est sanem eos.* (Ebenso bei Chrest. v. 150 ff.).

Den Vers hat Lachmann gegen die Hss. metrisch geglättet: *manec biutet d'ôren dar.* Vgl. Henrici Anm. zu v. 251, p. 399.

v. 255: *vliesent* für *verliesent* ist Konjektur Lachmanns gegen alle Hss.

v. 259: Lachmann liest mit Abcfpr: *daz ist wâr.* Sh. Henrici zu 259, p. 400.

* **v. 260:** Die Zeile spielt eine Rolle bei der Bestimmung der *Yvain*-Redaktion, die Hartmanns Vorlage war. Die frz. Hss. VH, die Foersters Ausgabe zugrunde liegen, haben die magische Zahl 7: *Il avint, pres a de set anz* (Chrest. v. 175), die Hss. PS haben 6, A 5, FG wie Hartmann 10 Jahre.

* **v. 261:** Lit.: Jacob Grimm, Frau Aventiure klopft an Beneckes thür. Berlin 1842.

v. 263: Der Wald von *Breziljan* bzw. *Broceliande* (Chrestien) ist identisch mit der heutigen Forêt de Paimpont in der Bretagne, etwa 40 km westlich von Rennes. Nach Bellamy ist dort noch eine Quelle, die *fontaine de Barenton*, in der Nähe des alten Schlosses *Comper* aufzufinden, bei der auch eine Kapelle steht. E. Windisch (Das keltische Brittannien) allerdings nimmt an, die Benennung des Waldes sei sekundär nach literarischen Vorbildern erfolgt.

Wace im *Brut* kennt bereits Wald und Quelle:

> *Et cil devers Brecheliant*
> *dont Breton vont sovent fablant,*
> *une forest mult longue e lee,*
> *qui en Bretaigne est mult loee.*
> *La fontaine de Berenton*
> *sort d'une part lez un perron.*
> *Aler soloient veneor*
> *a Berenton par grant chalor,*
> *e a lors cors l'eve espuiser*
> *e le perron dessus moiller.*
> *Por ço soloient pluie aveir:*
> *issi soleit jadis ploveir*
> *en la forest e environ*
> *mais jo ne sai par quel raison.*

(Und bei Brecheliant, wovon die Bretonen oft erzählen, ist ein ausgedehnter Wald, der in der Bretagne sehr berühmt ist. Die Quelle von Berenton entspringt an einer Stelle neben einem Sockel.

Die Jäger pflegten bei großer Hitze nach Berenton zu gehen und mit ihren Hörnern das Wasser zu schöpfen und den Sockel darüber zu begießen. Dadurch erzeugten sie Regen, denn es pflegte dann im Wald und in der Umgebung zu regnen, aber ich weiß nicht, warum.) Wace, *Brut* (ed. Arnold) II, v. 6395f. nach Foerster, *Ivain* (1906), p. 278, daselbst weitere Belege.

Chrestien sagt nicht ein Wort davon, daß man, um von Carduel in Wales nach Broceliande in der Bretagne zu kommen, den Kanal überqueren muß. Die Unstimmigkeit wird erst in der französischen Bearbeitung aufgetaucht sein, wenn, wie man annimmt, die ursprüngliche Iwein-Laudine-Geschichte im südlichen Schottland gespielt hat (vgl. Anm. zu v. 88 und v. 2421). Dann wäre die Geschichte durch einen bretonischen conteur entstellt worden, der von Carduel und dem schottischen Lothian, der Heimat Laudines, nichts wußte; gleichzeitig wäre die Wunderquelle identifiziert worden mit der Fontaine de Berenton im Walde von Broceliande. Quellen mit wunderbaren Eigenschaften gibt es — wie überall — natürlich auch in Schottland.

Lit.: R. S. Loomis, Arthurian Tradition, p. 272—292;
Félix Bellamy, La forêt de Brécheliande, 2 Bde. Rennes 1896;
Piquet, Etude sur Hartmann d'Aue, p. 104, Anm. 5;
Marianne Stauffer, Der Wald. Zur Darstellung und Deutung der Natur im Mittelalter, Bern 1959 (besonders p. 45—53);
Hans Dietrich Walther, Der Wald im Iwein, Diss. Univ. of Chicago, 1959.

* **v. 278:** Chrest. v. 192 hat *demie liue galesche* (eine halbe walisische Meile). Vgl. Anm. zu v. 3455.

v. 284: Ein *mûzerhabech* (Chrest. v. 199 *un ostor mûé*) ist ein Habicht, der sich schon einmal gemausert hat, d. h. über ein Jahr alt ist. Vorher sind die Habichte als Jagdvögel noch nicht zu gebrauchen; sie heißen dann mlat. *sauri*, afrz. *sors*. (Friedrich II, *de arte venandi* lib. II, cap. XXIX unterscheidet *Austures sauri et mutati*.) Vgl. weiter Benecke zu v. 284, p. 263 und Alwin Schultz, Höfisches Leben I, p. 474f.

v. 295: Der gastfreundliche Burgherr und der Waldmann haben die Funktion von Wegweisern. Beide weisen zum Eingang des Waldes von Breziljan, der ohne Zweifel ursprünglich das Jenseits der keltischen Mythologie war, das nicht von der irdischen Welt durch unüberwindliche Grenzen getrennt ist. Vgl. Frappier, Yvain, p. 45.

Im Mabinogi von Owein und Luned trifft der Erzähler auf "two curly yellow-headed youths, with a frontlet of gold about the head of each of them, and a tunic of yellow brocaded silk upon each of them" (Jones p. 156); er selbst wird eingekleidet in "a tunic and surcoat and mantle of yellow brocaded silk" (Jones p. 157). Von beidem ist bei Chrestien nicht die Rede, was verständlich ist, denn gelb war im 12. und 13. Jh. die Tracht der Juden und Dirnen (vgl. Heyne, Hausaltertümer III p. 324). Gelb ist die keltische Totenfarbe. Daraus zieht Zenker, Ivain, p. 229—238, den Schluß, das Mabinogi, das die Burg deutlicher als zum keltischen Totenreich gehörig kennzeichnet, bewahre ursprünglichere Züge.

Zum Vergleich der Episode vom gastfreundlichen Burgherren mit den vergleichbaren Passagen im Mabinogi, dem mittelengl. Gedicht *Gawein and the Green Knight* und der irischen Geschichte von Bricrius Festmahl sh. R. S. Loomis, Arthurian Tradition, p. 278f. (Bricrius Festmahl wird als gemeinsame Quelle angenommen.)

v. 297/298: Die Zeilen lauten:

wan mir wirt lihte unz an mînen tôt
der herberge niemer mê sô nôt.

Die Zeilen sind in ABJabcprz nicht überliefert. Lachmann streicht sie, weil er sie für einen „ungeschlachten zusatz" hält (p. 377). Die Verse scheinen aber durch Chrest. v. 203/204

... il n'i ot el,
Que mestier avoie d'ostel

(mir blieb nichts anderes übrig, denn ich brauchte eine Unterkunft),

gestützt zu werden. Vgl. Henrici zu v. 297, p. 400 und Paul, Beitr. 1, p. 362.

„Die Verse müssen also offenbar doch von Hartmann stammen, wie schon Paul 362 es ausgesprochen hat. Auch Zwierzina, der sie hatte verwerfen wollen, hat das Beobachtungen 510 f. anerkannt. Wenn die meisten, nicht weiter zusammenhängenden Handschriften sie nicht bieten, erkläre ich es mir daraus, daß sie einer ersten Fassung Hartmanns angehörten, bei einer Bearbeitung aber von ihm verworfen sind." Wolff zu v. 297.

v. 299 ff.: Die Quellenforschung nimmt allgemein an, der Gong habe ursprünglich zur Wunderquelle gehört und die Funktion gehabt, den Herrn des Waldes herbeizurufen (vgl. das Horn in *joie de la cort* im *Erec* und den Gong an der Wunderquelle im *Lanzelet*).

Ch. B. Lewis, ZfrPh 47, p. 254 ff. glaubt den Gong vom antiken Gong an der Zeusquelle zu Dodona herleiten zu können, dessen Funktion man nicht kennt. Vgl. Anm. zu v. 553.

Die Argumente der Quellenforschung übersehen freilich, daß der Gong oder das σήμαντρον dem Mittelalter ganz geläufig war und beispielsweise für kirchliche Zwecke anstelle der Glocken verwendet wurde. Vgl. *Salman und Morolff* (ed. Vogt) v. 1000 ff.:

> *ûf dem hove hing ein tavel, wan die erclang*
> *der kunig Pharo zu der kirchen drang.*

Vgl. weiter: C. B. Lewis, Classical Mythology, p. 67—78.

Zur Form *tavele* bei Lachmann sh. Henrici zu v. 299, p. 400.

v. 309: Lachmann konjiziert *diu hiez* aus metrischen Gründen (sh. Lachmann zu v. 309, p. 378). Alle Hss. haben *die hiezen*. Lachmanns Konjektur verteidigt Zacher, ZfdPh 7, p. 195—197.

v. 317: Zum Anlegen wie zum Ausziehen der Rüstung bedurfte der Ritter der Hilfe. Daß er es allein vermochte, wird als ausdrückliche Ausnahme erwähnt (etwa *Wigalois* v. 495).

v. 318: Zur Form *clage ich* sh. Lachmann zu v. 318, p. 378 f.

v. 326: Die Einkleidung des Gastes gehört zu den Geboten der Gastfreundschaft. Scharlach ist keine Farbe, sondern ein kostbarer Wollstoff, der vor allem in Gent und in England gewebt wurde. Später ging der Name von dem besonders kostbaren roten Scharlach auf die Farbe über (*tuoch von Gente ein teil scharlach geverbet, Lohengrin* ed. Cramer v. 3083). Vgl. Alwin Schultz, Höfisches **Leben** I, p. 354 f. und Heyne, Hausaltertümer III p. 220.

v. 340: Lit.: Werner Bopp, Die Geschichte des Wortes ‚Tugend', Diss. Heidelberg 1932.

v. 348: Die Aussprache von *ouwê* erörtert Lachmann zu v. 348, p. 379.

v. 357 ff.: Schönbach, Untersuchungen p. 336 nimmt an, es handele sich um die Worte des Tobiassegens, Müllenhof-Scherers Denkmäler (3. Aufl.) Nr. XLVII, 4 v. 35 ff.: *gesegnet si dir der wec über straze und über stec, da vor und da hinden.*

v. 361: Die Lesarten zu diesem Vers schwanken erheblich, Henrici zu v. 361, p. 402 f. nimmt an, der Vers sei verderbt, da *verstôzen* nur mit Genitiv der Sache, nicht der Person belegt sei.

v. 364—366: Wörtliche Wiederholung von *Erec* v. 8361—8363.

v. 374: Chrestien v. 261 sagt genau das Gegenteil:

> *s'an avoit il maint herbergé*

(davon hatte er schon viele beherbergt).

* **v. 383:** Der Ablauf der Ereignisse ist hier nicht ganz klar. Benecke meint: „Calogreant beurlaubt sich des abends, da er den andern morgen in aller frühe abreisen will" (Benecke zu v. 383, p. 265). Da Hartmann in dieser Passage mit Ausnahmen dieses einen Verses zeilengetreu Chrestien übersetzt, glaube ich eher, er hat Chrest. v. 269 mißverstanden:

> *Se cest don li escondeïsse.*
> *Mout fu bien la nuit ostelez,*
> *et mes chevaus fu anselez*
> Chrest. v. 268—270

(und das gestand ich ihm zu. Die Nacht war ich gut untergebracht, und mein Pferd wurde gesattelt).

v. 390: Zur Übersetzung sh. Faust, ZfdA 24, p. 11.

Lit.: Werner Armknecht, Geschichte des Wortes „süß", Berlin 1936.

v. 415: Aus metrischen Gründen setzt Lachmann *triut* gegen alle Hss., die *triuwet* haben. Vgl. Lachmann zu 415 p. 381 und Henrici zu 415, p. 403.

Lachmann streicht *anders:*

„Z. 6646 setzen A und 5176 E *anders* hinzu. So werde es nicht zu verwegen sein, es hier, z. 2572 und im Büchl. 382 zu streichen, wie auch in A. H. 917 *ander.* Gegen ABMdlz wird man es aber doch nicht tun dürfen." Wolff zu v. 417.

v. 418: Humphrey Milnes, Germ. Life and Letters 14 p. 241—255 interpretiert die Gestalt des Waldmannes als Gegenbild des Ritters: "it is as if there were only two possibilities and they at opposite poles. If we were to take the description of the wild-man and invert each visual characteristic, we should end up with a picture of the knight." p. 242.

v. 425 ff.: Daß der Waldmann sagengeschichtlich auf einen Wächter des keltischen Totenreiches zurückgeht, ist ziemlich eindeutig; umstritten freilich ist die literarische Tradition. Lucie Paton nimmt an, der Waldmann, Wächter der Tiere, und der Hüter des Brunnens seien ursprünglich dieselbe Figur gewesen. Chrestien habe sie aufgeteilt, um Yvain in Esclados einen würdigen Gegner zu verschaffen (L. A. Paton, The Story of Grisandoles, PMLA 22, 1907 p. 269).

A. Brown (Studies and Notes VIII p. 114) nimmt an, der gastfreundliche Burgherr und der Waldmann "were originally appearances of the same Otherworld being", nämlich ein Untertan der Brunnenfee. PMLA 20 p. 682 ff. präzisiert er seine Vorstellungen: der Waldmann stamme her von der einbeinigen und einäugigen irischen Sagengestalt Fáchan. Im Mabinogi von Owein und Luned nämlich wird der Waldmann wie folgt beschrieben:

"... and a big black man shalt thou see on the middle of the mound who ist not smaller than two of the men of this world. And one foot has he, and one eye in his forehead's core ..." (Jones, p. 158).

Frappier, Yvain p. 47, identifiziert den Waldmann mit der protheischen Gestalt des keltischen Sturmgottes Curoi. Das Mabinogi von Kulhwch und Olwen repräsentiere einen Ableger in der Gestalt des Hirten Kustennin „vêtu d'une casaque de peau" in Gesellschaft eines „dogue aux poils hérissés, plus grand qu'un étalon vieux de neufs hivers."

Auch R. S. Loomis vertritt die Auffassung, der Waldmann gehe auf Curoi zurück, der in der Geschichte von Bricrius Festmahl und den darauf basierenden Erzählungen unter anderm auch als Hirte wilder Tiere erscheint. (Vgl. R. S. Loomis, Arthurian Tradition, p. 285 ff.) Diese Herleitung läuft ebenfalls auf eine sagengeschichtliche Identifizierung des Waldmannes mit Esclados (Askalon) hinaus: vgl. Anm. zu v. 695.

Daneben sind Argumente für die antike Herkunft des Waldmannes beigebracht worden. Zenker, Ivainstudien, schlägt vor, den Waldmann von Silvanus (p. 102) oder von Polyphem (p. 128) herzuleiten. Damit stünde der einäugige Waldmann im Mabinogi in antiker Tradition. Einbeinige und einäugige Riesen scheinen sich aber auch in eindeutig keltischer Erzähltradition zu finden (Belege bei R. S. Loomis, Arthurian Tradition p. 286 f.). Wenig einleuchtend sind die Vorschläge Settegasts, als Vorbild des Waldmannes Pan anzunehmen (Settegast, Antike Elemente p. 65) und von C. B. Lewis, der versucht, die Gestalt auf Minotaurus zurückzuführen (Lewis, Classical Mythology p. 159 f. und p. 178 f. Dort auch Zusammenstellung und Referat einiger Vorschläge zur Herkunft des Waldmannes).

Schließlich kann man noch erwägen, die Figur einfach von den im Mittelalter allgemein bekannten Gestalten der ‚Wilden Leute' herzuleiten. Das hatte schon Simrock im Handbuch der deutschen Mythologie p. 440 mit dem ausdrücklichen Hinweis auf die Iweinstelle getan. Nun haben aber die Wilden Leute nicht die groteske Mißgestalt des Waldmannes bei Chrestien und Hartmann. Richard Bernheimer, Wild Men in the Middle Ages, p. 28 nimmt daher an: "It is likely that it is Chrétien himself who is responsible for the incongruous appearance of this wild man, which could hardly have come out of the popular myth but was apt to appeal to the rude sense of humor of his noble listeners."

Wenig Beachtung hat ein Hinweis Schönbachs (Untersuchungen, p. 214) gefunden: Der Waldmann ähnelt auffallend der Vorstellung, die sich das Mittelalter von den Kindern Kains machte. Vgl. Beschreibung in der Wiener Genesis ed. Viktor Dollmayr, Halle 1932 v. 1292—1317:

dei chint si gebaren
dei unglich waren:
sumeliche heten houbet sam hunt,
sumeliche heten an den brusten den munt,
an den ahselun dei ougen
dei muosen sich des houbets gelouben,
sumeliche heten so michel oren,
daz si sich damite dachten

. . .

Sumeliche flurn pegarwe
ir sconen uarwe,
si wurten suarz unt egelich

. . .

alsolich si waren innen
solich wurten dise uzzen.

Wenn man auch die Waldmanngestalt nicht unmittelbar von den Kainskindern herleiten wird, so mag sich doch Chrestien und Hartmann assoziativ die Verbindung zu jenen Gestalten aufgedrängt haben, die als Verführer zum Bösen galten. Auch der Waldmann weist zu dem Ort, wo Unrecht geschehen wird.

Die Technik der mittelalterlichen Beschreibung stellt an diesem Abschnitt dar:

Paul Salmon, The Wild Man in ‚Iwein‘ and Medieval Descriptive Technique. MLR 56, 1961.

v. 426: Benecke übersetzt: „war übrigens, das allgemeine menschliche ansehen ausgenommen". Benecke zu v. 426, p. 265 f. Allein im *Iwein* lassen sich jedoch zahlreiche Belege finden, aus denen eindeutig hervorgeht, daß *anders* häufig einfache Verstärkung ist, die nicht einmal immer mitzuübersetzt werden braucht. Vgl. die Vv. 687, 2066, 2804, 2822, 4817. Gestützt wird diese Auffassung durch Wackernagel, Germ. 17, 1872, p. 124 Anm. zu v. 4817. Vgl. die weiteren Belege daselbst.

v. 427: Wenn es stimmt, daß der Waldmann sich von einem ursprünglichen Wächter des Totenreiches herleitet, so wird man eine Reminiszenz an diese Funktion in der schwarzen Farbe erblicken, die (neben gelb) in der antiken wie keltischen Mythologie die Farbe des Todes war. Bernheimer, Wild Men p. 191 Anm. 34 nimmt allerdings an: "That wild men and women were black seems to have been a widespread belief, particularly in Germany", doch liegen die literarischen Belege, die er anführt (*Wigalois* v. 6288, *Wolfdietrich*) nach dem *Iwein* und dürften durch ihn beeinflußt sein. Bildliche Darstellungen schwarzer Wilder Leute sind mir nicht bekannt.

v. 435/36: wörtliche Wiederholung von *Gregorius* v. 3425/26.

v. 448: *wit* vielleicht = ‚mit klaffenden Nasenlöchern‘.

v. 453: Paul, Beitr. 1 p. 362 und Bech lesen wie Wolff mit Dadlr *bêdenthalp diu wangen* nach Gregorius v. 3429—30.

v. 457: Schönbach, Untersuchungen p. 209, vergleicht Ecclesiasticus 28, 28: *et ori tuo facito ostia* und Coloss. 4, 3: *ut Deus aperiat nobis ostium sermonis ad loquendum.*

v. 480: Benecke zu v. 480 p. 266 übersetzt: „da kam ich auf den gedanken, er könne vielleicht stumm sein, und um darüber zur gewissheit zu kommen, richtete ich eine frage an ihn."

v. 504: Lachmann nimmt *dêr* für *daz er* an, „eine trotz der aufnahme in die wörterbücher noch immer unbegründete form". Henrici zu v. 504 p. 405. S. auch Paul, Beitr. 1, p. 358 Anm.

* **v. 526:** Kalogreants Ausführungen (die bei Chrestien fehlen), wurden lange als die klassische Definition der *aventiure* angesehen. Sollte das zutreffen, so würden durch die platte Simplizität der hier gegebenen Erklärung alle häufig sehr differenzierten Anschauungen der modernen Interpretation über die Funktion der *aventiuren* im Artusroman widerlegt. Mir scheint, die Stelle muß als ironische Banalisierung aufgefaßt werden, mit der dem Unhöfischen in komischer Vereinfachung ein ihm unzugänglicher Tatbestand klargemacht werden soll. Ähnlich fassen die Stelle auf Th. v. Stockum, Hartmanns Iwein p. 8 und W. Ohly, Die heilsgeschichtliche Struktur p. 101.

H. Milnes, Germ. Life and Letters 14 p. 255 Anm. 3 sieht ebenfalls "the scathing humour of this burlesque reduction to absurdity of literary knighthood."

H. Sacker dagegen glaubt, die Stelle sei angelegt auf einen Kontrast des primitiven, unhumanen *aventiuren*-Begriffs des höfischen Ritters mit der Menschlichkeit des unhöfischen Waldmanns. (Germ. Rev. 36 p. 8).

Hartmann muß, wie aus der Episode vom Raub der Königin hervorgeht (vgl. Anm. zu 4530) neben Chrestiens *Yvain* noch andere Quellen benutzt haben. In diesem Zusammenhang fällt es auf, daß Hartmann an mehreren Stellen gegen Chrestien mit dem Mabinogi von Owein und Luned übereinstimmt. (Vgl. Anm. zu den Vv. 572, 584, 587). Das Mabinogi hat eine fast wörtliche, dennoch vielleicht zufällige Übereinstimmung mit Kalogreants Worten, die bei Chrestien fehlen. Dort erklärt Kynon dem gastfreundlichen Burgherrn auf die Frage, was er suche: "and I declared that I was seeking some one who might get the better of me or I get the better of him." (Jones, p. 158.)

v. 534: Lachmann und Henrici lesen mit Abcz *ersleht er mich.*

v. 548 f.: Wenn die zu v. 526 geäußerte Auffassung der *aventiure*-Definition stimmt, dann sind diese Verse als ironischer Kommentar Hartmanns zu verstehen.

v. 553: Schon 1884 entdeckte MacBain eine deutliche Parallele zur Geschichte von der Wunderquelle in der irischen Erzählung von Gilla Decair. A. Brown, Studies and Notes VIII, p. 104—118, führte die — erst 1630 bekannt gewordene Geschichte — auf eine weit ältere irische Erzählung zurück, die er für die Quelle der Episode im *Yvain* hielt. R. S. Loomis, Arthurian Tradition, p. 290, nimmt jedoch für beide Erzählungen eine gemeinsame französische Quelle an. Zenker, Ivainstudien, p. 41—83 vertritt die Auffassung, daß die Episode in der irischen Erzählung (wie auch eine ähnliche im deutschen *Wolfdietrich*) unabhängig von Chrestien ist.

Ähnlichkeiten der Wunderquellengeschichte mit dem in Gallien zu römischer Zeit verbreiteten Diana-Mythos findet W. Nitze, Mod. Phil. 3, p. 270 ff. Er versucht zu beweisen, die Quellenepisode sei ein direkter Überrest des Aricianischen Dianamythos. Zum Kult der Diana von Aricia, von dem Chrestien unmittelbar seine Geschichte abgeleitet haben soll, gehört es, daß der heilige Hain und See von einem bewaffneten Priester bewacht werden. Ein Eindringling fordert den Priester heraus, indem er einen heiligen Ast zerbricht, überwindet den Priester und wird seinerseits Verteidiger des Hains. (Gegen Nitze vgl. L. B. Morgan, Mod. Phil. 6 p. 331 ff.) Ein solcher Brauch ist in der antiken Kultpraxis nicht ohne Parallelen. In ähnlicher Weise wurde der Priesterkönig der Zeusquelle in Dodona bestimmt. Demgemäß glaubt C. B. Lewis, ZfrPh 47, p. 254 ff. und Classical Mythology, p. 120—130 Yvains Quellenabenteuer vom Kult des Zeus in Dodona herleiten zu können. (In der gleichartigen Gewitterquellen-Episode in Ulrich von Zatzikhovens *Lanzelet* (ed. Hahn v. 4095) heißt die Burg an der Quelle Dodone!)

Orientalische Geschichten von Wunderquellen haben G. Hamilton und F. Grimme nachgewiesen: „In der Nähe des Ortes . . . war eine Quelle so rein und klar wie die Sonne. So oft aber Schmutz in dieselbe geworfen wurde, entstand ein schreckliches Getöse, laut wie Donner, es erhob sich ein Sturm, und grausige Kälte trat ein. Nasireddin ließ nun Schmutz in diese Quelle werfen, in Folge dessen entstand eine undurchdringliche Finsternis, das Tageslicht verlöschte, und es trat eine so große Kälte ein, daß das Blut in den Adern erstarrte." Mohammedi Filii Chondschahi vulgo Mirchondi Historia Gasnevidarum persice, ed. Fr. Wilken Berlin 1832, zitiert nach Grimme, Germ. 33, p. 58.

Erika Schmiedbauer weist mich auf eine Wunderquellen-Geschichte aus Schottland (! vgl. Anm. zu v. 88) hin. Sh. Gervasius v. Tilbury, p. 93 in: Brand, Pop.Ant. 2, 228. Das Wissen um die regenmachende Quelle im Wald von Broceliande ist im Mittelalter verbreitet. Über sie berichten Jacques de Vitry, Thomas de Cantimpré und Guillaume le Breton. „*In minori Britannia fons quidam esse refertur cuius aquae supra propinquum lapidem proiectae pluvias et tonitrua povocare dicuntur.*" Jacques de Vitry, *Historia orientalis et occidentalis*, lib. II p. 92, ed. Beller 1598 zit. bei Foerster, Wörterbuch, p. 101. Die weiteren Belege sh. daselbst. —

Weitere Nachweise zur Erwähnung der Quelle sh. Foerster, Yvain (1906), p. XXV ff. und Holland, Chrestien, p. 152 ff.

Eine Zusammenstellung der in mittelalterlichen Enzyklopädien und anderen Urkunden zu findenden Geschichten von Quellen mit wunderbaren Eigenschaften, teils römisch-antiker, teils keltischer Herkunft, bei L. Morgan, Mod. Phil. 6, p. 332 ff. Eine weitere Zusammenstellung regenmachender Quellen bei G. L. Hamilton, Rom. Rev. 2, p. 355 ff. und Rom. Rev. 5, p. 213 ff.

Eine kurze Darstellung der Kulturgeschichte des Regenmachens durch Analogiezauber bei C. B. Lewis, Classical Mythology p. 25—46.

Nachweise literarischer Parallelen zur Quelle bei Zenker, Ivainstudien, p. 129—145.

Vergleich der Episode mit dem bretonischen Lai *Désiré* bei R. S. Loomis, Arthurian Tradition, p. 289 ff.

Vergleich der Episode mit der irischen Geschichte *Torui gheacht an ghiolla dheacair* (Verfolgung des Gilla Decair) bei F. Loth, Romania 21, 1892, p. 67—71.

Zusammenfassung der älteren Quellenforschung bei Zenker, Ivainstudien, p. 129.

Nachweise der literarischen Nachwirkung von Chrestiens Quellenbeschreibung bei C. B. Lewis, Classical Mythology, p. 50 ff.

Weitere Lit.:

F. Grimme, Zu Iwein 553 ff., Germ. 33, 1888, p. 58;

Frappier, Yvain p. 40 ff.

L. B. Morgan, The source of the Fountain Story in Yvain, Mod. Phil. 6, p. 331;

R. S. Loomis, Arthurian Tradition, p. 290 ff.;

Margarethe Roesler, Die „ Fontaine périlleuse" in Chrestiens Yvain, ZfSL 63, 1934;

O. M. Johnston, The Fountain Episode in Chrétien de Troies Yvain, Transactions and Proceedings of the Am. Phil. Ass. Vol. 33;

W. A. Nitze, Yvain and the Myth of the Fountain, Speculum 30, 1955;

W. A. Nitze, The Fountain Defended, Mod. Phil. 7, p. 145;

Frappier, Yvain, p. 40 ff.;

L. de Nussac, Les Fontaines en Limousin, Culte, Pratiques, Légendes. Bull. Archéol. du Comité des Travaux hist. et scient., 1897 (besonders p. 150 ff.).

v. 554: Die Entfernungsangabe fehlt bei Chrestien. Möglicherweise hat Hartmann eine Zeitangabe Chrestiens (die wiederum bei Hartmann fehlt) mißverstanden: Bei Chrestien reitet Calogrenanz bis *Espoir si fu tierce passee* (Chrest. v. 410). (Es mochte die dritte Stunde vorbei sein.) Vgl. Anm. zu v. 3435.

v. 565: Bezieht sich auf v. 556.

v. 566: Vgl. Anm. zu v. 4017.

v. 567: *cleine*: die ebenfalls denkbare Übersetzung, schön und auch kostbar' verbietet sich wegen Chrest. v. 394: *Petite, mes ele est mout bele.* (Klein, aber sie ist sehr schön.)

v. 568: Bei Chrestien v. 380/81 ist die Quelle kalt und kocht dennoch.

v. 572: Der immergrüne Baum mit den singenden Vögeln ist für E. Windisch (Das keltische Britannien) der Baum des Lebens im Paradies, auf dem nach der irischen *Fís Adamnáin* die Seelen der Gerechten als glänzend weiße Vögel sitzen. Gleichzeitig gesteht er die Möglichkeit zu, es handele sich um die Vögel der Fee Rhiannon. (Sh. auch Loth, Mabinogion II, p. 43.)

Arthur Brown, Studies and Notes VIII, p. 86 f., weist die Herkunft des Motivs aus den Wunderreisen der irischen Literatur nach. In der *Navigatio Sancti Brandani* (10. Jh.) kommen die Reisenden an eine Insel namens ‚Paradies der Vögel'. Dort finden sie eine Quelle und darüber einen Baum mit wundervoller Krone, vollständig mit Vögeln bedeckt, die an Feiertagen wie mit einer Stimme die kanonischen Stundengebete singen. (Bei Chrestien v. 472 singen die Vögel *lor servise*, ihren Meß-, Lobgesang, Stundengebet!)

C. B. Lewis nimmt gemäß seiner Herkunfstheorie an, es handele sich bei Baum und Vögeln um den heiligen Baum und die Orakeltauben des Zeusheiligtums in Dodona. (Classical Mythology, p. 84. Dort p. 80 auch Nachweise für Bäume mit singenden Vögeln in der mittelalterlichen Literatur.)

Weitere Literatur zur Quellengeschichte des Motivs:

R. S. Loomis, Arthurian Tradition, p. 290.

Hofer, Chrestien, p. 164 f.

E. Kölbing, Christian von Troyes Ivain und die Brandanuslegende, Zfvergl. Lit. wiss. 11, 1897.

Bei Chrestien v. 414 ist der Baum *li plus biaus pins*, die schönste Fichte. Man nimmt an, Hartmann habe die heimische Linde dafür gesetzt. Immerhin fällt auf, daß auch das Mabinogi von einem Laubbaum redet: "... when I looked at the tree, there was not one leaf on it" (Jones, p. 160) (vgl. Anm. zu v. 526). Allerdings besteht bei Chrestien selbst ein Widerspruch: v. 384 sagt er, der Baum sei belaubt:

An toz tans la fuelle li dure (Er bleibt das ganze Jahr im Laub). Mithin hätte vielleicht das Mabinogi die ursprüngliche Fassung und Chrestien hätte das Wunder der ständigen Begrünung rationalistisch erklärt, indem er die Fichte für den Laubbaum setzte. —

Hugh Sacker, Germ. Rev. 36, p. 9 ff., versucht Quelle und Linde symbolisch zu deuten. Er glaubt erkennen zu können, die Linde, die den Brunnen schützt, — dieser ein unterbewußtes Symbol für Laudine —, sei zeichenhaft gesetzt für "the primarily protective nature of Ascalon's love for Laudine." Doch sei ihre Gemeinschaft nicht vollkommen: "this seems to be indicated by the tree basin, which hangs down from a branch of the tree over the well as an invitation, or challenge to strangers."

v. 584: Chrestien beschreibt keinen Sockel unter dem Stein. Im Mabinogi ist er wie bei Hartmann aus Marmor: ". . . beside the fountain is a marble slab, an on the slab there is a silver bowl . . ." (Jones, p. 159). (Vgl. Anm. zu 526.)

v. 585: Benecke, Wörterbuch zum Iwein, Artikel *gelöchert,* gibt die auch mögliche Übersetzung ,hat viele Löcher'. Nach Chrestien v. 425 ist der Stein jedoch *perciez aussi come une boz* (ausgehöhlt wie ein Faß).

v. 587: Bei Chrestien ist das Gefäß einmal aus Eisen (v. 368: *bacins de fer,* — so sagt der unwissende Waldmann), einmal aus Gold (v. 420: *del plus fin or,* — so sieht es Calogrenanz). Das Metall der Kette wird bei Chrestien nicht genannt. Im Mabinogi wird wie bei Hartmann (v. 591) eine Silberkette erwähnt: " a . . . bowl fastened to a silver chain." (Jones, p. 159.) Dort ist jedoch auch das Gefäß aus Silber. (Vgl. Anm. zu v. 526.)

v. 598: Bei Chrestien erzählt der Waldmann Calogrenanz noch, welche Konsequenzen der Brunnenguß haben wird (Chrest. v. 397—403). Hartmann läßt das weg, nicht nur zur Steigerung der Spannung, sondern weil er dadurch das Überraschungsmoment erhält, das zur *aventiure* gehört.

Damit wird Kalogreants *aventiure* in Gegensatz gestellt zu Iweins angemaßtem Ausritt.

v. 599: Bei Chrestien heißt es v. 376: *tote la droite voie* (immer gradeaus), Hartmann läßt Kalogreant den Weg nach Links, also der Unglücksseite reiten. (Vgl. denselben Gebrauch im *Erec* v. 7906).

v. 618: Lachmann liest mit DJbcd *gap hin widere.* „das nur in einer hs.-gruppe bezeugte *hin* wird nicht glaubhafter durch Lachmanns bemerkung: ,wenn auch *in* erträglich ist, im *Erec* 6081 erfordert der sinn das andere, und warum hätte der dichter gewechselt?' offenbar, weil der gedanke ein anderer ist." Henrici zu v. 618, p. 407 f.

v. 621: Sh. Anm. zu v. 533.

v. 623: Das Mabinogi kennt Smaragd und Rubin als Brunnensteine nicht. Mag Chrestien die Steine nun aus einer Quelle übernommen haben oder nicht, in jedem Falle wird sich dem mittelalterlichen Dichter und Hörer bei der Erwähnung eines Edelsteins die Vorstellung von dessen magischen Kräften und symbolischen Bedeutungen aufgedrängt haben. Ein sinnvoller Zusammenhang der Eigenschaften der beiden Steine mit der Iwein-Geschichte ist jedoch nicht ohne weiteres zu sehen. Immerhin ergibt das Studium der Lapidarien, daß beiden Steinen die Eigenschaft attribuiert wird, Besitz und Ehre zu mehren und zu erhalten. Der Smaragd, abgesehen davon, daß er Blindheit und Fallsucht heilt, gut ist gegen Unwetter und Unkeuschheit, hat folgende Eigenschaft:

> *und wehset im [der ihn trägt] iemer mêre*
> *beide sin guot und sin êre,*
> *und vertribet unstaeten muot*
> *und ist auch ze teidingen guot.*

Volmars Steinbuch, ed. Hans Lambel, Heilbronn 1877 v. 111—114. (Ebenso St. Florianer Steinbuch v. 159—160.)

Schwieriger steht es mit dem Rubin, denn er gehört nicht wie der Smaragd zu den 12 Edelsteinen, die nach Apok. 21, 19—20 die Mauern des himmlischen Jerusalem schmücken, noch zu denen, die nach Exodus 28, 17—19 den Amtsschild zieren. Er kommt daher nur in einem Teil der Lapidarien vor (wird allerdings gelegentlich mit dem Karfunkel verwechselt), und hat unter anderm die Eigenschaft, Gut zu erhalten:

dem man sin guot nimer zergât,
der denselben stein hât,
und ist iemer riche,
der in an siht tegeliche.

Volmars Steinbuch v. 647—650.

Da die Quelle zeichenhaft für Herrschaft und Besitz steht, ergibt sich hier eine Verbindung zur Bedeutung der Edelsteine.

Weitere Lit.: Oskar Schade, Altdeutsches Wörterbuch, Halle 1872—1882, Anhang, Artikel *rubin*, p. 1411 und *smaragde*, p. 1424 ff. —

Lewis und Nitze vermuten in dem Stein an der Quelle die Nachbildung eines *lapis manalis*, in der Antike ein rituelles Gerät, das gebraucht wurde, um in Zeiten der Dürre Regen herbeizurufen. Ein solcher *lapis manalis* stand nahe dem Marstempel an der *porta capena* in Rom. Diese Steine, wahrscheinlich ausgehöhlte Gefäße, aus denen Wasser gegossen wurde, führte man bei Dürre in feierlicher Prozession herum. Vgl. C. B. Lewis ZfrPh 47, p. 259 und ders. Classical Mythology, p. 63—66 und W. A. Nitze, Mod. Phil. 7, p. 150 f. —

A. C. L. Brown, um zu einer Parallele mit der Version im *Gilla Decair* zu kommen, betrachtet den Stein als Trinkgefäß.

v. 628: Benecke zu v. 628, p. 268 übersetzt: „wenn dünste und nebel ihn in seiner vollen schönheit erscheinen lassen." Vgl. die Stelle mit Albrecht von Halberstadt, *Metamorphosen*, 2. Bruchstück (ed. Lübben, Germ. 10, p. 239) v. 60—63:

> *so der tage sterne*
> *swenner luter uf gat*
> *und in diu truobe verlat.*

Chrestien v. 427—429 hat

> *Plus flanboianz et plus vermauz,*
> *Que n'est au matin li solauz,*
> *Quand il apert an oriant*

(... die röter leuchteten als die Morgensonne, wenn sie im Osten aufgeht).

v. 640: Zur Quellengeschichte des Unwetters (Zusammenfassung älterer Forschungsmeinungen) sh. Zenker, Ivainstudien, p. 249—254.

Henrici und Lachmann lesen mit Adl *swarz weter*.

v. 646: So übersetzt Benecke, zu v. 646, p. 269.

v. 651: Lachmann zu v. 651, p. 387 ff. erörtert anhand der Form *krefteger* seine metrischen Prinzipien.

v. 652: Nach mittelalterlicher wie antiker Anschauung hat nicht der Blitz, sondern erst der Donner die verheerende Wirkung.

v. 657: Lachmann liest: *daz wart also ungemach.* Alle Hss. außer A haben *daz weter wart als ungemach.*

v. 687: Benecke zu v. 687, p. 270 übersetzt „das zweyte" Paradies. Vgl. aber Anm. zu v. 426.

v. 695: Von Frappier, Yvain, p. 44 und R. S. Loomis, Arthurian Tradition, p. 278—285 wird der Verteidiger der Quelle mit dem keltischen Sturmgott Curoi identifiziert. — Eine andere Deutung gibt C. B. Lewis, vgl. Anm. zu v. 299. Einen Nachweis vergleichbarer Szenen in der mittelalterlichen Literatur gibt Lewis, Classical Mythology, p. 87 ff.

* **v. 712:** Ascalon zeiht Kalogreant des Rechtsbruchs. Er redet in den Termini des Fehderechts. Kalogreant hat sich einer *vastatio terrarum* schuldig gemacht (vgl. Erlaß unter Philipp von Schwaben, Burchardi et Conradi Urspergensis Chronicon, Mon. Germ. Script. XXIII, 366) ohne rechtzeitige Fehdeansage. Diese mußte der Fehde drei Tage vorausgehen: „*Item statuimus ut nullus in ... alicui dampnum inferat, nisi prius eum ... ad minus trium dierum et noctium spatio diffidaverit*" (Gesetz, Frankfurt 1234, Alberici Monachi Trium Fontium Chronicon, Mon. Germ. Script. XXIII). Die Dreitagefrist war seit Friedrich I. gesetzlich festgelegt (vgl. Friedrich Wilhelm Barthold, Geschichte der Kriegsverfassung und des Kriegswesens der Deutschen, Leipz. 1885, p. 218 und Rosenau, Wehrverfassung und Kriegsrecht, p. 162f. Vgl. auch die Dreitagefrist *Kudrun* 771).

Iwein begeht also mit seinem Wasserguß wissentlich denselben Rechtsbruch.

Weitere Lit.: Herbert Asmus, Rechtsprobleme des mittelalterlichen Fehdewesens, Diss. Göttingen 1951.

v. 722: Lachmann liest mit a *ode mir den lîp lân.* „da die busse, von der hier die rede ist, nicht anders als durch zweykampf geleistet werden kann, so wäre es bequemer mit A zu lesen *unde mir den lip darumbe lan.*" Benecke zu v. 722, p. 270 „*an den lip gan* haben alle ausser Aa, ist also schwerlich zu verwerfen. *mir* ist in Aabz aus 22 nach 21 gesetzt. für die sonst ganz abweichenden Fassungen A und a 722 ist als erklärung anzunehmen, dass die schreiber — irrtümlich — als *buoze* das leben betrachteten; A setzt deshalb *un* für *ode:* die folge lehrt, dass der herr des brunnens das niederwerfen und die wegnahme des pferdes als busse betrachtet und, wie dies ritterbrauch ist, den besiegten unbeschädigt lässt." Henrici zu v. 721/722, p. 410f.

v. 735/736: Lachmann liest mit Ad: *wan daz ich mich werte. wand ich mich gerne nerte . . .* „. . . ich solle mich wehren. Weil ich mich retten wollte..." Vgl. Henrici zu v. 734—736, p. 411 und Paul, Beitr. I, p. 343.

* **v. 739:** *tjoste* ist der Zweikampf zu Pferde nur mit Schild und Lanze. Ausführliche Schilderung der *tjoste* und ihrer Technik bei Alwin Schultz, Höfisches Leben II, p. 127ff.

Lit.: F. Hausen, Die Kampfschilderungen bei Hartmann von Aue und Wirnt von Gravenberg, Halle 1885;

Felix Niedner, Das deutsche Turnier im 12. und 13. Jh., Berlin 1881.

v. 747: Daß der Sieger das Pferd des Verlierers nimmt, ist üblich, auch bei Turnieren. Ausnahmen werden als besondere Großzügigkeit gepriesen. (Vgl. *Erec* v. 2619.) R. S. Loomis, Arthurian Tradition, p. 276 glaubt dieses verbreitete Motiv, das unter anderm auch im *Lai de l'Espine* vorkommt, als keltisches Erzählmotiv identifizieren zu können.

v. 750: Gewöhnlich muß der Unterlegene seinen Namen nennen und *sicherheit* bieten. Daß sich Ascalon nicht einmal dafür interessiert, zeigt, daß er seinen Gegner für völlig unbedeutend hält. Deshalb ist also sein Verhalten besonders entehrend.

v. 770: Die Form *iemer* erörtert Lachmann zu v. 770/771, p. 391ff.

v. 783: Hier ist die einzige Stelle im *Iwein*, wo jemand auf eine Burg, die ihn unterwegs beherbergt hat, zurückkehrt. Sacker glaubt, "each castle may be interpreted as a station of a man's spiritual pilgrimage through life . . . Kalogreant's return to this unadventurous castle indicates a retreat to a previous station after failing to arrive to the next." H. Sacker Germ. Rev. 36, p. 10. Wenn der Stelle überhaupt eine Bedeutung zukommt, so mag man als Frage folgendes erwägen: Ist die Kalogreant-Episode vorausdeutende Parallele zur Iwein-Geschichte, so könnte Kalogreants Weg: vorläufige Geborgenheit — Erniedrigung — Heimkehr zu neuer Geborgenheit, Iweins gleichartig verlaufenden Weg: Laudine (vorläufige Geborgenheit) — Erniedrigung — Laudine (Heimkehr zu neuer Geborgenheit) vorzeichnen.

v. 789—791: Dem Sinne nach ähnlich übersetzen Benecke, Bech und Henrici. Die Stelle ist dunkel, schon die Handschriften haben sie nicht verstanden, wie der Variantenapparat zeigt:
789: *div* aus *do* verbessert A. *gescin* oder *gescen* aus *gesien* verbessert A, *do geschehen* Db. 790: fehlt J. *als ich in dem* (fehlt b) *laster wart* (*warde* b) *gesehen* (*ersehen* b) *ab, also in dem lastere da hi ane wart gesien* A, *in dem laster vn̄* (*als* dfz) *ich wart* (*was* Dcd) *gesehn* BDcdflz, *vnd jenem* (*ieme* r) *das laster* (*des lasters* r)' *verjehen* pr.

Über die Bedeutung von *als* = ‚anstatt‘ sh. Tobler, Germ. 17, p. 291.

v. 792: Bei Chrestien v. 573ff. besteht der Trost darin, daß der Burgherr erzählt, allen andern sei es an der Quelle noch viel schlechter ergangen. Hartmann muß das streichen, weil bei ihm im Gegensatz zu Chrestien der Burgherr von Abenteuersuchenden nichts wußte (vgl. v. 374). Aber auch bei Chrestien besteht ein Widerspruch: vorher hatte nämlich der Burgherr von der Quelle offenbar nichts gewußt, und er kann vom Schicksal seiner früheren Gäste nichts erfahren haben, weil es keinen gab, *que n'i fust morz ou retenuz* (Chr. v. 576), der dort nicht erschlagen oder gefangen genommen wurde. Anscheinend kommt hier eine ältere Erzählschicht durch, die das Mabinogi bewahrt, denn dort kennt der Burgherr die Quelle und weist Kynon zu dem Waldmann, der ihm den Weg weiter zeigen wird (vgl. Jones, p. 158).

v. 803: „*rait z, bereite* D und die Änderung in f [*erchant*] lassen vermuten, dass die vorlagen eine form von *reiten* oder *reden* hatten, die vielleicht der dichter schrieb." Henrici zu v. 803, p. 415. Der Vers könnte auch heißen: ‚trug ihrer Verwandtschaft Rechnung.'

v. 804: Benecke zu v. 803, p. 273 macht die mir in diesem Zusammenhang unverständliche Anm.: „Iweins mutter, Feimorgan, war eine schwester von Margraf, der mutter Gaweins."

v. 805: *neve* ist mehrdeutig. Da aber Kalogreant und Iwein sich gegenseitig als *neve* bezeichnen (vgl. v. 2457) sind sie wohl Vettern. So bezeichnet sie auch Chrestien v. 582 als *cosins germains.*

v. 821: Vier ist die Zahl, die ‚große Menge' bedeutet. Ihre Verzehnfachung steigert die Menge ins Unmeßbare. Vgl. die Belege bei Wackernagel, Germ. 17, p. 122 und p. 124.

Lit.: Wilhelm Knopf, Zur Geschichte der Typischen Zahlen in der deutschen Litteratur des Mittelalters, Leipzig 1902. Faust, ZfdA 24, p. 10 übersetzt: „... mehr ... als vier Becher Bier oder vierzig Becher Wasser."

v. 836: Lit.: Whitesell, F. R., Iwein 836: den halben schaden, JEGPh 52, 1953.

v. 837: Sh. Anm. zu v. 137.

v. 854: Benecke, zu v. 854, p. 272, übersetzt: „was euch das gutes bringt, das mögt ihr für euch allein behalten."

v. 866: Die Formen von *solch* bei Hartmann erörtert Lachmann zu v. 866, p. 397.

v. 873: Henrici liest mit Bbdz *unz in*, Paul und Bech lesen *unz ez.* „Lachmanns fassung *git und in* wird nicht verständlicher durch die bemerkung ‚auf die bequeme anknüpfung durch *und in* an das in *der* liegende *sô iemen* (*den ersten slac git*) führen die handschriften' Acr *und* scheint vielmehr verderbnis des selteneren *unz* zu sein." Henrici zu v. 873, p. 417. Chrestien v. 643 *Ainz la fet cil, qui se revange* (sondern der beginnt ihn, der zurückschlägt) spricht wohl für Lachmanns Fassung.

v. 881: Die Metrik des Verschlusses erörtert Lachmann zu v. 881, p. 397f.

v. 894: Die von allen Hss. überlieferte Form *niemer deheinen* erörtert Lachmann zu v. 894, p. 398ff.

v. 895: Zur rechtlichen Funktion des Eides im *Iwein* sh. Hans Fehr, Recht im Iwein, in: Festschrift für Ernst Mayer, p. 105—108.

v. 897: Der Name von Artus' Vater stammt vermutlich von Galfred von Monmouth. Dort heißt er Uterpendragon (bei Chrestien v. 663 Uterpandragon), ‚Drachenkopf', was nach Loth bedeutet ‚Häuptling der Krieger'. Vielleicht hat Galfred Uterpendragon aus einem Mißverständnis des Nennius heraus zu Artus' Vater gemacht, sh. R. S. Loomis, Arthurian Tradition, p. 491, weitere Literatur ibid.

v. 900: „da ostern auch nach dem alten (Julianischen) calender nicht später fallen kann als den 15. April und Pfingsten alsdann auf den 13. Junius fällt, so ist der kleinste zeitraum zwischen Pfingsten und Johannis, das immer auf den 24. Junius fallen muss, 11 tage. Wenn also die vierzehn tage, von denen hier die rede ist, im strengsten sinne genommen werden sollen, so dass Pfingsten auf den 10. Junius fällt: dann ist es an sanct Johannis nacht gerade (rehte) vierzehn tage. Die hohe bedeutung dieser Johannis nacht, der nacht vor Johannis (midsummer night) für alles was mit der geisterwelt zusammenhängt, ist bekannt..." Benecke zu v. 900, p. 273. Spekulationen bezüglich der Datierung von Chrestiens *Yvain* hat Kölbing (Ívens Saga, Altnord. Saga Bibl. VII, 1898, p. VII) auf Grund dieser Zeitangabe angestellt: „Vorausgesetzt, dass ... der dichter mit seiner zeitangabe sich den verhältnissen des jahres habe anpassen wollen, in welchem er den Yvain dichtete, so würde folgende erwägung von interesse sein: Artus schwört ... dass er vor verlauf von 14 tagen aufbrechen will. Nun fiel im jahre 1169 Ostern auf den 20. April, also Pfingsten auf den 8. Juni; in diesem falle musste der aufbruch spätestens am 22. Juni stattfinden; da nun Calogrenant und nach ihm Yvain ein nachtquartier gemacht haben und erst am 2. tage zu der quelle gelangt sind, so würde in diesem falle Artus, wie er sich es vorgenommen, am 23. sein ziel erreichen. Die abfassung des Yvain im jahre 1169 würde somit von diesem chronologischen standpunkte aus immerhin einige wahrscheinlichkeit für sich haben." Diese Schlußfolgerung ist nur verständlich, wenn man weiß, daß zwischen 1164 und 1173, dem vermutlichen Zeitraum der Abfassung des *Yvain*, nur in dem einen Jahre 1169 Ostern so spät liegt, daß zwischen Pfingsten und dem Johannistag vierzehn Tage liegen.

Zusammenfassung der Datums- und Datierungserwägungen bei Foerster, Yvain (1906) p. IX ff.
W. Nitze, Mod. Phil. 3, p. 274 f. sieht in dem Termin einen Hinweis auf das traditionelle Mittsommeropfer für Diana (= Laudine).

Nach R. S. Loomis, Arthurian Tradition p. 276 f. stammt der Termin aus der Erzähltradition des „Ford Combat" (*Lai de l'Espine*).

* **v. 903:** W. Ohly, Die heilsgeschichtliche Struktur, p. 99 f., interpretiert die gemeinsame Aktion des Hofes (vergleichbar mit der bei der Entführung Ginovers) als Zeichen für die kastenhafte Erstarrung des Artuskreises.

v. 908: „Mit den Bezeichnungen *her, herre, mîn her* gehen die Hss. so weit auseinander, daß er sehr schwer zu sagen ist, wie der ursprüngliche Text gewesen ist. . . . (Beim Nominativ) steht überwiegend *mîn her*, das die höflich-freundliche Verbundenheit ausdrückt, seltener *der herre* oder einfaches *her*. Im ganzen kann man erkennen, wie die Ausdrucksweise sich nach dem inneren Charakter der Stelle richtet. So ist es augenfällig, daß Keiî nur in den ironisch anerkennenden Worten Iweins 865 das *mîn* erhält . . . In der Länge des Namens liegt offenbar der Grund, daß Kalogrenant und Meljakanz nur ohne Zusatz genannt werden. — In der Anrede gilt bis auf Sonderfälle einfaches *her*, das auch bei Kalogrenant nicht fortbleibt. 1776 drückt sich in der Anrede *mîn her Îwein* die Besorgtheit Lunetens aus; *mîn her Îwein* sagt Laudine 2341, als sie von der Liebe spricht, die sie mit ihm verbindet, . . . Keiî dagegen erhält das *mîn* wieder in den ironischen Worten Iweins, während die Königin ihn bei ihrem Tadel 131 nur mit dem Namen anredet." Wolff zu v. 908.

v. 911: Lit.: Hellmuth Peetz, Der Monolog bei Hartmann von Aue, Greifswald 1911.

* **v. 914:** Die Motive Iweins für seinen Ausritt zeigen deutlich, daß es sich nicht um *aventiuren*-Fahrt, sondern um einen Akt der *superbia* handelt, der zu seiner Schuld und schließlich zu seinem Fall führt. Die Motivierung scheint Schöpfung Chrestiens zu sein, denn im Mabinogi zieht Artus erst nach drei Jahren zur Quelle, um Owein zu suchen. — Bei Chrestien befürchtet Yvain, Keu und Gawein könnten ihm zuvorkommen. Das stimmt mit der ursprünglichen Fassung der Geschichte überein, wo tatsächlich Keie und Gawein mit Iwein an der Quelle kämpfen (vgl. Anm. zu v. 2548). Hartmann wird Iweins Furcht vor Keie als unpassenden Witz Chrestiens aufgefaßt und die Aussage gestrichen haben.

v. 981: Lachmann liest mit Aad *jeneme gevilde* „es ist fraglich, ob *jener* bei Hartmann der gedachte, der vorher erwähnte heissen kann; in der regel steht es zu *dirre, dort* u. a. im gegensatze. nach Braunes beobachtungen Beitr. 11, 518 fg., 12, 393 fg., ist hier *einem* für nhd. *jenem* gebraucht; die von Braune besprochenen Stellen lehren, dass hss. und herausgeber dies *ein* missverstanden und änderten." Henrici zu 981, p. 421.

v. 993: Wolfram bezieht sich auf die Stelle *Parzival* 583, 29:

> *dô der stolze Îwân*
> *sînen guz niht wolde lân*
> *ûf der âventiure stein.*

v. 1000: Hartmann sagte *kam, kâmen* im Unterschied zum bairischen *kom, kômen*. Im *Erec* und *Gregorius* stehen diese Präteritalformen zusammen 107 mal im Reim, im *Iwein* bis v. 1000 6 mal, dann nur noch einmal v. 3143 (im *Armen Heinrich* ebenfalls nur einmal). Zwierzina, Beobachtungen, p. 500 ff. erklärt das mit der Annahme, Hartmann habe mit zunehmender dichtungstechnischer Vervollkommnung Rücksicht auf die Landschaften genommen, wo man *kom, kômen* sprach, was unreine Reime ergeben hätte. Zu den möglichen Schlußfolgerungen bezüglich der Entstehung des Iwein sh. p. 162 und Wapnewski, p. 16—19. Gegen Zwierzina sh. Emma Bürck, Sprachgebrauch, p. 15 ff.

v. 1019: Wenn die Lanzen verstochen sind, folgt der Schwertkampf, der anscheinend zu Pferde und zu Fuß ausgefochten werden kann. Führt auch dieser keine Entscheidung herbei, ringen die Gegner miteinander (*Erec* v. 9284, *Parzival* 269, 10 ff.; 542, 18 ff.). V. 7121 allerdings apostrophiert Hartmann den Schwertkampf zu Pferde als *dörperheit*. Sollte das bedeuten, daß Iwein, der sich hier durch die Verfolgung und Tötung Askalons ohnehin schuldig macht (vgl. Wapnewski, p. 64 ff.), einen unfairen Kampf kämpft?

190

v. 1021: Der Vers wird wörtlich wiederholt v. 3046, — um so auffälliger, als es sich beidesmal um Kämpfe handelt, die Iwein ins Unglück stürzen: hier, indem Iwein mit dem Kampf schuldig wird, dort, indem die Turnierzeit äußerer Anlaß zu Iweins Verfluchung ist.

Lit.: B. Schwarz, Das Gottesbild in höfischer Dichtung, Bonn 1933.

v. 1029: Die Zeilen richten sich gegen die wortreiche Kampfschilderung bei Chrestien v. 825—861.

v. 1048: Lachmann und Henrici lesen mit Acdlz *und daz der gast* und machen den Satz abhängig von *sage* v. 1045.

* **v. 1056:** Dieser Schlüsselsatz für die Beantwortung der Frage nach Iweins Schuld fehlt bei Chrestien (vgl. Wapnewski, p. 67f.).

v. 1065: Der Satz bezieht sich auf v. 815ff. H. Sacker interpretiert Iweins Furcht vor dem Spott Keies und die daraus entstehenden Konsequenzen: "This may be an indication that Iwein's passions are not entirely subordonated to the conventions of courtly behavior." Sacker, Germ. Rev. 36, p. 10. Sacker sieht die Norm des Höfischen als den allein gültigen Maßstab des *Iwein*, und folgert, Iweins Schuld bestehe im Verstoß gegen die Höfischkeit. Im Gegensatz dazu meint W. Ohly, Iweins Schuld bestehe gerade im Gebanntsein durch zur Konvention erstarrte Höfischkeit (vgl. Anm. zu v. 108).

v. 1069: Aus metrischen Gründen hielt Lachmann den Versschluß *dise geschiht* für unmöglich, obwohl er bei Hartmann sechsmal vorkommt. Vgl. Lachmann zu 1069, p. 404f. und Henrici zu v. 1069, p. 423.

v. 1073: Dem Sinne nach ähnlich übersetzen Benecke und Wackernagel, vgl. Übersetzungen und Belege bei Benecke zu v. 1073, p. 274 und Wackernagel, Germ. 17, p. 122.

v. 1075: Bei Chrestien ist die Anlage der Burg (?) anders als bei Hartmann:

> *. . . a la porte*
> *De son chastel l'an a mené,*
> *Si sont anz anbedui antré,*
> *N'ome ne fame ne troverent*
> *Es rues, par ou il passerent,*
> *Et vindrent anbedui d'eslés*
> *Jusqu'a la porte del palés*   v. 900—906

(er hat ihn zum Tor seiner Burg geführt, sie sind beide hineingeritten und fanden keinen Menschen auf den Straßen, durch die sie ritten, und sie kamen beide im Galopp an das Tor des Palas).

Zenker, ZfdA 62, p. 50, ist daher der Meinung, es handele sich, zumindest bei Chrestien, nicht um eine Burg (Chrest. v. 1280 wird *chastel* als *vile* bezeichnet), sondern um einen von Wall und Mauern umgebenen Burgflecken. (Im Mabinogi ist es „a great shining city". Jones, p. 164.)

Zur Anlage von *burgstrazen* sh. Alwin Schultz, Höfisches Leben, I p. 19f.

v. 1079: Der Palas ist das Haupt- und Wohngebäude, das meist im inneren Teil der Burg liegt. Das *slegetor* muß man sich an einer davor gelegenen Torhalle angebracht denken. Im übrigen wird die architektonische Anlage weder bei Chrestien noch bei Hartmann eindeutig klar. Vgl. Anm. zu v. 1135.

v. 1080: Abbildung eines solchen Fallgatters bei Piper, Burgenkunde 4. Aufl., p. 300, Nr. 222 und p. 450, Nr. 433.

* **v. 1105:** Den wider die Regeln ritterlicher *zuht* geführten Schwertstreich auf den fliehenden Verwundeten hat Chrestien nicht. Vgl. Wapnewski, p. 67f.

v. 1114: A. C. L. Brown, PMLA 20, p. 693, und Zenker, Ivainstudien, p. 26, zeigen eine Parallele zu dem Gedicht *La mule sans Frein* des Paien de Maisieres: Dort kommt Gawein vor einer rotierenden Burg an, und seinem Maultier wird, als er so schnell durch den Eingang treibt, der Schwanz abgeschnitten. Das wieder deutet auf eine Verbindung zum Schlosse des keltischen Sturmgottes Curoi, das sich, nach der Beschreibung in Bricrius Festmahl, ebenfalls so schnell dreht wie ein Mühlstein. (Cross and Slover, Ancient Irish Tales, p. 273.) Vgl. Anm. zu v. 295 und v. 695.

v. 1126: Sacker deutet Iweins Situation symbolisch: "The one portcullis cuts off Iwein's retreat, so that one might say that his unchilvarous pursuit of Ascalon has made it impossible for him to return to Artus' court." H. Sacker, Germ. Rev. 36, p. 11.

v. 1135: Die offenbaren Unstimmigkeiten und Widersinnigkeiten in der Schilderung der Toreinfahrt (sie ist prächtig geschmückt, hat Fenster, ist mit einem Bett möbliert v. 1212) haben der Quellenforschung immer wieder als Ansatzpunkt gedient. Im Mabinogi wird Owein von Luned aus der Toreinfahrt in ein Zimmer geführt, das dem Schloß gegenüberliegt. Unter der stillschweigenden Voraussetzung, das Folgerichtigere müsse das Ursprüngliche sein, nimmt Zenker (Ivainstudien, p. 255ff.) an, das Mabinogi habe die ursprüngliche Fassung bewahrt und Chrestien habe Toreinfahrt und Zimmer identifiziert. Die Fassung des Mabinogi, — Iwein wird in ein Zimmer geführt —, hat aber auch die spätere deutsche Iwein-Bearbeitung, der *Iban* Ulrich Füetrers, der im ganzen auf Hartmann beruht. Da kaum anzunehmen ist, daß zwei unabhängige Bearbeiter Chrestiens (das Mabinogi und Füetrer) in nahezu identischer Weise abändern, zieht Zenker den Schluß: „die zu postulierende zweite Vorlage Füetrers muß dann, da sie weder auf dem Mabinogi noch auf Chrétien allein beruhen kann, auf die gemeinsame Quelle beider zurückgehen, beweist also auch die Unabhängigkeit des Mabinogi von Chrétien." (Ivainstudien, p. 277.) Wenn Füetrers Nebenquelle die dem Mabinogi und Chrestien gemeinsame Vorlage (X) ist, dann schöpft Füetrer auch dort aus ihr, wo er gegen Hartmann mit Chrestien übereinstimmt:

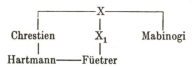

Ähnliche Argumente wie Zenker hatte bereits A. C. L. Brown, Rom. Rev. 3, p. 146—150 vorgebracht. Zenkers Thesen ist von Hermann Schneider und Sparnaay widersprochen worden. Schneider, AfdA 42, p. 114ff., meint, Lokalitäten wie die im *Iwein* geschilderte, wo das äußere Tor gleich Zugang zu einem Saal des Palas gewesen sei, habe es gegeben. Ähnliches wird *Perceval* v. 2095 und *Lancelot* v. 90ff. geschildert.

Gegen die Thesen Zenkers wendet sich Sparnaay ZfrPh 46, p. 546ff. (Zur Sprache und Lit. des MAs p. 117). Zenker antwortet ZfSL 51, p. 238ff. Sparnaay erwidert ZfSL 52, p. 270ff. Gegen Zenker wendet sich Hermann Schneider in einer Rezension der Ivainstudien AfdA 42, p. 114ff. Zenker erwidert ZfdA 62, p. 49ff. Schneider schließt die Diskussion im selben Band p. 112ff.

Weitere Lit.: Th. M. Chotzen, A propos de deux allusions chez Dafydd ab Gwilym, II Le chevalier entre la porte et la herse, Rev. Celtique 44, p. 71ff.

Die ältere Literatur zur Stelle ist zusammengestellt bei Piquet, Etudes sur Hartmann d'Aue, p. 123ff.

v. 1136: „*beslahen* wird im eigentlichen sinne von dem fangen der vögel auf einem vogelherde gebraucht." Benecke zu v. 1136, p. 275. Sh. *Parz.* 40, 27 und Docens Misc. II, p. 115.

v. 1190/1191: Um den schwer verständlichen Versen einen Sinn zu geben, konjiziert Lachmann in der 2. Aufl.: *ich waere ir grüeze waetlich wert:* ich hatte mir eingebildet, ich hätte ihre Begrüßung wahrlich verdient, wie man sie dort am Hof erwartet. — Benecke übersetzt die Fassung der Hss. „so bestimmt hatte ich durch sie ausgesprochen, ich sey des grußes der ritter nicht so werth, wie derjenige seyn muß, den man an Artus hofe des grußes werth erachtet." (Benecke zu v. 1191, p. 276, diese Übersetzung bezieht sich auf die Fassung der 1. Aufl., ist aber in alle folgenden übernommen.) Henrici: „der gedanke ist wahrscheinlich: so hatte ich mich benommen, dass ich ihres grusses nicht in dem masse wert war, wie man dort zu hofe fordert . . . — *ûfgeleit* in der hier vermuteten bedeutung ist nicht nachweisbar, aber die übrigen erklärungen sind noch weniger haltbar. nach den stellen, an denen es sonst vorkommt und in rücksicht auf I. büchl. 1470—72 müsste es bedeuten: ich hatte es mir so ausgedacht; aber dies gibt nur bei Lachmanns änderung von 1191 einen vernünftigen gedanken. Beneckes erklärung . . . ist sprachlich und sachlich unzureichend . . . Michaeler ,als hätte ich es dadurch an den tag gegeben' hat den ausdruck wie Benecke gefasst, aber eine andere satzverbindung angenommen. Bech: ,ich hatte mir es schon von vornherein so gedacht; *ûf legen* bestimmen, sich vornehmen, beschließen': offenbar zwei verschiedene sich widersprechende erklärungen. — der frz. text bietet keine hülfe." Henrici zu v. 1190, p. 426.

Belege für *ûflegen* = sich vornehmen, sich einbilden (vgl. frz. ,imposture') sammelt Wackernagel, Germ. 17, p. 122. Vgl. Paul, Beitr. I, p. 365.

waetlich setzt Lachmann gegen alle Hss. (vgl. Lachmann zu v. 1191, p. 409). „das hier . . . in den text gesetzte adverb *waetlich*, vielleicht, ist bei Hartmann überhaupt nicht vorhanden, auch das adjektiv ist viel häufiger konjektur als überlieferung." Henrici zu v. 1191, p. 426.

v. 1200: Der historische Urien war König von Rheged, einem nicht genau lokalisierbaren Gebiet im nördlichen England oder südlichen Schottland. Nach Galfred von Monmouth, 9. Buch, 9. Kap. ist Urien von den Sachsen vertrieben und wird von Artus wieder in die Macht eingesetzt. Urien soll umgekommen sein in einem Kriegszug gegen den nordumbrischen König Deodric, dessen Regierungszeit auf 582—89 angesetzt wird (vgl. F. Lot, Nennius et l'Historia Brittonum I, p. 73—75). Eine frühe Tradition macht ihn zum Geliebten der Modron (Matrona). Aus dieser Verbindung ist Owein hervorgegangen (vgl. R. S. Loomis, Arthurian Tradition, p. 269). Diese Tradition ist keineswegs eindeutig: in Malorys *Morte Darthur* ist Urien König von Gore, im *Huth Merlin* König von Garlot. In beiden Fällen ist er Gatte von Artus Schwester Morgain. Diese ist Mutter des Sir Ewaine le Blanchemains, der aber nicht mit unserm Iwein identisch ist. Namensgleichheiten scheinen hier zu allerlei Konfusionen geführt zu haben. (Vgl. Lucy A. Paton, Fairy Mythology, p. 143 f.; vgl. Anm. zu v. 88.)

v. 1202: Unsichtbar machende Ringe stammen wohl aus ʼrientalisch-antiker Erzähltradition (vgl. Cicero, De offic. 3, 9; Plinius, Hist. nat. 33, 8. Vgl. Foerster, Wörterbuch, p. 122*). Möglicherweise hatte Chrestien ihn aus dem Trojaroman (v. 1163 ff.) des Benoît de St. Maure, wo Medea Jason einen unsichtbar machenden Ring gibt (vgl. Sparnaay II, p. 35 f., Frappier, Yvain, p. 51, M. Wilmotte, Evolution du roman français aux environs de 1150, Acad. Roy. de Belgique. Bull. de la cl. des lettres, 1903, p. 24). Vgl. die Stelle im Trojaroman Herborts von Fritzlar (ed. Karl Frommann):

> *Eine tugent er dar ane fant,*
> *swenne er ez besloz in der hant,*
> *so daz des fingerlins stein*
> *deheinez lieht beschein,*
> *daz zeichen im geschah,*
> *daz in nimman ensah.* v. 1031—35

Frappier, Yvain, p. 51, räumt auch die Möglichkeit keltischer Herkunft ein, da der Ring auch im Mabinogi vorkommt: "Take this ring and put it on thy finger, and put this stone in thy hand and close thy fist over the stone; and so long as thou conceal it, it will conceal thee too." (Jones, p. 164.)

Ringe, die unsichtbar machen, wenn der Stein nach der Innenseite der Hand gedreht wird, sind im Volksglauben so verbreitet, daß sich eine eindeutige Tradition nicht festlegen läßt. Vgl. Bächtold-Stäubli, Wörterbuch des deutschen Aberglaubens, Artikel ,Ring'. — Entsprechend seiner Vermutung, die Minotaurus-Geschichte sei Chrestiens Vorlage für die Episode von Iweins Gefangenschaft gewesen, identifiziert C. B. Lewis, Classical Mythology p. 187 f., den Zauberring mit dem Ariadne-Faden.

v. 1222: Zu *gâchspîse* vgl. Jacob Grimm, Kleine Schriften IV, p. 390.

v. 1227 ff.: Vergleich dieses Abschnitts mit Chrestien bei H. Sparnaay, Neophil. 4, p. 310 ff.

v. 1232—33: Diese Übersetzung gibt auch Benecke-Müller-Zarncke, Mhd. Wb. III 7756. Bech zu v. 1232, p. 45 übersetzt: „diese Sache hier kann von euch gebüßt, gesühnt werden nur mit dem Leben".

v. 1235: Benecke zu v. 1235, p. 277 übersetzt: „stecket den ring an den finger", Bech zu 1235, p. 45: „den Ring mit dem Stein fest in der Hand bewahren". Gemeint ist aber doch wohl, daß er den Stein nach innen kehren und mit der Hand umschließen soll. Vgl. Anm. zu v. 1202. Vgl. Chrestien v. 1030—32:

> *Mes il covient que l'an l'anpoint,*
> *Si qu'el poing soit la pierre anclose,*
> *Puis n'a garde de nule chose.*

(Man müsse ihn so anstecken, daß der Stein in der Faust verschlossen sei, dann habe er nichts zu fürchten.)

v. 1262: „wer hätte ihnen darin widersprechen können? nämlich dass sie, sobald das tor geöffnet wurde, den ritter innerhalb finden würden, — nur so haben Benecke-Lachm. die stelle aufgefasst und nicht etwa die frage auf das auffinden des rosses bezogen; diesen von ihm selbst ,läppisch' genannten gedanken hat erst Baier Germ. 21, 409 in die stelle hineingebracht. Bech (3. Aufl.) hat sich durch ihn bestimmen lassen ... das fragezeichen durch komma zu ersetzen." Henrici zu v. 1262, p. 428. Bech setzt Fragezeichen hinter v. 1265 und übersetzt: „wer möchte ihnen darin widersprechen, wenn sie dessen gewiss zu sein glaubten, daß falls man die Pforte öffne, sie ihn drinnen finden würden." Bech zu v. 1262, p. 46. Die Stelle ist die wörtliche Übersetzung von Chrest. v. 1095—1097:

> *Lors cuidoient bien estre cert,*
> *Quant li huis seroient overt,*
> *Que dedanz celui troveroient,*

(Sie glaubten ganz sicher zu sein, wenn die Tore geöffnet würden, daß sie den fänden ...)

v. 1267: Die Türen werden nicht ,aufgebrochen', denn v. 1704 werden sie wieder ,*zuogetân*'. Dem entspricht Chrest. v. 1099: *Puis firent treire amont les portes* (Da ließen sie die Tore aufziehen).

v. 1272: „*got noch den tiuvel loben* scheint eine sprichwörtliche redensart zu seyn, so wie z. 4635 *in beschirmet tiuvel noch got.*" Benecke zu v. 1272, p. 278. Belege dafür gibt es nicht, der Ausdruck steht nicht bei Chrestien.

v. 1277: *videntes non vident.* Vgl. Matth. 13, 13; Marc. 4, 12; Luc. 8, 10; Joh. 12, 40; Act. 28, 26; Rom. 11, 8; Jes. 6, 9.

v. 1294: Die Übersetzung rechtfertigt sich aus v. 1299.

v. 1310: Die Hss. schreiben *von ir brach* oder *vürder brach. ûz*, das Lachmann in die zweite Aufl. setzte, hatte Benecke irrtümlich in A gelesen. —

Die hier geschilderten Trauerbezeugungen sind die in der mittelalterlichen Literatur üblichen und häufig wiederholten.

Lit.: Franz Bernhard Zons, Von der Auffassung der Gebärde in der mittelhochdeutschen Epik, Diss. Münster 1933;
Wilhelm Frenzen, Klagebilder und Klagegebärden in der deutschen Dichtung des höfischen Mittelalters, Würzburg 1936.

v. 1317: Der Vers ist vielleicht eine Polemik gegen Chrestien, der sich über Laudine mehrfach sehr ironisch äußert. Jedenfalls bemüht sich Hartmann, Laudines Schmerz möglichst nachdrücklich zu schildern. Er längt Chrestiens Schilderung um fast das dreifache, ohne der Sache nach Neues hinzuzusetzen.

v. 1330: Das *gebende* ist der Kopfputz der verheirateten Frauen. Vgl. Heyne, Hausaltertümer III p. 319f.

v. 1331—1336 sind ein Zusatz Hartmanns. v. Stockum, Iwein, p. 10, nimmt an, Hartmann habe die Unwürdigkeit des Geschehens betonen wollen, indem er die sinnliche Komponente herausarbeitet. Vgl. aber die gleiche Situation im *Armen Heinrich* v. 1232ff.

v. 1334: Zu *wunsch* sh. C. Schmuhl, Beiträge zur Würdigung des Stils Hartmanns v. Aue, Halle 1881, p. 26.

v. 1335: Da BJbdf in v. 1336 *vercherten* schreiben, faßt Wolff *minne* als Plural auf. Vgl. *Erec* v. 8870 und v. 9184. Sh. Wolff zu v. 1335.

v. 1358: *vvr in getragen* nur EJbdrz, alle andern *zuo in.*

v. 1360: Die hier beschriebene Bahrprobe kommt in der mittelalterlichen Literatur häufiger vor (vgl. Nibelungenlied [Bartsch] 1044. Weitere Belege bei Schönbach, Hartmann v. Aue, p. 296). Sie ist jedoch als rechtsgültiges Beweismittel erst seit dem 14. Jahrhundert anerkannt. Deshalb verweist Hartmann v. 1356 ausdrücklich darauf, daß es sich um volkstümliche Anschauung, nicht um fixiertes Recht handelt.

Vgl.: Jacob Grimm, Rechtsalterthümer II, p. 593f. und Bächtold-Stäubli, Wörterbuch des deutschen Aberglaubens, Artikel ‚Gottesurteil‘.

v. 1373: *kulter,* lat. *culcitra,* afrz. *coultre* ist die Überdecke des Bettes.

v. 1379: Ein häufiger biblischer Vergleich, etwa Joh. 10. 12, Act. 20, 29.

* **v. 1409:** *ambet* ist die einfache Messe (vgl. Honorius Augustodunensis, *gemma animae* lib. 1 cap. 121, Migne 172, 583). *ze münster* ist wörtlich zu verstehen, da der Leichnam nicht in die Kirche gebracht werden kann, denn in Gegenwart von Toten wird die Messe nicht gelesen. (Sh. Theodor v. Canterbury, *de missa defunctorum et mortuorum,* Migne 9, 929f.)

v. 1410: Acdp überliefern *mit vollem almuosen.* Bech und Paul streichen *vollem. mit vollem almuosen* ist jedoch offenbar Übersetzung des Rechtsbegriffs *eleemosyna rationabilis* (sh. Schwabenspiegel ed. Wackernagel 8, 6; 15, 8; 127, 4; 142). Verteilung von Almosen aus der Erbschaft des Verstorbenen ist Rechtsbrauch. Dabei steht die Höhe des Almosens im festen Verhältnis zur Höhe des Vermögens (vgl. die Beschreibung desselben Brauchs im Nibelungenlied [Bartsch] 1059f.; vgl. Schönbach, Hartmann von Aue, p. 44f.).

v. 1418: Die Zeile mit der anschließenden Begründung richtet sich gegen Chrestien, wo Yvain zugibt, er habe Angst gehabt:

> ‚Peor avez eü sanz faille‘.
> ‚Par foi!‘ — fet il, ‚vos dites voir.‘ v. 1268

(Ihr habt ohne Zweifel Angst gehabt. — Bei Gott, sagt er, Ihr habt recht!) Angst läßt Hartmann bei seinem Helden nicht zu, vgl. Anm. zu 6730.

* **v. 1429:** H. B. Willson, MLR 57, p. 217, interpretiert die Episode im Hinblick auf Iweins Mangel an *caritas.*

v. 1458: Die Stelle ist unübersetzbar. *schilt* ist hier wie häufig (vgl. Ausdrücke wie *schildes ambet, schildes orden*) Zeichen für Rittertum überhaupt.

v. 1463—75: Der Todeswunsch Laudines ist Zusatz Hartmanns, wieder ein Versuch nachdrücklich auf Laudines wahre Trauer hinzuweisen.

v. 1464: Lit.: Tobler, Über den relativen Gebrauch des deutschen „und“, Germ. 13, 1868, p. 99.

v. 1472: Das Gebet geht auf die biblische Aussage zurück, daß Christus die Schlüssel zur Hölle habe: Apoc. 1, 18: *et habeo claves mortis et inferni.*

v. 1537: H. Milnes, German Life and Letters 14 p. 249ff. vergleicht Hartmanns Haltung gegenüber der Minne im *Iwein* mit der in seiner Minnelyrik und kommt zu der Auffassung: "This Frou Minne is an intellectualized parody, rigorously stripped of all reminiscence of human emotions." p. 251. Eine solche Deutung übersieht, daß es sich um unvergleichbare Phänomene handelt: hier ist von ‚hoher Minne‘ ja nicht die Rede.

Lit.: R. Galle, Die Personifikation in der mittelhochdeutschen Literatur, Leipzig 1888.

Zur ganzen Episode: Ojars Kratins, Love and Marriage in three Versions of 'The Knight of the Lion'. In: Comparative Literature, Univ. of Oregon. Vol. XVI, 1, Eugene (Oregon) 1964.

v. 1544ff.: W. Ohly, Die heilsgeschichtliche Struktur, p. 106f., interpretiert diesen Abschnitt im Hinblick auf die Frage nach Iweins Schuld.

v. 1557ff.: Diese dunkle Stelle ist bisher nicht befriedigend gedeutet worden. A. Baier, Germ. 21, p. 404ff., hatte sie als Anspielung Hartmanns auf seine früheren Dichtungen aufgefaßt. Danach bezöge sich v. 1559 (den Baier mit B, a, d *manige arme stat* liest) auf Erecs Minne zur armen Enite, v. 1561—65 auf die unbezwingliche Liebe des Gregorius zu seiner Schwester, 1566—1584 auf Gregorius' Liebe zu seiner Mutter. Der *Arme Heinrich* ist nicht erwähnt, folglich sei er nach dem *Iwein* entstanden. — Die Argumentation wird hinfällig dadurch, daß die Stelle fast wörtlich aus Chrestiens *Yvain* übersetzt ist. (Chrest. v. 1378—1390.) Der Abschnitt ist dort nicht besser verständlich und seine verderbte Überlieferung zeigt, daß er auch den Schreibern der Handschriften dunkel war. — Wegen der Übernahme aus Chrestien ist auch Beneckes Deutung nicht haltbar: „diese zeilen enthalten eine versteckte wehklage des dichters über leiden, die er selbst von der Minne zu erdulden hatte." Benecke zu v. 1557, p. 280. Man mag möglicherweise die vv. 1557—1565 als persönliche Aussage über Iweins bisheriges Leben auffassen, v. 1566—1585 wären dann eine allgemeine Aussage, die die Folie abgibt für die Anwendung auf Iwein ab v. 1585. Chrestiens Text allerdings spricht gegen eine solche Auffassung. Chrest. v. 1378—1383 bezieht sich eindeutig nicht auf frühere Minne-Erlebnisse Iweins:

> *Les leus ou ele iere espandue,*
> *Va reverchant et si s'an oste:*
> *Ne viaut avoir ostel ne oste*
> *Se cestui non, et que preuz fet,*
> *Quant de mauvés leu se retret.*

(Die Stätten, wo sie früher weilte, sucht sie nun ab und verläßt sie: sie will keinen Wirt mehr haben als den einen, und sie macht es richtig, sich aus schlechten Stätten zurückzuziehen.)

Die Minneklage, die Hartmann ausweitet, kommt im *Yvain* mehrfach vor (Chrest. v. 18—28).

v. 1584: Vielleicht eine Anspielung auf Marc. 14, 4 *Ut quid perditio ista unguenti facta est? Poterat enim unguentum istud venundari.*

v. 1597: Daß die Witwe allein am Grabe zurückbleibt, war im frühen Mittelalter verboten und wurde erst im 12. Jh. gestattet. Vgl. Ivo v. Chartres, *Decretum pars* 11, cap. 60, Migne 161, 759.

Guyer, Rom. Rev. 12, p. 116, weist auf Ovid *Ars amatoria* III, 431 hin (Hinweis wiederholt bei Frappier, *Yvain*, p. 33):

> *Funere saepe viri vir quaeritur: ire solutis*
> *Crinibus et fletus non tenuisse decet*

Lit.: Franco Munari, Ovid im Mittelalter, Zürich-Stuttgart 1960.

v. 1604: Lit.: Werner Schröder zum Wortgebrauch von 'riuwe' bei Hartmann und Wolfram, GRM 9, 1959.

* **v. 1620ff.:** Die folgende Passage hat Hartmann gegenüber Chrestien stark abgeändert. Yvain baut darauf, *que fame a plus de mil corages* (v. 1436, daß eine Frau mehr als tausend Launen hat). Hartmann, immer bestrebt, Laudine zu entschuldigen, bemüht die schicksalhaft unwiderstehliche Macht der Frau Minne.

v. 1641: Eine sachlich unrichtige Schönfärberei Iweins.

v. 1645: *wandel (reparatio)* ist ein Rechtsterminus. Belege bei Jacob Grimm, Rechtsaltertümer II, p. 215.

v. 1669: Benecke zu v. 1670, p. 282 glaubt, *lîh* heiße hier „natürliche farbe der haut".

Lit.: Anna Köhn, Das weibliche Schönheitsideal in der ritterlichen Dichtung (besonders p. 32ff.), Leipzig 1930.

v. 1679: Benecke zu v. 1679, p. 282 übersetzt: „gott würde besser thun, wenn er sie mir eine so grausame behandlung zuerkennen ließe."

v. 1737: Der Vers ist doppelsinnig.

v. 1761: "The winning of Laudines love is doubtless elaborated from Ovid's advice to seek the aid of a serving girl enjoying the full confidence of the lady." Guyer, Rom. Rev. 12, p. 118. Vgl. Ovid, *Ars amatoria* I, 351:

> *Sed prius ancillam captandae nosse puellae*
> *Cura sit. accessus molliet illa tuos,*
> *Proxima consiliis dominae sit ut illa, videto*
> *Neve parum tacitis conscia fida iocis*
> . . .
> *Quod petis, ex facili, si volet illa, feres.*
> *Illa leget tempus (medici quoque tempora servant)*
> *Quo facilis dominae mens sit et apta capi.*

Vergleich der Grundzüge des *Yvain* mit der *Aeneis* sh. Guyer, Rom. Rev. 14, p. 297f.

Vergleich der Lunete-Laudine-Episode mit der Lynet-Lyones-Geschichte in Malory's *Morte Dartur* sh. R. S. Loomis, Arthurian Tradition, p. 296ff.

v. 1767f.: Das Fortgehen zu Fuß ist Zeichen der Niederlage (vgl. Kalogreant v. 756f.).

v. 1792: Henrici zu v. 1792, p. 435 hält die Zeile in der überlieferten Gestalt für bedenklich und schlägt vor: *ir diu* [‚ihrer Dienerinnen'] *was si diu beste.* Sh. auch Paul, Beitr. I, p. 214.

* **v. 1800ff.:** Guyer, Rom. Rev. 14, p. 298 vergleicht Vergil, *Aeneis* IV, 24:

> *Sed mihi vel tellus optem prius ima dehiscat,*
>
> . . .
>
> *Pallentis umbras Erebro noctemque profundam,*
> *Ante, Pudor, quam te violo, aut tua iura resolvo.*
> *Ille meos, primus qui me sibi iunxit, amores*
> *Abstulit: ille habeat secum, servetque sepulcro.*

v. 1803: Wolframs negatives Urteil über Lunete: *Parzival* 436, 4—10 und 253, 10—18.

v. 1816: Oder: ‚Du bringst mich um.'

v. 1818: Henrici meint: „nach meinung der königin (1807) sind ihrer dienerin ansichten wahnsinn oder spott; im letzteren falle soll sie ihrer herrin gnade verlieren (1816), im ersteren kann sie dafür nicht verantwortlich gemacht werden. *wan* ist also nicht begründend (= denn), sondern wahrscheinlich ausgenommen dass. — Beneckes annahme, *wan* sei *wân* und bedeute wie *waen* ‚meine ich' [vgl. Benecke zu v. 1818, p. 283f.] wird von Lachmann z. Nib. 852, 3 bestritten." Henrici zu v. 1818, p. 436.

v. 1819: Guyer, Rom. Rev. 14, p. 298, vergleicht Lunetens Überredungskünste mit denen Annas, *Aeneis* IV, 31:

> *Anna refert: O luce magis dilecta sorori*
> *Solane perpetua maerens carpere juventa?*
>
> . . .
>
> *Nec venit in mentem quorum consederis arvis?*
> *Hinc Gaetulae urbes, genus insuperabile bello,*
> *et Numidae infreni cingunt, et inhospita Syrtis*
> *hinc deserta siti regio, lateque furentes*
> *Barcaei. Quid bella Tyro surgentia dicam*
> *Germanique minas?*

* **v. 1832:** Bei Chrestien (v. 1620) verrichtet den Botendienst eine geheimnisvolle *Dameiselle Sauvage*, ein ‚wildes Fräulein', (vielleicht dieselbe, die später die Botschaft von Yvains Verfluchung an den Artushof bringt?).

v. 1839: „Iwein entschließt sich zu seinem ritte am Pfingstsonntage. er will *in disen drin tagen* (923) das abenteuer bestehen, ist also montag nachts bey dem gastfreundlichen ritter (976), und jetzt (*an dirre stunt*) dinstag abend ... kommt der bote von Artus auf der burg an. — Artus wollte in vierzehn tagen (900), sonntag früh zu dem brunnen kommen, jetzt also in weniger als zwölf tagen." Benecke zu v. 1839, p. 285. Hartmann korrigiert Chrestiens Angabe: *Artus ... qui doit venir l'autre semaine* (Chrest. v. 1617 Artus, der nächste Woche kommen soll).

·**v. 1840:** „Paul Bech *komen wil*. ‚der vers ist auch ohne *komen* lang genug'. die nahe liegende aber unnötige ergänzung *komen* hat ein teil der hss. hier, andere 1841, in Ecr fehlt das wort ganz. Lachmann setzte es 1841 mit der begründung ‚fällt es weg, so lautet dieser vers gegen des dichters gewohnheit ganz wie 2449.'" Henrici zu v. 1840, p. 436f.

v. 1851: Benecke zu v. 1852, p. 286 übersetzt: „hinter den mauern würde er vielleicht euere burg vertheidigen, aber in offenem kampfe es mit den rittern aufzunehmen, würde er sich nicht getrauen."

v. 1865: *si* bezieht sich auf Laudine. Vgl. Chrest. v. 1638: *La dame set mout bien* . . . (Die Dame weiß sehr wohl . . .)

v. 1869: Hartmann gebraucht im *Iwein versprechen* hier und v. 5534 im Sinne von ‚ablehnen', v. 7661 im Sinne von ‚sich vergaloppieren'.

* **v. 1873 ff.**: Die Zeilen sind eine Polemik gegen Chrestien der gesagt hatte:

> *Que fame a plus de mil corages.*
> *Celui corage qu'ele a ore,*
> *Espoir changera ele ancore* (v. 1436—38)

und:

> *Mes une folor a an soi*
> *Que les autres fames i ont,*
> *Et a bien pres totes le font,*
> *Que de lor folies s'escusent*
> *Et ce, qu'eles vuelent refusent.* (v. 1640—45)

(... daß eine Frau mehr als tausend Launen hat. Die Laune, die sie im Augenblick hat, wird sie wahrscheinlich noch ändern. Und: Aber sie hat dieselbe Torheit an sich wie die andern Frauen auch, und beinahe alle wollen ihre Torheiten verschleiern und verdammen das, was sie eigentlich wollen.)

Guyer, Rom. Rev. 14, p. 298 vergleicht *Aeneis* IV, 569: *Varium et mutabile semper femina* und weiter, Rom. Rev. 12, p. 108, Ovid, *Ars amatoria* I, 755

> *Finiturus eram, sed dunt diversa puellis*
> *Pectora: mille animos excipe mille modis.*

(angeführt auch bei Frappier, Yvain, p. 34 ff.)

„Die beiden Sätze sind mit einem leicht undurchsichtigen Lächeln gesprochen aus der Rolle des höfischen Minnesängers, der fast mit Überbetonung in der wiederum eine leise Ironie durchschimmert, jegliche Kritik des weiblichen Geschlechts von sich weist." W. Ohly, die heilsgeschichtliche Struktur, p. 108.

v. 1879—1882: „man kann so ein böses gemüt wol zur güte bekehren aber nicht ∽ von der güte zu böser stimmung bringen. *gemüete* heißt 1879 das innere, das herz, 1882 die stimmung. die schwierigkeit liegt in dem für ∽ zu ergänzenden objekt: logisch wäre es *übel gemüete*, aber der dichter hatte nur noch *gemüete*, herz in der erinnerung." Henrici zu v. 1879, p. 437.

v. 1889—1926: Diese Unterhaltung fehlt bei Chrestien. Hartmann geht psychologisch behutsamer vor, indem er Laudine die Lösung: Schützer der Quelle aber nicht Ehemann erwägen läßt, die bei Chrestien fehlt. Dafür hat Chrestien (v. 1653—63) eine boshafte Schilderung von Laudines Seelenzustand, die neugierig ist, wer wohl ein besserer Ritter sein könne als ihr erschlagener Gemahl.

* **v. 1895**: *peccata* oder *delicta mortalia*, *principalia* oder *capitalia* sind nach mittelalterlicher Moraltheologie (gestützt auf den Begriff des *peccatum ad mortem* des 1. Johannesbriefes Kap. 5, 16—17) diejenigen Sünden, die den geistlichen Tod, d. h. den Verlust des Gnadenstandes nach sich ziehen. Nach den Bestimmungen des Petrus Lombardus zählt man sieben Todsünden: *superbia, avaritia, luxuria, invidia, gula, ira, acedia* (das Akkrostishon der Anfangsbuchstaben ergibt die seit dem 13. Jh. überlieferte vox memoralis ,*saligia*'). Jede der Hauptsünden hat einen ganzen Katalog von Tochtersünden, *filiae*, (die bei den Scholastikern zu den sogenannten „schreienden Sünden" gehören), zu denen fast alle schweren moralischen Verfehlungen zählen. Zu ihnen muß man auch den Selbstmord rechnen, obwohl ich ihn in den mittelalterlichen Sündenkatalogen nicht ausdrücklich aufgeführt finde (mit Kirchenstrafen, — Verweigerung des kirchlichen Begräbnisses etc. — ist er schon seit dem 6. Jh. belegt). Als Handlung der *desperatio* ist er jedoch eine *filia* der *acedia*, als *homicidium* eine solche der *ira*. — *houbetsünde* mit Benecke einfach als „große sünde" zu übersetzen (Benecke Wörterbuch zum Iwein, Artikel *houbetsünde*) verbieten wohl die übrigen Belege. Vgl. etwa Berthold von Regensburg, Predigten (ed. Pfeiffer) I, p. 203, 5: „*die siben houbetsünden*".

Lit.: Wilhelm von Ackeren, Die althochdeutschen Bezeichnungen der septem peccata criminalia und ihrer filiae, Diss. Köln (Dortmund) 1904.

1902: Abhängigkeit vom Urteil der Welt gehört zu den bezeichnenden Zügen Laudines, vgl. v. 2092—93 und 5526—29.

v. 1952: Hartmann läßt die Schlußfolgerung Laudine selbst ziehen, während bei Chrestien (v. 1698—99) Lunete sie ausspricht.

v. 1955: Lachmann zu v. 1955, p. 425: „die parenthese versteh ich nicht.“

Benecke zu v. 1955, p. 286: „*ir sît ein wîp*, aber soviel versteht ihr doch vom *Zweikampfe*.“

Bech zu v. 1955, p. 70: „*wîp* steht hier vielleicht im Gegensatz zu *maget*, daher könnte *ir sît ein wîp* soviel heißen als: Ihr seid gegen mich gehalten ein Weib, seid erfahrener und urtheilsfähiger.“

Die Parenthese bezieht sich wohl darauf, daß Laudine aufgerufen wird zu urteilen, obwohl sie als Frau nicht Richter sein kann.

v. 1974: In dieser Zeile hat Hartmann eine ganze Schimpfkanonade Laudines bei Chrestien (v. 1710—16) zusammengefaßt.

v. 2001: Bei Chrestien weiß Yvain nichts von den Verhandlungen (vgl. Chrest. v. 1733).

v. 2053: Die Hss. haben *unschuldec*, Lachmann ändert aus metrischen Gründen (sh. Lachmann zu v. 2053, p. 426, Bech zu v. 2053, p. 73 und Wolff zu v. 2053).

v. 2055: Die hier ziemlich unmotivierte Einführung der Minne ist wiederum Zutat Hartmanns.

v. 2066: Vgl. Anm. zu v. 426.

v. 2084: Die Herkunft des Motivs der leichtgetrösteten Witwe ist umstritten. Foerster (gr. Ivain, p. XX u. ö.) hatte angenommen, Chrestien habe das Motiv aus dem *Roman de Thèbes* (Jocaste), im Ivain (1906) p. XXXIf. interpretiert er dagegen Laudine als direkte Nachkommin der leichtgetrösteten Witwe von Ephesus. Ebenso sieht S. Hofer, Chrestien p. 159 Jocaste aus dem Thebenroman und Dido aus dem Eneas-Roman als die unmittelbaren literarischen Vorbilder für die Laudine-Figur an.

Die Abhängigkeit Chrestiens vom Thebenroman bestreiten Guyer, Mod. Phil. 26, p. 273—276 und R. S. Loomis, Arthurian Tradition, p. 284.

A. C. L. Brown, Studies and Notes VIII p. 51 u. 56, ist der Auffassung, die irische Geschichte vom Tode Curois und der Verbindung seiner Witwe Blathat mit seinem Mörder Cuchulainn könne die literarische Quelle der Iwein-Geschichte sein. Diese Meinung stützt R. S. Loomis, Arthurian Tradition, p. 301ff.

Gegen Foerster wendet sich auch Sparnaay, ZfrPh 46 bzw. Zur Sprache und Lit. des Mittelalters, p. 183ff.: „Wenn aber Foerster und Bruce betonen, das Chrestien sich das Witwenmotiv aus Thebe [sic] geholt hat, so kann das nur insoweit richtig sein, als der Thebenroman hier anklingen mußte, ebenso übrigens wie die Witwe aus Ephesus. Auf das Motiv mußte der Dichter von selbst verfallen. Wie leicht dieses übrigens auch geschehen konnte, sehen wir in anderm Zusammenhang im *Peredur*. Auch hier, wie im *Perceval*, begegnet der junge Held seiner Verwandten (Sigune), deren Gemahl eben erschlagen wurde. Peredur besiegt den Mörder und zwingt ihn, die Frau des Erschlagenen zu heiraten.“ F. Settegast, ZfrPh. 32, p. 416ff., versucht ein historisches Vorbild für Laudine in der byzantinischen Kaiserin-Witwe Eudokia und deren Heirat mit dem wegen Hochverrat zum Tode verurteilten Romanos nachzuweisen. — Vorher hatte er (Antike Elemente im afrz. Merowinger-Zyklus) Laudine mit Cybele identifiziert. —

Weitere Diskussion der möglichen Quellen des Motivs bei Zenker, Ivainstudien, p. 202f.

v. 2086/2087: Paul, Beitr. I, p. 369 faßt die Verse als Parenthese auf, alle Herausgeber sind ihm gefolgt.

v. 2102: Bezieht sich auf v. 1879ff.

v. 2107ff.: Guyer, Rom. Rev. 14, p. 300 vergleicht *Aeneis* IV, 565:

Quis genus Aeneasdum, quis Trojae nesciat urbem?

v. 2131: „,*et* haben die schreiber des Iwein so wenig gelassen, dass man es retten muss wo eine spur ist‘. diese bemerkung Lachmanns ist für den vorliegenden vers gewiss nicht zutreffend, aber ebensowenig die vollständige unterdrückung des allerdings seltenen wortes, welche Paul [Beitr. 1] s. 304.5 verteidigt.“ Henrici zu v. 2131, p. 440.

v. 2153: Weise, Die Sentenz bei Hartmann von Aue, p. 70 verweist auf Ecclesiastic. 32, 24: *Sine consilio nihil facias et post factum non poenitebis.*

v. 2166: Lachmann liest mit Ac *ûz ir wege*: ‚So etwas fällt ihnen gar nicht ein.‘

199

v. 2193: *grâ* bezeichnet das Grauwerk, das Fell vom Rücken des grauen Eichhörnchens (*vêh*), Buntwerk ist das weiße Bauchfell desselben Tieres (*vêhwammen*), das entweder mit Grauwerk gesäumt oder so abgeschnitten ist, daß Streifen von Grauwerk an den Rändern stehen bleiben (afrz. *vair*, lat. *varium*), Hermelin war zusammen mit Zobel das kostbarste Pelzwerk. Vgl. Benecke zu v. 2193, p. 288 und Alwin Schultz, Höfisches Leben I, p. 357.

v. 2204: *botenbrôt* ist die Belohnung für den Überbringer einer guten Nachricht (vgl. *Lanzelet* v. 7704, *Wigalois* v. 8933). Der Brauch ist schon alttestamentarisch bezeugt (vgl. 2. Sam. 4, 10).

v. 2217: Wolff liest mit z. Lachmann: *dô diu maget nach im gie alsô gemelîche.* „nicht gestalt und bedeutung, sondern nur die stellung von 17.18 ist zweifelhaft: das ursprüngliche ist in z erhalten, welche hs. mit Ad in der versfolge, mit den übrigen im wortlaut übereinstimmt, also die entstehung beider gruppen erklärt. das zu den änderungen anlass gebende *gemlîche*, das seltenere femininum, ist von einigen als das gleichlautende adv. behandelt, von andern durch ein anderes adv. ersetzt worden. die in der mehrzahl (und von Paul, Bech) vorgenommene umstellung 18.17 ging aus dem bestreben hervor, die beziehung von *durch ir gemlîche* auf *gebârte* sicherzustellen und die beim ersten lesen naheliegende (auch von Lachmann aufgenommene) verbindung mit *gie* zu vermeiden. Lachmanns fassung von 17, aber mit komma nach *gie*, wäre zulässig, wenn z nicht das richtige böte." Henrici zu v. 2216—2219, p. 442.

v. 2235: Zur Rechtsform des *sicherheits*-Versprechens sh. R. U. Rosenau, Wehrverfassung und Kriegsrecht, p. 266ff.

v. 2300: Bei Chrestien (v. 1995—2014) spricht Laudine Yvain von Schuld frei, da er in Notwehr gehandelt habe. Bei Hartmann ist von Schuldlosigkeit Iweins nicht die Rede. Laudine erklärt ihren Entschluß aus ihrer Zwangslage.

v. 2332: So übersetzt Benecke. Lachmann: „Ich will mich nicht länger gegen euch hohfertig gebärden." „*einem noetlichen* ist ein sonst nicht weiter belegter und darum schwieriger Ausdruck. Es kann hier bedeuten: 1. einem lästig fallen, ihm aufdringlich werden; aber auch 2. sich einem gegenüber hochfahrend und abstoßend benehmen." Bech zu v. 2332, p. 83. Vgl. jetzt die Belege bei Lexer.

v. 2333: Diese Worte, die bei Chrestien fehlen, scheinen die übliche deutsche Verlöbnisformel zu sein, vgl. *Nibelungenlied* 1685 (ed. Bartsch), *Meier Helmbrecht* (ed. Panzer) v. 1514, 1527—1528.

* **v. 2365:** Die öffentliche Verlobung durch Zustimmung von *mâgen und man* gehört zum Hochzeitsrecht. Belege bei Jacob Grimm, Rechtsaltertümer I, p. 598ff.

v. 2387: Die Zeile ist verständlich nur durch Chrestien v. 2070—2075:

> *Au chief de la sale ot un banc*
> *Ou la dame s'ala seoir,*
> *La, ou tuit la porent veoir,*
> *Et mes sire Yvains sanblant fist,*
> *Qu'a ses piez seoir se vossist,*
> *Quant ele l'an leva amont.*

Am Ende des Saales war eine Bank, auf die setzte sich die Dame, dort, wo alle sie sehen konnten. Und Herr Yvain machte Anstalten, sich zu ihren Füßen hinzusetzen, aber sie zog ihn empor.)

v. 2388: Der Truchseß ist der Verwalter der Küchen- und Wirtschaftsabteilung. Das Amt des Ankündigers hat er meist nur bei Gastmählern.

* **v. 2405 ff.:** Hartmann hat die Szene gegenüber Chrestien stark geändert. Bei Chrestien spielt Laudine Komödie, der Truchseß kündigt zuerst die Schrecken des bevorstehenden Krieges an und bewegt so das Volk, die scheinbar widerstrebende Laudine zur Heirat zu drängen (Chrest. 2081 bis 2138). Hartmann baut die Szene umgekehrt und macht so die unwürdige Überstürzung deutlicher.

v. 2406: Sämtliche Hss. haben ein sachlich unrichtiges *in vierzehen tagen* (nur E hat *zwôlf*, geändert nach v. 1838). Lachmann konjiziert *inner zehen tagen* (*inuirzehen* sei aus *inner zehen* verlesen). Vgl. Lachmann zu v. 2406, p. 434.

Bei Chrestien v. 2085 steht *ençois que la quinzainne past* (noch bevor vierzehn Tage um sind), die Hss. GA haben aber *ençois que la semaine past* (noch bevor die Woche um ist).

* **v. 2417—2418:** Die Stelle ist ein Selbstzitat aus dem *Armen Heinrich*. Dort heißt es, als Heinrich *mâgen unde man* seine Absicht kundtut, die Meierstochter zu heiraten:

> *Nû sprâchen si alle gelîche,*
> *beide arme unde rîche,*
> *ez waere ein michel vuoge.*
> *dâ wâren phaffen genuoge:*
> *die gâben si im ze wîbe*
> v. 1509—1513.

Das Zitat an dieser Stelle ist als ironischer Kommentar aufzufassen zu einer Heirat, die gewiß nicht mit *michel vuoge* zustande gekommen ist.

v. 2418: Seit dem 8. Jh. verlangte die Kirche, daß die Trauung von einem Geistlichen vollzogen wurde. Vgl. Wackernagel ZfdA 2, p. 548.

* **v. 2421:** Die Herkunft des Namens Laudine ist ungeklärt. Bei Chrest. v. 2151—2153 heißt sie

> *... Laudine de Landuc*
> *La dame, qui fu fille au duc*
> *Laudunet, dont an note un lai*

(Lâudine von Landuc, die Dame, die Tochter war des Herzogs Laudunet, von dem ein Lai singt.)

Bei Chrestien wird sie nur einmal (v. 2151) beim Namen genannt. Frappier, Yvain p. 57, vermutet daher, die sonst bei Chrestien übliche Bezeichnung *la dame* sei durch einen Schreiber zum Namen korrumpiert worden, oder der Name sei von Chrestien aus lat. *laus, laudis* gebildet. (Gegen die erste Vermutung spricht, daß dann die Verse 2151/52 ursprünglich hätten lauten müssen: *Prise a la dame de Landuc, la dame qui fu fille au duc...*, was nicht Chrestiens Stil ist.) R. S. Loomis, Arthurian Tradition, p. 272 und 302f., vermutet, Laudine sei nach ihrem Vater, dem Duc de Laudunet, genannt, wobei beide Namen in Beziehung zum Lande Lodonesia (oder Lodonia) stünden, das bei Galfred von Monmouth ein Gebiet Schottlands ist. Der unbekannte schottische Autor der Vita des St. Kentigern sagt: Ewen, der Sohn des Königs Urien, gefeiert von den Geschichtenerzählern, freite um die Stieftochter von Leudonus, König von Leudonia, überraschte sie an einem Bach und vergewaltigte sie.

Im Mabinogi heißt Laudine ‚die Dame von der Quelle‘. Zenker, Ivainstudien, p. 95ff., führt die Gestalt zurück auf die Wasserfee ‚Fand‘ aus dem *Serglige Conculaind* (Krankenlager des Cuchulainn). Daß die Wasserfee speziell zu Quellenfee wurde „ist erklärt, wenn wir mit Nitze annehmen, die dem Ivain zugrunde liegende irische Sage habe den Einfluß der Tradition über die Diana von Aricia erfahren“. (Ivainstudien, p. 323.)

W. Nitze, Mod. Phil. 3, p. 275 möchte entsprechend seiner These, die Iwein-Geschichte stamme aus dem Diana-Mythos, die Namensform Laudine aus *La Diane* herleiten. Mod. Phil. 7, p. 146f. gibt er diese Ansicht wieder auf.

Daß Laudines Name erst jetzt genannt wird, entspricht mittelalterlicher Epentechnik (vgl. auch die Namensnennungen von Askalon und Lunete). Frappier, Yvain p. 16, glaubt hier ein besonderes Mittel der Spannungstechnik erkennen zu können.

Werner Ziltener, Chrétien und die Aeneis, Graz-Köln 1957, p. 52f. ist der Auffassung, die späte Namensnennung sei aus der epischen Technik Vergils übernommen. H. Sacker, Germ. Rev. 36, p. 9 meint, die späte Namensnennung deute darauf hin, daß Laudine weniger Person als Funktion sei „of female provocation and vulnerability“. Über die topisch tradierte Hinauszögerung der Namensnennung sh. auch Arbusow, Colores Rhetorici, p. 121.

Weitere Lit. zur Herkunft und Deutung der Figur: H. Sparnaay, Über die Laudinefigur, Neoph. 3, p. 122ff. und ders. Laudine bei Chrestien und bei Hartmann, Neoph. 4, p. 310ff.

v. 2424: Vgl. Anm. zu v. 8139.

v. 2434: Die Problematik von Iweins Ehe interpretiert, basierend auf freudianischen Voraussetzungen, H. Sacker Germ. Rev. 36, p. 12f.

v. 2457: Vgl. Anm. zu v. 805.

v. 2489: Keies Rede ist von Hartmann ironisiert, da sie genau die Worte verwendet, mit denen Ginover v. 104ff. Keie selbst getadelt hat.

v. 2528: Der Sinn dieser Stelle ist dunkel. Chrestien v. 2217—2218:

> *Ne m'an orroiz parler hui mes,*
> *Des que je voi, qu'il vos ennuie*

(Ihr werdet mich heute nicht mehr darüber reden hören, weil ich sehe, daß es Euch ärgert.) gibt keinen Aufschluß.

Benecke zu v. 2528, p. 293 schlägt vor: „„nun das (das stillschweigen) sey was euch ehre bringe!' ich suche meine ehre darin dass jedermann von mir spricht, sucht ihr die eurige darin, dass niemand von euch spricht.""

Bech zu v. 2528, p. 90: „ihr sollt darüber zu gebieten haben, es mag von euch allein abhängen, es soll ganz auf euch ankommen; ähnlich unserm: ‚Sie haben zu befehlen'.""

Henrici, (dem ich mich anschließe), zu v. 2528, p. 445: „möge das euer ehrbegriff bleiben, ich habe einen andern.""

v. 2548: Im Mabinogi kämpfen an aufeinanderfolgenden Tagen nicht nur Ceu, sondern auch Artus gesamtes Gefolge und am Schluß Gwalchmei (Gawein) gegen Owein. Mit dem Mabinogi gegen Chrestien und Hartmann stimmt Ulrich Füetrers *Iban* überein insofern, als nach Keie auch Gawein zum Kampf antritt. Chrestien und mit ihm Hartmann haben den Gaweinkampf an das Ende des Gedichtes verlegt. Keie-Kampf und Gawein-Kampf gehören damit zu den zahlreichen Doppelmotiven, die den Bau des Iwein im Wechsel von Vorläufigkeit (unvollkommene Bewährung Iweins gegen Keie) und Endgültigkeit (endgültige Bewährung Iweins gegen Gawein) bestimmen. Dadurch daß Keie-Kampf und Gawein-Kampf getrennt werden, entsteht ein Widerspruch zu Iweins Befürchtung v. 914. (Vgl. Anm. zu v. 914.)

v. 2554: *in engel wis* ist eine übliche Beschreibung für glänzenden ritterlichen Schmuck, vgl. dazu Wilhelm Grimm, Über Freidank, p. 30 und Bech zu v. 2554, p. 92.

v. 2567: Diese Aufwertung des Gegners und damit des Zweikampfes fehlt bei Chrestien. Sie erhöht die innere Widersprüchlichkeit der Figur. Vgl. Anm. zu v. 74 und zu v. 108.

v. 2572ff.: ist möglicherweise eine Anspielung auf *Erec* v. 4762ff.:

> *ouch geruochet mir der künec Artûs*
> *ze truhsaezen in sime hûs.*

* **v. 2666:** Hier ist die einzige Stelle, wo Laudine Iwein duzt. Der Grund ergibt sich aus v. 2674:

> *alrêst liebet ir der man.*

v. 2668—2669: Lachmann schreibt:

> *... unsers werden gastes hie*
> *zwâre dû hâst ie*
> *mêre lôn wider mich.*

Lachmann empfand den Reim *gastes/hastes* als „unerträglich" und konjizierte. Nach seiner Auffassung bedeuten die Zeilen „ich sehe, du hast fort und fort neuen lohn, den du mir gewährst". Vgl. Lachmann zu v. 2668, p. 439f., Henrici zu v. 2668, p. 447 und Wolff zu v. 2668.

* **v. 2674:** Den Charakter Laudines, die ihren Mann nicht als Persönlichkeit, sondern wegen seiner gesellschaftlichen Stellung liebt, analysiert W. Ohly, die heilsgeschichtliche Struktur, p. 108. — Der Passus ist Zusatz Hartmanns, der dafür eine lange Schilderung des glänzenden Empfanges bei Chrestien (v. 2329—2402) streicht.

v. 2706: Ein Bibelzitat: Prov. 18, 24 *Vir amabilis ad societatem magis amicus erit quam frater.*

v. 2717: Der Name scheint einfach das Diminutiv des französischen *lune* zu sein. Chrestien jedenfalls spielt mit dieser Bedeutung:

> *... l'acointance ...*
> *Qui fu feite a privé consoil*
> *Antre la lune et le soloil*   (v. 2395—2396)

(Die Bekanntschaft, die im vertraulichen Gespräch zwischen dem Mond — Lunete — und der Sonne — Gawein — angeknüpft wurde. Vgl. Anm. zu v. 73.)

J. Loth, Les Mabinogion II, p. 2, Nr. 2, leitet den Namen vom keltischen *llun* $\rightleftharpoons$ ‚image‘ her. Vielleicht habe Chrestien den Namen umgeformt dem Bilde von Sonne und Mond zuliebe.

R. S. Loomis leitet nicht Wortkörper, sondern Wortbedeutung aus dem Keltischen ab und vermutet so eine Verbindung zur keltischen Mondgöttin Aranrot (‚Silbernes Rad‘), vgl. Arthurian Tradition, p. 294f.

Ähnlichkeiten der Lunete-Geschichte mit der der Wasserfrau Liban in der irischen Erzählung vom Krankenlager des Cuchulainn findet A. C. L. Brown, Studies and Notes VIII, p. 34—45. Einen zusammenfassenden Vergleich der Episode im *Yvain* mit der irischen Erzählung sowie der Lynet-Geschichte in Malory's *Morte Darthur* gibt R. S. Loomis, Arthurian Tradition, p. 296ff.

Guyer, Rom. Rev. 12, p. 119 sieht Lunete als Nachkommin der Ovidischen Dipsas (*Amores* I, 8, 2) Cypassis (*Amores* II, 7, 17) und Nape (*Amores* I, 11, 2).

Der Tannhäuser nennt Lied IV, 20 (Siebert) Lunetes Vater Willebrant; es ist ungeklärt, woher er das hat. Vgl. Johannes Siebert, Der Dichter Tannhäuser, Halle 1934, p. 139; dort auch weitere Nachweise des Namens.

* **v. 2770ff.:** van Stockum, Hartmanns Iwein, p. 16, interpretiert die folgenden Ausführungen mit dem Ergebnis, der Konflikt zwischen *minne* und *êre* sei die „zentrale Lebensfrage" des *Iwein*.

Benecke, zu v. 2775, p. 294, hat den Abschnitt mißverstanden: „Gawein spricht anders als Hartmann z. 1—3. beide haben recht, jeder aus seinem standpuncte. der erste übersieht nur die kleine spanne eines einzelnen lebens: dem auge des dichters erscheint eine aussicht ohne grenzen." — Tatsächlich stehen die Verse keineswegs im Widerspruch zu den Eingangsversen; vielmehr wird erklärt, *saelde* sei die Voraussetzung für den Erwerb und den Bestand von *êre*. Da Gawein an der Dauerhaftigkeit von Iweins *êre* zweifelt, ergibt sich, daß er auch, mit Recht, wie die späteren Ereignisse zeigen, der *saelde* Iweins nicht sicher ist.

v. 2790: *Verligen* ist unübersetzbarer Terminus der ritterlichen Ehren-Kodex.

v. 2792: Gawein bezieht sich auf *Erec* v. 2971. Die Stelle hat zu der unrichtigen Auffassung geführt, der *Iwein* sei ein Anti-*Erec*. Vgl. Wapnewski, p. 63.

v. 2803: Beschreibung von Turnieren bei Waas, Der Mensch im Mittelalter, p. 137, und Alwin Schultz, Höfisches Leben II, p. 106ff. Turniere wurden von der Kirche heftig bekämpft, auf den Laterankonzilien von 1139, 1179 und 1193 verurteilt und zeitweilig unter die Todsünden gerechnet. Lit.: Felix Niedner, Das deutsche Turnier im 12. und 13. Jh., Berlin 1881.

v. 2807ff.: Das didaktische Exempel ist Zusatz Hartmanns.

v. 2822: Zur Übersetzung von *ander* vgl. Anm. zu v. 426.

v. 2852: Lachmann liest mit Dcl *ez* statt *êre*.

v. 2868: Bech, p. 102 und Paul, Beitr. 1, p. 350 lesen *sich geziehen* mit DEbc, was in der Rechtssprache heißt ‚Anspruch erheben auf', und übersetzen die Stelle: „daß er ihr hiermit einen Gefallen thue, darauf mache er keinen Anspruch". Ebenso übersetzt Benecke, zu v. 2868, p. 295. Die Stelle bleibt dunkel, das Schwanken der Lesarten zeigt, daß schon die Handschriften sie nicht verstanden haben.

v. 2892: Lit.: Lilli Seibold, Studien über die huote, Berlin 1932 (besonders p. 74).

v. 2895ff.: Ist das eine Anspielung auf den Eraclius-Stoff?

v. 2933: *êhaftiu nôt* entschuldigt nach mittelalterlichem Recht das Nichterscheinen vor Gericht. Den Tatbestand der *êhaften nôt* erfüllen die drei v. 2934 aufgeführten Hinderungsgründe, nach dem *lex salica*. Unter *tôt* ist dabei der Tod naher Verwandten zu verstehen: vgl. Notker, *Boethius*, ed. Piper I, p. 70: „*mit casu antseidôt sih, ter dir chît, taz in is lazti anderes mannes tôd, alde sin selbes suht alde etelih ungewandiu geskiht.*" Vgl. Grimm, Rechtsalterthümer II, p. 481.

In anderen Gesetzgebungen kommen andere Fälle dazu, vgl. l. c. und Schönbach, Hartmann von Aue, p. 267. Chrestien v. 2590—2591 hat nur die Fälle Krankheit und Gefangenschaft:

Se essoines me detandra
De malage ne de prison

(Ob ein Unfall mich abhält, sei es Krankheit oder Gefangenschaft).

v. 2953: Bei Chrestien ist die Episode folgerichtiger gebaut: dort gibt (v. 2595ff.) Laudine Yvain einen Ring, der vor den (Hartmann v. 2933—2934) aufgezählten Unfällen schützt, die seine pünktliche Rückkunft hindern könnten.

v. 2969ff.: Die Abschiedsepisode als zeichenhaft für die Bedingtheit von Laudines und Iweins Liebe interpretiert W. Ohly, Die heilsgeschichtliche Struktur, p. 109.

Im Mabinogi bleibt Owein drei Jahre bei seiner Frau und verteidigt die Quelle mit glänzendem Erfolg: „Owein kept the fountain with spear and sword. This is how he kept it: whatever knight came there, Owein would overthrow them and hold them to ransom for their full worth." (Jones, p. 169f.) Diese Fassung hat größere innere und äußerliche Wahrscheinlichkeit als die Chrestiens. Zenker, Ivainstudien, p. 274ff., glaubt daher, das Mabinogi bewahre die ursprüngliche Fassung.

* **v. 2980:** Bezieht sich auf Chrestien, v. 2635ff.

Lit.: A. Blumenröder: Die Quellenberufungen in der mittelhochdeutschen Dichtung, Marburg 1921.

Wolfgang Dittmann, Dune hâst niht wâr, Hartman! Zum Begriff der wârheit in Hartmanns Iwein. Festgabe für Ulrich Pretzel, Berlin 1963.

* **v. 2990:** Die Verse wiederholen fast wörtlich Gregorius v. 651—654:

> *ein getriuwiu wandelunge ergie,*
> *dô si sich muosen scheiden hie:*
> *sîn herze folget ir von dan,*
> *daz ir bestuont bî dem man.*

Das Motiv der Trennung von Herz und Körper ist ein Topos; vgl. etwa Friedrich von Hausens *Mîn herze und mîn lîp diu wellent scheiden*, MF 47, 9; Herztausch bei Wolfram, *Willehalm* 109, 8f.

v. 3037—3058: Die Kürze dieses Abschnittes, die eine auffällige Diskrepanz von Erzählzeit und erzählter Zeit erzeugt, interpretiert W. Ohly, Die heilsgeschichtliche Struktur, p. 110, als zeichenhaft für eine Entwertung des höfischen Treibens.

v. 3039: Es wäre auch möglich, die Vv. 3039ff. nicht auf Iwein, sondern auf *riters namen* v. 3038 zu beziehen.

v. 3046: Wiederholt v. 1021.

v. 3058: Beneckes mit Berufung auf Grimm, Deutsche Grammatik II, p. 369, aufgestellte Behauptung (zu v. 3058, p. 296), der hier bezeichnete Monat sei der Juli, verwarf schon Lachmann durch den Hinweis auf Chrestien v. 2679: *Tant que a la miaost vint* (so lange, daß es auf die Augustmitte zuging).

v. 3071: Ob *die besten alle* (so schreiben die Hss. Adf) als Subjekt oder als Akkusativobjekt zu *gesach* aufzufassen sei, ist nicht zu entscheiden. Für die zweite Möglichkeit spricht eher Chrestien v. 2692:

> *Einçois vint li rois a la lor*
> *Qu'avec aus furent li meillor*

(Sondern der König kam an ihren [Hof], denn [oder: so daß?] bei ihnen waren die besten).

v. 3095ff.: Iweins Fall als Konsequenz der Verabsolutierung des Höfischen interpretiert W. Ohly, Die heilsgeschichtliche Struktur, p. 111ff.

* **v. 3101ff.:** Bei Chrestien (v. 2705) wie im Mabinogi erscheint nicht Lunete am Artushof, sondern eine anonyme *dameisele*. A. C. L. Brown, PMLA 20, p. 677, und Zenker, Ivainstudien, p. 18, nehmen daher an, Lunetes Botenritt bei Hartmann sei eine Reminiszenz an ihren früheren Botengang zum Artushof (H. v. 1181ff. Chr. 1004). Es scheint mir denkbar, daß Hartmann Lunete, um eine gegenbildliche Beziehung zu schaffen, hier auftreten läßt: Früher hat am Artushof niemand außer Iwein sie gegrüßt, jetzt richtet sie an alle Grüße aus außer an Iwein (v. 3116, Chrest. v. 2718). Iwein wird damit als den Ansprüchen des Artushofes nicht genügend gekennzeichnet.

Möglicherweise ist die Botenfunktion Lunete ursprünglich topisch eigen. Das 7. Buch von Malory's *Morte Darthur* kennt Lunet als Botin am Artushof. Vgl. Sparnaay, Zur Sprache und Literatur des

Mittelalters, p. 155f. (ZfrPh 46). — Ein Vergleich dieses Abschnitts mit Chrestien bei Sparnaay, Neophil. 4, p. 315.

Guyer, Rom. Rev. 14, p. 302f. vergleicht Lunetes Strafrede mit Ovid, *Ars amatoria* III, 433:

> *Sed vitate viros cultum formamque professos,*
> *Quique suas ponunt in statione comas.*
> *Quae vobis dicunt, dixerunt mille puellis.*
> *Errat et in nulla sede moratur amor.*
> . . .
> *Sunt qui mendaci specie grassentur amoris,*
> *Perque aditus talis lucra pudenda petant*
> . . .
> *Forsitan ex horum numero cultissimus ille*
> *Fur sit et uratur vestis amore tuae.*

* **v. 3127:** Nach mittelalterlichem Recht bedarf die Frau vor Gericht eines Vormundes. Der Zweikampf, der nach Schwabenspiegel 81 eigentlich auf den Vorwurf der Untreue folgen müßte, ist der Frau versagt, da sie nicht waffenfähig ist. Vgl. Schönbach, Hartmann von Aue, p. 296.

v. 3142: „zu *genozzen* ist *hân* zu ergänzen", Henrici zu v. 3142, p. 453. Vgl. die Belege bei Benecke zu v. 3142, p. 297f.

v. 3162: Oder: ‚sich nie genug vorsehen kann.'

v. 3187: Die Forderung, Iwein vom Hofe zu verstoßen, ist ein Zusatz Hartmanns. Damit verdeutlicht er, daß Iwein nicht mehr zur Gesellschaft der Rechtschaffenen zählt. Vgl. Anm. zu v. 3101.

v. 3224: Die Zeile ist ein Selbstzitat aus einem Minnelied Hartmanns (MF 205, 1), das — in seiner zweiten Strophe um den Begriff *saelde* kreisend — den Verlust der Gunst der *vrouwe* wegen der eigenen Untreue besingt und damit, namentlich in seiner vierten Strophe, in enger Beziehung zu diesem Abschnitt des *Iwein* steht:

> *Si hâte mich nâch wâne unrehte erkannt,*
> *dô si mich ir von êrste dienen liez:*
> *dur daz si mich sô wandelbaeren vant,*
> *min wandel und ir wisheit mich verstiez.*
> *si hât geleistet swaz si mir gehiez;*
> *swaz si mir solde, des bin ich gewert:*
> *er ist ein tumb man, der iht anders gert:*
> *si lônde mir als ich si dûhte wert:*
> *michn sleht niht anders wan mîn selbes swert.*

v. 3225: Für *ahte* haben die Hss.: *hazte* B, *hate* A, *hatt ez* a, *ahte* DGcdfp, *aht* EJb, *achtet* r, *ducht* l, fehlt Z.

Bech und Henrici lesen mit B *hazte* statt *ahte*. Die Lesart wird durch Chrestien v. 2790 bestätigt: *ne het tant rien con lui meïsme.* (Er haßt nichts mehr als sich selbst.) Der Textzusammenhang wird mit dieser Lesart enger:

> *ern hazte weder man noch wip*
> *niuwan sîn selbes lîp*

Er hatte keinen Grund, jemanden anders zu hassen als sich selbst.

Vgl. Henrici zu v. 3225, p. 454, O. Böhme, Beitr. 15, p. 563—67; Pfeiffer, Germ. 3, p. 338. Die verwickelte Geschichte der Iwein-Kritik läßt sich gut an der Lesartendiskussion für diesen Vers verfolgen, vgl. dazu die zusammenfassende Darstellung bei Zwierzina, ZfdA 40, p. 230ff., der die Relevanz der Chrestienstelle bestreitet. Sh. auch Wolff zu v. 3225.

v. 3236: Belege für den Ausdruck *blôz sam ein hant* bei W. Wackernagel, Germ. 17, p. 123.

v. 3254: Die Hss. GJabcflrz lesen *meistert(e) in*. Mit diesen liest Bechstein, Germ. 26, p. 390 ff.: *meisterte in vrou minne*. „daß eine alte und sechs junge hss. für das sonst nicht belegte intransitive *meistern* die geläufige transitive verbindung setzen, drei andere aber auf andere weise ändern, diese tatsache lehrt zur genüge, daß in ABEdp das echte erhalten ist und dass hier eine sonst nicht übliche verwendung dieses verbs vorhanden ist." (Henrici zu v. 3254, p. 455.)

* **v. 3260:** Im Mabinogi verwildert Owein zwar, wird aber nicht wahnsinnig: „And he was wandering thus till his clothes perished, and till his body was nigh perished, and till long hair grew all over his body." (Jones, p. 174.) Die Quellenforschung sucht daher für die Episode von Iweins Wahnsinn zumeist nach außerkeltischen Quellen. (Einen Vergleich der Episode im *Yvain* mit der im Mabinogi gibt Zenker, Ivainstudien, p. 280—285.) Foerster, Wörterbuch zum Yvain, p. 122*, glaubt, Iweins Wahnsinn sei nach Tristans Wahnsinn gestaltet. Nach Frappier, Yvain, p. 35, hat Ovid die Vorbilder für den wahnsinnigen Yvain geliefert (*Metamorphosen* IX, 635 ff. und XIV, 422 ff.). Daß Ovids Biblis und Canens die Vorbilder Chrestiens gewesen seien, hatte schon Guyer, Rom. Rev. 12, p. 117, angenommen. Stefan Hofer, Chrestien, p. 163 f., vergleicht Iweins Wahnsinn mit einer Episode der *Vita Merlini*, wo Merlin aus Schmerz über den Tod der drei Brüder des Peredur den Verstand verliert.

C. B. Lewis, Classical Mythology, p. 189, vergleicht Iweins Wahnsinn mit Theseus' Wahnsinn in der Ariadne-Geschichte. —

H. B. Willson, MLR 57, p. 217 versucht eine religiöse Deutung des Abschnitts mit dem Verweis auf die Lehre des Verlustes der *similitudo*, der Gottebenbildlichkeit (*ungelich* v. 3358) des Menschen durch den Sündenfall. Er sieht eine "pointed analogy with the situation and condition of mankind after it lost the paradise of similitude with God." p. 218.

Weitere Lit.: Marianne Stauffer, Der Wald. Zur Darstellung und Deutung der Natur im Mittelalter, Bern 1959, besonders p. 72—77.

v. 3273 ff.: Für die im folgenden verwendeten Fachtermini der Jägersprache vgl. David Dalby, Lexicon of the Mediaeval German Hunt, Berlin 1965.

der walt gieng wildes vol ist der normale Terminus für das ‚Ziehen‘ des Wildes (Dalby, p. 54).

vâhen heißt gewöhnlich ‚einfangen und töten‘ (Dalby, p. 251).

ergâhen heißt ‚Hetzen und einfangen‘.

Ein Bracke ist ein kleiner Jagdhund, vermutlich aus der Rasse der Spaniels. Das von dem Bogenschuß gewöhnlich nur verwundete Wild wurde von den Bracken aufgespürt und zu Tode gehetzt. (Dalby, p. 34 und 36.)

v. 3287 ff.: Zur Stoffgeschichte der Episode vom Eremiten und der Dame von Narison vgl. R. S. Loomis, Arthurian Tradition, p. 309 ff.

v. 3297: „der ange ist nicht was wir jetzt angel nennen, sondern die hülse, in welcher der zapfen einer thür sich bewegt." Benecke zu v. 3297, p. 300.

* **v. 3320:** Weise, Die Sentenz bei Hartmann von Aue, p. 65 verweist auf Ecclesiastic. 34, 1 *Vana spes, et mendacium viro insensato; et somnia extollunt imprudentes.*

v. 3326: Benecke zu v. 3326, p. 300 übersetzt unter Hinweis auf *Parz.* 64, 19; *Willeh.* 369, 26; *tier* mit ‚Reh‘. An allen übrigen Stellen des Iwein heißt *tier* aber einfach ‚Wild‘. Es besteht kein Grund, hier anders zu übersetzen. Chrestien v. 2870 redet ebenfalls nur von *beste sauvage*.

v. 3348: "a comparison which recalls the wild herdsman, who also resembles a Moor in Hartmann's version (v. 427)." H. Sacker Germ. Rev. 36, p. 14. Es handelt sich wieder um ein Spiegelmotiv: wie damals der Waldmann ist jetzt Iwein Gegenbild des Höfischen.

v. 3363—3394: H. B. Willson, MLR 57, p. 218 glaubt den Abschnitt folgendermaßen deuten zu können: die Vv. 3363—64 seien eine Anspielung auf die Trinität (*dri* und der unbestimmte Artikel im folgenden Vers!) die sich wiederhole in v. 3369. Iwein "exites *compassio* just as the body of Christ on the cross in its *passio*, the quintessence of *compassio* and *caritas*, arouses *compassio* and inspires *caritas*. Shortly before this, the word *wunde*, a key word in Christian symbolism is used (3379.)"

v. 3372: Die Überlieferung des Verses ist verderbt: *nu iete* (*iach* Bbrz) *des* (fehlt Bbrz) *ein iegelih* (*yglich* b, *iegelicher* rz) *man* ABbrz, — *nu* (*do* J) *duht* (*dauhte* J, *daucht* cdf, *deucht* l) *er si ein gevellich* (*schemleich* J, *siecher* cl, *schickerlich* d, *sittig* f) *man* DJcdfl, —
si gedaht ditz ist ein schihlich man E, —
sy gedachte ez ist der man a, —
sie sprach diß ist der man p.
Paul, Beitr. 1, p. 374 liest: *nû dûht er si ein schickelich man.* Bechstein, Germ. 26, 387f.: *nû dûhte er si ein schellic man.*
„Pauls behauptung, dass *jehen* nicht ,erzählen' bedeute, wird von Bech [zu v. 3372, p. 120] bestritten. — durch die aufnahme der leicht verständlichen lesart [*nû jach des ein ieglich man*] ist die stelle nicht geheilt: es fehlt der grund für die zahlreichen änderungen. ich will daher zwei vermutungen nicht unterdrücken, obgleich keine auf einsetzung in den Text rechnen kann. erstens könnte *iegelich* für *egelich* verschrieben und *jach* für ein wort mit der bedeutung *deuchte* stehen: ,nun erschien er ihr als ein schrecklicher mann'. der satz *wie er verlorn waere* ist dann zum folgenden zu ziehen. allein Hartmann sagte weder *egelich* noch *egeslich* sondern *eislich*, und ein an *iete, jach* anschließendes wort für ,deuchte' finde ich nicht. noch einfacher wäre die sache, wenn statt *jach* eine form von *jouchen*, fliehen, gestanden hätte. nach *an* wäre kolon, nach *man* punkt zu setzen und der satz mit *wie* wieder zum folgenden zu ziehen: ,jetzt würde davor jedermann entweichen!' . . . DJcdfl ersetzten *jouchte* durch *duhte*, Ea *jachte* durch *gedachte*; p, das schon *jach* las, schrieb das geläufigere *sprach* . . ." Henrici zu v. 3372, p. 456f.
v. 3410: Der Name Aliers ist unbekannter Herkunft. Frappier, Yvain, p. 56, nimmt an, Chrestien habe den Namen erfunden, um einen Reim auf *chevalier* zu bekommen.
v. 3412: Lachmann setzt die Fassung von A in den Text: *Sciere obirwnnen hat*
„obgleich *ir hât* Erec 1280, 4761 im reime steht, ist die einen rührenden reim schaffende Fassung von A nur als ein versuch zu betrachten, das anakoluth 08—12 zu beseitigen [das nach der Lesart der anderen Hss. entsteht], welches (Lachmann) ,obgleich ohne Tadel, doch wenig in Hartmanns weise ist' [Lachmann zu v. 3412, p. 453]. die änderung von A setzt aber voraus, daß 08 *ir* überliefert und echt war, wie es denn auch in D, welches keinen grund zur einschiebung hatte, wirklich und angedeutet in rb steht. hätte es im original gefehlt, so hätte A *alle iuwer nôt* als subjekt fassen müssen und den satz etwa mit *harte schiere zergât* ergänzen können." Henrici zu v. 3412, p. 457.
v. 3424: Der Name Feimorgan ist korrupiert aus *fée Morgain.* Bei Chrestien (v. 2953) steht an entsprechender Stelle nur *Morgue la sage*; die Entstellung muß also durch Verlesung einer anderen Stelle oder durch eine Verderbnis in Hartmanns Vorlage entstanden sein. Morgan ist die Schwester von König Artus, die Geliebte Guigamors. Der Name ist das keltische Morgant, Morcant, welches ursprünglich eine männliche Namensform ist. So ist etwa im Mabinogi von Geraint Morgan Tud Artus' (männlicher) Arzt. Diese Namensverschiebung trägt bei zur Komplizierung der Geschichte dieser Figur, die man in keltischen Erzählungen unter zahlreichen verschiedenen Gestalten antrifft. Vgl. hierzu L. A. Paton, Studies in the Fairy Mythology, p. 145—166 und R. S. Loomis, Arthurian Tradition, p. 488. Weitere Lit. a. a. O.
Zur Entstellung des Namens bei Hartmann und den daraus möglicherweise zu ziehenden Folgerungen über Hartmanns Quellen vgl. Pentti Tilvis, Neuphil. Mitt. 60, p. 43ff.
v. 3435: Chrestien hat nur (v. 2957—58)

pas plus de demie liue

(nicht mehr als eine halbe Meile), erklärt aber, es sei *as liues, qui el païs sont* (Meilen nach dem Maß des Landes), die er v. 192 als *liue galesche* (walisische Meilen) bezeichnet. Nach diesen Meilen entsprächen

Les deus une, les quatre deus

(zwei französische einer, und vier französische zwei) Hartmann scheint also seine Meile mit Chrestiens Meile gleichzusetzen und rechnet jeweils die Angaben von walisischen Meilen bei Chrestien in kontinentale um: hier für *demie liue = vil kûme in einer mîle*, v. 278 *demie liue galesche = niht vol eine mîle.* Vielleicht ist Hartmanns Angabe *kurze mîle* in v. 554 in diesem Zusammenhang als feststehendes Längenmaß zu verstehen.

* **v. 3452:** Hatto, Der aventiure meine, Festschrift Norman, p. 97, der der ganzen Episode heilsgeschichtlichen Sinn unterlegt, glaubt, Hartmann spiele hier mit dem Doppelsinn des Wortes *heil:* Gesundheit und Erlösung.

v. 3454: *seit* < *sagit* (mlat. *sagetum*) ist ein feiner Wollstoff, der aus Ziegenhaaren gewebt wird: „*Saga cilicina de pilis caprarum facta, de quibus et cilicia fiunt unde et quosdam pannos asperos sagias saiat dicimus*" Gloss. Herrad., Graff, Ahd. Sprachschatz 6, 64. „gran bezeichnet auch im deutschen den färbestoff, scheint aber mit *gran*, haar, verwechselt zu sein, weil der stoff aus solchen gefertigt wurde ... Benecke und Bech halten *seit — linwât* für ‚apposition von kleider, wie sie noch jetzt gewöhnlich ist.‘ — ob *zwei* mit Benecke auf *kleider* (rock und hemde) zu beziehen ist, bleibt fraglich; Chr. gibt *robe, cote, mantel* an und nennt das hemde später. ich bin geneigt mit Bech nach *zwei* das komma zu streichen und das neutrum auf die beiden folgenden stücke, masc. und fem. zu beziehen." Henrici zu v. 3454, p. 458.

v. 3456: *sei* ist ebenfalls ein feiner Wollstoff, der anscheinend hauptsächlich für Beinbekleidung verwendet wurde (vgl. *Willeh.* 196, 3.)

v. 3473—74: Die Verse überliefern alle Hss. Lachmann hat sie gestrichen, da er, um den *Iwein* in Dreißigergruppen einteilen zu können, ein Verspaar opfern mußte: „die ... beobachtung, dass der Iwein aus 272 abschnitten von je dreissig versen bestehe, die ich in der ersten ausgabe durch sehr grosse, jetzt durch kleinere, initialen bezeichnet habe, zwingt uns ein in allen handschriften überliefertes verspaar zu verwerfen, und man kann gewiss keines mit leichterem gewissen hingeben." Lachmann zu v. 3473, p. 454. Benecke zu v. 3473 stimmt dem zu mit dem Hinweis auf den für Hartmann unmöglichen Reim *sweic(h) / streich.*

Die Streichung wurde abgelehnt von Henrici zu v. 3473, p. 458f., Bechstein, Germ. 26, p. 390; Nerger, Germ. 27, p. 350—56, (der erörtert, daß bei magischen Heilungen das Schweigen eine wesentliche Rolle spielte); Paul, Gab es eine mhd. Schriftsprache, Halle 1872, p. 26f. und Beitr. I, p. 375f. Die Streichung wurde akzeptiert von Zwierzina, Festschrift C. v. Kraus, Steinger (Ausg.) und Sparnaay (zur Sprache und Lit., p. 120). Vgl. auch Wolff zu v. 3473/74.

v. 3476: Im Mabinogi ist Owein am ganzen Körper von der Krätze befallen. Zenker, Ivainstudien, p. 280ff., folgert daraus, hier sei die ursprüngliche Fassung erhalten, die eine vernünftige Begründung für die Salbung am ganzen Körper gibt. Chrestien habe sie aus Gründen der höfischen Ästhetik getilgt. Zenker übersieht aber, daß im Mabinogi gar nicht gesagt wird, Owein werde am ganzen Körper gesalbt: "And the maiden came her way and applied all the ointment to him." (Jones, p. 174.) Gegen Zenker wendet sich auch Sparnaay, Zur Sprache und Literatur des Mittelalters, p. 184 (ZfrPh 46). —

„Im Gareth heilt Lynet mit einer Salbe die Toten und Verwundeten. Eine Untersuchung, ob sie vielleicht ursprünglich mit der Dienerin der Dame de Noroison identisch sein könnte, hat mich zu keinem Ergebnis geführt." Sparnaay a. a. O., p. 186.

H. B. Willson, MLR 57, p. 219 sieht eine Anspielung auf die Salbung Jesu in Bethanien (Matth. 26, 6—13, Marc. 14, 3—9, Joh. 12, 1—8). Dem schließt sich Hatto, Festschrift Norman, p. 97 an: "Chrétien intended to remind us here in the passing of the Three Women at the Sepulchre: Mark 16, 1: *Et cum transissent sabbatum, Maria Magdalene et Maria Jacobi et Salome emerunt aromata ut venientes ungerent eum.* The woman who anointed Christ at supper, identified by John as Mary the sister of Martha and Lazarus (11, 3; 12, 3) was defended by Christ as having done so *ungere corpus meum in sepulturam* (Mark 14, 8; Matth. 26, 12; John 12, 7) which thus links her with the scene at the Sepulchre. At Matth. 26, 7 and Mark. 14, 3, the Woman poured her hole box of precious spikenard over the head of Christ; but at Luke 7, 37 and John 12, 3, she applied her ointment to his feet. Chrétien was well aware of this, and also that the four evangelists cannot err, and so his woman — not recking of the 'waste' (which was no waste) — anoints Iwein from head to feet ... compare Hartmanns Biblical *über houpt und über vüeze* capped by the line so redolent of pious devotion *ir wille was sô süeze* (3477). A *salbe* was in any case symbolic of spiritual healing, a significance

208

greatly helped in English and Low and Middle German, at least, by a latin reading of its form *salve* as an imperative. Finally, Christ, upon whome the resurrected Iwein is patterned at this juncture, is 'the Anointed'."

Einen Zusammenhang der Salbenverschwendung mit Iweins späterer Weigerung, die Dame von Narison zu heiraten und "his insistance instead on returning to the wood" glaubt H. Sacker, Germ. Rev. 36, p. 14 sehen zu können.

v. 3488: "The maid's anxiety to remain hidden from Iwein in his nakedness also finds its analogue in the Fall of man, who, having eaten of the fruit, knew that he was naked and was ashamed." H. B. Willson, MLR 57, p. 219.

* **v. 3505:** Mit Iweins Heilung beginnt die aventiuren-Kette, Iweins Rückweg in die Gesellschaft, der sich nach folgendem Schema gliedert:

I. Unmachtungszustand: Iweins Wahnsinn
  1. Befreiung: Dame von Narison
    Lohnangebot: *vrouwe* und Land
  2. Befreiung (Kampf für das Recht): Der Löwe

> Modellgruppe:
> Thema: Land, *vrouwe*, Recht

II. Unmachtszustand: Iweins Ohnmacht an der Quelle
  Hilfsversprechen an Lunete
  1. Befreiung: Tötung Harpins Lohnangebot: Land
  2. Befreiung (Kampf für das Recht): Lunete

> Durchführung:
> Thema: Land, Recht,
> Bereich: Quelle

III. Unmachtszustand: Laudine erkennt Iwein nicht
  Hilfsversprechen an die jüngere Gräfin vom Schwarzen Dorn
  1. Befreiung: Die 300 Geiseln Lohnangebot: *vrouwe*
  2. Befreiung (Kampf für das Recht):
    Kampf für die jüngere Gräfin vom Schwarzen Dorn

> Durchführung:
> Thema: *vrouwe*, Recht,
> Bereich: Artushof.

Vgl. Euph. 60.

"The first part of *Ivain* was shown to be founded, almost incident for incident on the well-known Celtic tale ... about a mortal who is invited to fairy-land, journeys thither successfully and weds a fairy queen, but disobeys her injunctions, looses her, becomes insane and has to be cured by a magic remedy.

If this explanation ... be correct, then the second part of the story, beginning where Ivain is cured of his madness, ought to be in origin a journey of wonders, in which the hero aided by a helpful beast should fight his way through terrible dangers back into the Other World." A. C. L. Brown, PMLA 20, p. 674.

* **v. 3510:** Lit.: W. Schmitz, Traum und Vision in der erzählenden Dichtung des deutschen Mittelalters, Münster 1934, besonders p. 63ff.

v. 3512: Lachmann zu v. 3512, p. 454f. „bestreitet ohne gründe, dass nach dem klagenden *wâfen* der satz diese bedeutung haben könne," (Henrici zu v. 3512, p. 459) und konjiziert *nimmê* für *iemer*, das alle Hss. überliefern.

v. 3560: Lachmann, zu v. 3560, p. 456f., schlägt vor, für *riterlichen* gegen alle Hss. *richen* oder *rilichen* zu setzen, da er die Form *kund* für bedenklich hält.

v. 3620: Die Form *gehabt*, die Lachmann setzt, haben nur Dd, die übrigen schreiben *und habet* (*hielt* pz). „nachdem Benecke *gehabt* mit schlechten hss. und gegen 2547 gesetzt hatte, wurde es * aus metrischen Gründen nötig *und* nur mit d zu unterdrücken." Henrici zu v. 3620, p. 460.

v. 3662: Diese Zeile ist nur aus Chrestien verständlich, wo das Mädchen tatsächlich vor Yvains Augen die leere Büchse in den Bach fallen läßt (Chrest. v. 3090f.)

* **v. 3705:** Folgende Parallelen setzen Iweins Narison-*aventiure* zu seinem Gewitterquellen-Abenteuer in Beziehung: Er wird durch die Zofe gerettet, er wird aufgenommen als Verteidiger, ein Fremder greift unrechtmäßig an, wird von Iwein geschlagen und verfolgt, gerade am Burgtor ereilt (und nicht getötet!), das Volk ist mit der Herrin einig in dem Wunsch durch Heirat Iwein zum Herrn des Landes zu machen. Die Ereignisse sind gegenläufig parallel geführt: Iwein ist jetzt nicht Angreifer und Usurpator, sondern Verteidiger und Verzichtender. Dadurch steht diese *aventiure* modellhaft am Anfang des Weges von Iweins Rückkehr zu Laudine. Vgl. Anm. zu v. 3810.

v. 3724: Die *wer* ist die obere Mauerplattform mit dem dazugehörigen Zinnenkranz.

v. 3730 ff.: Die Kampfschilderung ist gegenüber Chrestien (v. 3152—3270) erheblich gekürzt, namentlich sind die allzu blutigen Details weggelassen.

v. 3760: Die Hss. Bbz schreiben *genendeclichen*, ‚kühn', dprEl schreiben *genaedeclichen* (die übrigen: *degenleichen* J, *behendigklichen* c, *endelich* a, *wnderliche* A, *wunderlichen* D, *so gar unmazzen* f). Lachmanns *ungenaedeclichen* ist „gelinde nachhilfe" (zu v. 3760, p. 461) und „wahrscheinlich überhaupt kein mittelhochdeutsch" (Henrici zu v. 3760, p. 462).

v. 3782: Geiseln zur Sicherung des Friedens kommen in mittelalterlicher Dichtung häufig vor: Hiltgund und Walther am Hofe Etzels, Markes Geisellieferungen im *Tristan* (v. 5965). Vgl. P. U. Rosenau, Wehrverfassung und Kriegsrecht, p. 186 ff. Ersatz des Schadens wird im Sühnevertrag häufig ausbedungen (*Parzival* 70, 16; *Nibelungenlied* 2336, 3). Vgl. Rosenau, a. a. O., p. 196f.

v. 3802: Der Name lautet bei Chrestien (v. 3287) Noroison, in der Hs. G. Noiroison. R. S. Loomis, Arthurian Tradition, p. 310 f., vermutete, der Name sei aus *noir oisel*, ‚schwarzer Vogel', entstanden. Im *Didot Perceval* wird erzählt, die Fee Morgan und ihre Schwester hätten die Fähigkeit, sich in schwarze Vögel zu verwandeln.

Hatto, Festschrift Norman, p. 102, Anm. 19 vermutet zur Entstehung der deutschen Namensform: „has Hartmann refashioned the name on the basis of *garison* (‘healing, *Yvain* 2993) and *nesan:nas:nâren*, to make her a lady of Healing?"

v. 3810—11: Durch diese von Hartmann stammenden Verse wird die Dame von Narison zum Gegenbild von Laudine, die v. 2329 ff. das ausdrückliche Gegenteil gesagt hatte.

v. 3815—18: Die Verse beziehen sich vielleicht auf Lunetes Handlung. Dann wäre mit A, Lachmann, Henrici der Plural vorzuziehen: *wurben, verdurben* usw. Der Sinn der Stelle ist jedoch nicht eindeutig. Vgl. Bech zur Stelle, p. 135, Baier, Germ. 21, p. 410, Paul, Beitr. I, p. 378.

v. 3836: Ein *gevelle* ist nach Haupt zu *Erec* v. 7876 ein abschüssiges tiefes Tal. Das gleiche vermutet Benecke zu v. 3836, p. 305. In v. 7821 bezeichnet das Wort jedoch eindeutig umgestürzte Bäume.

* **v. 3869:** Für die Figur des dankbaren Löwen Vorbilder in einheimisch keltischer Literatur zu finden, fällt der Natur der Sache nach schwer. Dennoch ist versucht worden, den Löwen mit andern Fabeltieren (Pferden) in irischer Erzählliteratur (Tochmarc Emere) in Verbindung zu bringen (so: A. C. L. Brown PMLA 20, p. 688 und Th. M. Chotzen, Neophil. 18, p. 15 ff. und 131 ff.). Allgemein nimmt man an, das Löwenmotiv gehe zurück auf die antike Erzählung von Androclus und dem Löwen, zweifelhaft ist freilich, in welcher Form Chrestien diese Geschichte kennengelernt hat. Sie findet sich zuerst im 2. Jh. n. Chr. bei Aulus Gellius, Noctes Atticae V$_{14,10}$; dieser nennt als seine Quelle die Αἰγυπτιακά des Apion, eines in der 1. Hälfte des 1. Jhdts. n. Chr. lebenden alexandrinischen Grammatikers. Androclus-Erzählungen gibt es bei Aelian, Eratosthenes, Euphorion, Seneca, Phädrus und Romulus neben vielen anderen antiken und orientalischen Erzählungen von dankbaren Tieren (aufgezählt und erörtert bei Zenker, Ivainstudien, p. 146 ff.) Nach Zenker, a. a. O., p. 167 geht jedoch die Löwengeschichte nicht „auf die antike Erzählung von Androclus zurück, sondern auf die von Plinius überlieferte Geschichte von dem Samier Elpis ... oder, weniger wahrscheinlich, auf die Quelle, aus der Plinius die Geschichte schöpfte".

Ein Löwen-Drachen-Kampf findet sich in der Literatur zum erstenmal bei Petrus Damianus (1007—1072), Epistolae VI, 5: Venezianische Handelsleute, die an der morgenländischen Küste landen, sehen nicht weit vom Ufer einen Löwen, den ein Drache umschlungen hat und in seine Höhle zu zerren sucht. Sie töten den Drachen, und der Löwe zeigt sich dankbar, indem er seinen Rettern an jedem der folgenden Tage das Fell eines von ihm erlegten Tieres bringt. Auf diese Geschichte geht möglicherweise Chrestien unmittelbar zurück (nach Zenker auf deren von Plinius herstammende Vorlage, Ivainstudien, p. 167).

Die Geschichte von einem Ritter, der einen Löwen aus den Klauen eines Drachen rettet, worauf dieser ihm wie ein treuer Hund folgt, scheint verbreitetes Erzählgut des 11. und 12. Jhdts. gewesen zu sein (vgl. Sparnaay II, p. 38 und Zenker, Ivainstudien, p. 157ff.), so auch die Geschichte in Neckams *De Natura Rerum* (ed. T. Wright, London 1863, p. 229), die R. S. Loomis, Arthurian Tradition, p. 313, als Parallele zum *Iwein* nachweist.

Loomis a. a. O. versucht keltische und antike Erzählmotive in der Löwengeschichte aufzudecken: "The French chivalric tradition represented by Jaufré de Vigeois and Neckam supplied Yvain with these motifs: (1) A knight hears the outcry of a lion and rescues him from a serpent. (2) The grateful beast displays its gratitude, fetches him game, stands guard over him by night, and attacks his enemies when he is engaged in battle. The Irish tradition of the faithful horse supplied three motifs: (1) The hero's enemies remonstrate against the animal's participation, (2) The hero magnanimously accepts their protest, (3) The beast intervenes and tears open their bowels."

Möglicherweise ist Iwein durch Verwechslung mit dem Löwen assoziiert worden: E. Brugger, Mod. Phil. 38, p. 267ff. ist der Auffassung, Iwein sei verwechselt worden mit einer andern Iwein-Gestalt, die in der Artusepik ‚de Loënel‘ oder ‚de Lionel‘ heißt. Letztere Form sei dann als Diminutiv von *lion*, Löwe, aufgefaßt worden. Ähnlich argumentiert A. Ahlström, Sur l'origine du Chevalier au Lion, p. 300: „Le héros ... de la version de *Guigemar* [Lai der Marie de France] ... était ... de Léonnois (Lion, Liun). Le père de Guigemar est nommé ‚sire de Liun‘ (*Guig.* v. 30) et le fils portait naturellement le même titre. Le conte fut bientôt très populaire et se propagea rapidement dans des lieux où le nom du petit pays de Léon n'était guère connu ... On comprit donc ‚li sire de Liun‘ comme le chevalier qui était en rapport avec un lion."

Eine der Löwenbefreiung im *Iwein* ähnliche Geschichte gibt es dreimal im *Wolfdietrich B:* Wolfdietrich hilft einmal einem Elephanten, zweimal einem Löwen gegen einen Drachen (Strr. 512ff., 667ff. und 722ff.) (Zu den zahlreichen andern Parallelen zum *Iwein*, u. a. Gewitterquelle Str. 796ff. und Waldmann Str. 661ff. sh. Hermann Schneider, Die Geschichte und Sage von Wolfdietrich, München 1913, besonders p. 263ff. und p. 295ff.)

Zur kunstgeschichtlichen Wirkung der Gestalt des Ritters mit dem Löwen vgl. R. S. Loomis, Arthurian Tradition, p. 312.

Weitere Lit. zu Quellenfragen:
O. Johnston, ZfSL 31, p. 161ff. (Nachweis orientalischer und antiker Löwengeschichten);
G. Baist, Die Quellen des Yvain, ZfrPh 21, p. 402ff.;
Foerster, Yvain 1906, p. XLVII;
Frappier, Yvain, p. 52f. (Nachweise von Löwengeschichten in der mittelalterlichen Literatur);
Brodeur, PMLA 39, p. 485ff.;
A. Marx, Griechische Märchen von dankbaren Tieren und Verwandtes, Stuttgart 1889, besonders p. 56ff.;
G. Baist, Der dankbare Löwe, R. F. 29, p. 317ff.

Der Löwe stand dem Mittelalter als Symbol für vieles: Christus, Edelmut, Recht, ritterliche Vollkommenheit (vgl. Frappier, Yvain, p. 107, Friedrich Ohly, Vom geistlichen Sinn des Wortes im Mittelalter, ZfdA 89, p. 18f., A. Erler, Das Straßburger Münster im Rechtsleben des Mittelalters, Frankfurt 1954). Der Löwe im *Iwein* bietet demgemäß der Interpretation je nach Auslegung ein weites Feld:

Humphrey Milnes, Germ. Life and Letters 14, p. 253f. sieht ihn als "example of courtly exuberance and comradeship" im Kontrast zur "for Hartmann slightly comic Arthurian society". Wie Harris, PMLA 64, p. 1148ff. nimmt Hatto, Festschrift Norman, p. 97, an:
"The lion is Christ: who else would be at grips with the Serpent, the ancient enemy?"

H. Sacker, Germ. Rev. 36, p. 15ff. deutet die Rolle des Löwen: "King Arthur's court is full of knights, the wild herdsman has control over animals—but only in Iwein are both aspects of human nature integrated."

Sieht man den Löwen als Symbol des Rechts, so gewinnt die *aventiure* (Befreiung des Rechts aus den Klauen des Bösen) Modellcharakter für die Rechtskämpfe in den *aventiuren*-Gruppen II und III, vgl. Anm. zu v. 3505.

* **v. 3871:** Hartmann streicht die komischen Details des Drachenkampfes bei Chrestien: daß Yvain dem Löwen leider soviel Schwanz abschlagen muß wie wie unumgänglich nötig (Chrest. v. 3382ff.) und daß der Löwe Tränen der Dankbarkeit vergießt (Chrest. v. 3400f.).

v. 3894: *gruozter in* ADJcdr, *er* (*vnd* cf.) *grvzt in* Eacfp, *er lvte* Bbz. *sam* Bl. *einen* r, *eine* b. — Das Schwanken der Lesarten zeigt, daß auch den Hss. die Stelle nicht eindeutig klar war. Benecke, zu v. 3984, p. 306, Bech, zu v. 3894, p. 138, und Paul, Beitr. 1, p. 131 beziehen *gruozter* auf Iwein und halten *ein* für Akkusativ (Belege für *ein* statt *einen* bei Haupt zu *Erec* v. 1966 und Benecke a. a. O.). Dazu stimmt Chrestien v. 3438—3439:

> *Lors le semont et si l'escrie*
> *Aussi come un brachet feïst*

(Da treibt er ihn mit Rufen an wie einen Bracken.)

Henrici, zu v. 3894, p. 464, hält es für möglich, daß Hartmann Chrestien mißverstand und *brachet* für Subjekt hielt. Bech, a. a. O. bringt Belege, wo *grüezen* für das Anschlagen von Hunden gebraucht wird.

David Dalby, Lexicon of the Mediaeval German Hunt, Berlin 1965, p. 71, führt unter *grüezen* nur Belege an, die das Anfeuern der Hunde durch den Jäger bedeuten. Er hält es für unmöglich, daß hier der Löwe Subjekt ist.

v. 3912: Wachsamkeit wird dem Löwen allgemein in den Bestiarien zugeschrieben. Auch diese macht ihn u. a. zu einem Symbol Christi, der tot war und doch lebte. J. Harris, PMLA 64, p. 1149 interpretiert deshalb die Stelle: "we cannot fail to feel the appropriateness of having the symbol of the Redeemer accompanying Yvain on his journey of redemption."

v. 3924: Diese Aussage kontrastiert Iweins Begegnung mit der Quelle auf der *aventiuren*-Fahrt mit seinem ersten Quellenabenteuer. Vgl. Anm. zu v. 242.

v. 3940 ff.: Guyer, Rom. Rev. 12, p. 117 weist auf die Ähnlichkeit der Motive in der Geschichte von Pyramus und Thisbe hin: Vermeintlicher Tod, Selbstmord, Unterhaltung durch einen Spalt (mit Lunete in der Kapelle). Der Hinweis wird wiederholt bei Frappier, Yvain, p. 37.

v. 3944: Lachmann konjiziert *vür sich*. Die Hss. überliefern *vol sich, wol sich* o. ä. „die fast einstimmige überlieferung macht die annahme notwendig, dass hier *genîgen* reflexiv mit *sich* verbunden ist ... ich möchte *vallendsiech* oder *valsiech* als grundlage der verderbnisse betrachten, sodass zu lesen wäre, und als er *vallendsiech geneic* ... für Lachmanns konjektur fehlt die grundlage in den hss". Henrici zu v. 3944, p. 464. Vgl. auch Bech zu v. 3944, p. 141 und Lachmann zu v. 3944, p. 464.

v. 3947: Der Halsberg ist der Ringpanzer, der den ganzen Oberkörper umschließt. Beschreibung bei Alwin Schultz, Höfisches Leben II, p. 42.

v. 3950—3951: Lachmann nimmt mit D Apokoinou an und läßt *er* v. 3951 fort.

v. 3966: Der Sinn dieser Stelle ist nicht eindeutig. Heißt das: ‚Wäre sonst noch jemand schuld, so wollte ich ihn gleich umbringen' oder: ‚Jeder andere wäre an solcher Schuld zugrunde gegangen'?

* **v. 3989:** *erbe,* das Lachmann einsetzt, überliefern nur Bbrc. Die andern Hss. haben *ere,* das Henricii zu v. 3989, p. 465, für das seltene Wort *ere* = ‚Acker', ‚Besitz' hält. Paul, Beitr. I, p. 389 und Bech zu v. 3989, p. 142 lesen *ére.*

* **v. 4011 ff.:** Zur Interpretation dieser Episode vgl. Paul Salmon, Beitr. (Tübingen) 82, p. 96 f.

v. 4017: Bei Hartmann wie bei Chrestien (v. 3565) ist Lunete eingesperrt in einer Kapelle. „Das Mabinogi hat dafür *llestyr o vaen,* was Loth übersetzt mit *vaisseau de pierre,* Ellis-Lloyd mit *stone prison.* Loth bemerkt dazu Mab. II, p. 196, daß *llestyr* eine Übersetzung sei entweder für *chapele* = *vase* statt *chapel* = Gefängnis oder der frz. Text habe *vaissel* gehabt, das sowohl *vase* wie *cercueil* heißen könne ... In beiden Fällen setzt der keltische Text eine frz. Vorlage voraus." Spaarnay II, p. 45.

Die Kapelle wird gesehen als Symbol Lunetes bei H. Sacker, Germ. Rev. 36, p. 11.

v. 4020: Die *schrunde* ist nach H. B. Willson MLR 57, p. 220 ein typisches Motiv der Mystik (vgl. aber Anm. zu v. 3940).

v. 4025—4027: , unter verweis auf Chrest. v. 3574 [*la plus dolante riens que vive,* — das unseligste Wesen, das je gelebt hat] verteidigen Paul Bech die lesart B *daz dehein sache von manegem ungemache alsô armiu möhte leben;* das auffällige *sache* erkläre sich aus dem frz. *riens* und habe den anlass zu den änderungen gegeben." Henrici zu v. 4025, p. 466.

v. 4040: Diese Aussage, die ebenso bei Chrestien (v. 3606) steht, ist seltsam, da Frauen grundsätzlich nicht gehenkt wurden. Darüber, ob der Feuertod für Landesverrat keltischer Rechtspraxis entspringt, herrscht bei den Rechtshistorikern keine Einigkeit. Reinhard, Speculum 16, bestreitet, daß die Kelten die Verbrennung als Strafe gekannt hätten. Ehrismann, Beitr. 30, p. 44 weist jedoch auf Orgetorix hin, der als Landesverräter verbrannt wurde (Caesar, *Bell. Gall.* 1, 4), ebenso wie der Spion Procillus von Ariovist zum Verbrennen verurteilt wird (ibid. 1, 53).

R. S. Loomis, Arthurian Tradition, p. 317, glaubt, es handele sich bei dem verbreiteten Motiv der Frau auf dem Scheiterhaufen um eine Erfindung des französischen Artusromans.

W. Nitze, Mod. Phil. 3, p. 275 hält die Verbrennung Lunetens, die ursprünglich eine Sylphe gewesen sei, für eine durch Mißverständnisse entstandene Reminiszenz an einen Volksbrauch: bei Opfern sei die Waldgöttin Diana häufig *in effigie* verbrannt worden.

F. Settegast, ZfrPh 32, p. 420, versucht ein Vorbild dieser Episode in der verleumderischen Verurteilung der byzantinischen Patrizierin Anna Comnena zu sehen.

Lit.: Franzjoseph Pensel, Rechtsgeschichtliches und Rechtssprachliches im epischen Werk Hartmanns von Aue und im Tristan Gottfrieds von Straßburg, Berlin, Humboldt Univ., Diss. Masch. 1961.

H. Euler, Recht und Staat in den Romanen des Crestien von Troyes, Marburg 1906.

v. 4093: Der Sinn der Stelle ist nicht eindeutig: *wer* kann in diesem Zusammenhang heißen:

       1. Verteidigung
       2. Streitmacht
       3. Waffe.

Demnach kann der Vers heißen: 1. ... ohne Gegenwehr zu finden, 2. ... ohne Hilfe einer Streitmacht, 3. ... ohne Waffe.

v. 4111: A. C. L. Brown, PMLA 20, p. 682 vermutet zur Quellengeschichte: "The seneschal had manifestly usurped the place formerly held by Iwain, and before him by Esclados, as possessor of the lady and defender of the Fountain. Naturally therefore by slaying the seneschal, Iwain reconquered his old position beside the fay, and regained admission to the Otherworld Castle."

v. 4141: Weise, Die Sentenz bei Hartmann von Aue, p. 60 verweist auf Iob 5, 2: *Vere stultum interficit iracundia. Fatuus statim indicat iram suam.*

v. 4152: Die Vierzigtagefrist (bei Chrestien v. 3691) ist allgemeiner Rechtsgebrauch. Vgl. Lex Ripuaria (Monumenta, Legum sectio I, Legum Nationum Germanicarum Tomi III pars II) tit. 34: „... *sic dinuo placitus ei concedatur, ut super 14 seu super quadraginta noctes eum repraesentare studeat* ..."

Lex Salica (ed. Karl August Eckhardt, 1953); p. 228: „... *hoc est de illa die in XL noctes in mallobergo iterum ei solem culcaverit et nullatenus voluit legem adimplere.*"

Vgl. weiter Schönbach, Hartmann von Aue, p. 297.

v. 4165: W. Ohly, Die heilsgeschichtliche Struktur, p. 99, zeigt am Beispiel dieser Episode, daß der Nimbus des Artushofes als einer Rechtsinstanz in keinem Verhältnis zu seiner Wirksamkeit steht.

v. 4179: Bei Chrestien hat Lunete den Namen schon viel früher genannt, ohne daß Iwein darauf reagiert hätte. Hartmann baut die Szene um und macht sie dadurch wahrscheinlicher. Vgl. Anm. zu v. 88.

v. 4194: Die Hss. überliefern: *ih lobtin* Acr, *ich gelobet im* J, *ich gelovbet im* Eadfp, *er liepte mir* BDbl. Paul und Bech lesen *ich geloubte im*, was Paul, Beitr. 1, p. 326 übersetzt: „ich verlobte mich mit ihm", was nicht recht begreifbar ist. Lachmann zu v. 4194, p. 471 f. nimmt an: „hier steckt ohne zweifel das seltene *lieben* mit acc. der person."

v. 4208: Die Stelle ist schwer verständlich. Lachmann zu v. 4208, p. 472 übersetzt: „wäre sie ihm aber auch nur gleich an adel, so müste er sich freuen eine so schöne und reiche gemahlin erlangt zu haben". Benecke zu v. 4208, p. 311 paraphrasiert: „... wenn diejenige harmonie der gesinnung zwischen beiden wäre ..."

v. 4215 ff.: Diese Selbstanklagen fehlen bei Chrestien, ebenso das empfindsame Motiv, mit dem Selbstmord vor den Augen der Geliebten zu drohen. Hartmann vergißt, dieses zugefügte Motiv aufzulösen, denn es wird nirgends gesagt, was Iwein von seinem Entschluß wieder abbringt.

Das Schuldbekenntnis v. 4218ff. steht im Gegensatz zu Iweins Aussage v. 5470. Entweder meint also Iwein zwei verschiedene Ebenen der Schuld, hier sein eigentliches Versagen, dort das technische Versehen der Terminversäumnis, oder es geht nicht an, Iweins *aventiuren*-Fahrt als Weg fortschreitender Läuterung mit immer tieferer Einsicht in seine Schuld zu interpretieren.

v. 4251: Diese Zeile wird von Stöckli, Unsere Heimat 1959, p. 5f., als zusätzliches Argument für die Beheimatung Hartmanns in Aue bei Bremgarten benutzt: Er bezieht sie auf den Goldfund bei Ausgrabungen auf der Burg bei Gwinden. Er vermutet, das Gold sei Hartmanns gewesen. Daß die Stelle wahrscheinlich ein Bibelzitat ist, zieht Pater Stöckli nicht in Erwägung:

Prov. 17, 16: *Quid prodest stulto habere divitias* oder Prov. 21, 20 *Thesaurus desideralbilis ... in habitaculo justi: et imprudens homo dissipabit illud.* Da das nicht das einzige Zitat aus den *Proverbia* im *Iwein* wäre, wird es sich nicht, wie Benecke vermutet, um eine „anspielung auf eine damahls allgemein bekannten fabel" handeln (zu v. 4251, p. 312). Der Tugendhafte Schrîber, auf den sich Benecke beruft, wird Hartmann zitieren:

Waz vrümt liehter schîn den blinden
Waz touc tôren golt ze vinden
(Kraus, Liederdichter I, p. 409)

v. 4267: H. B. Willson, MLR 57, p. 221 spielt — unbewußt? (vgl. H. B. W's Rezension dieses Buches JEGPh 1969, p. 740) — auf Hiob 19, 25 an: „Her redeemer lives." Wenn überhaupt eine Bibelstelle, dann kommt vielleicht eher Luc. 2, 29—30 in Frage: *Nunc dimittis servum tuum Domine, secundum verbum tuum in pace: Quia viderunt oculi mei salutare tuum.*

v. 4302: Der Sinn des Verses ist nicht recht klar im Gegensatz zu Chrestien v. 3715:

Jusqu'a tant qu'il l'avra trovee

(Solange bis er sie gefunden hätte.)

v. 4323: Diese Worte werden bei Hartmann öfter von opferwilligen Mädchen gesagt: so von der Jüngeren Gräfin von Schwarzen Dorn v. 7316 und von der Meierstochter v. 926 im *ArmenHeinrich.*

v. 4329: Wohl tatsächlich eine Redensart, die v. 5350 und 6636 wiederholt wird. J. V. Zingerle, Die deutschen Sprichwörter im Mittelalter, Wien 1864, p. 186 u. 192 führt als lateinisches Sprichwort auf: *Duo sunt exercitus uni.*

v. 4349—4350: Henrici übersetzt die Stelle: „es war ihr unangenehm, daß sie ihre achtung vor der welt verlieren und schaden leiden sollte." Henrici zu v. 4349, p. 472 BEJbflp beziehen *vrümekheit* auf Iwein und setzen *durch sîn.*

v. 4363: Die *mange* (Chrest. v. 3777 *mangonel*) ist eine Schleudermaschine von der mittels einer durch eine Winde gespannten Bogensehne und einem Schleuderlöffel große Steine geschleudert werden können. Abbildung der von Violet le Duc rekonstruierten Maschine bei Alwin Schultz, Höfisches Leben II, p. 398.

v. 4368: Die Vorburg ist der Teil der Burg, der hinter den äußeren Befestigungen, aber noch vor der inneren Mauer liegt. Häufig liegen in ihr die Wirtschaftsgebäude, Ställe und Wohnungen für die Dienstleute. Die Zerstörung der Vorburg deutet also auf den wirtschaftlichen Ruin hin, von dem v. 4464 die Rede ist.

v. 4379: Bei Chrestien v. 3789 haben die Knappen Angst vor dem Löwen und bitten Yvain, ihn außerhalb der Burg zu lassen. Hartmann läßt das weg, weil bei ihm stets nur die Bösen und Rechtsbrecher den Löwen, das Rechtssymbol, fürchten.

v. 4395: Die bei Benecke-Müller-Zarncke im Mhd. Wb. nicht verzeichnete Übersetzung ‚sich freundlich erweisen' für *gelouben* hat zuerst Paul, Beitr. I, p. 326 nachgewiesen. Weitere Belege sind aufgeführt bei Bech zu v. 4194, p. 149.

v. 4415: Vielleicht eine Anspielung auf Prov. 14, 13: *Risus dolore miscebitur. Et extrema gaudii luctus occupat.*

v. 4431: Die Überlieferung der Zeile ist verderbt: *die vreuden der man* l, *der vroude der man* z, *div vrovde div* Eb, *chert sich di froude der man* D, *diu vnvreude der man* J, *die vnfrewde, die* c, *vn vnfreuden* *der man* f, *wie luczel man der froiden* p, *also das* r, *do daz selbe* a. *da* EJbclz, *dvo* Ar, *e da* B, fehlt Dadfp, *geschach* E abcr, *phlac* die übrigen. *jach* ist Konjektur Lachmanns.

Henrici liest: *diu vreude der man dâ phlac.*

Bechstein, Germ. 26, p. 389 liest: *diu in ê geschach.*

Lachmann zu v. 4431, p. 476f., bezweifelt, daß Hartmann *phlac | ersach* hatte. „bei der ausgezeichnet schlechten überlieferung dieses gedichtes aber mag ich nicht behaupten, dass ich genau seine worte getroffen habe."

v. 4448: Bech zu v. 4448, p. 158 verweist auf Epist. ad Romanos 12, 15: *Gaudere cum gaudentibus, flere cum flentibus.*

v. 4496: Zenker, Ivainstudien p. 287, vermutet, Chrestien habe bei dem Plan des Riesen, das Mädchen dem Pferdeknecht zu überlassen, an die Tristandichtung gedacht, wo Isolde den Aussätzigen überantwortet wird (Bérol, ed. Muret v. 1155ff.).

v. 4500: Frappier, Yvain p. 56, vermutet, der Name Harpin sei von Chrestien gebildet nach *harpe* = Haken, Kralle.

H. Sacker, Germ. Rev. 36, p. 17f. interpretiert Harpin als Gegenbild Iweins: Beide sind von ihrer Dame verworfen, "Iwein withdrew into himself, the Giant attacked his lady and her family."

Lit.: Arendt, Der Riese in der mittelhochdeutschen Epik, Rostock 1923.

v. 4530ff.: Die Geschichte von der Entführung der Königin, auf die schon Lunete v. 4290ff. angespielt hatte, wird erst hier erzählt, weil sie so gleichsam die Symmetrieachse der *aventiuren*-Kette bildet, vgl. Wapnewski p. 62. Die Episode fehlt bei Chrestien, weil dieser auf die Königinraub-Geschichte am Eingang seines Karrenritterromans verweisend anspielt und die Kenntnis der Geschichte voraussetzt. Hartmann erzählt die Geschichte nicht nach der Fassung in Chrestiens *Lancelet.* Die Quelle, aus der er schöpfte, ist unbekannt. Hartmann läßt an späteren Abschnitten alle Anspielungen Chrestiens aus, die sich auf die Chrestiensche Version der Lancelet-Geschichte beziehen und darum in Hartmanns Text unverständlich sind. Vgl. Anm. zu v. 5678. Für die Frage nach Hartmanns Quelle für diese Episode sh. Rosenhagen, Festgabe für Eduard Sievers, p. 231ff.

R. S. Loomis, Arthurian Tradition, p. 218, glaubt die Quelle für die Entführungsgeschichte in keltischer Mythologie finden zu können: "the abduction of Guenievre by Meleagant goes back to a Welsh seasonal myth, in which Melwas as King of the Summer Country vanquished the King of Winter on May morning, and bore away with him to the end of the world the Giant Ogurvan's daughter [das ist Gwenhwyvar]."

Die Geschichte von der Entführung der Gwenhwyfar durch Melwas wird zum erstenmal überliefert in Caradocs *Vita Gildae* (vor 1136).

Zur Interpretation der Episode in bezug auf den Artuskreis sh. H. Milnes, Germ. Life and Letters 14, p. 246f.: "The exponents of chivalry, represented by their leader, are shown to be highly vulnerable just because of their dependence on a dry formulation without regard to the spirit animating it."

Alle Hss. haben *siben tagen,* Lachmann hat *selben* konjiziert auf Grund der Zweifel Beneckes an der Wahrscheinlichkeit der Zeitangabe: „Lunete die eine frist von sechs wochen hatte (4160), wartete doch wol nicht fünf wochen, ehe sie an Artus hofe hülfe suchte. als sie aber hinkam, war Gawein abwesend." (Benecke zu v. 4530, p. 315). Henrici zu v. 4530, p. 475 widerlegt mit dem Hinweis auf v. 4153 diesen Gedanken und damit die Konjektur: „4163 steht mit dürren worten, dass sie die beiden an allen orten suchte, ehe sie an Artus' hof kam; und dass sie den wol zuerst begehrten Iwein überhaupt nicht an des königs hof finden würde, dürfte sie nach dem vorfall 3117 fg. selber vermutet haben. — also sieben tage, bevor Iwein zu seinem jetzigen wirte kam, war die königin geraubt; am folgenden tage kehrte Gawein heim und machte sich an die verfolgung; dann kam Lunet endlich der bedrängte ritter, welcher erst am tage zuvor auf seine burg zurückgekehrt ist (4734): alles innerhalb einer woche."

v. 4534: Die Tafelrunde wird zum erstenmal erwähnt in Waces *Brut* (ed. J. Arnold, II, v. 9747 bis 9760). Laura H. Loomis MLN 44, 1929, glaubt, es handele sich um eine literarische Reminiszenz an einen runden Marmortisch, der Pilgern in Jerusalem als Abendmahlstisch gezeigt wurde. R. S. Loomis, Arthurian Tradition, p. 62ff. versucht keltische Tradition nachzuweisen (Sammlung von Belegen und Argumenten der Forschung ibid.).

v. 4540: Das Motiv der freien Bitte findet sich in keltischer Erzähltradition, freilich nicht nur iu dieser. Die irische Erzählung der Abenteuer von Cormac enthält eine ähnliche Geschichte (referiert bei R. S. Loomis, Arthurian Tradition, p. 202, weitere Belege ibid.). Dasselbe Motiv der Bitte um die Königin findet sich in Thomas *Tristan*.

v. 4624: Vgl. Anm. zu v. 903.

v. 4657: Mit dieser maßlosen Aussage behauptet Keie von sich, er sei so gut wie zwei, denn nach der Redensart sind *zwene eines her* (v. 4329, 5350, 6636). Vgl. Anm. zu v. 4329.

v. 4671: Die beschämende Niederlage Keies, die nun freilich nicht seine einzige schmähliche Besiegung ist, stammt nach R. S. Loomis, Arthurian Tradition, p. 203f. aus irischer Erzähltradition (Besiegung des Cuchulainn durch Curoi).

Nach Humphrey Milnes, Germ. Life and Letters 14, p. 246, bedeutet die Tatsache, daß Keie aufgehängt wird wie der gemeine Verbrecher, die korrespondierende Strafe für seine vorherige Selbstrühmung. Gleichzeitig aber sei Keies Strafe dialektisch als Kritik am Artuskreis anzusehen: "The figure, who has justly criticized them [die Ritter der Tafelrunde], whose criticisms they have rejected, is here punished drastically before them for the very failing they refuse to recognize in themselves and correct ... If the society of the round table is to maintain its dignity, at least outwardly, the critic must be done away with." —

Hartmann mag bei der Szene an die Absalom-Geschichte gedacht haben: 2. Sam. 18, 9f. *Accidit autem ut occurreret Absalom servis David, sedens mulo: cumque ingressus fuisset mulus subter condensam quercum et magnam, adhaesit caput eius quercui: et illo suspenso inter caelum et terram, mulus, cui insederat, pertransivit. Vidit autem hoc quispiam, et nuntiavit Ioab, dicens: Vidi Absalom pendere de quercu.*

Lit.: Werner Fechter, Absalom als Vergleichs- und Beispielfigur im mhd. Schrifttum, Beitr. (Tübingen) 83, 1961, p. 302—316.

v. 4678ff.: Das dreimalige *doch* ahmt nach Lachmann, zu v. 4679, p. 482, „das höhnende widerholen zweier einander widersprechenden" nach.

v. 4687: Die Zeile könnte sich auch auf das Vorhergehende beziehen: ‚außerdem hatte er es eilig…'

v. 4692: „Nach strenger regel müsste der satz schließen: *den muot in ze loesenne.*" Benecke zu v. 4692, p. 318.

v. 4705: Pliopleherîn, bei Chrestien Bleobleheris, ist ein Ritter der Tafelrunde. Nach R. S. Loomis, Arthurian Tradition, p. 479, handelt es sich um eine Korruption des kelt. Bleddri. Bei Wauchier de Denain (Gauchier de Dourdan), dem Perceval-Fortsetzer und Übersetzer von Heiligen-Viten, ist Blihos Bleheris ein Ritter, der von Gawein besiegt und an Artus Hof geschickt wird. Dort erweist er sich als hervorragender Erzähler. Der Name ist der eines berühmten *conteurs*, über dessen Wirken nichts bekannt ist, der aber in der zeitgenössischen Literatur häufig erwähnt wird: *famosus ille fabulator Bledhericus* (Giraldus von Barri in der *Descriptio Cambriae*, um 1190). Er ist wahrscheinlich identisch mit Breri in Thomas *Tristan* v. 2119.

Der Name Millemargot ist unbekannter Herkunft.

v. 4708: Iders heißt im Mabinogi von Geraint Edeyrn, Sohn von Nudd. Im *Erec* beleidigt sein Zwerg eine der Hofdamen Ginovers.

v. 4775/76: Lachmann hat die Zeilen in der 2. Aufl. gestrichen, da er glaubte, sie fehlten in A und seien „ein unnützer zusatz, der die lebhafte widerholung von *er welle* schwächt" (zu v. 4775, p. 484). Tatsächlich fehlten sie nur in der Lachmann vorliegenden Abschrift der Hs. durch Benecke.

v. 4815f.: Hatto, Festschrift Norman, p. 98, der den Löwen als Symbol Christi auffaßt, bemerkt: "There is a gentle irony here. The lion was also the Lamb, and there is a passage in the Scriptures which links these two symbols of Christ: Apoc. 5, 5: *ecce vicit leo de tribu Juda, radix David, aperire librum et solvere septem signacula eius. Et vidi, et ecce in medio throni et quattuor animalium, et in medio seniorum agnum stantem tamquam occisum.*"

v. 4830: Die Zeitbedrängnis in Beziehung zur früheren Terminversäumnis setzt Wapnewski, p. 66.

v. 4873: Bech, zu v. 4873, p. 172, übersetzt *gâch geteiltes spil* als „unvorhergesehene Wahl." Sh. auch Benecke zu v. 4630, p. 317.

v. 4879: „79—81 sind nach Benecke hauptsatz, Lachmann bedingungssatz, als wenn *ob ich ir beider möhte* dastände, Bech ebenso *möht ich ir beider* mit Dcr, Paul abhängig vom vorhergehenden Satze wie BEJ *ichn mohte ir beider.* nach allen vier auffassungen kommt derselbe gedanke heraus: ‚ob ich nun beides tue, oder beides lasse oder eins tue (oder lasse) — in jedem falle tue ich nicht das rechte.‘ das ist offenbar unsinn, denn wenn er beides täte, hätte er ja, was er wünscht... — die zeilen mit *ode* sind eine zweifelnde doppelfrage mit zu ergänzendem verbum finitum. der gedanke 79—83 ist: ich möchte beides tun — so wäre meine sorge gering (82). oder soll ich beides unterlassen, — oder eins — *sus* (so aber) weiss ich nicht, was ich anfangen soll." Henrici zu v. 4879, p. 478. —

Die Zeilen fügen sich auch ohne Negation einfach und logisch, wenn man hinter v. 4878 Punkt setzt und *möhte* (v. 4879) übersetzt mit ‚stünde es in meiner Macht‘. Problematisch bleibt freilich die Wortstellung in v. 4879. Nur Dcrpf haben *möhte ich.* v. 4882 wäre dann Nebensatz zum Vorhergehenden.

v. 4905: Lachmann setzt *swesterkint* nur mit a um den Zusammenhang der folgenden abhängigen Sätze zu vereinfachen. Vgl. Lachmann zu v. 4905, p. 486, dagegen Paul, Beitr. I, p. 344ff.

v. 4924: Die Hss. BEAJdzbr überliefern *twerh, getwerh* o. ä. Lachmann entscheidet sich für das seltene *warc*, weil Ad maskulinum haben. Chrest. 4103 ... *et un nains* ... (und ein Zwerg) spricht gegen die Konjektur, ebenso v. 5118. (Vgl. Benecke zu v. 4924, p. 328.)

v. 4955: Die drastische Ausmalung des der Tochter zugedachten Schicksals bei Chrestien (v. 4116ff.) die der Riese seinen tausend Knechten ausliefern will, läßt Hartmann weg.

v. 4960—63: Durch das Vertrauen auf den Sieg für das *reht* und gegen die *hôhvart* wird die *aventiure* in ausdrücklichen Gegensatz zum Quellenabenteuer gestellt, das aus *hôhvart* gegen *reht* aufgesucht wurde. Vgl. v. 715 und Anm. zu v. 712.

v. 5025: Die Lanze wird unter den Arm geschlagen und gegen die Brust gestemmt. Manche Rüstungen haben zu diesem Zwecke an der rechten Brustseite einen Auflagehaken.

v. 5045: Die Wunde ist nach Chrestien v. 4215 in der Wange, von der Yvain *une charbonee*, einen Rostbraten, abgehauen hat.

v. 5058: Paul und Bech lesen mit Adprz *wante die ruote.* Lachmann liest *wancte* mit Bb. „ruote muss nominativ sein, denn das wort wird z. 4925 und im *Erec* 5395 schwach decliniert." Lachmann zu v. 5058, p. 489. Sh. Wolff zu v. 5858.

v. 5073: Es könnte auch bedeuten: ‚er fiel von der ihm zugefügten Verletzung (Pein, Todesschmerz etc.)‘.

v. 5150: Vgl. Anm. zu v. 4040. "The timely rescue of a woman from the stake, then, seems to have been a lieu commun of mediaeval fiction and though it appears first in *Yvain*, there is no reason to suppose that is was a Celtic theme." R. S. Loomis Arthurian Tradition, p. 318.

v. 5155: Die *hurt* ist ein Weidengeflecht. Der Verurteilte wurde daraufgelegt und das Feuer darunter angezündet. Wenn das Geflecht durchbrannte, stürzte er in die Feuergrube. Vgl. Alwin Schultz, Höfisches Leben II, p. 183.

v. 5209: Bei Chrestien trauern die liebenden Freundinnen, weil

Par son consoil nos revestoit
Ma dame de ses robes veires   Chrest. v. 4366

(Auf ihren Rat hin überließ uns Madame ihre pelzgefütterten Kleider.)

v. 5274f.: Wie v. 3363 werden diese Worte von H. B. Willson, MLR 57, p. 222 als offenbare Trinitätsanspielung gedeutet.

v. 5312: *puneiz*, afrz. *poigneis*, ist einer der fünf Turnierstiche, die Wolfram im *Parzival* 812, 9ff. nennt. Das Wort bezeichnet offenbar das frontale Anrennen. San Marte, Parzivalstudien III, 59 versucht den Begriff eingehend zu erklären.

Lit.: Felix Niedner, Das deutsche Turnier im 12. und 13. Jh., Berlin 1881.

v. 5388: Ich fasse die Zeile auf wie v. 2050. Oder heißt das: ‚davon verging ihre Not = damit hatte ihre Not ein Ende‘?

217

v. 5429: Chrestien v. 4572 spricht von diesem Brauch als von geltendem Recht:

Car ce est reisons de justise

(Denn das ist Rechtsbrauch); Hartmann sagt, es sei *ze den ziten* Brauch gewesen. Tatsächlich findet sich nirgends im deutschen Recht die Bestimmung, daß der falsche Ankläger die dem Angeklagten zugedachte Strafe zu erleiden hat. Grimm, Rechtsalterthümer II, p. 592 führt als einzigen Beleg für einen solchen Rechtsbrauch diese Iweinstelle an.

Guyer, Rom. Rev. 12, p. 110, glaubt, es handele sich um eine Reminiszenz an Perillus, der in seinem eignen Marterwerkzeug umkam:

Ovid, *ars amatoria* I, 653

Et Phalaris tauro violenti membra Perilli
Torruit. infelix inbuit auctor opus.
Iustus uterque fuit. neque enim lex aequior ulla est,
Quam necis artifices arte perire sua.

v. 5452: Im Mabinogi findet die Aussöhnung Oweins mit seiner Frau unmittelbar nach der Befreiung Luneds statt, es folgt als angehängtes Abenteuer nur noch die Geschichte von der Burg des ‚Schwarzen Unterdrückers', bei Hartmann die Burg zum Schlimmen Abenteuer. Zenker, Ivainstudien, p. 321, ist der Auffassung: „Diese Version muß die ursprüngliche gewesen sein, sie wird durch die Logik der Erzählung gefordert. Chrétien hat sie offenbar abgeändert, um die Geschichte zu strecken." Vgl. auch Zenker, p. 287 ff. —

BJafl überliefern nur *alsô.* Henrici, zu v. 5452, p. 485, vermutet ursprüngliches *alsolihe.*

Da *wip und man* als Subjekt ein Prädikat im Sing. regieren kann, könnte sich *schiet* auch auf *wip und man* beziehen.

v. 5457: Die Zeile bezieht sich auf v. 2990ff.

v. 5459 ff.: W. Ohly, Die heilsgeschichtliche Struktur, p. 118, charakterisiert die Laudine-Gestalt in dieser Szene: Sie erkennt Iwein nicht, weil sie ihn nur um seiner gesellschaftlichen Funktion willen geschätzt hat.

v. 5486: Benecke, zu v. 5486, p. 326, verkennt die traurige Ironie in Iweins Worten und bezieht sie auf Lunete. Oder heißen die Verse: . . . den sage ich niemandem, bei Gott. Nur dieser allein weiß . . . ? Sh. die folgende Anm.

v. 5490: Die Hss. überliefern: *nein* ADJdlrz. *ja* BEabf. Paul Beitr. I, p. 334 weist auf die Bejahung der Frage bei Chrestien hin (v. 4606 *Oil, voir, dame!*) und hält *jâ* für das echte: „da im übrigen beide an dieser stelle, namentlich in der frage der Lunete [Paul, meint wohl Laudine] so genau stimmen, so darf man nicht annehmen . . . daß Hartmann hier den sinn geradezu umgekehrt hat." Wie aber schon Lachmann bemerkt, bezieht sich Chrestiens Bejahung nicht auf den Kummer, sondern auf *acheison* und *fortet* (Schuld und Vergehen, v. 4602). „Hartmann meint, wenn ich nicht irre, 5486 und 5489, nur Iwein selbst und Laudine wissen um seinen kummer: denn Lunetens mitwissenschaft zu hilfe zu ziehen verschmäht Iwein jetzt." Lachmann zu v. 5490, p. 498.

* **v. 5502:** Die Zeile wird von Stöckli, Nennt sich der Dichter . . . p. 11, als Selbstzeugnis angesehen: Hartmanns Wappen sei ein Löwe gewesen. Die Aussage

Ja del Chevalier au Lion
N'orrois parler se de moi non

(Wenn Ihr vom Ritter mit dem Löwen hört, handelt es sich um meinen Namen) steht jedoch schon bei Chrestien v. 4613—14.

v. 5521—23: „Hartmann läßt . . . erkennen, daß Iwein äußerlich, als Ritter, zwar gereift ist, innerlich aber seine Tat noch nicht ganz gebüßt hat." Sparnaay II, p. 50 f.

v. 5522: Lachmann konjiziert *kan.* BDJbl überliefern *schinet an,* die übrigen *gesehen han.*

v. 5558: Benecke zu v. 5558, p. 327 übersetzt: „alles was seine traurige lage beträfe, in ordnung brächte."

v. 5625: Lachmann zu v. 5624, p. 501f. zur Zeitangabe: Als das Mädchen Iwein „findet, ist von den bestimmten sechs wochen eine halbe verstrichen 6027. für die zeitbestimmungen ist Hartmann verantwortlich, der darin den schwer zu vereinigenden angaben Chrestiens nicht gefolgt ist. bis an den siebenten tag verweilt Iwein nach der erlegung der beiden riesen 6845. in den übrigen fünftehalb wochen bringt er zunächst die gefangenen frauen *an ir gewarheit* 6857; das heißt, wenn der dichter sich bei der berechnung nicht versehen hat, in ihre entfernte heimat 6327: denn ohne einen aufenthalt von etwa vier wochen ist nicht zu begreifen wie er zu demselben wege den die suchenden jungfrauen, deren eine noch dazu erkrankt, ohne zweifel mit umschweifen in einer halben woche zurücklegen, so lange zeit brauchen sollte dass er nur eben zur bestimmten frist 6880 ankommt." Vgl. dagegen Anm. zu v. 5744.

Vgl. Anm. zu v. 7162.

v. 5629 ff.: R. S. Loomis, Arthurian Tradition, p. 319, vermutet, die Geschichte von der enterbten Schwester, die im Mabinogi fehlt, sei originale Erfindung Chrestiens.

v. 5638: Die Frage des Erbganges (Vorrecht der älteren Schwester) scheint im Mittelalter nicht eindeutig geregelt zu sein. Im allgemeinen ist aber gleiche Teilung unter alle Kinder üblich, insofern ist die ältere Schwester im Unrecht. Vgl. Grimm, Rechtsalterthümer I, p. 642ff.

v. 5647—48: „Ein Erbstreit um ‚Land und Leute‘ (7715) kann vor ein Kampfgericht gezogen werden. Der Handel gehört zu den kampfwürdigen Gegenständen, wahrscheinlich deshalb, weil im Vorenthalten der Erbschaft zugleich eine Ehrverletzung lag." H. Fehr, Festschrift für Ernst Mayer, p. 100.

v. 5678 ff.: Hartmann läßt an dieser Stelle eine dem deutschen Publikum unverständliche Anspielung Chrestiens auf seine Königin-Raub-Geschichte am Anfang des Karrenritterromans weg:

> *S'avoit tierz jors que la reine*
> *Estoit de la prison venue*
> *Ou Meleaganz l'ot tenue*
> *Et trestuit li autre prison*
> *Et Lanzelot par traïson*
> *Estoit remez dedanz la tor*

(Chrest. v. 4740ff., Es war drei Tage her, daß die Königin aus der Gefangenschaft zurückgekehrt war, in der Meleagant sie gehalten hatte und auch alle andern Gefangenen. Lancelot aber war durch Verrat im Turm eingeschlossen geblieben.)

v. 5680: Erste Namensnennung des Entführers (wie bei Chrestien v. 4742). In Chrestiens *Chevalier de la Charette* wird Meleagant, Sohn des Baudemaguz, ebenfalls genannt. Der Name kommt wahrscheinlich aus dem kelt. Melwas (wohl eine Zusammensetzung aus *mael*, ‚Prinz‘, und *gwas*, ‚Jugend‘), deformiert unter dem Einfluß des Namens Meleager.

v. 5744: Zur Zeitangabe sh. Henrici, zu v. 4744, p. 487f.: „dass hier vierzig und nicht vierzehn (Paul Bech [mit DEbcdz]) das richtige sei, geht aus 5756 und 6027 hervor, an welchen stellen derselbe zeitraum ungenau mit sechs oder sechsthalb wochen bezeichnet wird: diese frist war allgemeiner satz im alten recht [vgl. Anm. zu v. 4152] und noch in später zeit üblich ... auch die berufung auf die frz. quelle ist hinfällig: nur Hollands Cangé hat 4803 (4795) die zahl XIIII, alle andern *quarante*, ... dass Hartmann 6027 mit sechsthalb wochen die ganze frist, welche Artus festsetzte, nicht etwa den rest von der begegnung Iweins mit der botin an bezeichnet, ergibt der zusammenhang: die hss. schwanken zwischen 6 und 5½, beweisen also, dass die alten schreiber es ebenso verstanden und denselben zeitraum wie 5756 bezeichnen wollten; hier hat nur D sechsthalbe. damit fällt die oft (Paul s. 393) nachgesprochene behauptung, dass Hartmanns rechnung verwirrt sei oder dass der dichter über die berechnung den leser absichtlich täuschen wollte (Lachmann zu 6820). danach ist auch, was Lachmann zu 5624 sagt, zu berichtigen: während Iwein krank lag, starb der graf (5625), zogen die beiden schwestern an den hof des Artus, machte sich die jüngere auf den weg, um den Löwenritter zu suchen (5760), und schickte die botin aus (5773), welche am zweiten tage ihre umfahrt den gesuchten findet, der grade an diesem tage nach vierzehntägigem krankenlager (5621) seine herberge verlassen hat (5952). auf diese vorfälle kommen zwei wochen. auf dem bösen schlosse verbringt er die dritte woche (6845); danach begleitet er die erlösten frauen *an ir gewarheit*, also in ihre (6327) entfernte heimat; auf diese reise sind höchstens zwei wochen zu rechnen, denn er holt nun erst die botin ab, dann die junge gräfin und kommt grade zur rechten zeit (6878—80) an den hof des Artus. — wenn der dichter 6820 *in disen tagen* sagt und vier wochen meint, so ist die zeitangabe offenbar gewählt, um die ablehnung der anträge des wirtes genügend zu begründen: wer nach vier wochen mit der wahrscheinlichkeit des todes zu rechnen hat, darf nicht heiraten." Vgl. Anm. zu 5625, und zu v. 4152.

v. 5775—6041: Zur Komposition dieses Abschnittes sh. Schönbach, Hartmann v. Aue, p. 428.

v. 5791: Bech, zu v. 5791, p. 202, möchte statt *wec walt* setzen. Der Sinn der Stelle ist aber eindeutig nach Chrestien v. 4847 ff.:

> *Et li chemins estoit si maus*
> *Que sovant estoit ses chevaus*
> *Jusque pres des çangles an tai*

(Der Weg war so schlecht, daß oft ihr Pferd fast bis zum Sattelgurt im Schmutz stak.)

v. 5794 ff.: Daß die Wächter auch ohne konkreten Anlaß in der Nacht blasen, bezeugen auch andere Dichtungen. Vgl. u. a. *Roman de la Rose* (ed. Francisque Michel, Paris 1864) v. 1502 ff.:

> *Quant il seet*
> *Qu'il doit par nuit faire le guet,*
> *Il monte le soir as creniaus*
> *Et atrempe ses chalemiaus*
> *Et ses buisines et ses cors*
> *Une hore dit lés et descors*

(Als er erfuhr, daß er in der Nacht Wache halten sollte, steigt er auf die Zinnen. Er stimmt seine Schalmeien, Trompeten und Hörner. Eine Stunde lang singt er Lais und Lieder.)

v. 5802 f.: Schönbach, Hartmann von Aue, p. 209 verweist auf folgende Bibelstellen:
Matth. 7, 13 f.: *spatiosa via est quae ducit ad perditionem arcta quae ducit ad vitam* und Prov. 14, 12: *est via, quae videtur homini justa; novissima eius deducunt ad mortem.*

v. 5837: Vgl. Anm. zu v. 357.

v. 6001: Diese Aussage über das Rittertum interpretiert W. Ohly, Die heilsgeschichtliche Struktur, p. 119, als Gegenstück zur *aventiuren*-Bestimmung Kalogreants. Ähnlich argumentiert H. Sacker, Germ. Rev. 36, p. 21: "This philosophy transcends both that of Kalogreant who sought profit at others' expense, and that of the wild herdsman, who expressed a passive friendliness to those who did not harm him."

v. 6025: vgl. Anm. zu v. 4152.

v. 6027: Zur Zeitangabe vgl. Anm. zu v. 5621.

v. 6042: *êhaftiu nôt*, vgl. Anm. zu v. 2933.

v. 6065: Der „alte Spruch" steht Prov. 13, 17: *Nuntius impii cadet in malum; legatus autem fidelis, sanitas;*
und negativ gewendet auch Prov. 26, 6: *Claudus pedibus et iniquitatem bibens, qui mittit verba per nuntium stultum.*

v. 6086: Ein *market* ist eine Ansiedlung mit Privilegien, die im wesentlichen in der Zusage des Schutzes des Königs oder später auch eines anderen Feudalherrn bestehen, daher auch meist in der Nähe einer Burg gelegen.
Lit.: Max Pfütze, ‚Burg' und ‚Stadt' in der deutschen Literatur des Mittelalters, Beitr. (Halle) 80, 1958.

v. 6123: *herkomen man*, ‚Landfremder', ist ein juristischer Terminus, vgl. Grimm, Rechtsalterthümer I, p. 7.

v. 6127: Benecke zu v. 6127, p. 331 bezieht *vür die* auf *stat:* „über die hinaus seine strasse ihn führte."

v. 6166: „Mit Ehrismann und Foerster halte ich *Pesme Avanture* ... für eine Umbildung des Hauptabenteuers [Gewinnung der Laudine], wobei *Joie de la Cort* [im *Erec*] eine Art Mittelstellung einnimmt. Daß die auch aus andern Romanen — es sei nun als Menschentribut oder sonstwie — bekannten gefangenen Frauen erst sekundär in die Geschichte aufgenommen wurden, darüber dürfte man sich einig sein. Es sei bloß daran erinnert, daß Chr. diese in seinem *Erec*, also in *Joie de la Cort*, nicht kennt, Hartmann dagegen in der nämlichen Episode wohl ...“ Sparnaay, Zur Sprache und Lit. des Mittelalters (ZfrPh 46), p. 187f.

Frappier, Yvain, p. 54f., sieht die Burg zum Schlimmen Abenteuer als ursprünglichen Bestandteil des keltischen Jenseits. Vgl. Anm. zu v. 6592.

R. S. Loomis, Arthurian Tradition, p. 320ff. vergleicht die Episode mit ähnlichen in Pseudo-Wauchiers *Conte del Gral*, Malorys *Morte Darthur* und im *Vulgate Lancelot*.

v. 6170: Oder: ‚Das hilft Euch aber nichts.‘

v. 6176: Oder: ‚Das machte ihm nichts aus.‘

v. 6187: Nach Frappier, Yvain, p. 60, sind die arbeitenden Frauen ein Bild der sozialen Wirklichkeit zur Zeit Chrestiens, wo Frauen für einen Hungerlohn in Werkstätten oder Fabriken arbeiteten. Solche Werkstätten existierten im 12. Jh. unter seigneuraler Leitung. Die Schloßbediensteten und Frauen der Leibeigenen hatten dort Nadel- und Spinndienste zu leisten. Diese Werkstätten wurden in Frankreich *gynécées* genannt, was eine Association mit der Herkunft der Frauen von *Isle as Pucelles* (Chrest. v. 5257, ‚Jungfraueninsel‘) erlaubt.

Lit.: Henri Pirenne, La Civilisation occidentale au Moyen Age, Paris 1941.

Hall, MLN 56, p. 418—422, versucht nachzuweisen, Chrestien habe hier das Bild christlicher Sklavinnen zeichnen wollen, die in den Seidenfabriken der Moslems arbeiteten.

Lit.: M. F. Richey, Die edeln armen: a Study of Hartmann von Aue, London Mediaeval Studies 39, 1937.

v. 6200: Sticken ist eine hoffähige Beschäftigung. Zu den Frauenarbeiten und ihrer sozialen Wertigkeit sh. A. Schultz, Höfisches Leben I, p. 191ff.

v. 6238: "His [Iweins] unconcern over ridicule whether coming from a servant whose *schalkheit* is reminiscent of but even more marked than Keii's ... contrasts with Iwein's own earlier behavior." H. Sacker, Germ. Rev. 36, p. 23. Die Doppelbedeutung von mhd. *schalclich* ‚nach Art eines Knechtes‘ und ‚boshaft‘, mit der Hartmann spielt, ist nhd. nicht wiederzugeben.

v. 6286: Lit.: Werner Schröder, Armuot, DVjS 34, 1960.

v. 6295: Klagen über das Reden der Frauen liebt Hartmann: vgl. Vv. 1863ff., 7674ff., *Greg.* 1427ff.

v. 6320: C. B. Lewis, Classical Mythology, p. 174f., leitet das Motiv der Tributzahlung her von der Tributverpflichtung der Athener, die sieben Jungfrauen und Jünglinge an Minos ausliefern mußten. Foerster verweist auf den Morholt-Tribut im *Tristan*.

v. 6326. Bei dem Namen (Chrest. v. 5257 *Isle as pucelles*) handelt es sich vielleicht um eine Reminiszenz an die Bezeichnung *Castellum Puellarum* (bei Galfred) bzw. *Chastel des Pucelles* (bei Wace) für die Stadt Edinburgh.

v. 6339: Chrestien erklärt, es handele sich um Teufelssöhne, da sie

de fame et de netun furent

(Chrest. v. 5273, von Menschenfrau und Kobold abstammten.)

v. 6398—6399: Das *pfunt* bezeichnet ein gewisses Geldmaß. (Chrest. v. 5308: *quatre deniers de la livre*). Von dem „heutzutagigen kupfernen ... Pfennig ist wohl zu unterscheiden der ältere ... silberne Pfennig, wovon man 12 Stücke unter dem Namen eines kurzen, 30 Stücke unter dem eines langen Schillings, 240 Stücke aber unter dem eines Pfundes zusammenfaßte ... Es hatte ... unter den Carolingen und auf der Münzstätte zu Cöln bis ins 14., auf der von Regenspurg bis ins 11. Jahrhundert der Denarius bonus [= *deniers* = Pfennig] ... das Gewicht eines Zehntel Lothes an feinem Silber“. J. Andreas Schmeller, Bayerisches Wörterbuch, Stuttg. 1827ff. I, p. 428. „30 dn. [Denarii] machen ain schilling, 8 schilling machen ain pfund, 240 dn. machen auch ain pfund“ Monumenta

Boica V, p. 344 cit. nach Schmeller o. c. I, p. 434. Das älteste bekannte Loth-Maß aus dem 16. Jh. entspricht 14,1 g, danach hätte also ein Pfennig den Wert von etwa 1,4 g Feinsilber. Wenn die Damen vier Pfennig vom Pfund bekommen, hätten sie also von einem Verdienst von 336 g Silber 5,6 g abbekommen.

v. 6436: "The *boumgarten*, we note, is a virtual Garden of Eden." H. B. Willson, MLR 57, p. 222.

v. 6443 ff.: Die Anspielung ist ein Zusatz Hartmanns. „Auf welches Gedicht Hartmann hier . . . deutet, weiß ich nicht." Lachmann zu v. 6443, p. 516. Lachmann a. a. O. knüpft an diese Stelle Erörterungen über Hartmanns Kenntnisse der lateinischen, französischen und deutschen Literatur. Die Stelle scheint, wie schon Lachmann vermutet, auf den *Homerus latinus* zu weisen (Ilias 14, 152—353), denn sonst wird die Hochzeit Jupiters mit Juno in uns und dem Mittelalter bekannten Werken kaum erwähnt.

v. 6455: Die Kunst des Lesens bzw. Vorlesens ist bei den Damen in der höfischen Literatur sehr verbreitet. Für Nachweise anderer Vorleseszenen sh. Alwin Schultz, Höfisches Leben I, p. 160. Frappier, Yvain, p. 59 glaubt, es handele sich um eine Genreszene aus dem täglichen Leben Chrestiens. Jüngere Generation, des Lesens kundig, und ältere, des Lesens unkundig, sollten kontrastiert werden. Die Szene deute auf die Rolle hin, die der Roman im täglichen Leben zu spielen beginne.

v. 6463: Weise, Die Sentenz, p. 74, verweist auf Prov. 11, 16; 12, 4; 31, 10.

v. 6486: Die Hss. haben:

Der waz vil gar an wandel daz vnder waz do harmein f. *Der was gut one wandel das ingefilde was hermlein* c. *daz vnder* E, *daz* (*z* in *r* verändert oder umgekehrt) *vnder* B, *das darunder* b, *das immer vel*, r, *das furred* l, *div vedere* J, *dar undir* Aadpz, *darunter* D, weggeschnitten O.

„die einfache Lesart *dar under* wird durch das schwanken der hss. verdächtig; die änderungen in Jclr sowie die erweiterung in f lassen aber vermuten, dass *furrier* oder *underfurrier*, futter, im texte stand." Henrici zu v. 6484, p. 497.

v. 6490: Sparnaay, Zur Sprache und Literatur des Mittelalters, p. 171 f. (ZfrPh 46) identifiziert die Episode quellengeschichtlich mit Kalogreants Aufenthalt beim gastfreundlichen Burgherrn, worauf viele Ähnlichkeiten der Handlung deuten.

v. 6497—6498: Die Überlieferung der beiden Zeilen ist verderbt: weggeschnitten O, *er iach* B, *si was* D, *an* fehlt d, *chinden* Dd, *er sprach daz man an kinde* (o. ä.) die übrigen. Lachmann setzt *waene*.

v. 6500 ff.: Die Anspielung ist eine Zutat Hartmanns. H. B. Willson, MLR 57, p. 222, glaubt, die Stelle beziehe sich auf Auflehnung und Fall Luzifers. Schönbach, Hartmann von Aue, p. 42, verweist auf Honorius Augustodunensis *Elucidar.* Lib. 2 cap. 28, de angelis custodibus, Migne 172, 1154: *cum opus fuerit in auxilium veniunt, maxime cum precibus fuerint invitati: non est enim mora veniendi, cum in momento de coelo ad terras et iterum ad coelum relabi possint.*

Am ehesten scheint mir die Stelle auf Genesis 6, 2 ff. zu deuten: *videntes filii Dei filias hominum quod essent pulchrae, acceperunt sibi uxores ex omnibus, quas elegerant . . . Gigantes autem erant super terram in diebus illis: postquam enim ingressi sunt filii Dei ad filias hominum, illaeque genuerunt . . .*

v. 6501: Die Szene ist gegenüber Chrestien stark geändert. Dort hat Yvain die ungerührte *staete* des vollkommenen Ritters. Dadurch, daß Hartmann Iwein beeindruckt sein läßt, bekommt die Szene den Charakter echter Versuchung, ihr Bestehen ist wahre Bewährung.

Ebenso fehlt bei Chrestien die Bewährungsprobe mit dem ihn begleitenden Fräulein (v. 6574 ff.).

v. 6559: Vergleich der Schloßfräulein-Episode mit Chrestien (v. 5400 f.) (keusches Beilager? So Sparnaay ZfrPh 46, p. 540 f.) bei v. Stockum, Hartmanns Iwein, p. 25 f.

v. 6575: Lachmann schiebt *iemer* aus metrischen Gründen gegen alle Hss. ein. Vgl. Lachmann zu v. 6575, p. 522 und Wolff zu v. 6575.

v. 6587: Es handelt sich wohl um eine Votiv-Messe *de spiritu sanctu*, wie sie das Missale für besondere Gelegenheiten vorsieht. Im Mittelalter war sie vor Zweikampf oder Schlacht üblich. (Vgl. *Turnier von Nantes* v. 253, *Partonop.* v. 14044, *Lanzelet* v. 3094.)

v. 6592 f.: Frappier, Yvain p. 55, sieht in der aufgezwungenen Gastfreundschaft ein Motiv aus keltischen Jenseitserzählungen: der Eindringling kann aus dem Jenseits nur durch Erfüllung bestimmter Bedingungen zurückkehren.

v. 6611: Die Hss. überliefern: *unuirwnden* A, *unverwundet* z, *unvberwunden* Jblp, *niht vberwunden* BDEadfr, *vberwunden* c. Lachmann liest *unerwunden*.

Henrici liest *unverwunden* (von *verwinden*, besiegen), Paul und Bech lesen: *unz si niht überwunden sint.*

v. 6620 ff.: Iweins "disinclination for adventure, together with his acceptance of and succes in it when it cannot be avoided, distinguishes him further not only from Arthurian figures but also from the lord of *der jungfvrouwen wert* who, like Kalogreant [und wie früher Iwein selbst!] was inspired by an immature longing for adventures beyond his capacity." H. Sacker, Germ. Rev. 36, p. 23.

Bei Chrestien v. 5460 ff. will Iwein tatsächlich nicht kämpfen. Hartmann, der das nicht mit dem Bild seines Helden vereinbaren kann, wendet das Ganze ins Scherzhafte.

v. 6645: Die Hss. überliefern *daz iuch diu wer ner.* Lachmann streicht *wer* um Schlagreim und Wiederholung zu vermeiden und bezieht *diu* auf *wer* in v. 6646. Vgl. Wolff zu v. 6645.

v. 6680: Bei Chrestien v. 5575 werden die Riesen als *li dui champion*, die beiden Gerichtskämpfer, bezeichnet. R. S. Loomis, Arthurian Tradition, p. 324, weist nach, daß die Ausrüstung der Riesen, namentlich ihre Keulen, genau der vorgeschriebenen Bewaffnung für Gerichtskämpfer entspricht. Deshalb sagt Chrestien beim Lunete-Gerichtskampf v. 4519—4520:

> De priiere aï li font
> Les dames qu'autres bastons n'ont

(Die Damen kommen ihm mit Gebet zu Hilfe, weil sie keine andern Keulen haben).

v. 6730: Iwein ist *unervorht*, Chrestiens Yvain ist erhitzt *de honte et de criem* (v. 5588, vor Scham und Furcht).

v. 6793: Die Besiegung der Riesen in bezug auf Iweins Verhältnis zu Laudine ("overcoming the temptation to leave his wife in this [single] state") interpretiert H. Sacker, Germ. Rev. 36, p. 24.

v. 6820: Vgl. Anm. zu v. 5744.

v. 6833: Bei Chrestien v. 5753—5754 will Yvain versprechen und schwören, zurückzukommen und die Tochter zu heiraten, was Hartmann mit gutem Grunde streicht.

v. 6845: Zur Zeitangabe sh. Anm. zu v. 5625.

v. 6846: Bei Chrestien v. 5775 f. übergibt der Burgherr Yvain die Gefangenen erbärmlich wie sie sind, was psychologisch weit folgerichtiger ist. Yvain führt sie auch nicht in Sicherheit, sondern hat es eilig, an den Artushof zu kommen, damit geraten Chrestiens Zeitangaben durcheinander.

v. 6867—6869: H. Sacker, Germ. Rev. 36 p. 20, interpretiert die immer wachsende Zusammengehörigkeit Iweins und des Löwen als Zeichen dafür, daß der Ritter immer mehr seine ‚animalische Natur' akzeptiere, der Endpunkt sei hier erreicht: "The implication is perhaps that it is only when the courtly knight totally accepts and loves his animal nature that he is secure."

* v. 6907 ff.: Im Mabinogi findet der analoge Zweikampf zwischen Owein und Gwalchmei unmittelbar nach Oweins Heirat mit der Herrin der Quelle statt. Die größere Wahrscheinlichkeit spricht dafür, daß nicht der kymrische Autor, sondern Chrestien die ursprüngliche Anordnung umgestellt habe, um so eine Klimax zu erreichen. Vgl. Anm. zu v. 2548.

Zenker, Ivainstudien, p. 307 ff. vergleicht die Episode mit dem 7. Buch von Malorys *Morte Darthur* (Geschichte von Gareth und seinem Zweikampf mit seinem Bruder Gawein).

R. S. Loomis, Arthurian Tradition, p. 326 ff., sieht die Quelle des Iwein-Gawein-Kampfes in der Geschichte vom Kampf des Fergus mit Cuchulainn im ‚Cattle Raid of Cooley', der ersten Geschichte des Ulster-Zyklus.

Der Gang des Zweikampfes und Prozesses wird unter juristischen Gesichtspunkten referiert von Hans Fehr, Das Recht im Iwein, Festschr. f. Ernst Mayer, p. 96—101. (Nicht ohne erhebliche Mißverständnisse des mhd. Textes, z. B. zu v. 7121, p. 98, zu v. 7193 ff., p. 103 und zu v. 4547 ff., p. 107 ff.)

Zur Interpretation dieser Stelle und des folgenden Zweikampfes vgl. Wolfgang Harms, Der Kampf mit dem Freund oder Verwandten in der deutschen Literatur bis um 1300, Diss. München 1963 (besonders p. 129 ff.).

H. B. Willson, MLR 57, p. 233f., sieht in dem Zweikampf ein Spiel von *superbia* (ältere Schwester) *compassio* (jüngere Schwester) und *caritas* bis zur *concordia discordantium*.

v. 6987: *rosselouf* ist ein Längenmaß. „auf die frage, wie lang das sey, hat hr.geh.rath. von Meusebach geantwortet ‚ye 16 rossläuff thund ein frantzösische mylen‘, . . . Keisersb. Postill. Strassb. 1522 ander teyl bl. 12. 76. 92. — Stadium ein rosslauf. continet 125 passus. octo stadia faciunt unum miliare. Vocabularius rerum, cap. de itinere." Benecke zu v. 6987, p. 345.

v. 7015ff: H. Sacker, Germ. Rev. 36, p. 22 glaubt die folgenden Exkurse so interpretieren zu können: "The stupidity and tediousness of this pointless and inconclusive duel between friends is expressed appropriately in the longwinded conceits, combining perfection of form with fatuity of content." Nach mittelalterlicher Auffassung dürfte eher das Gegenteil der Fall sein: rhetorische Kunst steht für Kunstfertigkeit des Kampfes.

v. 7055—7058: Der syntaktische Zusammenhang ist nicht klar. „wie Paul [Beitr. 1, p. 394] erörtert, müsste *daz si gevriunt von herzen sint* eigentlich nebensatz sein (mit obgleich); auf jeden fall macht die fast einstimmige überlieferung (A fehlt) wie der gedanke die tilgung von *machet si* unmöglich. — Paul vermutet folgenden zusammenhang: *die unkünde* verhinderte durch das *underbinden*, dass ihre freundschaft zur geltung kam. Bech: *die die* (oder *dâ*) *gevriunt von herzen sint, und machet sî*. — die überlieferung ist offenbar verdorben und nicht nur in bezug auf den zusammenhang, denn auch *gesehenden ougen* ist sehr zweifelhaft: der ganze geläufige . . . ausdruck ist nur schwach bezeugt." Henrici zu v. 7055, p. 504. Vgl. Wolff zu v. 7058.

v. 7066: Benecke zu v. 7066, p. 346 übersetzt den schwer verständlichen Ausdruck: „.Was er wünscht, wird ihm zum fluche." „Diese erste erklärung Beneckes ist noch immer die einfachste." Henrici, Anm. zu v. 7066, p. 505.

v. 7076: Oder: immer wird er Schmerz empfinden, auch im Augenblick des größten Glücks.

v. 7121: Offenbar eine Polemik gegen Chrestien. Bei Chrestien steigt Yvain erst nach der Namensnennung, also nach Ende des Kampfes, vom Pferd (Chrest. v. 6274). Also muß auch der Schwertkampf bei Chrestien zu Pferd stattgefunden haben. Möglicherweise besteht eine Beziehung zu Iweins früherer *zuhtlosigkeit*, als er Ascalon mit dem Schwert zu Pferd verfolgte. (Vgl. Sparnaay II, p. 63f.)

v. 7143ff.: Das Darlehensgleichnis referiert H. Fehr, Festschr. f. Ernst Mayer, p. 102—105. Hartmann spinnt eine Metapher aus, die bei Chrestien v. 6250—6251 und 6258—6261 in der Unterhaltung Iweins mit Gawein nur ganz kurz angespielt wird.

v. 7162: „zur mahnung säumiger schuldner wird der schelter verwendet, häufig ein herumziehender sänger, welcher für lohn auch sonst schmähgedichte macht." Henrici zu v. 7162, p. 505f.

Nach Grimm, Mythologie II, p. 705 (1. Aufl., p. 806) gab es im Mittelalter die Vorstellung, daß der Tod als Gläubiger seinen Anspruch an den Schuldner, den Menschen, gerichtlich geltend macht durch *schelten*.

Lit.: Emil Henrici, Schiltebürger als Name des Todes, ZfdA 25, p. 127. Vgl. auch Grimm, Rechtalterthümer II, p. 161ff.

v. 7190: *übergelt* bedeutet Zinsen. Es stört Hartmann in seinem Vergleich nicht, daß auf die Helden natürlich das kanonische Zinsverbot zutrifft. (Ebenso v. 7168.)

v. 7220: Vgl. *Erec* v. 860—866:

> *er machete in des schiltes bar*
> *und hiu in im von der hant gar:*
> *des im vil lützel der vertruoc*
> *der slac engegen slage sluoc.*
> *sît daz er im entlêch sin guot,*
> *daz galt er als jener tuot*
> *der dâ mère entnemen wil.*

v. 7316: Vgl. Anm. zu v. 4323.

v. 7339: Diese Übersetzung gibt Benecke zu v. 7339, p. 348. Andere Möglichkeit: ‚daß er sie nur ungerne (mit ihrer Rechtssache) abgewiesen hätte.‘

v. 7370: Lachmann, zu v. 7370, 0. 537 f., faßt *verkunde* als Praet. von *verkunnen*, ‚nicht zutrauen‘, auf. Bech und Paul (Beitr. 1, p. 396) leiten es von *verkünden* ab, obwohl es Belege für dieses Wort sonst nicht vor dem 14. Jh. gibt. Wenn die Zeile auf Chrestien v. 6226—6227 beruht, stimmt die letztere Auffassung:

> *Mes ençois que del champ s'an voisent,*
> *Se seront bien antracointé.*

(Doch ehe sie das Feld verlassen, werden sie einander noch erkennen.)

v. 7433: Zur Textkritik und zur Bedeutung von *verdihen* sh. Benecke zu v. 7433, p. 349 und Bech, zu v. 7433, p. 257.

v. 7447: „Iwein hatte (7406) von dreyen gesprochen; der *hövesche* Gawein spricht von zweyen.“ Benecke zu v. 7447, p. 350.

v. 7459—7465: Die Verse stehen in B vor 7455 und fehlen Jbcdfl. H. Schützner, Die Abschrift des Iwein im Ambraser Heldenbuch, Diss. (Masch.) Wien 1930, schließt daraus, es handele sich um eine nachträgliche Ergänzung Hartmanns.

v. 7471: „Die kämpfenden Ritter nennen bis zum Schluß weder ihren Namen noch ihr Geschlecht. Keiner weiß, ob er gegen einen Ebenbürtigen streitet. Und doch war gerade im Zweikampfrecht das Prinzip der Ebenbürtigkeit (Sachsenspiegel I, 51 § 4) auf das Strengste ausgebildet. Dieses Geheimhalten kann dichterische Freiheit sein. Es ist aber auch möglich, daß sich die Ebenbürtigkeitsfrage nur auf die Prozeßparteien selbst bezog. Waren diese gleichen Standes, so fiel der Stand ihrer Kämpfer nicht weiter in Betracht.“ H. Fehr, Festschr. f. Ernst Mayer, p. 101.

v. 7503: Der Kuß ist nicht nur Freundschaftsbezeugung, sondern gehörte zur Form der feierlichen Bestätigung des Friedensschlusses (vgl. *Parzival* 53, 1; 748, 8 f., *Tristan* v. 10667 ff., *Wigalois* v. 7199. Weitere Belege bei P. U. Rosenau, Wehrverfassung, p. 187). Daher das Erstaunen des Publikums.

v. 7688 ff.: H. Milnes meint, nach dem v. 5429 ff. formulierten Gesetz müßte Gawein bestraft werden. "The incompatibility in spirit between the trial as a convention and the outcome in this particular case arises from two strong human attitudes in the writers: they cannot bear the thought of a duel to the death between two fine men, hence the recognition; and they cannot agree, even for the sake of the story, to the savage brutality of conventional combat justice, when sympathetic characters are involved ... The resultant compromise effectively makes the old trial by combat over into a magnificent sporting event by eliminating all of its inhuman implications." H. Milnes, Germ. Life and Letters 14, p. 248. Es ist zu bedenken, daß der Streit ja nicht geschlichtet wird, dadurch, daß Artus einen für besiegt erklärt, sondern durch die erlistete ‚gütliche‘ Einigung. Es gibt also keinen Verlierer, damit ist das juristische Problem umgangen.

v. 7695—7702: Die Verse stehen an dieser Stelle in ABDEH, fehlen in cf und sind Jabdlpr hinter v. 7716 gestellt. Wolff schließt, es handele sich um einen Nachtrag Hartmanns. Sh. Wolff zu v. 7695.

v. 7709: Henrici liest mit A: *vorhte und drô*. „der gedanke 06—09 ist: ... bei ihr musste *gewalt oder vorhte* angewendet werden, jetzt hatte sie beides. dichotomie mit chiasmus.“ Henrici zu v. 7709, p. 511.

v. 7716 ff.: „Die besiegte Beklagte gibt ein Urteilserfüllungsversprechen ab. Um dieses Versprechen sicherzustellen, begründet sie eine Haftung. Der König selbst wird zur Haftungsübernahme aufgefordert ... Die gerichtliche Exekution steht offenbar noch auf schwachen Füßen. Um ganz sicher zu gehen, muß zum Urteil eine wirksame Haftung hinzutreten.“ H. Fehr, Festschr. f. Ernst Mayer, p. 101.

v. 7727: Im Augenblick, da das Recht ergangen ist, erscheint der Löwe wieder.

v. 7792—7804: Die Passage enthält einige dunkle Stellen, die auch die Hss. nicht verstanden haben, wie das Schwanken der Lesarten zeigt. Lachmann zu v. 7800, p. 548: „ich erkläre die worte aus der wiederholung 8083, in der die königin leugnet, was Iwein hier von ihr sagt, der brunnen habe ihr so viel noth gemacht, dass sie wol zu gewinnen sein werde.“

Benecke, zu v. 7792 ff., p. 353: „der einzige angemessene und klare sinn, den diese zeilen haben können, ist ohne zweifel folgender. obgleich ich kein anderes mittel finden kann, ihre liebe wieder zu gewinnen als dieses, dass ich durch begiessen des steines mich einer schrecklichen aber doch kurzen noth aussetze, so ist doch der erfolg dieses mittels nichts weniger als gewis; — vielmehr dauert die noth, die auf mir lastet, unvermindert fort, wenn nicht jenes schreckliche ungewitter auch der königin so wehe tut, dass sie dadurch gezwungen wird, mich wieder zu ihrem gemahl und beschützer anzunehmen."

v. 7805: Vgl. Vers 3227.

v. 7849: Oder: ‚Ihr habt sicher Ratgeber.' Dafür spricht Chrest. v. 6580 f.:

Mes vos avrïez grant mestier
De plus resnable conseillier.

(Ihr habt einen klügeren Ratgeber sehr nötig.)

v. 7851: Vgl. Vers 1921/55.

v. 7928: „eben so wie hier, ohne *ich swer* fängt im Schwabenspiegel der judeneid, ohne *nu swer*, mit *daz du* an." Benecke zu v. 7928, p. 353 f.

v. 7929: Der Schwur wurde mit Berührung der *kefse* (*Parzival* 268, 28) abgelegt, d. h. eines Schreins, in dem sich Gebeine eines Heiligen befanden. Der Terminus technicus heißt: *manus super capsam ponere* (*Lex Alamanorum* 6, 7 nach Grimm, Rechtsalterthümer II, p. 546).

v. 7933 ff.: Der übliche Abschluß der Eidesformel. Vgl. etwa den Schluß des Freischöffeneides: „. . . *da im got zu helfe und die heiligen*", (Hahn, collectio monumentorum veterum 2, 653 nach Grimm, Rechtsalterthümer I, p. 74).

v. 8102 f.: Eine Anspielung auf die Worte des heimkehrenden verlorenen Sohnes Luc. 15, 18? *Pater peccavi in coelum et coram te.* Vgl. auch Luc. 17, 4: *Et si septies in die peccaverit in te, et septies in die conversus fuerit ad te, dicens: Poenitet me, dimitte illi.*

v. 8025 ff.: Wiederholt v. 2201 ff.

v. 8036: Eine Interpretation der Schlußepisode, namentlich von Laudines Einsicht in ihre zu große Härte (v. 8121) bei W. Ohly, Die heilsgeschichtliche Struktur, p. 124 f.

* **v. 8065 ff.:** H. B. Willson, MLR 57, p. 225, zeigt das Paradox: ". . . husband and wife are, and are not, husband and wife; challenger and defender are, and are not, one and the same. Nothing could be more typical of the mystical way of thought than this 'similitude in dissimilitude'."

* **v. 8121—8132:** Zwierzina, ZfdA 40, p. 235, hält den nur in Bad überlieferten Passus, für den auch die Entsprechung bei Chrestien fehlt, für unecht, Wolff hält sie für einen späteren Zusatz Hartmanns. Sh. Wolff zu v. 8121.

v. 8126 f.: „Daß Laudine Iwein zu Füßen fällt, verstärkt die Rührung und versteht sich auch aus dem Bedürfnis Hartmanns heraus, die Gestalt der Laudine zu vermenschlichen. Nichtsdestoweniger geht dieser Zug völlig fehl . . . Auf keinen Fall geht es an, von daher eine Schuld Laudines zu postulieren." K. Ruh, Festschrift Henzen, p. 49 f.

„Die Bedeutung dieses Fußfalles ist klar: der Dichter betont, daß die Dame die Tugend des Erbarmens besitzt." Sparnaay II, p. 52.

v. 8136: "His *geselleschaft* with Laudine has been re-established on a new basis, blessed and favoured by God. In the analogical sphere, the order of the story, the *hulde* of Laudine and of courtly society represents the ideal from which he has fallen away, just as in the sphere of Christian reality this ideal is God, for whose *caritas* man displayed a selfish disdain, and yet was, paradoxically, saved from damnation . . . by this same *caritas* . . ." H. B. Willson, MLR 57, p. 226.

v. 8139 ff.: Anspielende Wiederholung von v. 2424 ff.

v. 8148: Aus dem unbestimmten *waenlich* schließt H. Sacker, Germ. Rev. 36, p. 25: "Hartmann is too sophisticated to let the reader assume that there are no further difficulties in store for them . . . The future fate of Iwein and Laudine is thus neatly left undecided."

*
* **v. 8166:** Zur Interpretation der Schlußzeile sh. S. Grosse, Beitr. (Tübingen) 83, p. 151 f. und H. Sacker, Germ. Rev. 36, p. 25.

Mehrere Hss. haben Zusätze. Sie lauten (nach Henrici, p. 386ff.):

in B (Zusatz nach v. 8158):

er londe ir nach frovn saelden bet	Er belohnte Lunete nach dem Gebot der Fortuna.
bvrge lant riche stet	Burgen, Länder und mächtige Städte
machet er ir vndertan	machte er ihr untertan.
vn̄ als ich vernomen han	Und wie ich höre,
si ne wart mit hirat niht betrogen	machte sie eine gute Partie:
eı̂nem rı̂chen herzogen	einem mächtigen Herzog,
schȯnem ivngen manhaft	stattlich, jung, tapfer,
vol chomen gar an riterschaft	ritterlich,
wı̂se vn̄ gewaere	klug und zuverlässig,
milte vn̄ erbaere	freigiebig und edel
dem gab er si ze wibe	gab er sie zur Frau.
von geburt vn̄ an libe	Ihre Abkunft und Person
was si wol in der ahte	machten sie geeignet
daz si mit ȇren mahte	in Ehren
rı̂ches landes frȯwe sin	eines mächtigen Landes Herrin zu sein.
der kvnech vn̄ div kvnegin	Der König und die Königin
heten vberwunden	hatten
an den selben stvnden	jetzt
mit frevden alle ir swaere tage	mit Glück die Unglückszeit beendet,
des ich got noch gnade sage	wofür ich Gott danke,
wan swaz er chvmbers erleı̂t	denn der Kummer, den er erlitten hatte,
die wile er sine frowen meı̂t	während er seiner Herrin fern war,
da mit was ir niht zewol	schmerzte auch sie.
ir lip was herceriwe vol	Sie litt Herzenskummer,
si trvoc der sorgen vberlast	schwer lasteten die Sorgen auf ihr,
so daz ir leı̂des nı̂e gebrast	so daß sie stets Schmerz litt
vnz vf die saeligen zit	bis zu der glücklichen Stunde,
daz gvot gemvete den strit	da Freude
behabte an swaerem mvote	über Leid siegte.
si heten nv mit gvote	Im Reichtum
ir leı̂des vergezzen	dachten sie nicht mehr an ihr Leid
vn̄ frevde besezzen	sondern lebten im Glück.

a setzt am Schluß zu:

Explicit explicuit sprach dy kacze wider den [hunt	Explicit explicuit sagte die Katze zum Hund.
Der diʒz buch geschriben hat	Dem Schreiber dieser Handschrift
dez sell (gest?) werde numer rat	ist nicht mehr zu helfen:
vnd werde kurczlich erhangen	er wird demnächst aufgehängt.

p setzt am Schluß zu:

Hie hat der ritter mit dē lewen eyn ende	Hier endet die Geschichte vom Ritter mit dem Löwen.
Got vns sine gnade sende	Gott schenke uns seine Gnade.

r setzt am Schluß zu:

amen dico nobis	amen dico nobis
got geb vns die ewigen spis	Gott gebe uns die ewige Himmelsnahrung.

15*

227

ir sint des gemant	Denkt daran,
Peter von Vrach ist er genannt	daß er Peter von Urach heißt,
der dis buch hat geschriben	der diese Handschrift geschrieben hat.
allen sinen finden muß er angesigen	Möge er über alle seine Feinde siegen.

in l ist am Schluß (nicht vom Schreiber) eingetragen:

Als man zalt nach Christi gepürt	Im Jahre
der mindern zall finffhundert	1541
darzu ain vnnd viertzig jar	nach Christi Geburt
wurden ausgetragen gar	wurden die
die grenitz vnnd ander streytt	Grenz- und sonstigen Streitigkeiten beigelegt,
die sich hielten lange zeitt	die lange Zeit
zwyschen Aschaw vnnd Kuoffstein	zwischen Aschau und Kuffstein,
bayden herrschaften allein	den beiden Herrschaftsgebieten, bestanden hatten.
der vertragsleut ich ainer was	Ich war einer der Unterhändler,
mit nam doctor Wigelas	namens Doktor Wigelas Hundt,
Hundt zu Kaltenberg bewont	wohnhaft zu Kaltenberg.
mein ross mir da schier vbl lont	Mein Pferd spielte mir übel mit:
am giaid mit mir zeboden fiel	bei der Jagd stürzte es mit mir
das ain bayn gar nach erspiel	und ich verstauchte mir das Bein.
alter weiber glück da was	Alte Weiber brachten es fertig
das ich in dreyen tagn gnas	daß ich in drei Tagen wieder gesund war.
im bet ich zu Aschaw sas	Ich lag zu Aschau im Bett
vnnd her Ybein durchaus las	und las die ganze Geschichte von Herrn Iwein.

f setzt ab v. 8159 zu:

Suss trug des landes chrone	So trug Herr Iwein die Krone des Landes
gewaldichleich vñ schone	in Macht und Pracht
her ybein daz gelaubt fur war	das könnt ihr glauben,
darnach funff vñ czwainczig iar	fünfundzwanzig Jahre lang;
vñ auch dew chuniginne gut	ebenso auch die edle Königin.
die wont in seinem mut	Diese wohnte in seinem Herzen
mit vnuercherter minne	mit unwandelbarer Liebe,
getrew an valschen sinne	treulich ohne Falschheit.
si heten wol paid under in	Sie waren
aynen mut vñ ainen sin	eines Herzens
geleich an den lieben czwain	und eines Sinnes.
ir mut in ainen willen schain	Stets wollten sie dasselbe.
er waz mit salichleicher chrafft	Mit glücklicher Hand
in allen enden sighafft	errang er überall den Sieg.
mit czuchten weis vñ gut	Voller Klugheit und Güte
er neigt seinen hochen mut	neigte er seine edle Gesinnung
nider zu den guten	herab zu den Guten.
ob den hochgemuten	Über alle Edlen
trug er sich vil hoch enpor	ragte er hinaus,
sein lop lieff in allen vor	sein Ruhm übertraf alle.
wen er zu ainem mal an sach	Wenn er einen Unedlen
dem man chainer wirde iach	auch nur einmal ansah,
der waz im vnmar erchant	so erkannte er dessen Niedrigkeit.
an wem er czucht vñ trewe vant	Wer aber anständig und treu war,

den mint er von herczen ye
chainen ungetrewen mint er nye
vñ trug in statleichen hass
dinst er auch nye vergazz
an chainer slachte man
der im dinte der gewan
darnach vñ sein dinst sagt
daz erczaigt er an der werden magt
frawn luneten der er seint
gab eines hochen graffen chint
vñ macht sew gutes also reich
so daz chain graf waz ir geleich
er gewan zu erben auch an dem lant
einen sun der ward nach im genant
der auch in hochen tugenden trat
ganczleich in dez vater phat
Wie her ibein seinen sun mit heirat bestat vñ daz
[lant regiert

Dew awentewer sagt fur war
er gab uber funfcze iar
seinem sun darnach swert
von Arragon herczog Rupert
waz tod als ich vernomen han
vn het erben nicht gelan
wenn ein junchfrewelein
junch vñ schön die scholde sein
erb vber allen den gewalt
den da liezz der furste palt
ich main lant leut vñ gut
die nam der degen hochgemut
do nu der auzerwelde helt
czu allen tugenden auzerwelt
ich main der werde her ybein
in dem hochsten wunsch erschain
so daz im in allen reichen
mit lob chund nyempt geleichen
do gedacht er an sein wirdichait
vñ an dew hoche sälde prait
die er auf der erden hie
von gotes genaden enpfie
vñ began leib vñ gut
czu allen czeiten vñ auch den mut
in gotes namen tailen
vñ im damit vailen
daz immer wernde reich
er stiffte reichleich
spital vñ auch chloster
mit seinem gut lost er
vil geuangen aus panden
in allen seinen landen
benam der werd furste gut
mangem man sein armut

dem war er von Herzen zugetan,
aber niemals einem Unzuverlässigen,
den verabscheute er stets.
Er war jedermann
hilfreich.
Wer ihm diente, wurde belohnt
nach Verdienst (?)
das zeigte er auch bei dem edlen Mädchen:
Frau Lunete gab er
dem Sohn eines mächtigen Grafen
und beschenkte sie so mit Besitztümern,
daß kein Graf ihnen gleichkam.
Er bekam auch einen Erben,
einen Sohn, der wie er genannt wurde,
und der ebenso den Pfad der
Vollkommenheit wandelte wie sein Vater.
Wie Herr Iwein seinen Sohn verheiratet und das
Land regiert,

Die Geschichte erzählt,
daß er nach fünfzehn Jahren
seinem Sohn die Schwertleite gab.
Der Herzog Rupert von Arragon
war gestorben
und hatte keine Erben hinterlassen
außer einer Tochter,
jung und schön,
Erbin der ganzen Herrschaft,
die der edle Herzog hinterlassen hatte,
nämlich Land, Untertanen und Besitz.
Diese heiratete der edle Ritter.
Als nun der edle Held,
der Inbegriff der Vortrefflichkeit,
der edle Herr Iwein nämlich,
auf dem Gipfel des Ruhmes war,
so daß ihm in allen Landen
niemand an Ruhm gleich kam,
da bedachte er die Würde
und das Übermaß an Glück,
die er auf Erden
durch Gottes Gnaden empfangen hatte,
und er teilte
alles was er hatte
in Gottes Namen aus
und erkaufte sich damit
die ewige Seligkeit.
Er stiftete viele
Spitäler und Klöster,
mit seinem Reichtum
kaufte er viele Gefangene los.
In allen seinen Ländern
machte der edle gütige Fürst
viele arme Menschen reich.

er hiez mangen guten weg
prukk vñ notdurfftigen steg
machen durch der leute not
czol vñ vmbgelt er verpot
vñ waz dem lande schaden tut
auf gotes dinst stund sein mut
mit minnichleichem herczen gar
er sach wol vñ nam dez war
dez weder chrafft noch tugnt
schön sterch reichait iugnt
gewalt wicz chrafft noch chunst
der welde lob noch ir gunst
dem grimmen tod etweichen chan
da begund er gedenchen an
vñ warb mit seiner chron
nach ymmer wernden lon
vñ vmb den ewigen leib
er vñ auch sein weib
dew edlew salden reich
lebten salichleich
gar an mizzewent
vncz an irs leibes ent
nach seinen czeiten ward erchoren
als da vor ward gesworen
czu chunig da in dem lant
der sun der nach im waz genant
der auch von seiner chinthait
vast nach hochen eern strait
vñ waz dez leibes vnuerczagt
als vns die awentewer sagt
die allhie hat endes zil
von der ich nicht mer sprechen wil
sic est finis
Dicz puch ist volbracht
dez freitags vor vasnacht
nach christi gepurt tausñt iar
vir hundert funffczechñ wizz fur war
Lazz ander sach guet sein

hab immer dankch schaff daz dein

Er ließ viele gute Straßen,
Brücken und hilfreiche Stege
machen, um dem Volk zu helfen.
Zoll und Steuern verbot er
und was einem Lande sonst noch schadet.
Er war bedacht, Gott zu dienen
mit gläubigem Herzen.
Er war sich wohl bewußt,
daß weder Geschick noch Tüchtigkeit,
Gewalt, Reichtum, Jugend
Macht, Verstand, Geschick, Können,
Ruhm und Liebe der Welt
vor dem bittern Tod Bestand hat.
Daran dachte er
und strebte mit seiner Macht
nach dem unvergänglichen Lohn,
dem ewigen Leben;
er sowohl wie seine Frau
die edle, begnadete,
lebten ein gottseliges Leben
ohne Beirrung
bis zu ihrem Ende.
Nach seinem Ende wurde,
wie man vorher geschworen hatte,
sein Sohn, der seinen Namen trug,
auf den Thron gesetzt.
Dieser hatte ebenfalls von Jugend auf
nach Ansehn gestrebt
und bewies stets Mut,
wie uns die Geschichte erzählt,
die hier endet
und von der ich nichts mehr erzählen will.
sic est finis
Diese Handschrift wurde vollendet
am Freitag vor Fastnacht
im Jahre 1415
nach Christi Geburt, das wisse.
Kümmere dich nicht um andrer Leute
Angelegenheiten,
denk an deine eigenen.

230

Ergänzende Anmerkungen zur 2. und 3. Auflage

Zu S. 160:

*Eine detaillierte stilistische Untersuchung im Vergleich mit Chrestien und mit dem Ziel, Hartmanns Stil als „humoristisch" zu erweisen bei Ursula Kuttner, Das Erzählen des Erzählten.

Zu S. 162:

*Eingehendste neuere Untersuchung der Handschriftenverhältnisse: Lambertus Okken, Ein Beitrag zur Entwirrung einer kontaminierten Manuskripttradition.

vgl. weiter: Iwein, ausgewählte Abbildungen und Materialien zur handschriftlichen Überlieferung, hrsg. von Lambertus Okken, Göppingen 1974.

Erhard Pascher und Hans Grödening, „er sprach so erkennet och mich ich binz iban der arme." Ein neues Iweinfragment.

Eine ausführliche Beschreibung der *Iwein*-Handschriften, ihrer Auftraggeber, Schreiber und Besitzer mit Schlußfolgerungen für die Rezeption des Werkes bei Peter Jörg Becker, Handschriften und Frühdrucke p. 54—77.

Zu S. 171:

***v. 1:** Rolf Endres, Der Prolog von Hartmanns ‚Iwein', DVJS 40, 1966, p. 509—537; insbesondere zur Bedeutung des Begriffes *güete* und zur rhetorischen Analyse des Prologs:

„Wenn wir abschließend das Ergebnis dieser Erörterungen in wenigen Thesen zusammenfassen wollten, müßten sie etwa so lauten:

a) In Hartmanns Begriff der *güete* dringt augustinisches und bernhardisches Gedankengut in die Artuswelt ein. Man kann deshalb nicht von einer reinen ‚Innerweltlichkeit' des ‚Iwein' sprechen.

b) Eine momentane Anlehnung an Autoritäten, sei es der religiösen Literatur oder der Schulrhetorik, beeinflußt Hartmann mehr bei den Änderungen von Chrétiens Text als die Rücksicht auf den Zusammenhang.

c) Die beiden Konzeptionen von *güete* und *ére* laufen in den Eingangszeilen und im ganzen Werk nebeneinander her, ohne je anders als oberflächlich vereinigt zu werden.

d) Das Exempel vom König Artus im Prolog ist ein Versatzstück, das isoliert vor der Erzählung steht."

Gegen Endres' Thesen, insbesondere dessen „theologisches" Verständnis des *Iwein*, polemisiert Bert Nagel, Hartmann „zitiert" Reinmar; Endres erwidert in: Die Bedeutung von *güete*.

Volker Mertens, Imitatio Arthuri, faßt den Begriff der *güete* als „primär ästhetisch" auf. „Im ‚Iwein'-Prolog proklamiert Hartmann erstmals den Primat der ästhetischen Erfahrung — darin mag sich gegenüber der direkteren Didaxe des ‚Erec' Resignation bezüglich der Verwirklichung ritterlicher Ideale in der Realität äußern, sicher jedoch ist er Zeugnis eines gesteigerten literarischen Bewußtseins und einer differenzierteren Einsicht in die Qualität ästhetischer Erfahrung." p. 357.

Hinweise auf Ironie im Prolog findet D. G. Mowatt, Irony in H.'s Iwein.

Weitere Lit. zum Eingangsteil (v. 1—802): Peter Kern, Der Roman und seine Rezeption.

***v. 3:** Lit.: Willy Sanders, Glück; Zur Herkunft und Bedeutungsentwicklung eines mittelalterlichen Schicksalsbegriffs, Niederdt. Studien 13, 1965.

***v. 5:** Lit.: Marie-Louise Sjoestedt, Dieux et Héros des Celtes, Paris 1949. Übers.: Gods and Heroes of the Celts, London 1949.

Weitere Lit.: Karin Renate Gürttler, künec Artus der guote. Dies., König Artus und sein Kreis.

Zu S. 173:

*v. 6: Im Anschluß an die Darstellungen Erich Köhlers und Joachim Bumkes hat die Diskussion um den Begriff des Ritters in der historischen Realität im Vergleich mit der Romanwirklichkeit zunehmend an Umfang und Bedeutung gewonnen. Der bisher einzige, dafür um so entschiedenere Versuch, Hartmanns Artusromane insgesamt als bestimmt vom Interesse der Ministerialen an der Gewinnung eines gesellschaftlichen Selbstverständnisses zu beschreiben, stammt von Gert Kaiser, Textauslegung und Gesellschaftliche Selbstdeutung. „Die Untersuchungen von Hartmanns Artusromanen im Rahmen der sozialen Auseinandersetzung und der Gewinnung eines gesellschaftlichen Selbstverständnisses der deutschen Ministerialität im 12. Jahrhundert haben (hoffentlich) die Affinität von Artusroman und Ministerialität plausibel machen können. Mit der Frage nach einem Verständnis dieser Texte durch eine bestimmte soziale Schicht verband sich die Frage nach der Funktion dieser interesseverhafteten Interpretation im größeren gesellschaftlichen Zusammenhang. Zugleich wurde damit prinzipiell die Polyfunktionalität literarischer Texte und ihrer Interpretationen in unterschiedlichen sozialen Kontexten anerkannt. Wenn man akzeptiert, was wir nachzuweisen suchten: daß nämlich die Ministerialität des 12. Jahrhunderts hinsichtlich ihres spezifischen Eigenverständnisses sich als deutlich abgrenzbare Kommunikationsgemeinschaft darstellt und daß sich diese Besonderung konkretisieren konnte in der Verständigung über den Artusroman — dann leitet sich daraus als notwendiges Desiderat der Forschung ab: eine gleichfalls auf sozialgeschichtlicher Grundlage basierende Verständigungs- und Funktionsanalyse der Artusromane in ‚betroffenen‘ *adligen* Kommunikationsgemeinschaften." (Kaiser p. 123f.).

Lit. zu Rittertum und Ministerialität:

Marc Bloch, La société féodale, Paris 1939, (Neudruck: Paris 1968).

Karl Bosl, Die Reichsministerialität der Salier und Staufer, 2 Bde., Stuttgart 1950/51 (Schriften der MGH 10).

Viktor Ernst, Die Entstehung des niederen Adels, Berlin-Stuttgart-Leipzig 1916.

François L. Ganshof, Was ist das Lehnswesen, 3. Aufl. Darmstadt 1970.

Hans Georg Reuter, Die Lehre vom Ritterstand. Zum Ritterbegriff in Historiographie und Dichtung vom 11. bis zum 13. Jahrhundert, Köln-Wien 1971.

Jean-Pierre Ritter, Ministérialité et Chevalerie, Dignité humaine et liberté dans le droit médiévale, Thèse Lausanne 1955.

Johanna Maria von Winter, Rittertum, Ideal und Wirklichkeit, München 1969.

Vgl. weiter: Michael S. Batts, Das Ritterideal in H's. Iwein, Doitsu Bungaku. 37, 1966, p. 89—99.

Zu S. 174:

*v. 32 u. ö.: Joachim Schröder, Zu Darstellung und Funktion der Schauplätze in den Artusromanen II.s v. A.; Göppingen 1972.

*v. 59: Die Übersetzungstechnik Hartmanns und den Umgang mit seiner Vorlage untersucht ausführlich Michel Huby, L'adaptation des Romans courtois.

Eine Untersuchung der strukturellen Verteilung der Redeszenen in H.s *Iwein* im Vergleich zu Chrestiens *Yvain* bei Peter Wiehl, Die Redeszene: „Als Meisterwerk hat aber Hartmanns *Iwein*-Epos zu gelten. Hier stieß man [d. i. Wiehl, Th. C.] nicht nur auf eine äußerst fein durchkomponierte Szenenstruktur, diese ließ sich auch ohne Einschränkung direkt übertragen und ergab dabei eine Werkstruktur von so genauen Zahlenwerten, daß man versucht ist, ... von einer ‚kristallinen‘ Komposition zu sprechen." p. 302.

Zu S. 175:

*v. 67: Lit.: Franz Böhme, Geschichte des Tanzes in Deutschland, Bd. 1, Leipzig 1886, Nachdruck Hildesheim 1967.

Zu S. 176:

*v. 74: Lit.: Jürgen Haupt, Der Truchseß Keie im Artusroman. Untersuchungen zur Gesellschaftsstruktur im höfischen Roman, Berlin 1971.
Michel Huby, Le sénéchal du Roi Arthur. In: Etudes Germaniques 31, 1976, S. 433—437.
*v. 88: Eine Charakterisierung der Gestalt und ihrer Konflikte bei Wolfgang Beutin, Zum Lebensweg des Helden . . .

Zu S. 177:

*v. 106: Formale Interpretation der folgenden Szene bei Stanley Newman Werbow, Queen Guinevre as a pedagogue, MLN 80, p. 441—448.

Zu S. 179:

*v. 260: Einen differenzierten Vergleich der einzelnen *Yvain*-Hss. mit Hartmanns *Iwein* hat erstmals Huby angestellt. Er beläßt Hartmanns Vorlage im Prinzip im Überlieferungszweig, der zur *Yvain*-Hs. G führt, möchte sie jedoch nahe an den Archetyp rücken. Vgl. Michel Huby, L'adaptation des Romans courtois, p. 95—123.
*v. 261: Armin Meng, Vom Sinn des ritterlichen Abenteuers bei Hartmann von Aue, Zürich 1967.

Zu S. 180:

*v. 265: Heinrich Siefken, Der *saelden strâze*, p. 13:
„In der Symbolik ‚in den deutlichen Kennzeichen ist der Weg zur Rechten via aspera. Es ist der Weg der *âventiure*."
Lit.: Ursula Deitmaring, Die Bedeutung von Rechts und Links in theologischen und literarischen Texten bis um 1200. In: ZfdA 98, 1969, p. 265—292.
*v. 295: vgl. weiter: Renate Roos, Begrüßung, Abschied, Mahlzeit.

Zu S. 181:

*v. 383: Armin Meng interpretiert die Episode als Prüfung, in der der Ritter „seinen unbedingten durch nichts brechbaren Willen zur âventiure beweisen muß": „Das bequeme, schöne Leben auf der Burg, die entzückende Tochter des ihm wohlgesinnten Burgherrn: all dies könnte einen andern Ritter sehr wohl dazu veranlassen, auf die beschwerliche âventiuresuche zu verzichten und sich einem sorglosen Dasein hinzugeben. Kâlogrêant und später Iwein zeigen sich aber dieser Versuchung gewachsen. Ihr Drang nach âventiure ist zu stark, als daß sie durch den Reiz eines idyllischen Daseins aufgehalten werden könnten." Armin Meng, Vom Sinn des ritterlichen Abenteuers, p. 52.

Zu S. 182:

*v. 425: Weitere Lit.: D. A. Wells, The Wild Man from the "Epic of Gilgamesh" to Hartmann von Aues Iwein. An inaugural lecture. Belfast 1975.

Zu S. 183:

*v. 526: Michael S. Batts, Hartmann's Humanitas, p. 40:
"This statement has been justifiably held to be ironic, but the question: at whom is the irony directed, may be variously answered. Kalogreant could be indulging in self-irony or in irony at the expense of the wild man of the woods, or else Hartmann could be ironical at the expense of his characters or of his audience. In fact, it is clear from what follows, that Kalogreant believes in this definition, but that it is for Hartmann a false definition. The irony is made evident by the incongruity of the following action."

Vgl. weiter: Hinrich Siefken, Der saelden strâze, p. 14.

„Verschiedene Elemente des Abenteuers . . . werden auch hier genannt:

Ausritt des Ritters vom Artushof, Suchen nach dem Gegner, Zweikampf. Zudem erscheint die âventiure . . . als ritterliches Standesprivileg: der Hirte hat keine Ahnung von ihr und Kâlogrêant sucht sich offensichtlich einen ritterlichen Gegner." Armin Meng, Vom Sinn des ritterlichen Abenteuers, p. 15.

Weitere Lit.: Dennis Howard Green, Der Weg zum Abenteuer im höfischen Roman des deutschen Mittelalters, Göttingen 1974.

Zu S. 184:

*v. 553: Ernst von Reusner, DVJ 46, p. 500ff. sieht den Brunnen ebenfalls als begleitendes Symbol Laudines (in Analogie zum Löwen Iweins). „Der Brunnen ist ein Zeichen für etwas, das, solange es nicht gestört wird, vollkommen klar, rein, schön in sich selber ruht." . . .

„Aus all diesem erhellt: In Laudine tritt dem Ritter Iwein ein Wesen, eine Macht entgegen, die, aus der Sicht des Ritters, von fremder, beinahe dämonischer Art ist, erreichbar nur durch eine Art Tabuverletzung, nicht aber durch ritterliche Tüchtigkeit. Ein Wesen, das in sich die beiden Möglichkeiten der vollkommenen, klaren Ruhe und des das Land verheerenden Chaos birgt. Endlich ein Wesen, das allein von einem berührt werden kann, ohne daß ein Unheil entsteht, nämlich von dem Besten der Ritter als seinem rechtmäßigen Besitzer und Beschützer. Sicher stehen Laudine und ihr Brunnen für die Minne. Das bedeutet: Laudine ist in der Iwein-Welt ein Bezugspunkt. In Laudine, symbolisiert durch den Brunnen, ragt in die Iwein-Welt eine Macht herein, die auf deren Wegen und mit deren Mitteln nicht erreichbar, die ihr nicht integriert ist. Gerade das aber scheint Hartmann verstanden zu haben, wenn ihm nicht die ‚Minneherrin', sondern einzig die Minne wichtig ist. Ihr Brunnen ist Laudines Ehre, er allein gibt ihr Maß und Mitte, denn die Minne hat ihr eigenes Gesetz, dem der Frauen *güete* (1878), ihre Tugend und ihre Leistung für die Welt ‚verpflichtet ist." Reusner p. 502.

Vgl. auch Anm. zu *v. 1823.

Zu S. 187:

*v. 712: H. B. Willson, Kalogreant's Curiosity, p. 287f. sieht Kalogreants *aventiure* gleichfalls als Unrechtsakt und begründet diese mit der Verfehlung der *curiositas*, die in enger Verbindung mit der *unzuht* stehe.

„St. Bernard calls *curiositas* the first degree of pride. It was the pride of the devil which made him rebel against God and attempt to pervert the order of His creation. The pride of man made him disobey God's commands and eat of the fruit of the tree of knowledge out of curiosity. Pride perverts the divine order. Kalogreant has perverted or corrupted (*verderbet*-717) the order of the forest. After the tempest has subsided he expresses his remorse at having poured water on to the stone (673ff.)."

"The same adventure, of course, is undertaken by Iwein himself, who, unlike Kalogreant, does not suffer a humiliating defeat at the hands of Ascalon but overcomes him, killing him and marrying his wife Laudine. *His* curiosity causes him to commit murder. He therefore incurs much greater guilt than Kalogreant and is punished much more severely, in spite of the fact that he gains the victory over Ascalon. His punishment is the sorrow and suffering this marriage with Laudine brings upon him, which endures until he redeems himself by undertaking a series of adventures inspired by *caritas*, which contribute towards the well-being of his fellow-men (and an animal — the lion!), instead of harming them. In this first adventure Iwein shows himself to be even more *unwise* than Kalogreant had been, perhaps because he is more skilful in the handling of sword and shield and can defeat and kill his opponent, which Kalogreant was unable to do, though there is every reason to suppose that he would have done so if his prowess had been adequate. Iwein's guilt does not begin with his lack of *maze* in failing to return to Laudine at the appointed time, but has already been incurred in the adventure of the magic fountain, when he displays a high degree of *superbia*, inordinate self-love." Vgl. Anm. zu v. 914.

Eine ausführliche Erörterung des Problems, ob und wieweit der *Iwein* über den litteralen Sinn hinaus ausgelegt werden darf, bei Alois Wolf, Erzählkunst und verborgener Schriftsinn, Sprachkunst 2, p. 1—42.

Eine detaillierte Darstellung der rechtlichen Verfehlungen des Helden bei Chrestien und bei Hartmann gibt Anna Susanna Matthias, Yvains Rechtsbrüche. „Wäre Yvain wegen all seiner Rechtsbrüche angeklagt worden, so wäre er mit Exkommunikation, einfacher Acht und einfachem Bann noch gut davongekommen. Ziehen wir das nüchterne Facit:

Auf *herisliz* [= unerlaubte Entfernung vom Heer; Th. C.] stand Acht und Heimfall des Lehens — letzteres entfällt, Yvain ist noch nicht belehnt; auf *treuga*-Bruch, der gleichzeitig Bruch des Königsfriedens ist, stand Exkommunikation, Acht, Heimfall des Lehens und — je nach Landschaft — der Eigengüter; auf Fehden an gebundenen Tagen (= Bruch des Pfingstfriedens) dasselbe, statt der Acht evtl. Pilgerfahrt nach Jerusalem (*reise über sê*) oder Santiago de Compostella. Auf Fehde ohne Abkündigung (*sans desfier*) stand wegen *traison* Schleifen und Hängen (Beaum. 824); auf Mord (*murtre*) das gleiche.

Wir können diesem Sündenkatalog noch einen weiteren Rechtsbruch anfügen: Fehdetötung. Hier trifft Beaum. 825 zu, die Fehdetötung heißt hier schlicht *murtre*, als was Yvains Tat ja gilt, ein deutliches Zeichen, *provance veraie* (Chrest. 1182) sind die blutenden Wunden des Toten (Chrest. 1180), ein für die damalige Zeit vollgültiger Beweis." p. 181.

Volker Mertens, Laudine, p. 47—50 bestreitet, daß es sich bei Iweins Brunnenabenteuer um einen Rechtsbruch handele.

Zu S. 188:

*v. 739: Zu den Kämpfen im *Iwein* vgl. Graf v. Nayhauss, Die Bedeutung und Funktion der Kampfszenen; hier p. 148—160.

Zu S. 190:

*v. 903: Die neueren Interpretationen haben die Fragwürdigkeit der ritterlichen Gesellschaftskonzeption arturischer Prägung im *Iwein* stark herausgestellt (Endres, Mohr, Batts) und rücken Hartmanns Roman geradezu in die Nähe des *Parzival*, in dem der Artusbereich durch den Gral transzendiert wird. Anders Batts, Hartmann's Humanitas, p. 50, der eine Tendenz zur Betonung der individuellen Menschlichkeit im Kontrast zur erstarrten gesellschaftlichen Konvention feststellt:

"This ironic or at times sharply satirical portrayal of the chivalric world does not necessarily imply that Hartmann feels it is valueless, but neither does he attempt to design an improved form of social order. His concern is not with the community as a whole but with the individual, and to this extent his *Iwein* contrasts with Wolfram's *Parzival*, although there are remarkable similarities in the personal development of the protagonists. Against the background of the *Minneroman*, which has been reduced by Hartmann largely to the function of a framework, we are shown how a knight is misled by unreflecting acceptance of a misunderstood and misapplied convention and continues to act in a manner incompatible with his real self, until his dream world is shattered. Thrown back at first to the animal level, Iwein must make his way back into society with eyes opened to the realities of life. Before meeting Laudine for the second time he has already experienced enough in his own life and seen enough of life around him to realise that the world is full of suffering and that the attitude represented by Kalogreant does nothing to alleviate but, on the contrary, much to cause or augment such suffering."

Vgl. weiter Günther Schweikle, Zum „Iwein" p. 10f.:

„Der Artushof ist im Gegensatz zu den allgemeinen Lobpreisungen seines Glanzes und Ruhmes (v. 31ff.) keineswegs ideal geschildert. Die von Keie provozierten Streitigkeiten vor Beginn und nach Schluß der Kalogreant-Erzählung kontrastieren deutlich mit dem paradiesischen Frieden der drei Stationen in Kalogreants Brunnenabenteuer. Auch das schimpfliche Ende der *aventiure*-Fahrt Kalogreants widerspricht den klischeehaften Erwartungen, die mit Erwähnung des Artushofes zu Beginn des Werkes geweckt sein konnten. Verfolgt man aus dieser Sicht die spätere Rolle dieser

Ritterrunde im *Iwein*, dann zeigt sich, daß die in der Vorgeschichte offen und latent aufklingende Kritik an dieser Institution das ganze Werk durchzieht. Während z. B. Artus und seine Ritter sofort zum Brunnenabenteuer bereit sind, zeichnet sich der Artushof wenn sein Beistand geboten wäre, nicht gerade durch Einsatzbereitschaft aus: Hilfesuchende ziehen unverrichteter Dinge wieder ab, wenn Gawan nicht zur Stelle ist, z. B. Lunete oder Gawans Schwager. Diese Momente sind zwar in der Fabel vorgegeben, aber Hartmann verstärkt ihre kritische Seite in kennzeichnender Weise, besonders deutlich durch die Erzählung vom Königinraub." (p.10).

„Iwein trägt aber die Anlage in sich, über die ritualisierten Prätentionen des Artusrittertums hinauszugelangen. Seine spontanen menschlichen Regungen, z. B. seine Freundlichkeit gegenüber Lunete am Artushof, deuten dies an und werden dann beim Brunnenabenteuer die Voraussetzung für seine Rettung. Ebenso schlägt ihm seine Entscheidung, ohne Rücksicht auf mögliche Folgen dem Löwen zu helfen, bei den späteren übermenschlichen Kämpfen zum Heil aus. Nur beim Schlußkampf innerhalb des höfischen Comments braucht er die Hilfe des Löwen nicht mehr, der denn auch im Gegensatz zu früheren Kämpfen hier zu spät zum Kampfe kommt. Nachdem Iweins *saelde* offenbar geworden ist, führt ihn sein Weg konsequent über die nur der *êre* verpflichtete Artuswelt hinaus." (p. 20).

R. E. Lewis, der einzelne Textstellen und Motive als „symbolisch" interpretiert, gelangt zu einem ähnlichen Ergebnis: "The immanent symbolism of 'Iwein' shows the Arthurian court to be a rigid and closed society; its members symbolize varying aspects of hypocrisy, impotence and egotism." Robert E. Lewis, Symbolism p. IV.

Rolf Selbmann, Strukturschema, stützt solche Interpretationen durch eine Analyse des Romanaufbaus: „Im Prolog zumindest thematisiert das normative und zugleich selektive Ansprechen von Artusrunde und Publikum nur anachronistische Literatur-, Publikums- und Herrschaftsverhältnisse, also Artuskritik in einem sehr weiten Sinn. Hartmanns *Iwein* erscheint damit als Überwindung des Artusromans in der Form des Artusromans mit erzählerischen Mitteln." p. 82.

Vgl. Anm. zu *v. 6907 ff.

*v. 914: Ähnlich argumentiert Michael S. Batts, Hartmann's Humanitas, p. 41:
"Iwein, for his part, by now planning to steal away ahead of the others and claim the adventure for himself, is behaving precisely as Keie had accused Kalogreant of behaving. It is not the desire to the family honour, but rather the desire to outshine others, coupled later with the fear of ridicule should he fail, which is the main motive for Iwein's behaviour. The only difference between Kalogreant and Iwein at this point is one of degree: Iwein is not afraid (he is in any case forewarned), and he is superior in skill of arms."

In die gleiche Richtung argumentiert H. B. Willson, *Inordinatio*, p. 242f.:
"Here it is the poet's undoubted intention to show that his hero is inordinately anxious to prove his knighthood, all the more so because Keii has questioned his ability to tackle the adventure. Young and ambitious, he sees in the adventure a heavensent opportunity to increase his *êre*, and he is therefore in a very great hurry to attempt it before anyone else does. In other words, he gives clear proof of his lack of maturity, his strong tendency to *unmâze*. In his impatience to gain honor, he fails to realize that Kalogreant got what he deserved from Ascalon and that he has no cause to take vengeance on the latter, particularly after ten years. He is not showing *triuwe* to Kalogreant at all, but merely using his kinship with him as a pretext to try the adventure. He does not like being mocked by Keii, although he does not openly show it, as he is well aware that to do so would be as much a breach of the *ordo* of courtly propriety as is Keii's taunting. Judged from the point of view of the conventional *ordo* of knightly behavior, Iwein's conduct appears ordinate. It does not, however, spring from true selfless love for Kalogreant, but from a desire to enhance his own prestige. It is *superbia*. In terms of the higher *ordo* of *triuwe* love for one's fellows, it is therefore inordinate, just as was the behavior of Kalogreant when he tackled the adventure. Both fall short of the true measure and order of chivalry."

Gegen diese Auffassung Kurt Ruh, Höf. Epik I, p. 144f.

Vgl. Anm. zu *v. 712.

Gert Kaiser, Textauslegung, p. 112—115:

„Für das Verständnis des Iwein nun ist es von Wichtigkeit, daß Iwein in seiner Initial*âventiure*, dem Kampf mit dem Herren des Brunnens, eben diesen pervertierten, weil nur formalen Begriff von *âventiure* erfüllt. Er sucht diesen Mann auf und erschlägt ihn im Namen von *âventiure*. Er tut das in voller Bewußtheit, denn er ist von Kalogreant über alle Einzelheiten informiert, weiß also auch, daß der Brunnenherr seinen besiegten Gegnern ‚ritterliche‘ Schonung zukommen läßt. Wofern Kalogreants Erläuterung von *âventiure* verstanden wird als Verstümmelung ihres ethischen Anspruchs zu bloßer Kraftmeierei — und der ‚Erec‘ legt dies nahe — dann vollbringt Iwein hier eine schuldhafte Tat.

... Doch ist in dieser Initial*âventiure* ein weiterer sehr konkreter Sachverhalt festgehalten, der der Ministerialität eine unmittelbare Applikation nahezulegen vermag. Iwein hat ja nicht nur ‚mutwillig‘ einen Landesherren erschlagen, sondern hat sich damit eine Herrschaft erobert. Er unterscheidet sich dadurch grundsätzlich von Erec, der das ihm zustehende, nur vorschnell zugefallene Erbe zu verdienen hatte. Iwein dagegen usurpiert mit blanker Gewalt Besitz, Macht und Prestige.

Wir haben gesehen, daß dies um 1200 durchaus auch gesellschaftliche Wirklichkeit war, und nur eine Scheu vor direkter Analogie könnte uns hindern, den Zusammenhang herzustellen. Die Entsprechungen sind handgreiflich. Notwendige Voraussetzung für die Einbeziehung der Ministerialität in den Adel ist der Besitz von Land und die Schaffung von (relativen) Immunitäten, d. h. von eigener Herrschaft. Die zwiespältige Position der Ministerialen um 1200 drückt sich ja auch darin aus, daß sie auf der Schwelle zur Vasallität stehen. Viele von ihnen sind zugleich Dienstmannen und Vasallen, und die Tendenz ihrer Entwicklung geht für jedermann sichtbar zur Vasallität, wo Lehensvergabe nicht primär Dienstverpflichtung bedeutet, sondern Herrschaftsverleihung. Gewalttätige Versuche, diese Entwicklung zu beschleunigen, sind, wie wir sahen, keine Seltenheit.

Von daher fällt ein neues Licht auf Kalogreants *âventiure*-Begriff. Er kann dazu herhalten, Usurpation rechtfertigend abzudecken, und deshalb auch unterliegt er der Kritik: in der Form, daß Iwein schuldig wird, indem er ihn erfüllt.“

Gegen eine Definition des *âventiure*-Begriffs mit moralischen Kategorien wendet sich Volker Schupp, Kritische Anmerkungen p. 419: „Der *âventiure*-Begriff kann nicht entleert werden, weil er moralisch leer ist. ‚Ereignisse, deren Ausgang ungewiß ist‘ (BMZ 1, S. 69a), ist eine gemäße Definition ... Es wäre verfehlt, eine moralische Qualität der Wortbedeutung zu hypostasieren, wenn die Aventiure selbst durch Iweins Sühneweg moralisch bestimmt wird.“

Vgl. Anm. zu v. 526.

Zu S. 191:

*v. 1056: Kritik an der These, die eigentliche Schuld Iweins bestehe in der Tötung Ascalons, bei Edith Hagenguth, H.s Iwein, p. 158ff.

Michel Huby, La ‚faute‘ d'Iwein, sieht wie Kurt Ruh Iweins eigentliche Schuld in der Terminversäumnis, nicht in der Tötung Askalons. Daher gebe es auch keinen Konnex zwischen Schuld und *âventiuren*-Fahrt. „La faute d'Iwein n'est donc pas en rapport avec les épreuves qu'il subit; elle n'a sans doute pas toute la portée qu'on a voulu lui donner, pas plus chez Hartmann que chez Chrétien. Mais elle est grave parce qu'elle met en cause l'amour et parce que celui, qui la commet est malgré tout un parfait amant, de sorte que dès qu'il reconnaît son erreur, il ne peut que sombrer dans l'inconscience.“ p. 139.

Volker Schupp, Kritische Anmerkungen, stützt die Interpretation Ruhs mit Argumenten, die sich aus dem *Iwein*-Freskenzyklus auf Burg Rodeneck als zeitgenössischem Rezeptionszeugnis ergeben.

Vgl. weiter: Paul Salmon, ‚Ane zuht‘.

*v. 1105: Nach Johannes Erben, Zu Hs. ‚Iwein‘ ist zentrales Handlungsmotiv Iweins der persönliche Ehrgeiz, der „selbst über Ritterlichkeit und Barmherzigkeit (triumphiert).“ p. 348.

Dagegen Christian Gellinek, Iwein's Duel: "Not only does Iwein not kill Ascalôn with his second blow, it fails to make him Iwein's captive as well; rather it makes him Ascalôns half-prisoner. Therefore the second blow cannot bear any legal or moral consequences one way or the other. Ascalôn

killed by a knightly blow (1049f.) in an openly challenged combat has *not* been murdered at all."
p. 232. Vgl. dagegen Anm. zu *v. 712.

Zu S. 193:

*v. 1202: Volker Mertens, Laudine, p. 19ff. interpretiert den Ring als Herrschaftszeichen.

Zu S. 195:

*v. 1409: Lit. Adolph Franz, Die Messe im deutschen Mittelalter, 1902, Nachdruck Darmstadt 1963.

*v. 1429: Michael S. Batts, Hartmann's Humanitas, sieht ebenfalls in dieser Episode, insbesondere in den Vv. 1440—44, "a statement (that) merely underscores Iwein's lack of humanity at this stage." (p. 41).

Zu S. 196:

*v. 1620ff.: Vgl. Eva-Maria Carne, Die Frauengestalten bei H. v. A., p. 38—45 und 65—69.
Lit.: Edda Spielmann, Chrétien's and Hartmann's treatment of the conquest of Laudine. Comp. Lit. 18, 1966, p. 242—263.

Zu S. 197:

*v. 1796ff.: Lit.: Rainer Gruenter, Über den Einfluß des genus iudiciale auf den höfischen Redestil. In: DVJS 26, 1952, p. 49—57.
Analyse der Szene unter dem Gesichtspunkt der (Rechts)argumentation bei Edith Hagenguth, H.s Iwein p. 57—76.

*v. 1820—1862: Den formalen Aufbau dieses Abschnitts analysiert Leon J. Gilbert, Symmetrical composition, MLN 83, p. 430—34.

*v. 1823ff.: Ernst v. Reusner, DVJS 46, p. 501: „Das bedeutet eine Identifizierung Laudines mit ihrem Brunnen derart, daß eine wiederholte Verletzung des Brunnens oder gar sein Verlust gleich dem Untergang Laudines und dessen was in ihr seinen Ausdruck erhält, sein würde; zum andern, daß sie und ihr Brunnen des Beschützers bedürfen und daß, wer beide besitzt, sie auch verteidigen muß."
Vgl. Anm. zu *v. 572 und v. 623.

Zu S. 198:

*v. 1873ff.: Eine Interpretation der Passage unter dem Gesichtspunkt der Mehrdeutigkeit des Erzählerkommentars bei Silvia Ranawake, Mehrschichtigkeit. Vgl. weiter: H. B. Willson, *Inordinatio*, Mod. Phil. 68, besonders p. 245—248.

*v. 1895: Zusammenfassende Darstellung der kirchlichen Haltung gegenüber dem Selbstmord bei Barbara Uhle, Das Todesproblem . . . , p. 269f.

*v. 2343ff.: Volker Mertens, Laudine, p. 16. glaubt, daß ‚Minne' im Zusammenhang dieser Szene als Rechtsterminus („Versöhnung") gebraucht werde.
Dagegen Gert Kaiser, ‚Iwein' oder ‚Laudine' p. 23. Vgl. weiter: Herbert Ernst Wiegand, Studien zur Minne.

Zu S. 200:

*v. 2348: Lit.: Wolf Gewehr, Der Topos ‚Augen des Herzens'. Versuch einer Deutung durch die scholastische Erkenntnistheorie. In: DVJS 46, 1972, p. 626—649. Die *Iwein*stelle wird behandelt auf p. 641.

*v. 2405 ff.: E. Wiegand, Studien zur Minne, p. 55ff. interpretiert auf Grund historischer Parallelen Laudines schnelle Wiederverheiratung als einen Akt politischer Notwendigkeit.

Zu S. 201:

*v. 2417—18: Gegen die Auffassung Kurt Ruh, Höf. Epik I, p. 148 und H. P. Kramer, Erzähler-bemerkungen, p. 145.

*v. 2421: L. Pearce, Relationships in H.s Iwein, entwickelt die These, "that Iwein proceeds by polarization of all females encountered into daughter-figures and their opposite. The mother-figures (Guinevere, Laudine, Dame de Narison) all appear as obstacles to maturation. The daughter-figures elicit Iwein's positive responses and lead him to display his full potential. Specifically, it is Lunete, the young servant, who comes to occupy the major place in his affections. This finding contradicts the traditional view that Iwein's prime purpose is to win back his estranged wife by some variant of chivalric service." (p. 15).
Vgl. in diesem Zusammenhang weiter: D. G. Mowatt, Tristan's mothers and Iwein's daughters, GLL 23, p. 18—31.

*v. 2434: In der zweiten Auflage von 'Textauslegung und gesellschaftliche Selbstbedeutung' akzentuiert Gert Kaiser die Bedeutung des im letzten Drittel des 12. Jahrhunderts einsetzenden Prozesses der Ausbildung von Territorialherrschaften für den *Iwein*: „Der zweite zentrale Identifikationsbereich dieses Textes ist Laudines und schließlich Iweins Herrschaft. Sie ist das eindringliche Sinnbild des ‚bedrohten Landes'. Durch den fatalen, ebenso unerklärlichen wie unaufhebbaren Mechanismus der Gewitterquelle ist das Land jederzeit durch jedermann bedroht. Kein Rechtstitel, keine Vorsorge welcher Art auch immer kann diese Bedrohtheit von dem Lande nehmen. Allein der starke Arm des Herrn der Quelle vermag die Angreifer zurückzuschlagen . . . Nun ist die Bedrohtheit eines Landes nicht gerade eine historische Spezialität des 12. und 13. Jahrhunderts, und es möchte daher das im ‚Iwein' aufgeworfene Problem als zeitlos, zumindest doch historisch-unspezifisch erscheinen. Dagegen ist freilich zu erinnern, daß im Zuge des Territorialisierungsprozesses die faktische Bedrohtheit von Herrschaft einherging mit einer tiefgreifenden Legitimationskrise der kleinen und mittleren Herrschaften überhaupt. Die im Selbstverständnis des Adels tief verwurzelte Vorstellung von den autogenen Herrschaftsrechten ist durch den Suprematieanspruch derjenigen adligen Genossen erschüttert, die sich auf dem Weg zur Landesherrschaft befinden, die also das Ideologem von der fortdauernden Gleichwertigkeit aller Standesgenossen zerplatzen lassen und tatsächliches, immer mehr zunehmendes Übergewicht auch rechtlich-ständisch verfestigen. Es ist dies ein historisch einmaliger, wenn auch Jahrhunderte dauernder Prozeß, der im 12. Jahrhundert seine erste Entfaltung erlebt." p. 136f.
Bernd Thum, Politische Probleme, sieht gleichfalls Iweins Versagen in seinem Desinteresse an Landesherrschaft (p. 54), das begründet wird durch seine zu enge Bindung an den Königsdienst. „Iwein wird zum *verrataere* (v. 3118), zu jemand, der die politischen Kardinaltugenden des Feudalzeitalters, *rât und helfe*, *consilium et auxilium*, nicht garantieren kann . . . Er wird buchstäblich zum Opfer des arturischen Königshofs, mit dem er auf Abenteuer wegzieht." p. 55.
Volker Mertens, Laudine, rückt die Problematik der Landesherrscherin und der Adelehe in den Mittelpunkt der Interpretation. Laudine habe Iwein nicht aus Liebe, sondern aus politischer Notwendigkeit geheiratet. Iwein, der seine Verehelichung als Liebesheirat mißverstehe, entziehe sich den juristischen Verpflichtungen, die sich aus seiner Stellung als Ehemann Laudines ergäben. Hieraus resultiere der Konflikt der Erzählung. „Laudine ist somit auch alles andere als eine ‚Minneherrin': als solche würde sie den Ritter fern der Realität in ihren Bann ziehen, Laudine jedoch stößt Iwein in

die Wirklichkeit. Sie personifiziert das ‚Leistungsprinzip'..., nur Iwein versteht es zunächst nicht. Wenn ihr Land, ähnlich Joie de la curt im Erec, gegen die Außenwelt verteidigt werden muß, so bringt eben die Notwendigkeit der Verteidigung die Unmöglichkeit der *recreantise* mit sich — und die ungebundener Aventiureseligkeit." p. 65.

Die Grundlagen von Mertens Interpretation stellt Gert Kaiser, ‚Iwein' oder ‚Laudine', infrage.

Zur Eheschließungspraxis des Adels, ihre Voraussetzungen im weltlichen und kirchlichen Recht vgl. Mertens aaO. p. 22ff. Zu den rechtlichen Aspekten der Heirat vgl. weiter: Christian J. Gellinek, Iwein's Duel p. 233—238.

Weitere Lit.: Herbert E. Wiegand, Studien zur Minne und Ehe.

Theodor Priesack, Laudines Dilemma.

Zu S. 202:

*v. 2638 ff.: H. W. Eroms, ‚vreude', p. 141 f.

*v. 2674: Darstellung der Abhängigkeit Laudines von der öffentlichen Meinung auch bei Eva-Maria Carne, Die Frauengestalten bei H. v. A., p. 67—69.

Weitere Lit.: Andrée Blumstein, Misogyny an Idealization.

*v. 2717: Zur Charakterisierung der Gestalt vgl. Renate Schusky, Lunete — eine „kupplerische Dienerin".

Zu S. 203:

*v. 2770 ff.: Michael S. Batts, Hartmann's Humanitas, p. 43: "In succumbing to Gawain's persuasiveness, Iwein is submitting again to the pressure of public opinion, for Gawain is motivated purely by fear of the ridicule which his friend might incur should he neglect his knightly duty. His assent is thus in some way similar to his ignoble act in murdering Askalon, at which time he had also given way to the thought that he might be mocked by Keie, should he return without evidence of his success. Gawain's act seems also to throw doubt on the value of friendship, which Hartmann elsewhere stresses strongly, and this adds weight to the view that both of them are conforming to social pressures, to conventional codes, rather than trusting to their own judgement. In all of this there is no evidence whatsoever to support the view that Iwein's adventurous spirit is the cause for his leaving Laudine."

Vgl. weiter: H. B. Willson, *Inordinatio*, Mod. Phil. 68, p. 247—249.

Gert Kaiser, Textauslegung, p. 118f.: „So wie die ethische Potenz der *aventiure* zum Vorwand für den Erwerb von Land und Herrschaft verkommen kann so hindert der Besitz den „Ritter" daran zu zeigen, *ob er noch* (!) *rîters muot habe* (v. 2855). Gawein erörtert nicht das Problem des Besitzerwerbs, hier zeigt er keine Skrupel, er erörtert vielmehr die Folgen und ganz offenbar zweifelt er selber an seiner realitätsfernen These, daß die Sicherung der materiellen Basis allererst zu „ritterlichen Taten befeuern müsse ... Es gibt um 1200 keine andere gesellschaftliche Schicht als die Ministerialität, die noch in jüngster Zeit militärische Tüchtigkeit mit weitgehender Eigentumslosigkeit (bzw. zweifelhafter Eigentumsfähigkeit) verband und die nun — eben aufgrund ihrer kriegerischen Tüchtigkeit — sich einen Anteil am Grundbesitz zu sichern trachtet. Schließlich machen die wiederholten Hinweise, daß Iweins Schicksal mit dem Erwerb von Besitz und Herrschaft verflochten sind, es unmöglich, der Analogie zu entrinnen."

*v. 2925: Zur rechtlichen Bedeutung der Jahresfrist vgl. Volker Mertens, Laudine, p. 43—46; und A. S. Matthias, Yvains Rechtsbrüche p. 186—189 (mit zahlreichen historischen Belegen für Prozesse wegen Eidbruchs durch Terminversäumnis.)

Zu S. 204:

*v. 2971: Lit.: H. E. Wiegand, Studien zur Minne, p. 193—216.

*v. 2990: Lit.: Fritz Peter Knapp, H. v. A. und die Tradition der platonischen Anthropologie, besonders p. 234 ff.

Christian Gellinck, Zu H.s v. A. Herztausch.

*v. 3101 ff.: Ähnlich interpretiert Erben, zu H.s ,Iwein', p. 351, die Stelle: ,, . . . diejenige, die ihm anfangs zu *saelde und êre* verholfen hat, wird nun das Werkzeug zu deren Zerstörung."

Weitere Lit.: Leon J. Gilbert, Problems of triuwe.

Zu S. 205:

*v. 3127: Analyse von Lunetes Anklage als einer forensischen Rede (Anklage und Urteil) bei Edith Hagenguth, H.s Iwein, S. 81—87.

Zu S. 206:

*v. 3260: Gesamtinterpretation der Episode: Wolfgang Mohr, Iweins Wahnsinn.

*v. 3310: Johannes Erben, zu H.s ,Iwein', p. 352: ,,Was ihm der Einsiedler geben kann, ist Brot und Wasser, nicht Brot und Wein, d. h. doch wohl: Iwein steht nicht nur außerhalb der ritterlichen, sondern auch der christlichen Gemeinschaft: *gelîch eim môre* (3348)."

Zu S. 208:

*v. 3452: Gesamtinterpretation der Episode bei Max Wehrli, Iweins Erwachen.

Wolfgang Mohr, Iweins Wahnsinn, p. 84:

,,,Iweins Erwachen' gestaltet Hartmann frei von seiner Vorlage. Der große Monolog Iweins ist so oft beschrieben worden, daß ich mich kurz fassen kann. Seine Dialektik liegt darin, daß dem Erwachenden sein früheres Leben, das uns doch als ,geschehene' Geschichte eben erzählt worden ist, zum Traum wird, der gegenwärtige unmenschliche Zustand zur ,Wirklichkeit'. Der dialektische Umschwung — und damit die ,Heilung' — setzt ein, als sich der ,Traum' in ,Erinnerung' verwandelt und so zum Appell wird, ein neues ritterliches Leben anzufangen. Die menschenwürdige Kleidung, die er an seiner Seite findet, bestätigt ihm die ,Erinnerung' und macht die Verwandlung möglich. An diesem Punkt hat Hartmann wieder zu seiner Vorlage zurückgefunden."

Zu S. 209:

*v. 3505: Zu Fragen der formalen Gliederung vgl. Hansjürgen Linke, Epische Strukturen in der Dichtung H.s v. A., der den Versuch macht, die Werkstruktur durch ein formkritisches Verfahren — analog zum textkritischen — aus der Überlieferung zu ermitteln. Linke bezweifelt die Richtigkeit der hier gegebenen Gliederung der *aventiuren*-Kette (siehe besonders p. 68—76).

Erörterung verschiedener Gliederungsmöglichkeiten und struktureller Zusammenhänge bei Günther Schweikle, Hartmann's ,,Iwein", p. 4 ff.

Ein anderes Strukturschema bei Erika Oh, Aufbau und Einzelszenen . . . , p. 167 f.

Hedda Ragotzky und Barbara Weinmayer, Höfischer Roman und soziale Identitätsbildung, interpretieren das Strukturmuster des Doppelweges als literarisches Diskussionsangebot mit dem Ziel der Bewußtseinsbildung des höfischen Publikums: ,,Der Doppeweg des Protagonisten dient der Entfaltung zweier Handlungsmuster, sie bezeichnen unterschiedliche Einstellungen auf die Artusnorm, erst in der auf Wechselseitigkeit gegründeten Haltung der *triuwe* gelingt die Realisierung der Artusnorm. So gesehen hat der ,Iwein' weniger den Charakter eines Entwicklungs- als eines ,Thesenromans'. Durch die thesenhafte Konfrontation zweier Formen des Handelns entsteht ein Diskussionsmodell, in dem die Bedingungen realitätsmächtigen Handelns thematisiert werden. Die Bedingungen solchen Handelns verdeutlichen, heißt zugleich die konstitutiven Elemente sozialer Identität benennen; in diesem Sinne stellt das Diskussionsmodell ein Modell sozialer Identitätsbildung **dar**. Der Entwurf eines solchen Diskussionsmodells setzt nicht notwendig soziale Verunsicherung, die **Erfah**rung von Entfremdung voraus. Er signalisiert zunächst nur ein Orientierungsbedürfnis, das auch als

Indiz sozialer Selbstsicherheit gewertet werden kann, die zur Entwicklung eines eigenständigen kulturellen Deutungsmusters erst ermächtigt." p. 248.

Ein ausführlicher Nachweis der Motivdoppelungen und erzählerischen Parallelen im *Iwein* bei Peter Kern, Interpretation der Erzählung durch Erzählung. Weitere Lit. dazu: Edwin M. Wilkinson, Complementation.

Ein weiterer Versuch, durch Zahlenproportion bestimmte Strukturen aufzudecken bei Thomas E. Hart, The Structure of Iwein.

Weitere Literatur zur formalen Struktur des *Iwein* (z. T. Auseinandersetzung mit Linkes formkritischer Methode):

Heinz Schanze, Zu Linkes Methode der Formkritik.

Thomas E. Hart, Zu den Abschnitten in den Hartmannhandschriften.

Norbert Heinze, Zur Gliederungstechnik H.s v. A.

Joachim Berger, Der Aufbau von H.s Iwein.

James A. Schultz, The shape of the round table.

*v. 3509: Max Wehrli, Iweins Erwachen, p. 182ff. weist die Selbsterkenntnis als ein zentrales Moment christlichen Denkens auf. „Wir glauben also, es sei im Kern der Erzählung von Iwein, wie auch vermutlich von anderen Artushelden, ein allgegenwärtiges Prinzip christlicher-religiöser Ethik zu erkennen, ein Motiv, das in der weltlichen und geistlichen Wiedergeburt des 12. Jahrhunderts wie noch nie aktuell wurde. Ja, es ist mehr als ein bloßes Motiv. Bernhard sieht in der Selbsterfahrung ja keineswegs nur den Anfang eines geistlichen Weges, sondern auch sein Ziel: jede menschliche Erkenntnis ist letzten Endes Erkenntnis über und für den Menschen. „Wohin immer deine Betrachtung *(consideratio)* ausschweift, zu dir rufe du sie zurück mit der Frucht des Heils. *Tu primus, tu ultimus.*" Damit ist jede Erfahrung als Selbsterfahrung begriffen und schließlich auch nichts anderes umschrieben, als was der ritterliche Roman im Abenteuerweg seines Helden darstellt. Die neue Form des höfischen Romans ist ja gegenüber Heldendichtung oder Geschichtsdichtung gekennzeichnet durch diese Rückbezüglichkeit der Ereignisse auf den Helden. Der Artusroman insbesondere berührt uns ja noch heute als eigentlicher Augenaufschlag der Zeit, und in Iweins Erwachen sammelt sich für uns das Erwachen einer ganz neuen menschlichen Welt zu sich selbst." (p. 185).

*v. 3627ff.: Edith Hagenguth, H.s Iwein, p. 104:

„Diese Verse sind bedeutsam, denn sie sagen — ein Umstand, der unseres Wissens bisher noch nicht beachtet worden ist —, daß Iwein im Grunde noch gar nicht völlig genesen ist. Er hat die Verwirrung über Traum und Leben hinter sich gelassen, hat aber noch nicht die volle und richtige Erinnerung gewonnen. In den folgenden beiden Szenen einschließlich der Löwenbegegnung deutet nichts darauf hin, daß er von sich wüßte. Das ist neu bei Hartmann. Ivain scheint sich schon im Erwachen zu kennen, denn er spricht davon, daß er verloren sei, wenn jemand vorbeikäme, der ihn kennt (v. 3030—3032). Eine erste Rückbesinnung löst in Iwein die Begegnung am Brunnen aus.

*v. 3705: Diese Auffassung der *aventiure* wird wiederholt bei Johannes Erben, Zu H.s ‚Iwein‘, p. 352.

Eine abweichende Interpretation des Narison- und des Löwenabenteuers bei Hansjürgen Linke, Epische Strukturen, p. 143—151.

Zu S. 210:

*v. 3869: Eine kurze Zusammenfassung der symbolischen Bedeutungen des Löwen in der Bibel und in den Bestiarien bei Armin Meng, Der Sinn des ritterlichen Abenteuers, p. 62f.

Gegen eine zu weit getriebene allegorische Ausdeutung wendet sich Wolfgang Mohr, Iweins Wahnsinn, p. 89:

„Gewiß, *an kriste ist triuwe erkennet*, wie Wolfram später sagt, — aber man wird trotz Hartmanns Fingerzeig die Analogie nicht zu weit treiben dürfen. Man mache die Augen auf und sehe, was da geschieht! Angesichts des Löwen, der wie ein alter Römer *rihte daz swert an einen struch und wolt sich stechen durch den buch* (Iw. 3953f.) ist es wohl nicht am Platze, mit dem ‚Physiologus‘ auszurufen:

sic et dominus noster Jesus Christus spiritalis leo! ... Ich habe den Eindruck, daß die christlichen Analogien in den weltlichen Dichtungen sich in der Regel an das Verbalverständnis, gelegentlich an das Verständnis ‚moraliter' halten, aber nur selten allegorisch oder typologisch zu verstehen sind. Der Mythos, auch der christliche, stellt Urbilder des Menschlichen vor Augen. Wenn außerhalb des Mythos etwas erzählt wurde, das an ihn gemahnte, so wies die Erinnerung an den Mythos auf die ‚Idee' hin, die in dem Erzählten liegt."

Weitere Überlegungen zur Funktion des Löwen mit Verweis auf naturkundliche Quellen des Mittelalters bei Gertrud Jaron Lewis, Das Tier und seine dichterische Funktion p. 67—86.

Vgl. weiter: Tom Artin, The Allegory of Adventure: Reading Chrétiens Erec and Yvain, London 1974, p. 219—230;

T. L. Markey, The ex lege rite of passage.

Zu S. 211:

v. 3871: Kritik an dieser Interpretation: Edith Hagenguth, H.s Iwein, p. 125.

Zu S. 212:

v. 3977: Übersetzungsvorschlag von Elfriede Stutz: „... daß ich von ihnen doch niemals so viel errang, um in diesem Punkt ‚krisenfest' zu sein."

v. 3995 ff.: „Iwein ist erneut an einem äußersten Punkte in seinem Leben angelangt. Er ist bereit, für sein durch eigene Schuld zerstörtes Glück mit dem Leben zu büßen, sich aufzugeben, aber nicht im christlichen Einsatz für den Nächsten, sondern in einem Akt sinnloser Selbstzerstörung. Er sieht den Wert des Lebens nur in persönlichem Glück und verharrt so bei einem egoistischen Standtpunkt." Armin Meng, vom Sinn des ritterlichen Abenteuers, p. 65.

Zu S. 213:

v. 4411 ff.: Lit.: H. W. Eroms, ‚Vreude', p. 128f.

Zu S. 218:

v. 5502: „Dem Namen kommt im Artusroman, wie übrigens auch im Märchen (vgl. z. B. ‚Rumpelstilzchen'), eine entscheidende Bedeutung zu. Er ist Ausdruck der Persönlichkeit des Ritters, er verbürgt dessen Identität, ist gleichsam der Schlüssel zu seinem Wesen ... Iwein identifiziert sich vor dem Burgherrn und Laudine nicht mit seinem Namen, weil dieser zur Zeit nicht für ihn tragbar ist. Als ‚Iwein' war er Herrscher eines Reichs und Gatte Laudines gewesen; der Name ist ihm mit einer Position verbunden, der er sich nicht würdig erwiesen hat. Mit ihrem Verlust hat er auch den Namen eingebüßt, mit ihrem Wiedergewinn dürfte er sich erneut Iwein nennen." Armin Meng, Vom Sinn des ritterlichen Abenteuers, p. 68f.

Zu S. 215:
v. 4530 ff.: Lit.: Frank Shaw, Die Ginoverentführung.

Zu S. 219:
v. 5638: Eine Darstellung der juristischen Voraussetzungen des Erbgangs bei Volker Mertens, Laudine, p. 100—104.

Zu S. 223:
v. 6620 ff.: Chrestien sagt an dieser Stelle: „*Ou l'anperere d'Alemaingne seroit bien saus, s'il l'avoit prise.*" (Selbst der Kaiser von Deutschland wäre klug, wenn er sie nähme, Chrestien v. 5482f.) Ausgehend von diesem Vers bemerkt Walter Lenschen, H. v. A et les ducs de Zähringen, daß Hartmann

— im Gegensatz zum *Erec* — im *Iwein* Anspielungen auf das Kaiser-(König-)-tum auffallend reduziert. Dies ist möglicherweise ein Reflex aktueller politischer Verhältnisse. „Berthold IV. [von Zähringen] ne parut probablement pas à la cour impériale avant 1195. En 1196—97 il combattit contre un frère de l'Empereur et, après la mort de Henri VI fut lui-même prétendant, pour peu de temps, à la couronne royale. Puis, de façon apparement peu glorieuse, il changea rapidement son attitude et se réconcilia avec Philippe. Il semble compréhensible que *Iwein* de Hartmann — au cas où il avait affaire avec Berthold V — renonce, après ces événements, à mentionner quatre fois l'Empereur comme le fait l'*Yvain* français et se permette plus rarement des allusions particulières au roi que dans l'*Erec*." p. 9.

*v. 6907ff.: Ernst von Reusner, DVJS 46, S. 511f.:

„Wenn ausdrücklich der Musterritter Gawein Iwein dazu bringt, Laudine zu vergessen (wie die Weisung des höfischen Erziehers Gurnemanz Parzival von der *vrâge* zurückhält), wenn die ritterliche Bewährung vor dem Artushof nicht zugleich auch die Bewährung vor der letztlich entscheidenden Instanz ist, und wenn Gawein für ein Unrecht kämpft — Chrestien hätte unschwer einen Konflikt konstruieren können, in welchem Iwein u n d Gawein gerechte Interessen vertreten; auch dieser hätte sich gütlich auflösen lassen, ja im Grunde besser, weil notwendiger —: dann ist die Kritik nicht zu überhören. Die für den ‚Parzival' als selbstverständlich angenommene Zweipoligkeit und Relativierung der Artuswelt erkennen wir, ähnlich bewußt gestaltet, schon im ‚Iwein'. Das lehrt die Funktion der Minne, die mit der Minne des Artusritters Erec nur noch die äußere Erscheinung, aber sehr viel mit der Gottesbeziehung Parzivals gemein hat."

Johannes Erben, zu H.s ‚Iwein', p. 356f.:

„Der Löwenritter tritt auf als Kämpfer für das Recht der jüngeren und gegen den Ehrgeiz der älteren Grafentochter. Muß Iwein — allzu ehrgeizig zum Hüter der Quelle avanciert — am Anfang mit dem Ehrabschneider Kei kämpfen, so der Löwenritter am Ende gegen den hervorragenden Artusritter Gâwein, der ihn — das zeigt die dichterische Notwendigkeit dieser Auseinandersetzung — einst zu rücksichtslosem Ehrgeiz verleitet hat und nun vom egoistischen Ehrgeiz der älteren Schwester als Kämpfer mißbraucht wird. Freilich muß bei diesem Treffen der Löwe außerhalb bleiben, denn er ist eine echte ritterliche Auseinandersetzung. Dem Musterritter Gâwein gegenüber muß sich zeigen, was Iwein wert ist, wie tüchtig er sein kann, wenn es nicht um eigene Ruhmestat, sondern um das Recht und die Sache eines Mitmenschen geht."

Eine formale und stilistische Analyse der Szene bei Gertrud J. Lewis, *daz häzliche spil.*

Weitere Lit. zur Stelle: John Margetts, Gefühlsumschwung im *Iwein.*

Zu S. 226:

*v. 8065ff.: Ernst von Reusner, DVJS 46, p. 507: „Wenn Laudine spricht: *sol ich dem vürdermâl leben der ûf mich dehein ahte enhât?* (8080f.), so meint *ahte* in diesem Zusammenhang nicht nur aufmerksame Gesinnung, die gegen die Herrin gebührt. Vielmehr hat Iwein es an der Aufmerksamkeit im Sinne wissender Bereitschaft fehlen lassen. Er behandelte Laudine wie eine Dame der höfischen Gesellschaft, der die ritterliche Bewährung im Turnierkampf, je erfolgreicher sie wäre, ein desto angemessenerer Dienst sein mußte. Er hatte nicht gemerkt, daß er mit der Bindung an Laudine eine Bindung an eine der höfisch-ritterlichen Welt integrierte und daher durch höfisch-ritterliches Verhalten auch nicht erreichbare Macht eingegangen war. Laudine war ihm zugefallen, ohne daß er begriffen hätte, was ihm geschah. Ritterliches *âventiure*-Streben ließ ihn beim ersten Mal das Brunnenwunder in Gang setzen. Er handelte ungerichtet, ziellos, uninteressiert, ohne ein Bewußtsein, Laudine nötig zu haben. Beim zweiten Mal weiß er, was er tut, sein ganzes Wesen ist auf Laudine gerichtet, fragt nach ihr. Die *ahte* ist dienende u n d fragende Aufmerksamkeit. Sie fragt nach dem, was Laudine und ihr Brunnen bedeuten, nach ihrem der Artuswelt fremden Gesetz. Zwischen die beiden Begegnungen Iweins mit Laudine fällt ein Lernprozeß. Dieser besteht darin, daß er seine Gefangenschaft in der Minne, seine Abhängigkeit von ihr begreift."

*v. 8110: Übersetzungsvorschlag von Elfriede Stutz: „Es ist nichts weiter nötig als daß ich, wenn ich Eure Zuneigung erlange, diese niemals wieder durch meine Schuld verliere."

*v. 8160: Zur Formel ‚*ine weiz*‘: Hartwig Mayer: Topoi des Verschweigens und der Kürzung im höfischen Roman. In: ‚Getempert und gemischet‘, Festschrift für Wolfgang Mohr, Göppingen 1972, p. 231—250.

*v. 8166: Rolf Endres, Der Prolog von H.s ‚Iwein‘, p. 524:
„Hartmann drückt hier eine gewisse Gleichgültigkeit gegenüber dem weiteren Schicksal seiner Helden aus. Die Geschichte ist zu Ende. Aus ihr selbst scheint sich keine rechte Nutzanwendung ziehen zu lassen. Aber einen Punkt hebt Hartmann noch hervor: *got gebe uns saelde und êre*. Von der ritterlichen Tüchtigkeit erhofft er wenig, von Gott alles. Die Position des Eingangs wird wiederholt, vertieft, präzisiert, vielleicht mit einem Nebengedanken an jene, die den Eingang falsch verstanden und die ritterliche Welt überbewertet haben. Die nachlässige Art, mit der Hartmann sich von der Ritterwelt verabschiedet, gibt der Erwähnung Gottes in der letzten Zeile um so größeres Gewicht. In der ersten Zeile des ‚Iwein‘ sind Menschen das Subjekt, in der letzten ist es Gott. Die ersten drei Verse enthalten eine im Indikativ stehende Behauptung, gewissermaßen einen sicheren Anspruch auf den Lohn der *saelde und êre*. Im Konjunktiv des letzten Verses ist die naive Selbstsicherheit des Anfangs verschwunden. Die Verleihung von *saelde und êre* wird jetzt Gott anheimgestellt und nicht mehr als selbstverständliche Folge eines bestimmten menschlichen Verhaltens betrachtet. So sehen wir in Eingang und Schluß nicht nur den ‚schönen Gegenschein‘ von *saelde und êre*, sondern vor allem einen religiösen Rahmen, der die Ritterwelt relativiert."

Zu S. 227 ff: Christoph Gerhardt, Iwein-Schlüsse, weist nach, daß die Zudichtung der Hs.f zu großen Teilen aus dem *Willehalm von Orlens* des Rudolf von Ems stammt.

Register zu den Anmerkungen

247

W DE G **Walter de Gruyter**
Berlin · New York

Hartmann von Aue · Iwein

Eine Erzählung

Herausgegeben von G.F. Benecke und K. Lachmann
Neu bearbeitet von Ludwig Wolff.

7. Ausgabe. 2 Bände. Oktav. 1968. Ganzleinen

Band 1: Text: XII, 196 Seiten. ISBN 3 11 000329 5
Band 2: Handschriftenübersicht, Anmerkungen und Lesarten
IV, 227 Seiten. ISBN 3 11 000330 9

Hartmann von Aue · Iwein

Textausgabe

Oktav. XII, 196 Seiten. 1968. Kartoniert
ISBN 3 11 0000331 7

Hartmann von Aue · Die Klage

Das (zweite) Büchlein aus dem Ambraser
Heldenbuch

Herausgegeben von Herta Zutt

Oktav. XX, 177 Seiten. 1968. Kartoniert
ISBN 3 11 008540 2

Preisänderungen vorbehalten

W DE G

Walter de Gruyter
Berlin · New York

Wolfram von Eschenbach
6. Ausgabe von Karl Lachmann

Groß-Oktav. LXXII, 640 Seiten. 1924. 4., unveränderter
Nachdruck 1965. Ganzleinen ISBN 3 11 000313 9

Wolfram von Eschenbach · Parzival
Eine Auswahl mit Anmerkungen und Wörterbuch von Hermann Jantzen

4. Auflage, bearbeitet von Herbert Kolb

Klein-Oktav. 128 Seiten. 1973. Kartoniert
ISBN 3 11 004615 6 (Sammlung Göschen, Band 5021)

Wolfram von Eschenbach · Parzival
Studienausgabe

Groß-Oktav. IV, 376 Seiten. 1965. Kartoniert
ISBN 3 11 000312 0

Wolfram von Eschenbach · Willehalm
Text der 6. Ausgabe von Karl Lachmann

Übersetzung und Anmerkungen von Dieter Kartschoke

Oktav. VI, 320 Seiten. 1968. Ganzleinen
ISBN 3 11 000314 7